호박 목걸이

호박 목걸이

딜쿠샤 안주인 메리 테일러의 서울살이 1917~1948

메리 린리 테일러 지음 • 송영달 옮김

cum libro
책과함께

일러두기

1. 이 책은 Mary Linley Taylor의 *Chain of Amber*(The Book Guild Ltd. , 1992)를 완역한 것이다.
2. 각 장의 제목과 소제목은 독자의 편의를 돕기 위해 원문에 없는 내용을 추가하였다.
3. 당시는 일제강점기이나, 저자가 지칭한 'Korea'를 번역하여 '한국'이라고 표기했다.
4. 본문의 주는 모두 옮긴이 주이다.

북한에서 호랑이를 잡던 백계 러시아인 사냥꾼들의 실화를 담은《호랑이 발톱(The Tiger's Claw)》이라는 책이 1956년에 런던에서 출간되었다. 그 책은 원래《호박 목걸이(Chain of Amber)》의 한 장이었다. 이제 북길드 출판사 덕분에 특별한 영국인 여성 메리 린리 테일러의 나머지 이야기도 독자들에게 들려줄 수 있게 되었다. 1982년 캘리포니아 주 멘도시노에서 세상을 떠나기 전 그분은 내게《호박 목걸이》를 꼭 출판해달라고 당부하셨다.

이 책에 들어간 사진과 그림들은 그분이 직접 찍고 그린 것들인데, 단 하나 가마쿠라의 대불상을 담은 사진만은 일본 요코하마에 사는 나의 친구 마유미 모리 씨가 제공해주었다.

그 사진들을 찾아내고 책표지 디자인에 관한 아이디어를 내며 도와준 딸 제니퍼에게도 감사한다. 어머니의 글을 마침내 책으로 펴낼 수 있도록 이루 다 말할 수 없이 큰 도움을 준 아내 조이스에게도 특별한 고마움을 표한다.

브루스 티켈 테일러,

캘리포니아 주 산타로사

1991년

차례

—

메리 린리 테일러(Mary Linley Taylor, 1889~
1982)는 영국 첼트넘의 부유한 가정에서 태
어났으나, 모험을 좋아하는 소녀였던 그녀
는 프랑스 신부학교를 거부하고 꿈에 그리
던 연극배우가 되었다. 동양 각지를 순회공
연하던 중에 일본에서 만난 미국인 브루스
(본명은 앨버트 와일더 테일러 Albert Wilder
Taylor)와 인도에서 결혼식을 올린 메리는,
1917년에 한국으로 왔다. 1923년에 인왕산
자락에 집을 짓고 1942년까지 살았다. 그러
나 태평양전쟁으로 미일 관계가 악화되자
결국 메리 가족은 일제에 의해 송환선에 실
려 강제 추방되었다. 그녀는 그 뒤 1948년에
양화진외국인선교사묘원에 남편의 유골을
묻기 위해 한국을 방문했다.

새 신부 메리는 1917년에 시아버지 조지 알렉산더 테일러(George Alexander Taylor)와 남편이 광산사업을 하던 한국에 도착하여 신혼생활을 시작했다. 메리와 남편 브루스는 인왕산 자락 지금의 사직공원 뒤에 1만 5000평의 땅을 매입했는데, 이곳은 조선시대 권율 장군의 집터로 장군이 손수 심은 것으로 알려진 수령이 400여 년에 달하는 커다란 은행나무가 있었다. 부부는 이곳에 당시 한국에서 제일 큰 개인 벽돌 저택을 짓고 '딜쿠샤'라는 이름을 붙였다.

오랜 시간이 지난 뒤 2006년에 메리 테일러의 아들 브루스 티켈 테일러(Bruce Tickell Taylor)가 한국을 방문함으로써 '귀신 나오는 집'이라는 오명을 뒤집어쓴 채 수많은 사람들을 품어온 종로구 행촌동 1-88번지 집의 비밀이 밝혀지게 되었다.

●

구슬 하나
깊어지는 전운, 1941

영사관에서 온 경고장

브루스는 아침에 도착한 편지 한 통을 잘게 찢어 벽난로에 던져 넣고 있었다. 서울 주재 미국 영사관에서 온 편지였다. 우리는 내가 그림을 그리는 작업실에 있었다. 더 큰 방들은 난방이 쉽지 않아서 겨울이면 주로 그 방에서 함께 시간을 보냈다.

"또 왔어요?" 불안한 기색을 드러내지 않으려 애쓰며 내가 물었다.

"또 오다니?" 브루스는 흠칫 놀라며 큰 소리로 반문했다.

"영사관에서 또 경고장을 보낸 거죠?" 나는 탁자 위에 놓인 편지봉투를 눈짓으로 가리켰다. 봉투에는 1941년 11월 27일 소인이 찍혀 있었다.

"우리더러 한국을 떠나라고 경고하는 거잖아요?" 나는 집요하게 질문을 이어갔다. "여보, 우리도 진지하게 생각해봐야 하지 않겠어요? 벌써 여러 통 왔는데⋯⋯."

브루스는 담배쌈지를 만지작거리다가 탁 소리가 나게 탁자 위에 던지고 는, "아니!" 하고 날카롭게 말했다. 단호하게 앙다문 턱을 보니 조상들이라 도 불러내어 방금 내뱉은 "아니"라는 말의 증인으로 삼고 싶은 것 같았다.

"오늘은 뭘 할 생각이오?" 그가 화제를 돌렸다.

나는 잠시 생각했다. 오늘 할 일이 뭐더라.

"참, 오늘 추수감사절이에요. 예배에 참석했다가 나중에 윌리엄 씨 집에 서 저녁식사하기로 약속했잖아요. 잊었어요? 이제 한국에 남아 있는 사람도 몇 명 안 되니 한 사람 한 사람이 다 소중하다고요."

나는 더 논쟁하기 싫어서 옷을 갈아입는다는 핑계로 화실에서 나왔다. 다 시 돌아와 보니 브루스는 창가에 서서 바깥을 내다보고 있었다. 큰 키에 군 살 없는 탄탄한 체격과 옆얼굴의 윤곽은 마치 돌을 조각한 것처럼 결연해 보 였다.

창밖으로는 계곡 너머 저 멀리 거대한 수탉의 볏처럼 들쑥날쑥한 관악산 줄기가 아침 햇살 속에서 푸르스름하게 서 있었다.

내가 문을 열고 들어서자 남편은 감상이라도 하듯이 나를 찬찬히 바라보 더니 내가 건 호박 목걸이를 부드럽게 잡고 나를 자기 쪽으로 끌어당겼다. 그리고 내 머리를 쓰다듬으며 말했다. "걱정 말아요. 금발 마님."

"한 날의 괴로움은 그날의 것으로 충분하나니⋯⋯." 나는 이런 말로 슬며 시 남편의 의중을 짐작해보면서, 그의 따뜻한 트위드재킷에서 헤더 꽃 비슷

기쁜 마음의 궁전 딜쿠샤. 1923년 건축되었으며, 현재 주소는 서울특별시 사직로 2길 17(행촌동).

딜쿠샤와 은행나무, 제단 그리고 까치샘근처에 서 있는 김 주사.

한 향을 맡으며 이런 드물고 소중한 순간을 누렸다. 따뜻하게 빛나고 환하게 반짝이며 두려움을 쫓아준다는 점에서 내 목걸이의 호박 구슬들과 비슷한 순간들 말이다.

우리는 방에서 나와 발끝으로 조용히 계단을 내려갔다. 개들이 저희를 두고 간 걸 알면 실망할 것이다. 그래도 예배 보는 곳에 개들을 데려갈 수는 없는 노릇이었다. 일층 홀에서는 남두라는 한국인 하인이 우리가 외출하기 전 마지막 지시 사항을 듣고 우리를 배웅하려고 기다리고 있었다.

"차 마시는 시간에는 돌아올 거예요." 남두 곁을 지나며 내가 말했다.

우리는 한국의 가을이 펼쳐내는 황금빛 장관 속으로 들어섰다. 진입로와 양쪽 잔디밭에는 노란 낙엽의 카펫이 깔려 있었다. 화단에서는 암녹색의 회양목과 삼나무를 배경으로 스러져가기 직전의 백일홍들이 가지각색의 보석들처럼 마지막 찬란함을 뿜어내고 있었다. 나무에 매달린 감들은 첫 서리가 내려 빛을 밝혀줄 때를 기다리는 작은 램프들 같았고, 높게 자란 포플러 나무들은 보초를 서듯이 우리 정원의 경계에 빙 둘러 서 있었다. 잠이라도 자고 있었는지 문지기가 자기 방에서 뛰쳐나와 대문을 열어젖히자, 마치 구름의 바다에 둥둥 떠 있는 것 같은 서울 시내 전경이 대문이라는 액자 속에 담긴 한 폭의 그림처럼 우리 눈 아래로 펼쳐졌다. 아침밥을 짓느라 불을 지핀 소나무 장작 내음이 사방에 번지며 콧속으로 스며들었다.

나는 어느 계절보다 가을을 좋아한다. 가을에 태어났기 때문일까. 아무튼 가을만 되면 늘 치맛단을 질끈 올려 잡고 계절을 한껏 만끽하며 뛰어다니고 싶어진다. 이런 마음은 언제까지나 변하지 않을 것 같다.

"잠깐만, 메리. 이건 달리기 시합이 아니오." 걸음을 재촉하며 브루스가 말했다. 지팡이는 늘 그랬듯이 수비 자세를 취하는 펜싱 선수처럼 겨드랑이에 긴 채였다.

"서양 사람! 서양 사람!" 동네 아이들이 입 맞춰 소리를 질러댔다. 서쪽 바다에서 온 외국인이라는 뜻이다.

"고얀 놈들!" 남편은 낮은 소리로 이렇게 내뱉고는 지팡이를 카르트 자세로 들어올렸다.

우리는 내리막길을 1.5킬로미터 넘게 걸어 서울 유니온클럽*으로 갔다. 서울 유니온클럽은 선교사들이 창립한 단체였지만, 직업이나 신분 또는 종교와 관계없이 점잖은 외국인이라면 누구나 회원이 될 수 있었다. 그곳에서 우리는 테니스와 수영, 볼링 등을 즐기고 각종 모임을 열거나 예배를 올리기도 했다.

마지막 모임

조용히 클럽의 모임방으로 들어간 나는 참석자가 우리까지 겨우 다섯 명뿐인 것을 알고 깜짝 놀랐다. 미국 부영사인 아서 B. 에먼스는 독립선언문 사본을 만지작거리고 있었고(총영사는 상하이에서 아직 도착하지 않았을 때다), 이날 설교를 하기로 예정된 목사님은 깊은 생각에 잠겨 있었으며, 우리를 추수감사절 만찬에 초대해준 오르간 연주자 윌리엄 C. 커는 오르간 연습을 하고 있었다. 그 밖에 어린아이가 두 명 있었다.

---

* 서울 유니온클럽(경성구락부)이 사용하던 건물은 경운궁(慶運宮, 지금의 덕수궁) 안에 있는 중명전(重明殿)이다. 1901년 황실 도서관으로 지어졌고, 처음 이름은 수옥헌(漱玉軒)이다. 궁중에 지어진 최초의 서양식 건물로, 단순한 이층 벽돌집이지만 일층에 아치형 창과 이층 서쪽에 베란다를 꾸민 것이 특이하다. 1904년에 덕수궁이 불타자 고종의 집무실인 편전 겸 외국 사절 알현실로 사용되었다. 을사조약이 체결된 비운의 장소이기도 하다. 일제강점기에 덕수궁을 축소하면서 1915년부터 외국인에게 임대하기 시작해 1960년대까지 경성구락부라 하여 외국인들의 사교장으로 이용되었다. 사적 제124호.

얼마 지나지 않아 누군가의 한국인 하인이 숨을 헐떡거리며 들어오더니 나머지 미국인들은 일본 경찰이 심문을 한다며 모조리 데려갔다고 알려주었다.

그 말에 에먼스 씨가 자리를 뜨려고 일어섰지만 목사님으로부터 나무라는 소리를 듣고 다시 앉았다.

"비록 두세 사람뿐이라도……."

윌은 목사님의 말을 신호 삼아 오르간을 연주하기 시작하여 우리를 하느님의 나라로 인도했다. 부영사는 독립선언문을 읽어도 좋다는 허락이 떨어지자마자 단호한 걸음으로 방에서 나가버렸다. 이어서 내가 들어본 중 가장 길고 지루한 설교가 이어졌다(후에 한국을 떠나던 배에서 그 목사님과 같은 선실을 쓰게 된 브루스는 이날의 분풀이로 그의 침대에 빈 맥주병을 몰래 묻어놓았다).

예배가 끝난 뒤 우리는 다시 언덕을 올라서 윌리엄의 집으로 갔다. 윌리엄의 아내 그레이스는 이미 몇 달 전에 어린이와 선교사, 사업가 들과 함께 한국을 떠났다. 아내가 없는 상태라 윌리엄은 내게 손님 접대와 집 안 장식을 맡아달라고 부탁했었다. 윌리엄의 집에 가보니 모임에 빠졌던 사람들 중 몇이 일본 경찰의 심문을 받고 돌아와 있었다. 곧 다른 사람들도 둘씩 셋씩 무리를 지어 차례로 도착하여 한구석에 자리를 잡고 낮은 목소리로 대화를 이어갔다.

다행히 칠면조 요리가 제 맛을 잃기 전에 스물한 명이 모두 모였다. 그 스물한 명이 1941년 11월 말 서울에 남아 있던 외국인의 전부였다. 거기에는 영국인과 백계 러시아인, 노르웨이인과 미국인이 포함되어 있었다.

그때 나는 그 모임이 우리 모두가 모인 마지막 만남이 되리라는 사실을 몰랐지만, 그날 모였던 사람들은 지금도 한 사람 한 사람 다 생생히 기억 속에 남아 있다.

· 호박 목걸이

먼저 중국 궁가 산(민야콩카)의 얼어붙은 봉우리에서 동상으로 발가락을 잃었으며, 건강이 좋지 않았던 미국 부영사 에먼스(그는 1935년에 이 등반 경험에 관한 책을 썼다)가 있었다.

잘생긴 영국 영사 제럴드 핍스와 반짝이는 잿빛 단발머리의 아름다운 아내 알린, 장신의 위엄 있는 모습의 영국 외교관 해리 데이비드슨과 보드라운 머리카락과 분홍빛 뺨이 돋보이는 그림처럼 고운 그의 아내가 있었다. 데이비드슨 부부는 우리 대부분이 그랬듯이 한국에서 오랫동안 살았으며 자녀들은 결혼하여 먼 곳에 흩어져 살고 있었는데, 이날은 새색시인 막내딸 조운만이 언더우드 집안*의 장남인 남편 호러스 그랜트와 함께 참석했다.

콧수염에 왁스를 바르고 다니며, 통통하지만 우아한 자태의 전 러시아 영사도 있었다. 우리는 그가 수염을 빳빳하게 유지하기 위해 무슨 받침대라도 사용하지 않나 의심했다. 불이 난 어느 날 밤에 내 동생 우나가 하얀 가면을 쓴 그와 마주쳤는데, 그 일로 우리는 그가 콧수염의 모양을 잡으려고 그런 가면을 쓴다는 것을 알게 되었다.

우리를 초대한 윌리엄은 창백한 얼굴에 학자답고 온화한 사람으로, 한국과 일본에서 선교사로 활동한 경험을 바탕으로 《다시 시작하는 일본(Japan Begins Again)》이라는 책도 펴냈다. 그날 윌리엄은 미국에 가 있는 아내가 보내준 플라스틱 교정기를 받고서 아주 흡족해하고 있었다. 우리 모두 그런 종류의 물건은 처음 본 터여서 어떤 물건인지 제대로 알 수 있게 당장 착용해

---

* 한국 선교사에 중요한 위치를 차지하는 언더우드 집안에 대해서는 여기서 자세히 설명할 수 없을 만큼 자료가 많다. 이름이 혼동되는 이유는 가족이 같은 이름을 사용하기 때문인데, 최초의 선교사로 연세대학교를 설립한 이는 호러스 그랜트 언더우드(Horace Grant Underwood, 한국명은 원두우)이고, 그의 아들은 호러스 호튼 언더우드(Horace Horton Underwood, 원한경)이다. 그의 장남 역시 할아버지와 이름이 같은 호러스 그랜트(원일한)이며, 둘째 아들은 존(원득한)이다.

보라고 그를 졸라댔다.

호러스 호튼 언더우드와 그의 아내 에셀도 그 자리에 있었다. 그들은 다른 사람들이 다 한국을 떠난 뒤에도 자녀들까지 데리고 끝까지 남은 유일한 미국인 선교사 가족이었다. 노르웨이 아가씨 아스트리드 페데르센은 사람을 가리지 않고 누구와도 잘 어울리는 다감한 사람이었는데, 어머니는 일본 사람이지만 아버지가 노르웨이 사람이라는 것 때문에 일본에 억류되어 심한 고초를 겪었다. 나머지는 미국 사람들로, 금광 기술자인 나의 남편만 제외하면 모두 선교사였다.

나는 음식을 다 차린 후 양초에 불을 붙였고, 모두들 자리에 앉아 목사님의 감사 기도를 들었다. 감사 기도가 횡설수설 길어지면서 가족 기도처럼 되더니 심지어 또다시 설교로 이어질 조짐이 보이자, 브루스가 엄청나게 크게 한숨을 내쉬었다. 그 바람에 그 앞에 있는 촛불 하나가 꺼져버렸다. 내가 촛불을 켤 때부터 못마땅하게 쳐다보던 어느 부인이 이때다 싶었는지 조금도 망설임 없이 나머지 촛불까지 모조리 꺼버렸다. 식탁보에 촛농이 떨어지면 그레이스가 싫어할 거라나.

내가 의도한 효과가 망쳐지자 나는 어린아이처럼 화가 났고, 시간이 흘러도 좀처럼 기분이 풀리지 않았다. 마침내 이런저런 대화가 시작되었는데 어떤 이야기를 하건 핵심은 '우리 모두 다음 추수감사절에는 어디에 있을까?'라는 의문이었다. 우리는 빠른 시일 안에 다시 만나게 될 거라는 말을 주고받으며, 포도주스를 들어 그 자리에 없는 사람들을 위해 건배했다.

우리 부부는 일찍 자리를 떴다. 브루스가 담배를 피우고 싶어 더는 참을 수 없어 했기 때문이다. 밖으로 나오자마자 그가 말했다. "하느님 맙소사, 대체……."

"하느님 이름을 부르면서 욕하지 말아요!"

"욕하는 게 아니라 이건 기도요! 프랑스 사람도, 독일 사람도, 스페인 사람도 다 그렇게 말한다고. 몽 디외(Mon Dieu)! 마인 고트(Mein Gott)! 놈브레 데 디오스(Nombre de Dios)! 나는 같은 말을 나의 모국어로 하는 것뿐이오!"

브루스는 이렇게 언제 어디서나 입바른 말을 해서 늘 나를 탄복하게 했다.

우리는 깊은 계곡을 건너고 다시 가파른 언덕길을 올라 집으로 돌아갔다. 언덕 정상을 따라 옛 성벽이 서 있었다. 거기서부터 다시 언덕 반대쪽으로 내려가야 했는데, 그 언덕이 옆문까지 이어지는 우리 집의 한쪽 경계선을 이루고 있었다. 어쩐 일인지 옆문은 활짝 열려 있었고, 그 문을 통해 톱니처럼 울퉁불퉁한 관악산 등성이가 눈에 들어왔다. 아침 햇살 속에서는 사파이어처럼 푸르게 보이던 산이 이제는 테두리에 자수정을 두른 어두운 호박 빛깔이었고, 그 때문에 산 전체가 원시의 늪에서 튀어나온 등에 뿔이 난 괴물처럼 보였다. 그 광경에 으스스하니 몸서리가 쳐졌다. 집 안으로 들어가 산을 뒤로하고 벽난로를 향해 자리를 잡고 앉으니 한결 마음이 놓였다.

아침에 보았던 편지 봉투가 아직 탁자 위에 놓여 있기에 집어서 건넸더니 남편은 난롯불에 던져버렸다. 우리는 봉투가 타들어가는 모습을 함께 지켜보며, 짙어가는 황혼 속에서 아무 말 없이 앉아 있었다.

불안한 정세

미국 영사 환영 만찬

신임 미국 총영사 쿼테인 씨가 마침내 서울에 도착했다. 총영사가 서울에 와 있으니 그나마 안전하다는 느낌이 들어 우리는 어느 정도 마음을 놓을 수 있었다.

1941년 12월 6일 저녁에 우리 집 딜쿠샤에서 그를 환영하는 작은 파티가 열렸다. 그날 딜쿠샤는 그 어느 때보다 따스하고 사람 사는 집다운 생기가 흘렀다. 커다란 화병에는 적갈색부터 연노랑까지 다양한 색깔의 국화꽃이 한가득 자태를 뽐내고, 반질반질 닦은 짙은 마루는 벽난로의 불빛을 되비추었다. 다른 물건들도 벽난로의 불빛을 받아 살아 춤추는 듯했고 은과 크리스털로 된 식기들은 아름답게 반짝거렸다.

나는 움직일 때마다 바스락 소리가 나는, 루비처럼 빨간 실크 드레스를 골라 입었고, 머리는 정수리에 틀어 올리고, 호박으로 된 팔찌와 귀걸이와 목걸이를 하고 금색 구두를 신었다.

방마다 놓인 난로와 벽난로가 우물처럼 끊임없이 온기를 길어 올려 집 안은 따뜻하고 아늑했다. 초대된 친구들도 모두 개를 좋아했기에 우리의 애견 재거와 린틴도 집 안에 들여놓았다.

거실 창으로 내다보니 하늘이 낮게 드리우며 흐려지고 있었지만 아직 첫눈은 내리기 전이었다. 손님들이 하나둘 도착하는 모습이 보였다. 차를 몰고 나서면 너무 눈에 띄기 때문에 그들은 함께 무리를 지어 걸어서 올라왔다.

알린과 제럴드가 성큼성큼 활기찬 걸음으로 제일 먼저 도착했고, 지금은 인천이라 불리는 제물포 주재 명예 영국 영사 월터 조지 베넷 씨가 그 뒤를 이었다. 우리는 그를 '고르그 아저씨'라고 부르곤 했다. 그는 "그것도 몰라? 모르면 챙겨서 알아둬!" 하고 윽박지르는 전형적인 가부장 타입이었다.

그 뒤를 그의 예쁜 딸 이디가 따르고 있었다. 아내가 세상을 떠나자 고르그는 이제 아내 대신 딸을 상대로 고약한 대장 노릇을 하고 있었다. 지금도 이디는 길의 제일 편한 쪽을 아버지에게 양보한 채 조금 뒤로 처져 걸었고, 언제라도 아버지의 코트를 받아들 준비가 되어 있었다. 그 뒤로 '픽윅' 씨* 같은 인상의 통통한 쿼테인 씨가 들어왔고, 에먼스 씨가 살짝 다리를 절며 마지막으로 도착했다.

---

* 찰스 디킨스의 소설 《픽윅 페이퍼스(The Pickwick Papers)》의 주인공 이름이 새뮤얼 픽윅이다. 통통하고 동글동글한 체형에 안경을 쓴 모습으로 묘사된다.

우리는 만찬을 위해 아래층 식당으로 내려갔다. 발트 3국에서 막 임기를 마치고 온 쿼테인 총영사는 여러 가지 이야깃거리로 좌중을 즐겁게 해주었다. 유럽에서 벌어지고 있는 전쟁에 대해서는 모두 약속이라도 한 듯 언급을 피했다. 응접실에서 커피와 리큐어를 마실 때쯤 되자 쿼테인 영사는 나와 어느 정도 친해졌다고 느꼈는지 나의 호박 장신구를 화제로 삼았다. 자기가 흔히 알던 발트 연안의 호박처럼 프리즘 형태로 세공되지 않은 것이 신기한 모양이었다. 한국에서는 호박이 매우 드물지만 한국 사람들은 호박을 자기들 특유의 방법으로 세공하고 더욱 특수한 방식으로 널리 사용한다는 사실을 그는 모르고 있었다. 한국인들은 중국인들이 비취를 귀하게 여기는 만큼 호박을 귀하게 여긴다.

커다란 뿔테안경을 꺼내 쓰니 쿼테인 씨는 한층 더 픽워 씨처럼 보였다. 나는 목걸이를 풀어서 그의 손바닥에 놓아주었다.

"페니키아 사람들이 리투아니아를 호박의 나라라고 불렀다는 건 부인도 물론 알고 계시겠죠?"

"몰랐어요!" 내가 큰 소리로 대답했다.

쿼테인 씨는 내 목걸이를 자기 손가락에 감으며 "아무렴 그랬답니다" 하고 말을 이었다. 이야기가 재미있어질 것 같았는지 다른 사람들도 의자를 당겨 앉았다. 브루스는 손님들에게 담배를 돌린 다음 약간 거리를 둔 태도로 의자에 몸을 깊이 묻고서 늘 그렇듯이 비판적인 귀를 쫑긋 세웠다. 호박에 관해서라면 그도 일가견이 있었다.

'픽워 씨'는 미소를 띠고 브루스를 보며 말했다.

"그 시절에 살았다면 이 호박 구슬 중 하나만 줘도 건강한 노예를 한 명 살 수 있었을 거란 얘기, 부인께 해주셨나요?"

우리는 믿기지 않는다는 표정으로 그를 쳐다보았다.

"그렇고말고요. 고대인들은 이 정도 품질의 호박이면 다이아몬드보다 더 귀하게 여겼답니다. 호박에는 영혼과 영묘한 힘이 있다고 믿었으니까요. 문지르면 다른 물질을 끌어당기는 힘이 있거든요."

내가 말을 받았다. "호박에 영혼이 있다고 믿었다는 건 한국 사람들하고 똑같네요. 이 보석을 가리키는 한국 말 '호박'은 '호랑이의 영혼'이라는 뜻도 있거든요."

"아내는 사실적인 정보보다는 낭만적인 내용에 더 관심이 많습니다." 브루스가 건조하게 말했다.

"저는 역사에는 관심이 많은데 지질학은 잘 모른답니다." 픽웍 씨가 말했다. "지질학적인 이야기는 테일러 씨가 우리한테 좀 들려주시겠어요?"

"흐으음." 브루스는 마치 방 안에 자기 혼자 있는 것처럼 놋쇠 재떨이에 파이프를 두드려 털고는 천천히 파이프를 닦아내기 시작했다. 침묵이 어찌나 길게 이어지는지 내가 다 무안할 지경이었다. 하지만 이렇게 뜸을 들이는 것이 그의 버릇이었다.

"으흠." 브루스가 다리를 포개고 두 손을 모으더니 입을 열었다. "호박이란 다들 아시다시피 지금은 멸종했지만 고제3기(古第三紀)*에 번성했던 소나무속의 한 종에서 나온 송진입니다." 거기서 브루스가 말을 멈췄다.

"메리의 저 지루해하는 표정 보이시죠?" 그가 미소를 띠고 말했다.

"하지만 당신이 그림처럼 상세한 언어로 묘사해준다면 괜찮을걸요?" 나도 빙긋 웃으며 응수했다.

---

* 신생대의 세 시기 중 첫 시기로, 중생대 백악기와 신생대 신제3기 사이이며, 약 6550만 년 전부터 2300만 년 전까지 지속되었다.

"아…… 알겠소." 오케스트라 지휘자 같은 몸짓을 하며 그가 말했다. "그 송진은 아담이 태어나기도 전에 이미 죽은 소나무에서 나온 것이지요." 이 때부터 그의 말은 좀 더 진지해졌다. "그 송진이 오랫동안 바다 속에 잠겨 있다가 화석이 된 것입니다. 그렇게 나무에서 나온 진액이 여러 가지 색조를 지닌 보석으로 탈바꿈한 것이죠. 광물계의 경계선상에 위치해 있으며, 모스 경도계에 따르면 경도 2.25에 해당합니다."

제럴드가 시계를 힐끔 쳐다봤다.

"아, 캐럴 올콧이 나올 시간이네요." 내가 이렇게 말하자 모두들 동요했다. 이 무렵 우리에게는 호박 이야기보다는 뉴스가 훨씬 더 중요했다.

친구들이 주는 위안

우리는 모두 라디오 앞으로 다가갔고, 이디와 나는 라디오에 귀를 바싹 갖다 댔다. 다른 사람들도 캐럴 올콧의 뉴스가 더 잘 들리게 각자 다양한 자세로 귀를 기울였다. 그러나 들리는 건 밴조와 비슷한 일본 악기 샤미센의 요란한 소리와 붕붕거리는 베이스 소리뿐이었다. 전파 방해 작전이 시작된 것이다. 어쩌다 간신히 단어 하나가 들리는가 싶으면 끽끽거리는 비음의 기습공격에 묻혀버렸고, 다시 소리가 잡히는가 싶다가 마침내 명료한 소리가 들려오면 겨우 "맥스웰 하우스 커피!" 같은 광고뿐이었다.

결국 다들 약만 잔뜩 오른 채 뉴스 듣기를 포기하고 말았다. 남자들은 새벽 2시가 되면 영사관에서 다시 들을 수 있을 거라고 말했다. 우리는 그 모든 걸 머릿속에서 몰아내기 위해 전쟁을 제외한 다른 화제로만 대화를 이어갔고, 자정 무렵이 되자 손님들이 돌아갔다.

저녁 내내 밖에서는 그해의 첫눈이 내리고 있었다. 우리 집 일꾼 공 서방이 등불을 들고 밖에서 기다리고 있었다. 우리는 손님들의 희미한 형체가 눈 위에 까만 발자국을 남기며 은행나무 아래로 사라져가는 모습을 지켜보았다.

"들어갑시다, 메리." 브루스가 육중한 대문에 빗장을 채우며 말했다. "공 서방 말고 다른 하인들은 몇 시간 전에 다 집으로 돌려보냈소. 공 서방은 개들을 부엌에 들여다놓고 뒷문으로 들어올 거요."

우리는 불을 끄고 침실로 갔다. 그러나 나는 공 서방이 돌아오는 소리에 귀를 기울이느라 잠이 오지 않았다. 잠시 후 자리에서 일어나 아래층으로 내려갔다. 불도 켜지 않은 채 부엌문을 열어보니 공 서방이 바닥에 깔개를 깔고 잠들어 있었다. 온기를 찾아온 재거와 린틴이 덩치 큰 갈색 아기 쌍둥이처럼 그의 양어깨에 각자 머리를 얹고 누워 있었다. 나는 재빨리 문을 닫고 웃음소리가 새어나가지 않게 입을 막고 서둘러 위층으로 올라갔다.

침실까지 가려면 꼭 거쳐야 하는 응접실을 지나다 걸음을 멈췄다. 그곳의 특별한 매력과 뭐라 꼭 집어 정의할 수 없는 이런저런 감정들이 나를 붙잡은 것이다. 장작 탄 향내와 국화 향기, 포도주와 담배 냄새가 공기 중에 뒤섞여 있었다. 조금 전까지 친구들이 앉아 있던 자리에는 쿠션이 눌려 움푹 들어가 있었다. 꺼져가던 장작에서 한순간 불꽃이 일자 아무렇게나 놓여 있던 잔들의 형체가 드러났다. 죽음 같은 정적이 갑자기 견딜 수 없이 묵직하게 나를 짓눌렀다. 시절이 주는 불안감에 시달리던 나는, 조금 전까지만 해도 이 방에 함께 머물렀던 친구들의 존재가 주는 위안을 마음속 깊이 끌어안았다.

일본과의 불화가 가져다준 시련

브루스의 체포

내 일기장에는 다음과 같이 기록되어 있다.

1941년 12월 7일 일요일

해가 뜨기 전에 일어나 교회에 가려고 언덕을 내려갔다. 남산 주위로 새빨
간 태양이 떠오르며 어젯밤 내려 얼어붙은 눈을 환히 비춰주었다.

어제 돌아간 손님들의 발자국을 따라 밟으며 언덕 아래까지 내려갔다. 성공
회 서울 대성당에서 열린 영성체에 늦게 도착했는데, 신도가 겨우 세 명일

때 지각한 것이라 눈에 띌 수밖에 없었다. 오직 우리 세 명을 위해 한국에 남으신 다정한 드레이크 신부님(그 유명한 프랜시스 경*의 후손이다)에게 면목이 없었다. 지난봄 일본 기독교가 "기독교의 신을 일본의 천황보다 신성한 존재로 인정할 수 없다"는 이유로 교회를 폐쇄했을 때 주교님과 함께 떠나실 수도 있었을 텐데 말이다.

평소와 다름없이 영국 영사관에서 핍스 부부와 아침을 먹은 후, 알린과 나는 뉴스 시간을 기다리지도 않고 개들을 데리고 산책을 나갔다. 무악재에서 헤어질 때 알린이 말했다. "메리, 무슨 일이 터지면 외교관들은 즉시 철수할 거래요. 당신들과 헤어진다니 생각만 해도 얼마나 섭섭한지 몰라요."

아직 영국에서도 미국에서도 편지는 한 통도 오지 않았고 클럽에도 어떤 공문도 도착하지 않았다. 오후 내내 편지를 쓰거나 캘리포니아에서 온 아들의 편지 몇 통을 다시 읽으며 보냈다.

1941년 12월 8일 월요일

사무실 급사 소년이 아침에 찾아와, 영국 영사관에서 우리 사무실에 전화를 걸어 나더러 오늘 크리스마스 리허설에 오지 말라고 했다는 말을 전해주었다. 다른 설명은 없었다. 집 밖에 나가지 않고 홍콩 항구 그림을 그렸다. 크리스마스 선물을 하려면 어서 완성해야 한다. 지금 막 남두가 차를 가지고 들어왔다(앞으로 차 이야기가 자주 등장하게 될 텐데, 이참에 내가 영국에서 태어났으며 결혼을 통해 미국인이 되었음을 밝혀둔다).

---

* 프랜시스 드레이크 경(Sir Francis Drake, 1540?~1596)은 엘리자베스 시대 잉글랜드 해군의 부제독, 함장, 항해가, 노예상, 정치가였으며, 1577년부터 1580년까지 세계에서 두 번째로 세계 일주에 성공한 인물이다.

브루스가 들어오기에 나는 붓을 내려놓고 찻잔에 차를 따랐다. 쟁반에는 엽서가 한 장 놓여 있었다.

"상하이에서 친구가 보낸 거라는군요." 나는 이렇게 말하고 브루스에게 큰 소리로 읽어주었다. "방금 무선전신 메시지를 하나 들었는데 당신들에게 보내는 것 같아요. '동양 어딘가에 있는 브루스와 메리에게. 미 육군 공병에 자원하여 하와이에 있음'이라고 했어요."

"듬직한 녀석이야." 그 녀석의 아버지가 매우 자랑스러워하며 말했다.

"듬직한 아이죠." 나 역시 그에 못지않게 자랑스러워하며 메아리처럼 대답했다. 그리고 이렇게 덧붙였다. "그래도 태평양에서 전쟁이 일어나지 않은 걸 하느님께 감사해야겠어요." (한국의 12월 8일은 하와이에서 12월 7일에 해당한다.)

그 말이 내 입에서 떨어지기가 무섭게 대혼란이 벌어졌다. 우리 집 저먼 셰퍼드들(린틴과 재거 말고도 여러 마리를 키우고 있었다)이 사납게 날뛰며 짖어대기 시작한 것이다. 난폭하게 앞문을 두드리는 소리가 온 집 안을 울리고, 죽은 사람도 깨울 것 같은 일본인들의 목소리가 들려왔다. 계단을 쿵쾅거리며 올라오는 발소리, 칼집이 절그렁거리는 소리도.

"대관절 무슨 일이야!" 브루스가 벌떡 일어서며 소리쳤다. 그의 표정을 보니 왜 한국 사람들이 그에게 '호랑이 얼굴'이라는 별명을 붙였는지 알 것 같았다.

"여기 가만있구려." 그는 단호하게 말하고 침입자들을 맞으러 나갔다. 응접실에서 격한 언쟁이 오가는 소리가 들려왔다. 시끄러운 스타카토의 목소리들과 그 사이사이 들려오는 브루스의 낮게 깔리는 저음. 갑자기 문이 열리더니 무장한 일본 경찰들에게 둘러싸인 브루스가 보였다. 그는 멀리 여행을 떠나는 사람처럼 모피 안감을 댄 코트를 입고 있었다.

"피터!" 하고 남편이 입을 열었다. 깊은 마음의 동요를 느낄 때면 그는 나를 그렇게 부르곤 했다. 종교적인 의미를 띤 별명이었다. "내가 이 반석 위에 내 교회를 세우리니……."*

"피터, 일본이 미국에 선전포고를 했소!"

"이 멍청이! 멍청이들!" 나는 고함을 지르다시피 소리쳤지만 브루스의 표정이 계속 쏟아져 나오려던 내 말을 가로막았다. 영어로 말한 것이 그나마 다행이었다.

먼 훗날을 내다보는 것 같은 그의 시선이 잠시 저 멀리 있는 언덕에 머물렀다. 나는 그의 눈빛이 평소보다 더 짙고 아주 강렬한 푸른색이라고 생각했다. 그 눈빛에는 나를 향한 메시지가 담겨 있었다. 조선의 옛 시 한 구절이 떠올랐다.

청산아

나에게 운명을 알려다오

너는 비록 구름의 길을 가로막아도

세월에 망가지지 않으며

네 기억의 눈도 흐려지지 않는다

과거와 현재와 미래는 전설 서린 너의 봉우리 위에서

영원한 왕좌를 찾았구나

청산이여

---

* 예수의 열두 제자 가운데 한 사람이자 초대 교회의 지도자였던 베드로의 영어식 이름이 피터다. 베드로는 반석이라는 뜻이다.

그것은 마음에 힘을 실어주는 메시지였다. 브루스는 내게 짧게 입을 맞추고는 집을 나섰다. 나는 소금기둥이 된 롯의 아내처럼 꼼짝도 못하고 그 자리에 서 있었다. 개들이 요란하게 짖어대던 소리가 갑자기 잦아들며 괴로워하는 신음소리로 바뀔 즈음에야 정신을 차린 나는 황급히 이층 포치로 올라가 멀어져가는 행렬을 바라보았다.

브루스는 평소처럼 당당한 태도로 지팡이를 휘두르면서 팔꿈치로는 체포자들을 밀치며 걸어가고 있었다. 묶지 않은 코트 벨트는 그의 등 뒤에서 마치 성난 호랑이의 꼬리처럼 흔들렸다. 공 서방이 브루스의 뒤를 종종걸음으로 따랐고, 개들은 따라오라는 명령을 기다리는 듯 흐느적거리며 공 서방의 뒤를 쫓아갔지만 그런 명령은 떨어지지 않았다.

나중에 공 서방이 돌아와 '그자들'이 주인님을 자동차에 태워 데려갔다고 알렸다.

하인 남두의 기지

남은 시간 동안 나는 과연 내가 무슨 일을 해야 하는지 생각해내려 애쓰며 보냈다. 브루스가 한때 미국 UP 통신사(UPI의 전신)의 통신원으로 일했던 것이 기억나 그의 정치 기사들이 담긴 책을 파기하기로 결정했다. 이어서 아주 많은 양의 문서들을 차례차례 없애나갔다. 그 문서들은 응접실을 사이에 두고 내 화실의 반대쪽 끝에 자리 잡은 남편의 서재에서 밤새도록 커다란 난로 속으로 들어갔다. 잠긴 서랍들은 열쇠가 없어서 그냥 둘 수밖에 없었다. 한국 사람들을 그린 나의 초상화 화첩은 응접실에 있는 침대 겸 소파 뒤에 감추고, 할아버지의 망원경은 포치에 있는 커다란 화분 속에 묻었다. 그 위로 눈을 덮어 평평하게 만들고 있는데, 이제는 듣기만 해도 두려움이 솟는 개 짖는 소리가 다시 들려왔다. 반쯤 밝아온 희미한 새벽빛 속에서 군인인지 경찰인지 한 무리가 진입로로 올라오는 게 보였다. 그들의 검은 형체는 눈을 배경으로 예리한 윤곽선을 그리고 있었다. 나는 얼른 브루스의 서재로 가서 그의 의자에 앉았다.

"오쿠상(부인)!"

'그자들'이 벌써 집 안에 들어와 있었다. 장교 한 명과 여남은 명의 병사들이었다. 나는 그들이 서재에 있는 나를 찾아낼 때까지 가만히 앉아 기다렸다.

"유 스피크 니혼고(일본말 할 줄 알아요)?" 우두머리가 물었다. "와카리마스카 니혼고(일본어 압니까)?"

나는 그의 얼굴을 멍하니 쳐다봤다.

통역자를 부른 뒤 심문이 계속되었다. 장교는 끝내 내가 일본말을 하게 만들겠다는 듯 고집스레 다시 물었다.

"유 스피크 자파니즈?"

나는 고개를 저었다.

"유 스피크 코리안?"

내 표정에는 변화가 없었다.

"이 나라에 얼마나 살았소?" 갑자기 그가 고함을 지르듯 물었다.

"10년, 20년. 그보다 더 된 것도 같고 덜 된 것도 같고." 나는 모호하게 대답했다.

"이런 천치!" 그가 자기 이마를 톡톡 두드리며 말했다. 그 단어를 말한 게 아주 자랑스러운 모양이었다.

'좋은 생각이야' 하고 나는 생각했다. 천치라. 그래, 내 천치가 되어주지. 그 남자는 자기도 모르게 나에게 좋은 수를 알려준 것이다.

남자는 뒤에 서서 초조하게 상황을 지켜보던 남두를 향해 갑자기 돌아서더니 교활하게 물었다.

"저 부인이 너한테 명령을 내릴 때는 어떻게 하나?"

남두는 솔직한 청년이었다. 원래 정원 일을 맡아 했는데 그의 영리함을 알아본 우리가 승진시켜 이제는 집안일을 돌보고 있었다. 남두는 이마에 주름을 잔뜩 잡고 잠시 생각해보더니 문득 "그림을 그려주십니다"라고 한국말로 말하고는 허공에 장볼 거리를 그리는 시늉을 하더니 돌아서서 방을 나가버렸다. 실제로 나는 그렇게 하고 있었다. 장보기를 도맡은 공 서방이 글을 읽을 줄 몰랐기 때문이다.

내 앞 책상 위에 남편의 열쇠가 던져졌다.

"아케루(열어)!" 장교가 명령했다.

나는 빙 둘러선 그자들의 얼굴을 둘러보았다. 달리 어쩔 도리가 없었다. 나는 서랍들과 책장과 금고까지 죄다 열어야 했다. 서재를 철저히 수색하고 나더니 이제는 응접실을 수색하기 시작했다. 그곳에는 잠긴 장식장이 없으니, 이번에는 쿠션을 칼로 찢고 그 속을 뒤졌다. 나는 화첩을 숨겨둔 소파에 앉아 있었다. 잠시 후면 그 소파도 뒤질 터였다. 어찌해야 할지 몰라 황망히 앉아 있는데 문이 열리더니 남두가 풀어놓은 린틴이 뛰어 들어왔다.

"아부나이(위험해)!" 나는 이렇게 소리치며 린틴의 목걸이를 붙잡았다. 그들은 저먼셰퍼드가 어떤 개인지 잘 알고 있었다. 자기들도 같은 개를 훈련시켜보았고, 경기에서 자기네 개들이 우리 개들한테 패한 적도 많았기 때문이다. 나는 린틴이 세상에서 가장 사나운 개인 양 굴었는데, 그러면서도 녀석이 갑자기 꼬리를 흔들어 산통을 깰까 봐 얼마나 가슴을 졸였는지 모른다. 그들은 잽싸게 서재로 후퇴하더니 문을 쾅 닫았다. 이 작전으로 번 짧은 시간을 틈타 나는 소파 뒤에서 화첩을 꺼내 소파 밑으로 밀어넣었다. 그들이 조심스레 다시 문을 열었을 때는 남두가 린틴에게 사슬로 된 커다란 목줄을 채운 뒤였다. 나는 호들갑스럽게 사과했다. 마침내 소파를 수색할 차례가 되었을 때 그들은 거기서 아무것도 찾아내지 못하고 다른 가구들로 넘어갔다. 나중에 그 그림들은 나탈리의 집으로 보냈다. 나탈리는 백계 러시아인인 나의 친구다. 나는 그림들을 공 서방의 펑퍼짐한 바지 속 그의 다리에 둘둘 감아 보냈다.

그날은 그와 유사한 사건들의 연속이었고, 그 모든 일을 겪느라 나는 식사할 짬도 없었다. 여자 하인들은 모두 사라져서 이후 다시는 나타나지 않았다. 저녁이 되자 일본 경찰들은 벽난로의 온기에 이끌려 내 화실에 모여들었다. 그들은 앉을 수 있는 물건이면 모조리 차지하고 앉았다. 물론 그들은 바닥에 앉는 게 더 편했을 것이다. 하지만 의자에 익숙한 나는 자리를 다 빼앗겨 바닥에 앉거나 서 있을 수밖에 없었다. 나는 그냥 서 있기로 했다.

"당신 참 슬프게 됐어요." 통역자가 놀리듯 말하자 나머지 남자들도 씩 웃었다.

"아주 나쁜 소식이 있는데……." 이번에는 금니까지 다 보일 정도로 활짝 웃었다.

"우리 남편은?"

나도 모르게 이 말이 입 밖으로 튀어나와버렸다. 그들에게 어떤 질문도 하지 않겠노라고 속으로 다짐했는데도 말이다. 내 질문은 아랑곳없이 통역자는 계속 떠들어댔다.

"미국의 육해공군은 당신 아들까지 포함해서 전멸했소." 그는 전멸이라는 단어를 유난히 혀를 굴려 발음했다. "우리가 진주만을 공격했기 때문이지. 이제 우리는 캘리포니아를 정복할 거요. 거기서는 아메리카 인디언들이 자기네 땅을 빼앗아간 미국인들에게서 조국을 해방시키기 위해 우리와 합세할 것이오." 그리고 이런 말로 이야기를 마무리했다. "당신을 생각하니 우리도 참 슬프지 뭐요."

무슨 말을 믿어야 한단 말인가! 나는 멍하니 서서, 꺼져가는 난로 불빛을 받아 점점 더 하얗고 점점 더 두드러져 보이는, 어슴푸레 빛나는 치아들만 바라볼 뿐 아무 생각도 할 수 없었다. 순식간에 모든 것이 새까만 어둠으로 변했다. 눈이 멀듯 환한 빛이 내 의식을 예리하게 깨워 나는 간신히 기절할 위기를 모면했다. 사려 깊은 남두가 그 순간 전깃불을 켠 것이다.

내가 이층으로 올려다놓은 커다란 괘종시계의 바늘이 째깍째깍 쉬지 않고 움직이고 있었다. 나에게는 시간마다 치는 괘종 소리를 들으며 시간의 흐름을 지각하는 것만이 유일하게 의미 있는 일이었다.

처음 며칠 동안 나는 나도 모르게 이 방에서 저 방으로 돌아다니며 꼭 집어 말할 수 없는 무언가를 찾고 있었다. 갑자기 브루스의 파이프가 눈에 들어왔다. 그제야 내가 찾던 게 무엇인지 깨달았다. 나는 남편의 담배 연기를 그리워하고 있었던 것이다! 그의 파이프에 담배를 꾹꾹 눌러 담아 나의 방으로 가져왔다. 몇 모금 들이마신 것만으로도 충분했다.

그때 그 자리에서 나는 결심했다. 이제부터 그 방 한 칸만을 나의 집으로 삼겠다고. 그 결정이 가져온 심리적 효과는 대단했다. 남쪽 창으로는 우리 집으로 다가오는 모든 움직임을 조망할 수 있었고, 서쪽 창으로는 무악재 길과 서대문 형무소 건물과 '아리랑'으로 유명한 소나무 언덕이 내려다보였다. 나는 침대에서 아침을 먹고, 점심은 남쪽을 바라보는 알코브* 속에서 먹고, 서쪽을 바라보며 차를 마시고, 저녁에는 먹을 것이 있는 경우에 한해 최대한 벽난로에 가까이 다가가 먹었다. 그렇게 내 생활의 패턴을 만들어냈다.

가택연금

나는 마음대로 집 밖으로 외출할 수도 없었고, 외부 사람들과 접촉할 수도 없었다.

어느 날 새벽 5시에 하얀 장갑을 낀 경찰이 나를 깨웠다. 그의 관심이 내가 아니라 내 카메라에 있다는 사실을 알았을 때 처음의 공포는 안도로 바뀌었다.

강화도에 갔던 주말에 그 카메라를 마지막으로 썼고, 그 안에는 아직 현상하지 않은 필름이 들어 있다는 사실이 퍼뜩 떠올랐다. 나는 황급히 기모노를 걸치고(그 후에는 항상 그 기모노를 입고 잤다) 오비(허리띠)를 묶으면서 — 이는 일본인들과 있을 때 지켜야 하는 예절이었다. 기모노의 오비를 묶지 않는 것은 헤픈 여자들이나 하는 짓으로 여겨졌다 — 내가 손수 카메라를 열어 보여주겠다며 카메라를 내 손에 넣었다.

우리와 함께 강화도 여행을 갔던 독일인 친구가 한강 어귀가 내려다보이는 매우 전략적인 위치를 사진에 담은 것이 기억났다. 게다가 남은 필름으로 우리 집 이층 포치에서 내려다보이는 풍경을 찍은 사실도 떠올랐다. 당시 높

---

* 벽의 한 부분을 쑥 들어가게 만들어 침대 등을 들여놓는 곳.

은 곳에서 조망하는 사진을 찍는 것은 일본 당국에 의해 금지된 일이었다.

나는 그 남자의 손에 사진첩을 내밀었다. 그가 오래된 홍콩 사진들을 보며 감탄하는 동안 나는 어설프게 카메라를 만지작거리며 시간을 벌었다.

다행히 현관으로 향한 문이 열려 있었는데, 마침 공 서방이 일본식 욕실에 불을 지피려고 장작을 나르는 모습이 보였다.

나는 공 서방에게 한국말로 작은 소리로 "어서, 어서!" 하고 말했다. 내가 카메라를 들고 씨름하는 동안 공 서방은 불을 지폈다. 공 서방이 욕실에서 나오자마자 나는 경찰을 향해 양해를 구하듯이 "벤조(화장실)……"라고 말하고는 욕실로 들어가 문을 잠그고 카메라에서 필름을 꺼내 불에 태웠다. 그리고 잠시 후 방으로 돌아가 경찰관 앞에서 드디어 열었다는 듯이 카메라를 열어 보였다. 물론 카메라 안에는 아무것도 없었다.

그날은 종일 홍콩과 마닐라와 싱가포르에 대한 질문에 대답하면서 보냈다. 내 대답 중에 정확한 사실은 하나도 없었다.

어느덧 크리스마스가 다가왔다. 크리스마스트리는 내가 손수 베어야 했다. 나는 나무를 베는 일에 점점 능숙해졌고, 그 일을 하며 큰 성취감을 느꼈다. 크리스마스이브에는 조상들의 초상화와 트로피를 벽에 걸고 푸른 나무로 거실을 장식했다.

크리스마스 아침에 축음기로 〈천사 찬송하기를〉을 듣고 있는데, 개들이 사납게 짖어대는 소리가 들려왔다. 이제 나는 그 소리만 들어도 두려움에 사로잡혔다.

몇 분 후 '그자들'이 포치를 지나 우르르 집 안으로 몰려 들어왔다. 거실은 매섭게 추웠다. 난로가 꺼져 있고 실내 기온이 영하라는 사실을 그들이 알아차리기 전에 남두가 능청스럽게 그들의 오버코트를 받아 멀리 치워버렸다.

나는 털코트를 입고 있었고 기독교도다운 진정한 자비심도 지니고 있었지만, 그들이 얼어 죽어버렸으면 좋겠다는 마음이었다. 그들은 남두가 가져온 차를 사양했다. 그 경찰들은 태도는 난폭했지만 명확한 원칙을 갖고 있었다. 예컨대 이러저러한 일에 적절하거나 부적절한 시간과 장소가 있다고 생각했다. 그들이 판단하기에 적들과 차를 나눠 마시는 것은 적절하지 않은 행동이었다. 담배도 권했지만 그마저 거절했다.

내가 뜨거운 차를 홀짝거리는 동안 그들은 홍콩이 함락되었다는 소식을 내게 전했다. 그것이 그들의 그날 임무였다. 나는 그들이 마음껏 떠들도록 내버려둔 채 가끔씩 못 알아듣는 시늉을 해서 그들이 처음부터 다시 반복하게 만들었다. 그 때문에 시간이 한없이 늘어졌는데 그게 바로 내가 원하는 바였다.

그들은 사이사이 질문을 던져 내게 억지로 답하게 해놓고는 계속 "거짓말, 거짓말, 당신 거짓말하고 있어!"라든가 "스파이들이 어떻게 됐는지 알고 있을 텐데?"라고 하면서 내 말을 끊었다.

그즈음 나는 내 집 안에 갇힌 포로였다. 그자들은 12월 7일에 내 아들이 스코필드 배럭스 기지에서 죽었다는 말을 수시로 반복하며 약을 올렸다. 나는 언제 어딘지 모를 감옥에 강제로 끌려갈지 모른다고 생각했기에 그자들이 와서 나를 끌고 갈 때를 대비해 스키복을 입고 배낭을 꾸린 채 준비하고 있었다.

그들은 나를 철저히 감시했지만 나는 계속 아둔하게 굴며 딴청을 피웠다. 떨리는 손이 보일까 봐 탁자 밑에 감추고 있었는데, 손 떨림을 들키지 않도록 앞으로는 뜨개질이라도 해야겠다는 생각이 들었다.

나중에 그들은 응접실에 난로가 있다는 사실을 알고 모두 이층으로 올라갔다. 그들은 앉을 수 있는 모든 가구에 자리를 잡았고, 나는 늘 그랬듯이 서 있었다.

그날 밤 그자들이 가버린 뒤 나는 남두가 저녁을 준비하지 못했음을 알게 되었다. 그도 감히 집 밖으로 나가 식량을 구할 엄두를 내지 못했던 것이다. 남두가 여러 가지 곡물이 섞인 개 사료로 죽을 쑤었는데 먹어보니 돌이 잔뜩 들어 있었다. 내가 제일 좋아했던 개 재거가 왜 그렇게 갑자기 죽어버렸는지, 왜 다른 개들도 늘 설사를 달고 사는지 그제야 알 수 있었다.

개 사료를 담아두는 커다란 독을 보니 집문서와 부동산 권리증서를 거기 묻어둬야겠다는 생각이 떠올랐고, 이후 그자들은 끝까지 그 서류를 찾아내지 못했다.

제일 심각한 건 식량 조달 문제였다. 집에 있던 통조림들이 다 떨어지자 재래시장을 이용할 수밖에 없었는데, 시장에는 종일 밤늦게까지 물건을 사려는 사람들로 줄이 늘어서 있었다. 하지만 나는 하인들이 그렇게 오랫동안 집을 비우게 할 용기가 나지 않았다. 그래서 우리는 할 수 있는 한 최선을 다해 여기저기서 먹을거리를 마련했다.

한국에서는 달걀을 열두어 개씩 짚으로 엮어서 팔았는데, 때로는 누군가가 길게 엮은 달걀 한두 줄을 대문 안이나 창문턱에 놓고 간 것을 남두가 발견하기도 했다. 우리 집에서는 키우지도 않는 암탉들이 어느 날 나타나 집 안에서 꼬꼬댁거리며 돌아다녔고, 어느 날에는 죽은 꿩도 던져져 있었으며, 한국 사람들이 매일 먹는 김치가 어디선가 나타난 날도 있었다.

자기가 이런 선물을 했다고 밝힌 사람은 끝내 아무도 나타나지 않았지만, 나는 이웃에 사는 가난한 한국 사람들이 큰 희생을 감수하면서 우리에게 보내준 것이라고 확신한다.

일본인 곤도 씨의 도움

남편 사무실에서 일하던 유일한 일본인인 곤도 씨가 정기적으로 내게 쌀을 보내주었고, 나탈리는 아들들을 시켜 통조림 식품들을 보내주었다. 그들이 식량을 갖고 대담하게 진입로로 올라올 때마다 나는 그들이 붙잡힐까 봐 노심초사했지만 다행히 그런 일은 일어나지 않았다.

어느 날 아침 오비도 묶지 않고 기모노만 걸친 채 헝클어진 머리로 욕실에서 나오다가 복도에서 카키색 군복을 입은 젊은 군인과 마주쳤다. 머리는 박박 밀었고 넓적한 코와 커다란 입은 농부 같은 인상이었으며 다리는 심하게 굽은 안짱다리였다. 갑자기 나타난 나 때문에 그도 나만큼이나 놀란 것 같았지만, 이내 큰 소리로 웃으며 열린 문밖에 있던 다른 병사들에게 와서 이 재밌는 광경을 보라고 소리쳤다. 군인들이 우리 집에 멋대로 들어와 할 일도 없이 어슬렁거리는 것은 이전에 경찰들이 들락거리던 것과는 비교도 안 되게 훨씬 더 무서웠다. 마치 덫에 걸린 느낌이었다. 나는 군인들이 줄지어 들어오는 동안 열린 문 뒤에 서 있다가 다 들어오고 나자 쏜살같이 쫓아나가 문을 닫고 밖에서 빗장을 걸었다.

방 안의 군인들이 무슨 일이 벌어진 건지 알아차리기도 전에 나는 계단 아래로 달아나 지하창고에 숨어들었다. 지하실은 무덤 속처럼 추웠고 벽은 얼음으로 도배되어 있었다. 포도주 맛이 변하는 것도 무리가 아니었다. 술이라! 문득 좋은 생각이 떠올랐다! 나는 술병 주둥이를 큰 돌에 쳐서 깨뜨리고 냄새를 맡았다. 럼주였다. 아주 조심해가며 조금 마셨는데도 입을 베이고 말았다. 남은 술은 덜덜 떨리는 몸에 발라 문질렀다.

위층에서 화가 나서 소란을 피우는 소리가 들리더니 갑자기 요란한 웃음소리로 바뀌었다.

몇 시간이 지난 뒤 군인들이 떠나자 나를 밖으로 꺼내준 남두는 그들이 우리 집 뒤에 은밀하게 새로 배치된 포병들이라고 말해주었다. 나는 무슨 일이기에 그렇게 웃었던 거냐고 물었다. 처음에 빗장을 열어주자 군인들이 몹시화를 냈지만, 내가 아기를 낳으러 가야 했고 그들을 두고 가버린 것에 대해사과했다고 둘러대자 그렇게 웃음을 터뜨렸다는 것이다. 과연 남두다운 수습이었다. 이번에는 내가 웃을 차례였다. 몇 달 만에 이렇게 웃어보는 것인지 몰랐다.

사실 나를 찾아온 것은 아기가 아니라 폐렴이었다. 그대로 죽어버렸으면싶을 만큼 아팠지만, 일본인 의사는 내 뜻대로 되도록 내버려두지 않았다.의사가 올 때마다 경찰이 따라와 침대 옆에 서서 의사의 진찰을 흥미로운 듯지켜보았다.

위험한 고비를 넘겼을 무렵, 아침에 깨어보니 내가 침대 밑에 들어가 내심장을 찾고 있는 게 아닌가. 심장이 너무 아픈 나머지 돌로 변해 매트리스를 뚫고 바닥에 떨어져 있었다.

이런 꿈을 꾸고 나니 내가 미쳐가고 있다는 생각이 들어 불안을 떨칠 수없었다. 그때부터 나는 거의 잠을 자지 못했다. 개들이 짖을 때마다 나의 종말이 다가왔다는 생각이 들었다. 밖으로 나가 누구라도 만나야겠다고 결심한 건 그래서였다.

곤도 씨가 나를 만나러 왔을 때 나는 머리를 감을 수 있게 러시아인 친구나탈리의 집에 가는 걸 허락받아달라고 애원했다. 곤도 씨가 나를 방문하도록 허락한 것도 사실 일본의 전쟁 비용을 모으려고 기부금을 받기 위한 것이었고, 그 때문에 나는 수차례에 걸쳐 강제로 수백 엔에 달하는 돈을 내놓아

· 호박 목걸이

야 했다. 그래서 곤도 씨는 경찰과 좋은 관계를 유지하고 있었고, 나는 비싼 샴푸도 얻을 수 있었다. 다음 날 남두를 대동하고 다녀와도 좋다는 허락이 떨어졌다.

나탈리는 문간에 선 나를 보더니 너무 놀라 말을 잇지 못했다. 둘만 남겨져 서로 목에 매달리듯 부둥켜안는 순간 나는 기절하고 말았다. 아마 나 자신의 목소리에 놀랐던 것 같다. 그러나 일단 혀가 풀리자 우리는 이야기로 잃어버린 시간을 메웠다.

밖에서 무슨 소리가 들릴 때마다 나는 세숫대야에 머리를 담갔고, 나탈리는 빗과 물주전자를 들고 내 머리 위에서 머리 감기는 시늉을 했다. 더 오래 머물 엄두는 낼 수 없었다. 나는 나탈리에게 가능하다면 브루스의 생일인 3월 14일에 다시 오겠노라고 약속했다.

나는 남두와 함께 우리 집 딜쿠샤로 돌아왔다. 딜쿠샤(Dilkusha)는 힌디어로 '기쁜 마음의 궁전'을 뜻하지만, 점점 가까워지는 우리 집을 바라보며 건노라니 그런 우리 집이 이렇게 고행의 장소가 되어버린 현실이 너무나 기가 막힐 따름이었다.

3월 14일에는 용케 감시자의 눈을 피해 나탈리와 한 약속을 지킬 수 있었다. 한복을 입고 마치 한국의 부부처럼 남두 뒤를 온순하게 뒤따라 걸어갔기 때문에 가능한 일이었다. 한국 남자들은 자기 아내를 칭할 때 '집에 있는 사람'이라는 표현으로 에둘러 말한다. 나탈리도 약속을 잊지 않고서 러시아 사람 특유의 너그러운 환대로 나를 위한 깜짝 파티를 준비해두었다. 거기에는 다른 사람들도 와 있었다. 노르웨이 아가씨 아스트리드도 있었고, 일본 사람과 결혼한 미국인 여성도 있었으며, 백계 러시아인 몇 명, 비시 프랑스의 영사 부부도 있었다. 이들 부부는 다정한 성격의 사람들로 언제라도 내가 개들을 먹일 수 없는 형편이 되면 우리 개들을 보살펴줄 것이며, 만약 자기들마저 이 나라를 떠나야 한다면 개들을 안락사해주겠다고 약속했다.

우리는 까치 떼처럼 흥분해서 떠들어댔다. 카드놀이를 하는 이들도 있었지만, 나의 가장 큰 관심은 나탈리가 만든 케이크에 쏠려 있었다.

아무도 사태가 어떻게 돌아가는지 제대로 알지 못했고 황당한 소문만 난무했다. 나탈리는 자기가 스파이들에게 둘러싸여 있다고 확신했는데, 담 너머에 소련 사람들이 살고 있으니 그리 놀라운 생각도 아니었다. 심지어 나탈리는 소련 사람들이 신부 집에 들어가는 것을 본 뒤로는 신부나 신부 어머니와도 상종하지 않으려고 했다. 몇 안 되는 외국인 부적응자들이 모여 사는 그 거주지 안에서 일어나는 일들을 적자면 책 한 권을 너끈히 채우고도 남을 것이다.

어두워지고 나서야 나는 딜쿠샤로 돌아왔다.

겨울이 물러난 자리에 봄이 찾아들었고, 우리 집 지붕에 살던 비둘기들도 다시 돌아와 집을 지었다.

둘리틀 공습

1942년 4월 11일. 징집을 당해 일본군복을 입은 남두가 예의를 차릴 겨를도 없이 내 방으로 황급히 뛰어 들어왔다. 남두는 눈을 커다랗게 뜨고 두 팔을 활짝 벌리더니 바닥에 코를 박듯이 하다가 앞으로 고꾸라질 뻔했다. 그런 남두를 보며 나는 생각했다. 가엾은 것, 결국 미쳐버렸구나…….

남두는 바로 일어서더니 두 팔을 허우적대며 표현할 적당한 단어를 찾았다.

"빵, 빵, 영국"이라고 말하고, 잠시 후 "도쿄"라고 하더니, 곧 주먹으로 탁자를 쾅쾅 내리치며 "붐, 붐, 붐, 비행기, 미국 사람, 도쿄, 붐, 붐, 붐"이라고 소리쳤다.

남두가 어디서 그런 정보를 들었는지는 모르지만 한국 사람들에게는 그들만의 소식통이 있었다. 몇 달이 지난 후에야 나는 그 일이 그 유명한 둘리틀 공습*이었다는 것을 알았다.

어느 날 아침 이층 포치에서 이리저리 서성이다가 문득 망원경이 떠올랐다. 보는 사람이 아무도 없음을 확인한 다음 숨겨두었던 화분에서 망원경을 꺼내 와서 난간 뒤에 무릎을 꿇고 앉았다. 남산 기슭에 있는 조선신궁의 하얀 계단과 거대한 기둥이 보였다. 이번에는 망원경을 돌려 무악재 쪽을 훑었다. 형무소와 그 근처에 빨간 벽돌로 된 높은 건물이 보였다. 거기에서 작고 검은 사람들의 형체가 빙글빙글 줄지어 걷고 있었다. 그 수를 세어보니 열세 명, 우리 측에서 행방이 묘연해진 사람들의 수와 일치했다. 그중 한 사람은 운동을 하고 있는 것 같았다. 한 팔로 나무에 매달린 채 다리를 전후좌우로 흔들고 있었다. 나는 그가 브루스라고 확신했다. 그때 나는 그림 그릴 때 입는 주황색 덧옷을 입고 있었다. 독수리처럼 예리한 시력의 그가 혹시 나를 알아보고 신호를 보내는 건 아닐까 하는 생각에 가슴이 두근거렸다.

며칠이 지나서야 나는 그들이 마당에 나와 있는 모습을 다시 볼 수 있었다. 그날은 주황색 덧옷을 입고 있지 않았다. 나는 화실로 달려 들어가 제일 먼저 눈에 띈 주황색 쿠션을 집어들었다. 그걸 들고 나와 하늘 높이 던져 올

---

* 둘리틀 공습은 저자가 기록한 날짜와 달리 1942년 4월 18일에 일어났다. 1941년 일본의 진주만 공격에 대한 보복으로, 2차 세계대전 중 미군이 최초로 일본 본토에 가한 공습이다. 지미 둘리틀 중령의 지휘 아래 B-25 미첼 폭격기 16대가 일본 각지를 폭격했다. 피해가 크지는 않았지만 자국의 상공은 안전하다고 자신하던 일본이 미군의 공습에 취약하다는 사실을 보여준 사건이었기에, 일본의 군부는 큰 충격을 받았고 미군은 사기가 높아졌다.

렸다. 쿠션은 난간에 부딪치더니 아래층 화단으로 떨어졌다. 시선을 끄는 위험천만한 행동이었지만, 그때는 그 일이 초래할 결과에 대해 별다른 생각을 하지 못했다.

구슬 넷
기약없는 이별

브루스의 석방

5월이 되자 잔디는 초록빛을 뽐내었다. 개나리 울타리도 노랗게 물들었고, 언제나 느긋한 은행나무 고목은 그제야 부채 모양의 조그만 잎들을 밀어내고 있었다. 어린 비둘기들은 지붕을 따라 둘러놓은 낙수받이 홈통을 긁어댔고, 까치들도 돌아와 둥지를 틀고는 비둘기들과 실랑이를 벌였다.

그 몇 달 사이 나는 몇 차례 박해자들의 눈을 피해 숨어 있곤 했다. 은행나무 밑에 있는 까치샘도 은신처 중 하나였다. 땅바닥에 나 있는 문을 열고 내려가 머리 위로 문을 닫은 다음 계단을 내려가면 우리가 식수를 길어다 쓰는 샘물이 있었다. 나는 거기에 앉아 머리 위로 군인들이 지나다니는 소리를 들었다. 어린아이가 엄마의 사랑에서 위안과 안정감을 느끼는 것처럼 그 안에 있으면 은행나무가 나를 보호해주는 것 같은 느낌이 들었다. 잠시 있으니 개들이 짖는 소리가 분노의 포효에서 흥분해서 짧고 날카롭게 짖어대는 소리로 바뀌었다. 나는 문을 밀어 열고 주위에 아무도 없음을 확인한 다음 밖으로 나와 이층 포치로 올라갔다. 누군가가 개들을 풀어놓은 게 보였다. 린틴이 마구 날뛰며 진입로로 달려 내려갔다.

"주인어른! 주인어른!" 남두가 대문 빗장을 비틀어 열며 외치는 소리가 집 안 전체에 울려 퍼졌다. 나는 전속력으로 계단을 달려 내려가 계단 아래에서 브루스의 품에 안겼다. 두 사람 다 한마디도 할 수 없었다. 그는 여위었고 면도도 하지 못해 수염이 덥수룩했다. 그래도 그는 나의 브루스였다! 나를 바라보는 그가 어쩐지 넋이 나간 표정이어서 나는 덜컥 겁이 났다.

"피터……!" 힘없이 입을 뗀 그가 다시 말을 멈췄다. 그러고는 낮게 가라앉은 목소리로 "당신이…… 죽은 줄 알았소" 하고 말했다. 그는 그날 이층 포치에서 주황색 쿠션이 난간 너머로 떨어지는 것을 보고 내가 떨어졌다고 생각했던 것이다.

우리는 이층 내 방으로 올라갔다. 남편은 평소에 자기 생각을 분방하게 말하는 사람은 아니었지만, 그래도 차츰 말수를 되찾아갔다. 그 역시 진주만 공격부터 시작해서 우리 아들이 죽었을지도 모른다는 말까지 온갖 기가 막힌 소식들을 들어온 터였다.

"그래서 당신은 뭐라고 대답했어요?" 내 목소리가 얼마나 기운 없게 들리는지 의식하지도 못한 채 내가 물었다. 그가 갑자기 웃음을 터뜨리더니 눈빛을 반짝였다. 이제야 정말 브루스다워 보였다.

· 호박 목걸이

"그게 말이오, 우리의 멋진 미국식 화법으로 '헛소리!' 하고 소리질러주었지."

둘이 함께 웃었지만 내 웃음은 곧 흐느낌으로 변했다. 그는 그동안 겪은 일을 대수롭지 않다는 듯 가볍게 말했다. 자기가 풀려날 수 있었던 것은 포로로 잡혀 있는 한은 금광을 팔지도 않을 것이며 일본인들과 사업에 관한 협상도 하지 않을 거라고 버텼기 때문이라고 했다. 결국 그들은 그에게서 금광을 빼앗아갔고, 약탈도 반드시 합법적으로 해야 한다는 그들의 신념에 따라 그 대가로 남편의 계좌에 약간의 돈을 넣었다.

그는 형무소에 있을 때 전쟁이 20년 동안 계속될 거라는 공지들을 보았다고 했다.

"우리는 어쩌죠?" 나는 20년 후면 내 나이가 몇일지 계산해보며 물었다. "그자들이 우리 책들도 다 가져갔어요. 성경 한 권과 셰익스피어와 브리태니커 백과사전만 남겨두고요."

"그러면 그 책들을 읽어야지." 그날 밤 우리는 창세기부터 읽기 시작해서, 백과사전의 A 항목을 보고, 《햄릿》도 조금 들여다보았다. 그러다 전깃불이 나가자 축음기 태엽을 감아 옛 음반을 틀었고, 나는 〈완벽한 하루를 접으며 (The End of a Perfect Day)〉의 선율을 들으면서 잠들었다.

다음 날 아침, 나는 창들을 활짝 열어 따스한 봄바람을 집 안으로 들였다. 실로 몇 달 만에 하는 개방적인 행동이었다.

늘 그래왔듯이 개 짖는 소리에 누가 왔나 하고 서재로 달려가니, 남편은 텅 빈 책장과 서랍들을 바라보고 있었다.

"뭐가 잘못되었소?" 브루스가 내 표정을 보고 물었다.

"모든 게요. 개들이 짖는 걸 들어보면 알 수 있어요."

하지만 이제 남편과 함께 있으니 갑자기 용기가 솟았다. 나는 돌아서서 아래층으로 내려갔다. 현관에는 모자를 손에 들고 잿빛 머리카락을 드러낸 곤도 씨가 서 있었다. 주름진 온화한 얼굴에 눈썹이 눈을 찌를 것처럼 제멋대로 자란 키 작은 일본인이었다. 그는 일본인들 사이에서 자신의 평판을 해치지 않는 한도 내에서 최대한 친절하게 나를 도와주었다. 이번에는 샌프란시스코의 한 은행에서 발행한 수표를 내게 전해주었다. 수표에는 우리가 베이징에 있다고 알고 있는 시동생 윌리엄 웬트워스 테일러의 서명이 있었다. 곤도 씨는 선량한 불교 신자이자 존경할 만한 사람이어서 나는 그를 좋아했다. 게다가 잿빛 머리카락 때문에 조금 유럽 사람처럼 보이기도 했다. 그날은 그를 만난 것이 특히 더 기뻤다. 흥분을 억누른 그의 표정도 환하게 빛나고 있었다.

"오쿠상, 이틀 안에 떠날 채비를 하실 수 있겠습니까? 미국인들을 태워 갈 배가 온답니다."

"물론이죠." 나는 소리 높여 대답하고는 한 번에 세 칸씩 계단을 올라갔다.

서재 문을 벌컥 열고 들어갔지만 타이밍이 좋지 않았다. 내가 자기 서류들을 다 태워버렸다는 사실을 남편이 막 알아차린 직후였기 때문이다. 내가 그렇게 기쁜 소식을 전했는데도 남편은 이렇게 반문할 따름이었다. "당신은 내가 그런 촉박한 통보를 받고서 평생 해온 일을 팽개치고 떠날 거라 생각하는 거요?"

"하지만 지금 중요한 건 당신의 생명이지 당신의 일이 아니에요."

"당신은 다른 사람들과 함께 떠나도 좋소. 나는 남을 거요." 남편의 말은 단호했다. 갑자기 그가 낯선 사람처럼 느껴져 말문이 막혔고 희망이 무너져 내렸다. 때때로 그의 생각은 내가 전혀 따라갈 수 없는 방향으로 흘렀다.

"어떻게 그런 말을 할 수가 있어요?" 눈물이 쏟아질 것 같았다.

남편은 뉴잉글랜드 사람답게 단호하게 다문 입술로 일자를 그렸고, 두 팔은 앞으로 팔짱을 꼈다. 나는 차라리 아무 말도 하지 말 걸 그랬다고 후회했다. 나 역시 팔짱을 꼈고, 남편의 뉴잉글랜드 입술과 나의 '옛 잉글랜드' 입술은 분명 아주 비슷한 모양을 하고 있었을 것이다. 잠시 후 나는 차를 가져오라는 신호로 벨을 울렸다. 우리는 아무 말 없이 차를 마셨다.

30분쯤 지나자 곤도 씨가 가쁜 숨을 몰아쉬며 다시 찾아왔다. 그는 고개 숙여 인사하며 들어오더니 두 손으로 우리에게서 먼지를 털어내는 듯한 동작을 했다. 일본인들이 예의로 하는 행동이었다.

"미스테이크! 미스테이크!" 그런 다음 숨을 돌리고 말을 이었다. "이틀이 아닙니다. 20일이에요!"

만약 곤도 씨가 처음에 20일이라고 말했다면 브루스는 분명 여섯 달은 필요하다고 고집했을 것이다. 하지만 이틀에서 20일로 늘어나니 좀 더 받아들이기 쉬운 모양이었다. 나는 곤도 씨를 쳐다보며, 브루스에게서 떠나겠다는 동의만 받아낼 수 있다면 어떤 거짓말을 해도 상관없다는 내 뜻을 표정으로 전했다. 그런 다음 두 사람이 의논하도록 남겨두고 자리를 떴다. 남편은, 곤도 씨가 몇몇 서류들을 마련하고 우리의 재산 권리증서들을 되찾아올 수 있다면 떠나겠다고 합의했다. 나머지 일은 곤도 씨가 알아서 처리하기로 했다.

떠날 준비

무엇을 가져가야 할까? 내 마음은 시몬스 매트리스와 중국산 비연호(鼻烟

壺)[*] 사이에서 시소를 탔다. 결국 비연호 쪽으로 마음을 정하고 내게 허락된 무게에 맞춰 짐을 쌌지만 조금이라도 더 가져갈 수 있기만 바랄 뿐이었다. 대부분이 동양에서 구한 나의 보물들이었다. 브루스는 내가 챙긴 물건들을 보더니 차분한 말투로 그 '쓸데없는 것들'을 정말 다 가져갈 거냐고 물었다. 나는 의기양양하게 그렇다고 대답했다.

"음식이나 옷은 언제든 구할 수 있지만, 상아 조각 같은 이런 물건들은 아무데서나 구할 수 없으니까요."

"글쎄, 아무튼 내 가방은 당신이 싸지 않기를 간절히 바랄 뿐이오."

"어머! 내가 벌써 다 쌌는걸요. 하지만 캘리포니아에 가서도 당신에게 꼭 필요한 것들만 챙겼어요." 나는 나도 모르게 영화에서 영향을 많이 받았던 모양이다. 남편이 내가 챙긴 물건들을 살펴보았을 때 거기에는 하얀 오리 의상과 메스 재킷,^{**} 진홍색 커머번드,^{***} 연미복, 그리고 결혼식 때 입고서 1년에 한 번 총독과 만나는 행사에서만 입는 모닝 수트까지 들어 있었으니 말이다.

"맙소사, 여보! 남겨둔 건 정장용 실크해트뿐이로군." 브루스는 이렇게 외치더니 그 자리에서 가방에 든 걸 죄다 바닥에 쏟아버렸다. 그런 다음 가장 오래된 반바지와 셔츠들을 가방에 쑤셔 넣고는 귀퉁이에 콘비프와 훈제청어 통조림을 채워 넣었다. 후에 나는 남편이 가방을 다시 싼 걸 아주 고마워했다.

다음 문제는 재산 증서들과 시동생 빌이 보내준 수표 그리고 내 다이아몬드를 어떻게 가져가느냐 하는 것이었다.

---

[*] 코담배를 넣어두는 병.
^{**} 허리선까지 내려오는 짧은 정장용 재킷.
^{***} 디너재킷이나 턱시도를 입을 때 복부에 두르는 띠.

"이런 시기에 위험을 감수할 필요는 없지." 브루스의 말에 나도 진심으로 동의했다. 하지만 순진하게도 그렇게 큰 위험을 감수할 정도는 아닐 거라고 생각하고 있었다.

그럼에도 밤이면 안전하게 그 일을 처리할 방법을 생각해내느라 뜬눈으로 지새우기도 했다. 어느 날 좋은 생각이 떠올랐다. 수표를 성경책 표지 안쪽에 끼워두면 어떨까? 일본인들도 성경은 많이 보아왔으니 위험한 물건이라고는 생각하지 않을 터였다. 나는 어머니 사진 뒤에 수표를 포개고 사진 위에 네 잎 클로버를 얹어 표지 안쪽에 깔끔하게 고정했다. 성경과 어머니와 네 잎 클로버가 합세해도 궁지에서 구해주지 못한다면 그 무엇도 소용없을 거라고 생각하면서. 수표 문제가 해결됐으니 이제는 다이아몬드 차례였다. 이번에도 쉬운 방법이 있었다! 나는 다이아몬드를 치즈 안에 밀어 넣고 그 치즈의 한 끝을 베어 먹은 다음 멀쩡한 새 치즈 하나를 함께 넣었다. 수용소에 있을 때 감시병은 멀쩡한 치즈만 압수해갔으니 내 계획은 적중한 셈이었다. 다이아몬드를 품은 채 고약한 냄새를 풍기던 나머지 치즈는 뉴욕 항에 도착해서야 속에 든 걸 꺼내고 버릴 수 있었다.

호박 목걸이는 아무도 볼 수 없게 허리에 둘렀다. 브루스는 그걸 보고, 옛날 기사들이 십자군 전쟁에 나갈 때 아내에게 채웠던 정조대를 닮았다며 놀렸다.

출발 일정은 자꾸만 연기되었다. 그렇게 기다리는 동안 우리는 매일 무게가 늘어나는 여행 가방을 들고 다니며 시간을 보냈다. 얼마 후 나는 아이디어를 짜내 가방 두 개는 손에 들고, 두 개는 끈으로 어깨에 멜 수 있도록 멜빵을 만들었다. 등에는 배낭들을 포개어 멨다. 배낭 위에는 침구로 쓸 작은 담요를 돌돌 말아 올렸다. 공 서방은 우리가 가는 데마다 종종걸음으로 따라

다니며 제발 짐 좀 내려놓으라고 애원했다. 나는 셰익스피어를 읽으면서도 어깨 힘을 기르려고 앉아서 운동을 계속했다.

집에 있는 귀한 물건들은 모두 방 하나에 몰아넣고 빗장을 질러 잠갔다. 은식기들은 한 번에 몇 개씩 공 서방의 넓은 바지통 속 다리에 묶어 나탈리 집에 보냈다.

떠날 날이 가까워지자 브루스는 일본인들에게 허가를 얻어 아버지의 묘를 방문했다. 만들어둔 비석을 아직 세우지 못했기 때문이다. 허가가 떨어지자 남편은 감시자 몇 명과 함께 양화진에 있는 묘지로 갔다. 일본인들은 고인에 대한 예의가 깍듯해서, 감시자들도 각자 검정 리본을 단 화관을 하나씩 가져왔다. 나는 여자라는 이유로 그 자리에 참석하는 것이 허락되지 않았다. 그때 세운 비석에는 다음과 같이 새겨져 있다.

조지 알렉산더 테일러

개척자이자 금광 기술자

1896년 11월 한국에 도착

1829년 3월 17일 노바스코샤에서 태어나

1908년 12월 10일 한국에서 사망하다

아내 마리에타 로드

자식 앨버트, 올리브, 윌리엄

"주여, 길고 긴 노동이 끝나고 나의 휴식을 벌었나이다."

테일러

떠나기 전날 밤, 짐 들기 연습을 너무 과하게 한 나머지 다리 정맥 한 군데
가 파열되어 나는 가방 하나도 들 수 없는 상태가 되고 말았다. 결국 브루스
가 들어야 할 짐만 두 배로 늘었고, 나는 너무나 소중한 여러 가지 보물들을
포기해야 했다.

일본은 우리가 사무실 직원들을 만나거나 작별 인사를 나누는 것도 허락
하지 않았다. 참으로 안타까운 일이었다. 특히 김 주사를 만나지 못한 것은
정말 가슴 아픈 일이었다. 그는 우리 회사에서 오래 근무했고 조선이 일본에
합병되기 전 조선 조정과 긴밀한 관계였다는 이유로 가택연금 중이었다.

언제 다시 돌아올지, 아니 다시 돌아올 수나 있을지 아무 기약도 없이 우
리는 오랜 세월 살았던 정든 집을 떠났다. 개들 옆을 지날 때는 차마 쳐다볼
수도 없었다. 개들도 우리를 이해했을 거라고 생각한다. 진입로를 걸어 내
려갈 때 덤불이 부스럭거려서 보니 우리 일을 정성스레 맡아 해주던 남두의
아내와 다른 아낙들의 흰옷 입은 모습이 보였다. 그들은 "아이고……, 아이
고……" 하며 낮은 소리로 흐느껴 울었다.

강제 추방

역에 도착하니 우리처럼 철수당하는 사람들이 모여들고 있었다. 그 모습이
참으로 가관이었다. 어떤 여자는 정장 드레스를 몇 겹이나 겹쳐 입고는 치
맛단을 끌어올려 허리춤에 붙잡아 매고 있었다. 모자를 탑처럼 몇 개나 포
개 쓴 여자도 있었다. 모두 배낭과 보따리와 보온병 들을 여러 개씩 들고 있
었다. 화장을 한 사람은 아무도 없었다. 남자 두 명은 들것에 실려 왔는데 한
사람은 가톨릭 신부였고, 또 한 사람은 언젠가 천황에게서 훈장을 받은 적이

있다는 이유로 극진한 대접을 받던 스코틀랜드인이었다.

우리는 기차를 타고 부산으로 가서 그날 밤 한국을 떠나는 배에 올랐다. 작은 일본 배의 다다미 바닥으로 된 어수선한 삼등칸이었다. 그래도 이렇게 한데 모이게 되었으니 그 정도는 감수할 수 있었다. 우리는 가져온 음식을 먹었다. 얼마 후 영국 총영사 제럴드 씨가 나타나 남의 눈에 띄지 않게 나를 자기네 선실로 데려갔다. 거기에는 알린이 있었고, 나는 몇 시간 뒤 일본에 도착할 때까지 그들과 함께 있었다.

고베에 도착하자 영사단은 토르 호텔로 보내고 환자들은 병원으로 보냈는데, 우리를 포함한 나머지 사람들은 4열 횡대로 줄지어 세우고는 모토마치 거리를 따라 행진하게 했다. 그 행진의 의도는 우리에게 모욕을 주려는 것이었지만, 우리는 대열에서 이탈해 평범한 관광객인 양 상점의 신기한 물건들을 보며 감탄하거나 흥정을 하면서 오히려 상황을 뒤집어버렸다. 일본 호송병들은 앞뒤로 오가며 대열을 바로잡으려 애썼지만 허사였다. 그들이 지나가고 나면 우리는 곧바로 다시 대열을 이탈했기 때문이다.

미국 배가 우리 모두를 자유의 품으로 실어다 줄 것이라던 기대는 커다란 철대문을 통과해 막사 같은 곳에 도착했을 때 산산이 부서지고 말았다. 하지만 거기서 예상치 못한 행운도 만났다. 쫓겨가는 이들은 우리뿐이 아니었다. 만주에서 온 미국인과 캐나다인 남녀가 120명이나 더 있었다. 그들은 자신들이 몸소 겪으며 배운 수용소 생활의 요령을 우리에게 알려줌으로써 자신들이 겪어야 했던 여러 골칫거리를 피할 수 있게 해주었다. 첫째 가르침은 절대로 말대꾸를 하지 말라는 것이었다. 둘째, 심문을 받아도 어떤 정보도 알려주지 말 것, 셋째는 곤경에 처한 사람은 누구든 도와야 한다는 것, 마지막으로 가능하면 맞서지 말고 물러나라는 것이었다.

• 호박 목걸이

공동침실 하나에 약 스무 명씩 배정되었다. 침대라는 것은 딱딱한 나무판에 더러운 커버를 덮어놓은 것일 뿐 베개도 없었다. 그때까지 나는 남자들만 코골이를 하는 줄 알았는데, 여자도 코를 곤다는 사실을 이때 처음 알게 되었다. 우리는 하루 세 번 지하층으로 내려가 식사를 했는데, 대부분은 생선과 양배추로 끓인 수프와 일본인들이 '고히'라고 부르는 것이었다. 아무래도 커피를 뜻하는 것 같았으나 도저히 삼킬 만한 게 못 됐다.

3주 동안 여물통 같은 데서 씻으며 지내던 우리는 더 이상 못 참고 목욕을 하게 해달라고 요구했다. 얼마 후 이런 요구가 점점 강력해지자 모두 한꺼번에 목욕탕에 들어가라는 지시가 떨어졌다. 일본인들은 남녀가 함께 목욕하는 것을 아무렇지도 않게 생각한다. 이윽고 자기들로서는 이해가 안 되지만 외국인들이 그 결정에 반대한다는 사실을 알고는 선심 쓰듯이 목욕탕 가운데에 줄을 쳐놓고 한쪽은 여자들, 반대쪽은 남자들에게 쓰라는 것이 아닌가!

앞에서도 말했듯이 일본인들은 예절을 대단히 중시하며, 그 덕분에 생활의 번거로움이 아주 단순하게 해결되기도 한다. 예를 들어 집에 손님이 찾아왔을 때 안주인이 욕실에서 나와서 거실을 가로질러 가야 하는 상황이라면 그냥 벗은 채로 지나간다. 그럴 경우 방문객은 그 여인을 쳐다보지 않는다. 예절에 어긋나는 일이기 때문이다. 잠시 후 안주인이 기모노를 차려입고 다시 나오면 그때서야 처음으로 만난 것처럼 서로 인사를 나눈다.

우리로서는 일본군 감시자들이 끌어내기 전에 욕실에서 볼일을 보고 나와야 했으므로 뭐든 재빨리 해치웠다. 모든 사람이 머리를 감고 옷도 세탁하고 몸도 씻어야 했으니 참으로 해괴한 광경이 연출되었다. 젖은 옷을 질질 끌고, 젖은 머리카락에서 물을 뚝뚝 흘리며 돌계단을 맨발로 뛰어올라가는 모습들이라니.

그러다가 선교사들의 주도로 남녀가 차례를 정해 교대로 욕실을 쓰는 방식으로 바뀌었다. 나는 미술학교에서 나체 모델을 앞에 두고 그림 그리는 수업을 받아본 적이 있어서 다른 사람들만큼 그런 상황에 크게 당황하지는 않았다. 그러나 자신에게도 육체가 있다는 사실을 거의 의식하지 않는 듯한 수녀님들은 그 상황을 심히 불편해했다. 우리는 수녀님들에게 따로 욕실을 사용할 시간을 주고 좀 더 기다림으로써 난처한 상황을 해결했다.

어느 날 일본인들이 세관 건물에 보관되어 있던 우리의 짐을 검사하겠다고 했다. 가는 길에 비가 올 것 같아 우리는 일본 우산을 살 수 있게 해달라고 요구했다. 허락이 떨어져 모두가 우산을 하나씩 사들고 다시 거리로 나서니 일본 상인들이 길 양옆에 줄지어 서서 지나가는 우리를 구경했다. 우리는 우산을 펼쳐 옆으로 들어 그들이 우리를 보지 못하게 막는 차단막으로 활용했다.

짐들은 보관소 탁자 위에 쌓여 있었다. 보관소에 도착하자 그들은 우리를 각자 자기 짐 앞에 줄지어 세웠다. 줄의 앞쪽에 있던 사람들은 따로 물건을 챙길 기회가 없었지만, 앤젤라 수녀님에게는 묘안이 있었다. 바로 옆에 서 있던 나는 수녀님이 우아한 동작으로 탁자 위에 있던 성무일도서를 밀어서 바닥에 떨어뜨린 뒤 수녀복을 펼쳐 덮어버리는 모습을 지켜보았다. 나와 눈이 마주치자 수녀님은 작은 몸짓으로 신호를 보냈다. 나는 내 가방에서 서류 뭉치를 빼내 탁자 가장자리에 놓았다가 바닥에 떨어뜨렸다. 수녀님이 지체 없이 넓은 옷자락을 펼쳐 덮어주었다. 그 옷자락은 앤젤라 수녀님의 자애로 움처럼 넓디넓었다. 수녀님 반대쪽 옆에 있던 음악가는 자기가 작곡한 악보들 때문에 잔뜩 걱정하다가 같은 방법으로 악보를 챙길 수 있었다. 우리 세 사람은 가방을 검사할 때도 두려울 게 전혀 없었다. 하지만 주소가 적힌 수 첩을 빼앗긴 것은 정말 분한 일이었다.

짐 검사가 끝나자 점심시간이었다. 우리의 점심은 배낭에 들어 있었다. 앤젤라 수녀님은 옷자락을 넓게 펼치고는 서 있던 그 자리에 그대로 앉았고, 음악가와 나도 그 옆에 앉았다. 우리는 식사를 하는 동안 각자 물건을 배낭에 감추고, 그대로 등에 메고 막사로 돌아왔다.

식사를 하고 복도를 거니는 것을 제외하면 우리가 할 수 있는 일은 거의 없었다. 우리는 다른 나라들에서 겪은 경험들을 서로 들려주며 대부분의 시간을 보냈다. 매일 저녁에는 오락 시간이 있었다. 할 줄 아는 게 있든 없든 누구나 참여해야 했다. 우리가 가진 악기들은 코넷 하나와 콘서티나 하나, 바이올린 하나였다. 앤젤라 수녀님은 바이올린 연주가 장기였고, 캐리 신부님은 코넷으로 기상나팔을 어찌나 멋들어지게 부는지 샘이 난 감시병이 코넷을 빼앗아갈 정도였다. 우리에게는 박수를 치는 것조차 허락되지 않았다. 박수를 친다는 것은 우리가 즐겁고 만족스러워한다는 인상을 주기 때문이었다. 그러나 소리 내지 않고 박수치는 동작을 흉내만 내는 것이 어쩐지 훨씬 더 재미있어서 그럴 때마다 매번 다 함께 큰 소리로 웃음을 터뜨리곤 했다. 그전까지 나는 신부님과 수녀님들이 그렇게 재미있는 사람들일 거라고는 생각하지 못했다. 그분들은 언제나 진취적이고 용감했다. 병을 앓던 한 신부님이 수용소에서 죽음을 맞이했을 때도 그 기상은 꺾이지 않았다. 종교에 상관없이 모두 그 용감한 신부님의 장례식에 참석하여 함께 애도했다. 서울에 있는 영국 성공회 대성당의 드레이크 신부님도 우리와 함께 있었다.

수용소에서 맞은 결혼기념일

6월 들어 우리의 결혼기념일이 다가오자 브루스가 사람들에게 그런 이야기를 절대로 하지 말라고 단단히 당부했다. 그런데 그날 저녁 조금 늦게 지하에 있는 식당으로 식사를 하러 내려가니 우리 둘 앞에서 누군가 문을 열어주었다. 브루스와 내가 들어가자 콘서티나로 연주하는 멘델스존의 〈결혼 행진곡〉이 우리를 맞이했다. 식당 안에는 사람들이 두 줄로 늘어서서 두 팔을 머리 위로 들어 아치를 만들고 있었다. 브루스는 싫은 것 같기도 했지만 그래도 분위기에 맞추어 나에게 팔을 내밀었고, 우리는 팔짱을 끼고 아치를 통과해 식탁 상석에 마련된 우리 자리로 갔다. 접시 앞에는 하얀 데이지꽃 한 묶음과 맥주 한 병이 놓여 있었다. 우리는 맥주를 조금씩 나눠 마셨고, 감상적이고 낭만적인 노래를 들으며 축배를 들었다.

저녁식사가 끝나고 우리는 모두 신부님들의 공동침실로 가서 저녁 오락 시간을 즐겼다. 신부님들의 침대가 무대가 되었다. 즐거운 공연이 끝나고 헤어질 시간이 되자 캐리 신부님이 콘서티나로 〈굿나잇, 레이디스〉를 연주했다. 사람들은 내게 결혼기념일을 그런 곳에서 보내게 되어 안됐다고 말했지만, 나는 다른 어떤 곳에서도 이렇게 감동적인 깜짝 파티는 경험할 수 없었을 거라고 대답했다.

바로 다음 날 우리는 도쿄를 경유해 요코하마로 이동했다. 미국 배가 기다리고 있을 거라고 기대했던 우리는 돛대에 욱일기가 펄럭이는 아사마호를 보고 낙담하지 않을 수 없었다.

그들은 우리를 뜨거운 햇볕 아래 몇 시간이나 세워두었다. 배에 오르기 전에 마지막으로 비밀경찰의 조사를 받아야 하기 때문이었다. 브루스가 가방을 들고 앞으로 나가자 나는 그가 내 시야에서 사라지는 것도 싫고 내 배낭에 감춰둔 서류도 걱정되어 벽에 몸을 붙이고 사무실로 따라 들어갔다. 나는 아무것도 모르는 바보처럼 옆걸음질로 따라갔다가 조사가 끝나자 남편을 따라 나갔다.

"도마레(멈춰라)!" 그 소리에 브루스가 차분히 돌아섰다.

"난데스카(뭡니까)?" 경찰이 추궁하듯 손가락으로 나를 가리키며 물었다.

"아, 이 사람." 브루스는 나를 마치 처음 보는 사람처럼 천천히 돌아보더니, "내 아내인데 왜 그러시오" 하고 말했다.

나는 아첨하듯 고개 숙여 절을 하고 그 자리를 벗어났다. 그 소동 덕에 내가 걱정하던 배낭을 들키지 않고 넘어간 것이 다행스러울 따름이었다.

전쟁 속에서도 삶의 바퀴는 구르고

요코하마 출항

견디기 힘든 날들이 열흘이나 지났지만 우리가 탄 배는 움직일 기미도 없었다. 독방 감금의 공포를 경험해본 사람들은 도쿄 주재 미국 대사였던 조지프 그루 씨에게 일본에 계속 붙잡혀 있어야 한다면 자살해버리겠다고 말할 정도였다. 열흘째 되던 날 별안간 엔진 돌아가는 반가운 소리가 들려왔고, 얼마 지나지 않아 우리는 요코하마를 떠났다. 환자들과 노인들과 아이들은 성별을 가리지 않고 여자들과 함께 상갑판에 있는 침상을 배정받았다. 신체 건강한 남자들은 연령과 신분을 가리지 않고 모두 하갑판으로, 심지어 짐선반으로 몰아넣어 졌다. 브루스는 세 층 아래에 있는 선실에서 다섯 사람과 함께 지냈다. 그중에는 추수감사절에 지루한 설교를 늘어놓던 목사님도 있었다. 한편 나는 같은 날 내가 켠 촛불을 다 꺼버린 여자와 같은 침상을 써야 하는 운명이었다.

우리가 탄 배의 갑판에는 욱일기가 새로 그려져 있었다. 나는 그 위를 밟고 지나다니면서 그들의 자랑스런 상징에 조금이나마 흠집을 낸다고 생각하며 은밀한 통쾌함을 느꼈다.

며칠 후 우리 배가 홍콩 천수만에서 닻을 내리자 미국인들과 캐나다인들이 추가로 승선했다. 그중에는 우리의 옛 친구들과 지인들도 많았는데, 쿼테인 씨는 '픽윅 씨'처럼 뚱뚱하던 예전 모습은 온데간데없고 이제는 〈크리스마스 캐럴〉에 나오는 '타이니 팀'과 훨씬 더 닮아 보였다. 그는 오히려 살이 빠졌다며 뿌듯해했고, 처진 눈 밑 주름 따위는 호기롭게 무시하면서 요즘은 근육을 키우려고 운동을 하는 중이라고 큰소리를 쳤다.

우리는 홍콩에 있다고 들은 옛 친구 '외팔 서튼'을 수소문해보았다. 소문에 의하면 그는 가장 침울하던 시기에 수용소에 갇힌 사람들을 많이 즐겁게 해주었다고 한다. 사람들이 써튼을 마지막으로 본 것은, 그가 바지 속옷만 입은 채로 한 묘비를 베고 자고 있을 때였다. 묘비가 시원하기도 하고, 거기에 새긴 비문이 마음에 든다고 했다. 제대로 기억하는지 모르겠지만, 비문은 대략 다음과 같다.

눈을 떠서 흘깃 보니
마음에 안 들어 도로 잠드네

그들은 모두 피부가 짙게 그을리고 여윈 데다 다들 머리를 짧게 깎고 있어서 사실상 남자와 여자를 구별할 수 없을 정도였다. 게다가 모두 커튼과 식탁보 등 꽃무늬가 있는 천으로 만든 바지와 셔츠를 입고 있었다. 한 캐나다인 대령은 남녀의 구별이 얼마나 사라졌는지 보여주려는 듯 내 앞에 서서 겸연쩍은 듯 허리띠를 만지작거리면서 물었다.

"이상한 점 눈치 못 채셨나요?"

나는 곰곰이 생각했다. 좀 이상하기는 한데 정확히 뭐가 잘못된 건지 꼬집어 말할 수가 없었다.

"여자들이 말입니다." 대령이 미소를 띠며 말했다. "이 옷을 만들면서 자기네 옷을 만드는 본을 가지고 재단을 했지 뭡니까." 그제야 알아차렸다. 대령이 입은 반바지는 단추가 옆선에서 조심스럽게 여며져 있었던 것이다.

"저만 이런 처지가 아니에요, 부인." 그가 자랑스러운 걸음으로 멀어져가면서 말했다. "눈을 크게 뜨고 살펴보세요!"

싱가포르에서는 일본군 폭격기 중대가 우리 위로 가까이 내려오며 위용을 과시했다. 우리는 관객이 되어주기 싫어서 모두 갑판 아래로 내려가버렸다. 방콕에서 풀려난 사람들도 배에 승선했고, 우리 선실에도 한 사람이 새로 들어왔다. 저녁시간에 브루스가 나를 데리러 와서 노크를 했다. "메리, 준비 됐소?"

"잠깐만요, 브루스."

"브루스와 메리……! 동양 어딘가에 있다는……." 선실에 새로 합류한 사람이 혼잣말로 중얼거렸다. "혹시 당신들이 그 브루스와 메리인가요?"

"네, 맞아요. 그런데……?" 상하이에서 왔던 그 엽서가 떠오르자 가슴이 터질 듯 심장이 두근거렸다. 우리 아들이 공병대에 자원입대하여 하와이

·

에 배치되었다는 내용이 적힌 엽서였다.

"우리는 '동양 어딘가에 있는 브루스와 메리에게'라는 무선 메시지를 들었어요. 단파수신기를 숨겨두고 있었거든요." 내 귀에는 아무 말도 들어오지 않았다. 나는 온갖 감정과 불안으로 잔뜩 긴장한 상태로 그 메시지의 내용이 정확히 무엇이었는지, 무엇보다 그걸 들은 날짜가 언제였는지 물었다. 가능한 한 최근 날짜여야만 그나마 희망이라도 가져볼 수 있었다. 그러나 그녀는 기억하지 못했다. 자기 남편에게도 물어보았지만 그 역시 기억하고 있지 않았다. 두 사람이 기억하는 것은 '동양 어딘가에 있는 브루스와 메리'뿐이었다.

크라카타우 화산 가까이에 있는 순다 해협을 지나고서야 우리는 일본이 통제하는 해역에서 벗어났고, 인도양에 접어들어 아프리카로 향했다.

포로 교환

일본인 선장이나 장교들이 있었음에도 우리가 탄 배는 마치 홀로 표류하는 유령선 같았다. 우리가 어디서 어디로 가고 있는지는 아무도 몰랐고, 누군가가 소문을 지어내면 순식간에 퍼져 모두가 분명한 사실이라고 믿었다. 우리는 당면한 현재에만 집중하며 살아가도록 스스로 단련했고, 무슨 일이 벌어질지 전혀 짐작할 수 없기 때문에 하루 뒤의 일조차 예측할 엄두를 내지 못했다.

그러던 어느 날 아주 이른 시간, 이상할 정도로 무거운 정적이 우리의 잠을 깨웠다. 그 고요함은 우리의 몸속 깊숙한 곳까지 파고들었다. 엔진이 멈춰 있었다. 우리는 다들 시트를 몸에 둘둘 감고 갑판 위로 올라가 덜덜 떨며

서 있었다. 어렴풋한 형체를 드러낸 배 한 척이 사이렌을 울리며 천천히 다가왔다. 그 배에서 모스부호로 전신 메시지를 보내왔다. 누군가 그 메시지를 전달했다.

"미국 국민 여러분, 자유의 세계로 오신 것을 환영합니다!"

그 미국 배의 돛대 꼭대기에서 '새벽 이른 빛을 받아…… 굵은 띠들과 밝은 별들이…… 당당하게 나부끼는 것'*이 보였다. 부끄러움도 아랑곳없이 눈물이 흘러내렸다.

우리가 도착한 곳은 포르투갈령 동아프리카에 위치한 중립 항구인 로렌수 마르케스 항이었다. 우리 배가 중립국 스웨덴의 선박 그립스홀름호의 선미에 뱃머리를 대고 닻을 내렸을 때는 대낮이 되어 있었다. 일본인 수백 명의 얼굴이 우리의 얼굴을 응시하고 있었다. 드디어 우리가 도착한 것을 반가워하는 친절한 표정이었고, 모두들 미국제 옷을 입고 있었다. 미국이 일본인 포로들을 얼마나 잘 대우했는지가 역력히 보였는데, 우리에게는 놀라운 일이었다.

"반자이!" 우리가 탄 배에서 펄럭이는 일장기를 본 그들이 미친 듯이 함성을 질렀는데, 아마 우리가 미국 국기를 보았을 때와 똑같은 기분이었을 것이다. 어쨌든 이제 우리 모두 고향으로 돌아가는 것이 아닌가?

이어서 포로 교환이 이루어졌다. 일본인들 대신 미국인들을 실은 그립스홀름호는 며칠 후 희망봉을 돌아 대서양으로 들어섰다. 리우데자네이루에 도착하여 브라질인들이 하선했다. 나머지 우리도 그곳에서 내리는 것이 허락되었는데, 우리는 식료품 상점에 천장까지 닿도록 쌓여 있는 알록달록한

---

* 미국 국가 〈성조기여 영원하라〉의 가사 일부.

· 호박 목걸이

통조림들을 보고서 입을 다물지 못했다. 나중에 보도에 깔린 모자이크 디자인을 따라 배로 돌아갈 때는 머리가 살짝 어지러울 정도였다. 그만큼 리우데자네이루는 세상에서 가장 센 칵테일처럼 우리를 취하게 만들었다.

미국에서의 새로운 삶

그 눈부시게 아름다운 항구를 떠난 후, 우리는 개인적인 책임을 잔뜩 짊어지고 앞으로의 삶을 생각해보기 시작했다. 갑자기 두려움이 몰려왔다. 자유의 여신상은 조금 무서운 데가 있었다. 자유란 만만치 않은 도전이었다.

우리는 미국 당국자들이 배에 올라와 우리를 따뜻한 환영 인사로 맞아줄 거라고 기대했다. 그러나 오히려 우리는 FBI에게서 한 사람씩 몇 시간에 걸쳐 철저한 조사를 받았다. 우리의 성(姓)인 테일러는 알파벳 순서로 뒤쪽에 있기 때문에 브루스와 나는 2~3일이 지나서야 배에서 내릴 수 있었다.

우리 부부는 마중 나온 언니 베티 린리와 형부 모리스 루를 만나 그들이 묵고 있던 호텔로 갔다. 나의 낡은 옷들은 곧바로 버려졌다. 여배우인 언니가 벽장 문을 열고 불을 켜자 거기에는 여자의 마음에 기쁨을 안겨주는 온갖 아름다운 옷들이 휘황찬란하게 걸려 있었다.

"마음껏 골라 입어." 언니가 특유의 너그러운 몸짓을 하며 말했다. 우리는 곧 미용사와 치과의사와 의사를 차례로 만났고, 프랑스식 레스토랑에서 식사를 했다. 그사이 줄어든 우리의 위는 프랑스 요리들을 소화하느라 애를 먹었다.

몇 주 뒤 브루스와 나는 적십자의 도움을 받아 기차를 타고 캘리포니아로 갔다. 그곳 롱비치에서는 우리도 전시 노동 일자리를 구할 수 있을 것 같았다.

우리 재산 중 쓸모 있는 것은 내가 온갖 우여곡절을 겪으며 성경책 표지에 숨겨온 수표뿐이었다. 서둘러 가장 가까운 은행으로 갔다. 이미 1년 이상 지난 수표라 은행에서는 받아주려 하지 않았다. 그래서 나는 지점장을 만나게 해달라고 부탁했다. 내가 그 수표를 어떻게 무사히 가져올 수 있었는지 간곡하게 이야기하자 지점장은 그 자리에서 현금으로 바꾸어주었다.

남편과 나는 당시 성행하던 어마어마한 규모의 전쟁 노동에 기여하고 싶었다. 얼마 후 브루스는 야금술에 관한 지식을 활용할 수 있는 해군 소속의 민간 물자검사관으로 일하게 되었고, 나는 더글러스 항공사 공장에서 산더미 같은 양의 고무를 정사각형으로 자르는 일을 했다.

얼마 지나지 않아서 나는 제멋대로 권세를 휘두르려는 여자 감독관과 사이가 틀어졌다. 그 여자는 나를 비협조적이라며 비난했다. 나로서는 그 단어

1943년의 메리 린리 테일러.

가 어떤 특성을 가리키는지 이해가 되지 않았다. 그래서 나는 "협조적이 될 생각은 전혀 없으며 그저 내가 아는 방식으로 최선을 다할 뿐"이라고 대답했다. 그 후로 나는 그들에게서 '어딘가 어긋난' 사람 취급을 받았고, 그 일이 끝났을 때 받은 평점도 겨우 '양'이었다. 사정이 그러했는데도 나중에는 능력을 인정했는지 계기판의 전선을 연결하는 섬세하고 정교한 작업을 내게 맡겼다.

새로운 생활방식에 적응하기 위해 내가 제일 먼저 한 일은 옻칠한 검정 도시락 두 개를 사온 것이다. 브루스는 손수 샌드위치를 만들기는 하면서도 그 도시락에 샌드위치를 담아가는 것은 끝내 거부했다.

그는 조선소에서 일하는 모든 사람들의 표식과도 같은 돔 모양의 딱딱한 안전모를 쓰는 것도 거부했다. 한국에서 늘 베레모를 쓰는 데 익숙해져 있던 그는 미국에 와서도 몽고메리 장군 같은 스타일로 계속 베레모를 썼는데, 공장에 출입하는 데 필요한 배지를 모자 옆에 단 것이 그가 유일하게 양보한 점이었다. 이런 습관 때문에 공장에서 일하던 어떤 건방진 젊은이가 그를 조롱했다.

"이보쇼, 노친. 그 모자는 어떤 매춘부가 줍디까?"

이 말에 브루스는 싸늘한 분노를 담아 대답했다. "내가 이 동네에서 산 지 얼마 안 돼서 네 친구들은 아직 한 명도 모른다."

여러 달이 흐르는 동안 우리는 새로운 삶에 서서히 적응했다. 내 친구들은 친절하게도 나에게 요리책들을 잔뜩 선물했지만, 나는 아무리 애를 써도 그 책들에서 요리를 배우지 못했다. 눈을 감고 상상할 때는 어떤 특별한 요리도 뚝딱 만들 것 같은데, 눈을 떠보면 삶은 달걀은 너무 단단해져 있고 고기는 새카맣게 타버렸다. 힘이 많이 드는 장보기는 나보다 일하는 시간도 더 긴 브루스가 점심시간을 틈타 도맡아 해주었다. 그는 시장 봐온 꾸러미를 싱크대에 털썩 내려놓으며 이렇게 말했다.

"아직 내가 당신을 위해 해줄 수 있는 서비스는 이게 다요, 메리."

일찍 일어나는 것은 내게는 전혀 어려운 일이 아니었다. 나는 아침 일찍 일어나는 것을 좋아했다. 다만 우리 동네에서 맑은 공기를 마시며 느긋하게 산책할 때의 자유로움과, 함께 따라나선 활달한 우리 개들이 무척이나 그리웠다. 그 아쉬움을 아침에 공장까지 걸어서 가는 것으로 달랬다. 신발과 양말을 손에 들고 바지는 무릎까지 접어올린 채 맨발로 물속을 저벅거리며 해안을 따라 걸어가노라면 나는 어느새 내 마음의 보물들이 있는 곳으로 가 여행하고 있었다.

우리가 그렇게 일하며 기다리는 동안에도 시간은 가차 없이 흘렀다. 어느 일요일 저녁, 브루스와 나는 서로 손을 잡고 창밖 바다를 내다보며 태평양에서 들어오는 전함들을 바라보고 있었다. 그때 갑자기 전화벨이 울리고 우리 아들의 목소리가 전화선을 타고 또렷하게 들려왔다.

"안녕하세요, 어머니! 아버지! 저 지금 막 금문교를 통과해 들어가고 있어요!" 꼭 천국에서 들려오는 목소리 같았다.

"얘야, 지금 거기가 어디란 말이냐?" 가쁜 호흡을 진정시키며 내가 간신히 물었다.

"과달카날 섬에서 막 돌아오는 길이에요."

그건 꼭 지옥의 지명처럼 들렸다.

아들이 다시 말을 이었다. "저한테 일본군 총알이 몇 개 있어요!"

"아아, 이런. 어디……, 어디에 부상을 당한 거니, 얘야?" 내 목소리는 떨리고 있었다.

"다치지 않았어요, 어머니. 총알은 제 주머니 속에 있고요, 한 달 동안 병가를 얻었어요."

짙어가는 황혼 속에서 배들이 정박해 있는 곳 부근에 주황색 빛들이 점점이 반짝였다. 브루스가 나를 품에 안더니 내 호박 목걸이에 달린 바퀴 모양 구슬을 만지작거리며 중얼거렸다.

"우리 삶의 바퀴가 아직 구르고 있구려."

"아, 브루스!" 나는 목 놓아 그의 이름을 불렀다. 그리고 우리는 눈물을 감춰주는 사려 깊은 어둠 속에서 입을 맞추었다.

종전과 한국 방문

갑작스러운 남편의 죽음

전쟁은 끝났다.

우리는 오랜 세월 한국에서 살았고 좋든 싫든 우리 집은 한국에 있었다. 미국에서 우리가 하던 일도 끝이 났다. 아파트에 살면서는 편안함도 행복도 느낄 수 없었다. 딜쿠샤와 한국이 우리를 부르고 있었다. 사람들은 브루스에게 "돌아가고 싶지 않아요?" 하고 묻곤 했지만, 그럴 때마다 나는 그 친절한 친구들의 말에 질색을 했다. 자기 마음과는 정반대로 대답함으로써 커다란 갈망을 감추려 하는 브루스의 청개구리 기질을 잘 알고 있었기 때문이다.

· 호박 목걸이

"아니, 나는 돌아가고 싶지 않아요." 이렇게 대답하고는 상대방이 자기가 기대한 만큼 놀라지 않는 것 같으면 한술 더 떠서 이렇게 덧붙였다. "난 절대로 돌아가지 않을 거요. 메리가 납으로 된 작은 상자에 나를 담아 데려다줄 때까지는 말이오."

그 말을 처음 들었을 때 나는 온몸의 피가 차가워지는 것을 느꼈다.

"어떻게 그런 끔찍한 말을 할 수 있어요?"

그러자 그는 "사람들이 바보 같은 소리를 하니까 그렇지" 하고 대답했다.

이 무렵 브루스의 동생 빌은 미 육군을 통해 한국으로 돌아가 있었다. 빌은 전쟁 중에 2년 동안 만주에서 억류된 채 끔찍한 시간을 보내고 나서야 미국으로 안전하게 귀환할 수 있었는데, 그 기간 동안 체중이 절반으로 줄고 청력도 손상되었다.

한번은 브루스도 한국으로 돌아갈 희망을 품은 적이 있었다. 도쿄에 있는 친구가 편지를 보내 브루스가 한국의 광산국 국장에 임명될 거라는 소식을 전해왔던 것이다. 그 편지는 "친구, 석면방화복을 준비하고 있게. 사방에서 불꽃이 튀고 있네!"라는 희망찬 말로 끝났다. 브루스가 진정으로 행복해하는 모습을 본 건 그때가 마지막이었다.

그러나 이후 워싱턴에서는 아무런 소식도 오지 않았고, 브루스는 다시 청개구리로 돌아가 습관적으로 그 말을 되풀이했다. "난 절대 돌아가지 않아. 메리가 납으로 된 작은 상자에 나를 담아 데려다줄 때까지는." 4분의 1쯤은 농담이었지만 4분의 3쯤은 진심이었다.

그러다 별안간 정말로 그런 일이 일어나버렸다! 브루스가 심장마비로 숨을 거둔 것이다. 이 단순한 한 문장과 함께 삶의 바퀴는 멈추고 말았다.

아들은 그 일을 이렇게 요약했다. "아버지는 밖으로 나가 문을 쾅 닫아버리셨어요. 생전에도 나가실 땐 언제나 그렇게 문을 쾅 닫으셨죠."

정말로 그다운 일이었다. 두려움도 감상도 작별도 없이 그저 밖으로 나가 세차게 문을 닫아버렸다. '메리가 나를 다시 데려다줄 거야.'

내가 할 일이 무엇인지는 분명했다. 그가 한 예언의 앞부분은 이미 실현되었다. 그 뒷부분을 실현하는 일은 이제 내 몫이었다.

쉬운 일은 아니었다. 하지만 나는 확고한 의지를 발휘하여, 내가 직접 서울로 가서 재산관리처*로부터 우리 건물들 — 그중 한 채는 미군정 기간 동안 주한미군이 사용했다 — 을 돌려받아야 한다는 필요성을 끈질기게 주장한 끝에 결국 그 일을 이뤄냈다. 내가 직접 비용을 댄다면 가도 좋다는 허락을 받기까지는 책임 있는 지위에 있는 분들이 적잖이 도와주었다. 그분들에게 깊은 감사를 드린다.

남편을 묻으러 다시 한국으로

정확히 두 달 뒤, 나는 한국으로 향하는 군인 수송선 제너럴알트만호에 올랐다. 다시 가을이 되어 있었다. 1948년 9월이었다!

그 배에는 오키나와**와 일본과 한국으로 가는 군인 1800명이 타고 있었다. 라디오에서는 태풍 엠마가 오키나와 제도를 휩쓸어 병영을 무너뜨렸다는 소식을 전하며 오키나와로 가는 군인들은 일본에 남아 있어야 한다고 말했다. 그때 우리는 알류샨 열도 부근에 있었다. 나와 선실을 같이 쓰던 여성은 아일린이라는 사랑스러운 아일랜드 아가씨로, 일본에서 열린 전범재판

---

* 해방 후 미군정 당시 일본인이 한국에 남기고 간 귀속재산을 관리하던 조직.
** 1945년부터 27년간 미국의 지배를 받다가 1972년 5월에 다시 일본으로 영유권이 넘어갔다.

· 호박 목걸이

에 참여한 재판관의 특별비서로서 네 번째로 일본에 가는 길이었다.

태풍 엠마가 우리를 따라잡은 건, 우리가 저녁을 먹으러 가려고 선실에서 매무새를 정리하고 있을 때였다. 아일린은 아래층 침대와 세면대 사이에서 균형을 잡으며 빗질을 하고 있었고, 나는 거울에 비친 아일린의 미모에 감탄하며 위층 침대에서 내 차례를 기다리고 있었다. 그러다 순간 아일린이 시야에서 사라졌고, 무슨 일인지 알아차리기도 전에 나 역시 그녀와 한데 엉켜 바닥에서 뒹굴고 있었다. 전깃불도 스피커도 나가버렸다.

아일린이 금속문 아래쪽에 달린 탈출 패널을 잡아당기는 것이 보였다. 미처 패널이 열리기도 전에 아일린은 다시 선실의 반대쪽으로 내동댕이쳐졌다. 사방에서 뭔가 부딪치는 시끄러운 소리가 들렸고, 그 사이사이 배에 탄 다른 여자들의 비명소리도 들려왔다.

"꼭 잡으세요!" 아일린은 이렇게 소리치며 침대 한쪽을 붙잡더니 어떻게 한 것인지 침대 안으로 몸을 던져 넣었다. 배가 거꾸로 뒤집힌 것 같았다. 우리는 두 손과 두 발로 버티며 소중한 목숨에 죽기 살기로 매달렸다.

그 몸부림과 굉음과 부딪힘과 내동댕이질 속에서 이제는 꼼짝 없이 죽겠구나 하는 생각이 머릿속을 스쳐 지나갔다. 죽음이 눈앞에 닥치면 살아온 생애 전체가 되살아난다고들 하던데, 이제 나는 그 말이 진실임을 안다. 나 역시 바로 그런 일을 경험했기 때문이다.

엔진이 멈추고 배가 몸서리를 치듯 마구 흔들렸다.

영국에서 보낸 어린 시절

모험과 아름다움이 가득했던 집

어린 시절 조지 왕조풍의 우리 집은 거대해 보였고 나는 아주 조그만 아이였다. 우리 집 아이들은 다섯 남매로, 나에게는 언니 베티와 남동생 로널드와 에릭, 막내 여동생 우나가 있었다.

우리 집은 무척 활기찬 곳으로 모험과 아름다움이 가득했다. 모험은 아버지의 영역이고, 아름다움은 어머니의 영역이었다. 에드워드 7세 시대*에는

* 1901~1910년.

메리가 어린 시절 살았던 집 밀버튼, 영국 첼트넘 소재.

아이들이란 입 다물고 얌전히 있어야 하는 존재이며, 아이들의 무지는 순수
함이라 여겨졌다. 나는 그런 분위기 속에서 세상 물정에 대해 터무니없이 무
지한 채로 성장했다.

우리 집에는 군인과 뱃사람, 맹수 사냥꾼, 탐험가와 과학자 등 온갖 희한
한 사람들이 찾아왔고, 그중에는 남극 탐험으로 유명한 스콧 선장도 있었다.
그분은 아이들을 위해 에스키모 그림을 그려 보여주었다.

그러나 무엇보다 좋았던 것은 그런 사람들이 방문할 때마다 신기한 외국
물건들이 가득 담긴 커다란 상자들도 따라온다는 사실이었다. 괴상한 냄새
를 풍기는 그 상자들에는 줄루족의 방패와 구슬로부터 코뿔소의 뿔까지 별
의별 물건이 다 들어 있었다. 정말로 거대했던 어느 상자 안에는 실물 크기
의 박제된 타조도 들어 있었다. 아버지는 그 타조를 응접실에 두고 싶어했
고, 어머니는 아버지의 서재에 두기를 원했다. 마침내 두 분은 타협을 보았

고, 결국 그 타조는 이층에 있는 우리 공부방에 자리를 잡았다.

또 다른 상자에는 코끼리의 커다란 발이 들어 있었다. 게다가 그것은 단순한 코끼리 발이 아니라 술병을 넣고 잠가두는 탄탈루스*로 쓰이는 물건이었다. 그 속에는 유리를 깎아 만든 커다란 술병이 세 개 들어 있고, 그 술병들은 마치 코이누르 다이아몬드**처럼 찬란하게 빛나는 커다란 각기둥 모양의 마개로 닫혀 있었다. 세 술병의 병목에는 각각 위스키, 브랜디, 럼을 나타내는 은으로 된 라벨이 걸려 있었다. 코끼리 발목에도 은으로 된 널찍한 띠가 둘러져 있었는데, 거기에는 그 코끼리가 인도에서 사냥된 것 가운데 가장 거대한 코끼리이며, 토후 파티알라가 주재한 사냥에서 다음의 사냥꾼들이 포획한 것이라는 내용이 새겨져 있었다. 뒤이어 사냥꾼 네 명의 이름이 새겨져 있었는데, 그중 한 사람이 바로 아버지였다. 아버지 말로는 코끼리 발 하나는 똑같이 탄탈루스로 만들어 국왕 에드워드 7세에게 바쳤고, 또 하나는 인도의 파티알라 토후에게 보냈다고 했다. 나머지 발 하나에 대해서는 아무 얘기도 안 해주셨기 때문에 나는 항상 그 코끼리가 발이 셋뿐이었다고 생각했다. 후에 이 코끼리 발이 내 결혼선물로 한국으로 건너옴으로써 내 인생에서 중요한 역할을 하고 강렬한 흔적을 남겼다.

또 다른 상자에는 녹나무를 깎아 만든 함이 들어 있었는데, 그 안에는 수놓인 차이나칼라 코트와 실크 기모노, 양단 오비 들을 비롯하여 화려한 옷들이 담겨 있었다.

예술 작품들도 있었다. 이런 작품들은 어머니가 도맡아 응접실에 있는 전

---

* 투명한 유리 술병 몇 개를 동시에 담아두는 일종의 케이스. 술병 아래쪽은 케이스에 들어 있지만 윗부분은 훤히 드러나 있는데도 열쇠로 열지 않으면 술병을 꺼낼 수 없기 때문에 감질나게(tantalizing) 만든다고 하여 붙여진 이름이다.
** 1849년 이래 영국 왕실이 소장한 인도산 다이아몬드. 106캐럿으로 세계 최대의 다이아몬드로 알려져 있다.

· 호박 목걸이

면이 유리로 된 루이 14세풍의 진열장에 넣어두었다. 진열장의 각 단마다 다양한 나라들에서 건너온 보물들이 진열되어 있었다. 그중에서도 나는 동양에서 온 물건이 담긴 진열장을 제일 좋아했다. 맨 아랫단에는 상아로 만든 물건들과 설화석고로 만든 타지마할 모형을 비롯하여 인도 물건들이 있었다. 여기에는 정향을 꿰어 만든 목걸이도 있어서 정향의 강렬한 향이 코를 찔렀다. 온갖 색깔의 유리 팔찌들과, 움직일 때마다 아름다운 소리로 짤랑거리는 조그만 은종들이 달린 발가락반지도 있었다.

그 바로 위 칸에 비취로 된 불상과 온갖 종류의 준보석들을 깎아 만든 눈물 담는 병을 비롯한 중국 물건들이 있었다. 또 그 위에는 은으로 된 인력거 모형과 금박을 입힌 사쓰마 지방의 찻잔, 특별한 향기가 나는 옻칠한 제품 등 일본에서 온 물건들이 진열되어 있었다.

마음을 사로잡은 호박 목걸이

내가 의자를 밟고 올라가야만 닿는 진열장의 맨 위 칸에는 호박 목걸이가 놓여 있었다. 어머니는 원산지가 어디인지 몰라 그 목걸이는 혼자 따로 둘 수밖에 없다고 말씀하셨다. 나는 그 목걸이가 안쓰러웠다. 정말 아름다운 목걸이였다. 벌꿀 색깔이 나는 각각의 호박 구슬들은 매끄러운 타원형이었고, 그 가운데에는 바퀴살이 없는 바퀴 같은 모양의 커다란 자국이 나 있었다. 그런데 그 목걸이는 이상하게도 사이사이에 매듭은 있지만 보통 목걸이들처럼 연결되지 않고 뒤에서 끈을 묶게 되어 있었다. 그리고 내 목에 세 번이나 감을 수 있을 정도로 길었다. 내 생일이나 평소에 비해 얌전히 지낸 날이면 어른들은 그 목걸이를 걸어볼 수 있게 허락해주었다.

크리스마스 때마다 우리 가족은 특별히 차려입었다. 우리 집에는 외국에서 온 민속의상들뿐 아니라 게인즈버러와 로렌스, 롬니, 레이놀즈[*] 같은 화가들이 우리 조상인 린리 가문 사람들의 초상화를 그릴 때 그들이 입었던 옷들도 모두 남아 있었다.

섭정 시대[**]에 엘리자베스와 메리 린리 자매는 바스 시에서 미모와 고운 음성으로 유명했다.[***] 후에 엘리자베스는 18세기의 유명한 시인이자 극작가인 리처드 브린즐리 셰리던과 결혼하여 드루리 레인 극장에서 함께 극장 일을 돌보았다.

어머니는 외가에서 전해 내려온 엘리자베스 할머니의 의상들을 입고 우리가 셰리던의 연극들을 공연해보도록 지도해주셨고, 아버지는 펜싱과 결투 장면을 실감나게 연기하도록 가르쳐주셨다.

나는 초등 과정부터 고등학교 과정까지 우리 집과 바로 맞닿아 있던 첼트넘 레이디스 칼리지(Cheltenham Ladies College)에 다녔다. 첼트넘은 영국에서 18세기에 만들어진 가장 아름다운 마을 중 하나였다. 그 학교 학생들은 흰색 면 블라우스와 파란 서지 스커트에 검은 스타킹을 신어야 했고, 보석류는 말할 것도 없이 허용되지 않았다. 하지만 나는 슬그머니 실크 블라우스를 입고 등교하여 처음부터 규칙을 어겼다. 이 일이 발각되지 않고 넘어가자 다음에는 실크 스타킹을 시도했다. 그러자 누군가가 나에게 그 호박 목걸이

[*] 영국의 유명한 초상화가들로 토머스 게인즈버러(1727~1788)와 토머스 로렌스 경(1769~1830), 조지 롬니(1734~1802), 조슈아 레이놀즈 경(1723~1792)이다.
[**] 국왕 조지 3세가 정신질환으로 왕권을 행사하기 어려운 상태가 되었을 때 황태자인 그의 아들 조지 4세가 섭정한 시기, 1811~1820.
[***] 두 사람 모두 가수로 활동했고, 메리 린리는 극작가이자 풍자작가인 존 티켈(John Tickell)과 결혼했다. 영국의 음악가 토머스 린리(1733~1795)의 딸로, 나머지 다섯 형제도 모두 가수나 작곡가, 연주자 등 음악가로 활동했다. 워싱턴의 내셔널 갤러리 오브 아트에는 게인즈버러가 그린 엘리자베스의 초상화가 있고, 그가 두 자매를 함께 그린 초상화도 전해진다. 이 책의 저자인 메리 린리 테일러는 본명이 힐다 무아트-빅스(Hilda Mouat-Biggs)이며 연극배우로 활동하면서 메리 린리라는 예명을 썼는데, 바로 이 조상 메리 린리에게서 따온 이름일 것이다.

· 호박 목걸이

를 걸고 학교에 가보라며 부추겼다. 나는 호박 목걸이를 목에 둘둘 감아 블라우스 속에 감추어 그 도전을 실행에 옮겼는데 여전히 들키지 않았다. 그다음 도전은 학교에서 정한 대로 머리를 땋지 않고 머리를 곱슬곱슬하게 만들어 간 것이었다. 이것은 즉각 눈에 띄었고, 덩달아 블라우스도 들켰다. 블라우스가 걸리니 이어서 목걸이와 실크 스타킹도 발각되었다.

나는 그 벌로 탈의실에 가서 앉아 있어야 했다. 탈의실은 체육관과 연결되어 있었다. 나는 이왕 벌을 받을 바에야 마음껏 놀아보기나 하자는 생각에 신나게 공중그네를 타고 놀았다. 그러다가 블라우스 소매가 뜯겨 나갔고 몰래 가져온 목걸이까지 끊어지고 말았다. 내가 큰 소리로 울고 있는 걸 본 선생님은 뉘우침의 눈물을 흘리는 거라 생각하고 집에 가서 있었던 일을 어머니에게 이야기하고 옷을 갈아입고 오라고 하셨다. 나는 학교를 나오기는 했지만, 나머지 두 가지는 시키는 대로 하지 않았다. 성원 *끄*트머리에 있는 개사육장에 숨어서 주워 모아온 호박 구슬들을 다시 줄에 꿰었다. 그리고 목걸이 길이가 짧아진 것을 아무도 눈치채지 못하기를 바라며 루이 14세풍 진열장에 도로 가져다두었다. 다행히 알아차린 사람은 아무도 없었다.

나는 학교에 다니는 내내 상이라고는 딱 한 번 받아봤는데, 〈로빈슨 크루소〉 연극에 출연했을 때이니 꽤 어렸을 적의 일이다. 그리고 열여덟 살이 되어 졸업했는데, 그즈음에는 '사랑스러운 얼간이'라는 별명으로 불렸다.

신부 학교를 나와 극단으로

내 친구들은 나보다 상은 더 많이 받았을지 모르지만 자기 인생을 어떻게 살아가야 하는지는 전혀 모르고 있었다. 그래서 어떻게 살아야 할지 스스로 결정한 나를 부러워했다. 나는 모험을 찾아 여행하며 인생을 보낼 작정이었지만, 우선은 무대에 오르는 것부터 시작하기로 했다.

그러나 부모님은 나를 프랑스에 있는 예비신부 학교에 보냈다. 그곳에서 교양을 닦아 모범적인 숙녀가 되고 나서 어느 친척 아주머니의 손에 이끌려 궁정에 나가 사교계에 데뷔한 다음 결혼을 하라는 것이었다.

한 학년이 채 끝나기도 전에 남동생 로널드가 자기 학교 친구 한 명과 같이 루앙 근처에서 열리는 그랑프리 자동차 경주를 보러 프랑스로 왔다. 그들은 학교 당국에 내가 함께 갈 수 있게 해달라고 허락을 구했다. 허락이 떨어지지 않았지만 나는 침실 창문을 통해 빠져나왔고, 우리 셋은 기차를 타고 경주를 보러 갔다. 우승자를 맞힌 나는 도박 본능이 발동하여 그 둘과 함께 디에프에 있는 카지노로 가서 룰렛에서도 행운을 누렸다. 동생 친구는 꽤 매력 있기도 해서 나는 신부 학교로 돌아가는 대신 그들과 함께 영국으로 돌아가기로 마음먹었다.

나를 더 이상 집 안에 붙잡아둘 수 없다는 것을 알게 된 부모님은 결국 나를 세상에 내보내기로 결정하고, 관례대로 사교계 데뷔 파티를 열어주셨다. 그때부터 나는 아마추어 연기와 여우 사냥과 수영과 롤러스케이트의 세계로 뛰어들었다. 어느 날 한 전문 배우가 〈루이 13세〉라는 자선 연극에 주연으로 출연하기 위해 우리 마을에 왔다. 내가 그 배우의 상대역을 맡았다. "군주들과 소군주들, 작위가 있는 폭군들이여, 민중 시인의 말을 들어라!" 이렇게 대사를 읊는 그의 매혹적인 목소리에 홀딱 반한 나는 곧바로 런던으로 가서 진짜 배우의 길을 걸어가겠노라고 결심했다.

가족들이 그런 나의 결심을 알아차리기도 전에 1차 세계대전이 터졌다. 아버지와 남동생 둘은 자원입대했고 어머니는 간호사로 일하셨다. 우리 집은 폐쇄되고, 나는 이별 선물로 호박 목걸이를 받았다. 그때부터 내게는 당장 얼마 동안이라도 내 선택에 따라 살 수 있는 자유가 주어졌다.

나는 호박 목걸이와, 어머니의 사촌인 찰스 호트리 경에게 보내는 편지 한 통을 가지고 런던에 있는 그의 극장을 향해 떠났다. 그런데 국왕 폐하의 극장(His Majesty's Theater) 앞을 지나가다가 허버트 비어봄 트리 경을 먼저 만나자는 생각이 들었다. 극장의 일처리 방식을 전혀 몰라 오히려 당돌했던 나는 무대 출입문 문지기 앞을 당당하게 지나갔다. 문지기가 제지하지 않고 일등석으로 다가가도록 내버려둔 것은 아마도 나의 그런 태도 때문이었을 것이다. 비어봄 트리 경은 내가 예정된 면접을 보러 온 줄 알고 내 손에 대본을 쥐어주며 다른 배우들과 함께 대본을 읽어보라고 말했다.

이런 놀라운 기회 덕분에 나는 얼마 지나지 않아 〈드레이크〉라는 연극으로 전국 순회공연을 다니게 되었다. 몇 차례의 순회공연과 몇 달 동안의 레퍼토리 공연을 마친 뒤 나는 다시 런던으로 돌아갔다.

에이전트 사무실에 가는 길에 버스 계단에서 뛰어내리는데 ― 나는 늘 서둘렀다 ― 호박 목걸이가 버스 문에 끼었고, 내 발이 바닥에 닿는 순간 호박 구슬들이 또르르 굴러 내 눈앞에서 하수구에 빠져버렸다. 내가 비명을 지르자 사람들이 모여들었다. 나는 한 손으로는 빈 줄을 잡고 다른 손에는 몇 알 남지 않은 호박 구슬들을 쥐고 있었다. 사람들이 무슨 일이냐고 물었지만 나는 아무 말도 할 수 없었다. 그 목걸이를 잃은 것이 나에게 어떤 의미인지 이 낯선 사람들에게 어떻게 말할 수 있으며, 그들이 어떻게 이해할 수 있겠는가. 그것은 내 어린 날의 상징이자, 우리 집과 우리 가족의 상징이었다. 그 상징이 한순간에 또르르 굴러 나를 떠나자 나는 철저하게, 황량할 정도로 외롭게 남겨졌다. 나는 생애 처음으로 깊은 근심과 절망을 경험했다.

22세의 메리.

"아무 일도, 아무 일도 아니에요"라고 중얼거리며 남은 구슬들을 주머니에 넣고 그 자리를 벗어나려고 무턱대고 걸었다.

"돌아왔네요, 메리. 반가워요. 순회공연은 어땠어요?" 에이전트의 목소리가 들려왔다.

"당신을 만나러 가던 길이었어요." 그가 택시를 부르더니 나를 자기 사무실로 데려갔다. 그곳에 도착하자 나는 커다란 안락의자에 몸을 던지고 울음을 터뜨렸다.

"이런! 나를 만난 게 그렇게 눈물까지 흘릴 만큼 반가워요?" 나는 그에게 조금 전에 있었던 일을 이야기하고 남은 호박 구슬들을 보여주었다. 그는 손바닥에 구슬들을 놓고 굴리며 잠시 생각하더니 엄숙하게 말했다. "그럼 다른 걸로 하나 구하는 게 어때요?"

"다른 거요? 세상에 이런 게 또 있단 말인가요?"

"많죠." 그가 말했다. "동양에는."

나는 눈물을 닦고 그를 올려다보면서 "동양에요?"라고 그의 말을 따라 되뇌었다.

그러자 그는 내게 자신이 꾸리고 있는 순회극단에 관해 이야기했다. 그 극단에서 나를 주연으로 쓸지도 모른다는 것이었다. 나는 그 엄청난 행운에 놀라 무슨 말을 해야 할지 몰랐다. 이런 제안을 받을 정도로 내가 지난 순회공연에서 큰 히트를 친 건가 하는 생각이 들었다. 물론 단평란에서 그런 내용을 전혀 찾아볼 수 없었으니 터무니없는 생각이기는 했지만.

인도와 실론(지금의 스리랑카), 말레이, 중국, 일본…… 그 모든 이름들이 내 어린 시절의 친근한 기억들을 담고 있었다. 나는 거의 무아지경에서 그의 말을 듣고 있었다. 지금 이 사람이 내 꿈을 실현시킬 제안을 하고 있는데, 이게 정말 현실이란 말인가? 나는 조항들은 하나도 읽지 않은 채 계약서에 서명하고, 공중에 붕 뜬 기분으로 사무실을 나왔다.

밖으로 나왔을 때 처음 내 눈에 들어온 것은 어느 신문의 헤드라인이었다.

'영국 여객선 지중해에서 침몰, 300명 사망!'

그런 거였어? 이게 바로 그 이유였구나! 그들이 쓰려던 주연배우가 꽁무니를 뺀 거였어. 상황은 정확히 그랬다. 하지만 아무럼 어떠랴. 이것이 나에게 주어진 기회임은 분명했다.

일주일 후 나는 틸버리 부두에서 손을 흔드는 어머니를 남겨두고 배에 올랐다.

구슬 여덟

배우의 꿈을 이루다

동양 순회공연

인도에서 몇 달 머무는 동안 나는 그곳에 있는 친척들을 찾아갔다. 나를 만난 그들의 반응에는 경악과 반가움이 뒤섞여 있었다. 그분들 세대가 보기에 연극배우는 '네 어머니의 딸'이 선택하기에 바람직한 직업이 아니었다. 하지만 내 또래의 젊은 남자 친지들은 그렇게 생각하지 않았다.

우리가 한 연극은 봄베이(지금의 뭄바이)와 캘커타(지금의 콜카타)에서 호평을 받았다. 런던에서 에이전트가 약속한 대로 우리는 인도에서 실론으로, 실론에서 다시 버마(지금의 미얀마)로 여행했다. 버마에서는 이라와디 강을 따

· 호박 목걸이

라 둥실둥실 떠내려가는 티크 통나무들을 코끼리들이 잡아채는 광경을 목격했다. 어머니의 사촌이 랑군에서 그 작업의 책임자로 일하고 있었다. 나는 새벽 4시에 일어나, '오소리'라 불리는 조련사 소년과 함께 몸에 밧줄 하나만 두른 코끼리 등에 올라타 코끼리가 멱 감는 모습을 구경했다.

말레이 연합주*에서는 고무농장을 하는 친구들을 방문했고, 담수 풀장에서 달빛을 받으며 수영을 했는데, 이는 세균들 때문에 무척 위험한 일이라고 했다. 쿠알라룸푸르에서는 깩깩거리는 박쥐들이 가득한 동굴을 보았고, 새끼 호랑이도 만나보았다. 페낭으로 가는 길에는 코끼리들이 철로를 망가뜨려 일정이 연기되었고, 우리 일행 중 한 사람이 자살한 일도 있었다.

어느 더운 날 밤 우리는 홍콩 항구에서 닻을 내렸다. 새벽에 나는 자리에 누운 채 노란 불빛들이 파닥이며 하나씩 꺼져가고 새벽빛이 보랏빛 봉우리들을 금빛으로 물들이는 광경을 지켜보았다. 지나가는 돛단배들에서는 뱃사람들이 이상한 노래를 불렀고, 대기는 낯선 향기들로 가득했다.

광둥에 갔을 때는 '쓸데없는 것들'을 끝도 없이 사들였다. 구멍이 숭숭 난 싸구려 칠보자기를 관광객이나 낼 만한 값을 치르고 샀고, 동석(凍石)을 비취 정도의 가격에 샀으며, 무슨 동물의 뼈인지도 모르는 각골을 상아 값에 사는가 하면 놋쇠 종을 청동 값에 샀다. 그중에서도 가장 기가 막힌 일은 호박 값을 치르고 송진 목걸이를 산 것이었다. 물론 내가 잃어버린 것과 비교도 안 되지만 그래도 나는 그것이 호박이라고 믿었기 때문에 정말 소중하게 여겼다.

상하이 역시 부주의한 사람들이 빠지기 쉬운 위험한 함정이었지만, 베이

---

* 영국의 보호국 지위에 있던 말레이 반도의 네 토후국 슬랑고르, 페락, 느그리슴빌란, 파항의 연합체. 1895년에 영국 정부가 수립했으며 1946년까지 유지되었다. 현재는 말레이시아의 일부다.

징이야말로 상상을 초월하는 곳이었다.

운명적인 만남

일본의 요코하마 호텔에 도착해보니 어머니가 보낸 전보가 나를 기다리고 있었다. 프랑스 전선에 배치되어 있던 나의 동생 에릭이 숨졌다는 소식이었다. 에릭의 죽음은 우리 집안에서 일어난 첫 번째 죽음이었다.

극단 피아니스트인 실비아는 나의 슬픔을 잊게 해주려고 내 방에 찾아와 극단 사람들과 함께 혼모쿠에서 열리는 파티에 가자고 설득했다. 해변에 있는 누군가의 여름별장에 단원이 전부 초대를 받았다는 것이었다. 나는 어디로 가든 무엇을 하든 아무래도 상관없다는 심정이었으므로 그렇게 하기로 했다. 처음 보는 사람들에게 "안녕하세요"라는 말을 여남은 번 반복했을 즈음, 소개받기를 꺼리는 것처럼 홀로 떨어져 서 있는 남자가 눈에 들어왔다. 키가 크고 피부는 보기 좋게 그을었으며, 눈동자는 사파이어처럼 깊은 푸른 색이었다.

요코하마에서 혼모쿠까지 차를 타고 달리는 동안 비가 억수같이 퍼부었다. 누군가 장마라고 알려주었다. 날씨가 꼭 내 마음 같았다. 혼자 차에서 내려 비를 맞고 싶었다.

나는 수영에는 아주 자신이 있어서 어떤 종류의 물에서든 편안히 헤엄칠 수 있었다. 그래서 몰래 빠져나가 오래된 수영복을 하나 챙겨서 바닷가로 갔는데, 아무도 알아차리지 못했을 거라고 생각했다.

커다란 파도 속으로 다이빙을 한 다음 나는 계속 헤엄쳐 나아갔다. 떨어지는 빗방울들은 수면에 소름을 돋웠고, 수면은 계속 상승하고 있었다. 비를

프랑스에서 죽기 2년 전의 에릭(에리의 남동생).

잔뜩 머금은 검은 구름이 낮게 드리워 있더니 마침내 번개가 치며 하늘을 쩍 쩍 갈라놓았다.

　"돌아가는 게 좋겠소, 아가씨." 누군가 미국식 영어로 보호자라도 되는 듯 이 말했다. 그 말은 요란한 파도 소리에 묻혀 내 귀에 아주 희미하게 와닿았 다. 그을린 얼굴과 푸른 눈동자의 바로 그 남자였다. 그는 두 팔을 마치 지느 러미발처럼 움직였다. 그렇게 유연한 손목은 처음 보았다. 그는 내 주변을 빙빙 돌며 헤엄치면서 마치 양치기 개가 양들을 몰듯 나를 몰아가려고 했다.

　나는 모르는 척 무시했고, 그는 같은 말을 반복했다. 그러나 이번에는 명 령처럼 들렸다.

　"돌아가는 게 좋을 거요, 아가씨!"

　아무도 나를 '아가씨'라고 부른 적이 없었다. 나는 그 말이 무례하다고 생각했다. 그러나 고개를 돌려 보니 비 때문에 해변이 보이지 않았고, 갑자기 돌아가고 싶어졌다.

"너무 멀리 나왔소!" 그가 고함치듯 큰 소리로 말했다. "돌아가요!"

이제는 나도 어찌할 바를 몰라 당황스러웠다.

"나를 따라와요!" 그의 목소리가 메아리처럼 들렸다. 그가 파도 속으로 뛰어들었고 새하얀 그의 발바닥이 눈에 들어왔다.

번개가 번쩍하면서 멀리 해안에 있는 작은 집들의 윤곽을 밝혔다. 천둥도 우르릉거렸다. 공포가 닥치자 동생의 죽음에 대한 비통함마저 느껴지지 않았다. 살아서 다시 땅을 밟고 싶은 마음뿐이었다.

파티가 열린 집에 도착했을 때 사람들은 차를 마시고 있었다.

"내 운수 좀 봐줘요, 메리!" 한 여자가 내게 자기 찻잔을 내밀며 말했다. 나는 상상력을 발휘할 마음이 전혀 생기지 않았기에 사실대로 말하고 찻잔을 돌려주었다.

에릭에 대한 생각과 아직 이름도 모르는 그 낯선 남자에 대한 생각이 뒤섞였다. 어느 순간 보니 내 손에 또 다른 찻잔이 들려 있었고, 고개를 들자 그 남자가 허리를 굽혀 나를 내려다보고 있었다.

"내 점을 쳐주시오." 그가 나와 마주 보는 자리에 앉으며 낮은 목소리로 말했다. 방 안에서 들리던 대화 소리들이 멀리서 들리는 윙윙거림으로 바뀌었다. 그의 눈은 내 마음을 다 읽고 있는 것만 같았다. 나는 그 눈과 마주치지 않으려고 찻잔을 들여다보았다. 얼마 동안 침묵이 흐른 뒤 내가 이렇게 말하는 소리가 들렸다. "궁핍의 7년과 풍요의 7년." 그러자 그가 자기 손을 내 손에 얹더니 살며시 찻잔을 다시 가져갔다.

"내가 지금 왜 그런 소릴 한 거죠?" 그의 얼굴을 바라보며 내가 물었다. .

"내가 방금 당신에게 그렇게 말했으니까요, 아가씨." 그가 대답했다. "내 인생이 그랬다는 말입니다. 그리고 확신하건대 지금은 풍요의 7년이 시작되는 시기입니다." 그가 나를 뚫어지게 쳐다보았다. 그러다 화제를 바꾸려는 듯 "당신 괜찮은 호박……" 하고 운을 떼고서 잠시 머뭇거리더니 "목걸이를 하고 있군요"라고 말했다.

"아, 이거 진짜인가요?" 내가 목걸이를 빼서 그에게 건네려고 하자 그가 손짓으로 막았다.

"아니오." 그가 빙긋 웃으며 말했다. "여기서도 다 보이는데 진짜는 아니군요."

방 안에는 잡담을 나누는 사람들이 가득하고, 밖에서는 폭풍우 소리가 들려오는 와중인데도 그와 단둘이 있는 느낌이 들었다. 나는 어린 시절의 호박 목걸이 이야기와 우리 집안과 남동생 이야기, 내가 어떻게 동양에 오게 되었는지를 이야기했다. 그리고 지금은 옛날 것과 같은 그런 종류의 호박 목걸이를 찾고 있다는 이야기까지.

"당신은 이미 그걸 찾았소." 그는 수수께끼 같은 말을 남기더니 일어나 가 버렸다.

그날 우리 모두는 요코하마에 있는 그랜드 호텔에서 저녁식사를 한 뒤 극장에 갈 계획이었다. 그런데 막 떠날 준비를 하고 있는데 테일러 씨가 사라지고 없다는 것이었다.

나는 '아, 그 사람 이름이 테일러구나' 하고 생각하면서, 초대한 집 주인에게 다소 머뭇거리며 그에게 무슨 일이 있냐고 물었다.

"내가 아는 브루스 테일러 씨라면 우리보다 앞서 요코하마로 돌아가 저녁식사를 준비시켜서 여러분 모두가 극장에 제시간에 도착할 수 있도록 조치를 취하고 있을 겁니다."

호텔에 도착하니 우리를 위한 식당이 예약되어 있었고, 식탁도 멋지게 장식되어 있었다. 식탁 위에는 난초가 놓여 있고, 은으로 만든 작은 인력거 모형에 일본식 이름표가 놓여 있었으며, 나뭇가지 모양의 커다란 촛대 두 개에서는 환한 촛불들이 방 안을 밝히고 있었다.

모두 자기 자리를 찾아 앉았을 때 테일러 씨가 내 옆 빈자리에 와서 앉았다.

일본에서 주고받은 마음

진짜 호박 목걸이

이튿날 나는 호텔 휴게실에서 어머니에게 편지를 쓰고 있었다. 테일러 씨에 관한 이야기였다. 어떤 남자가 있는데 나의 직감으로는 그 사람이 내적으로 매우 세련된 정신을 지녔고, 삶의 품위에 대해서도 깊이 이해하는 사람이라는 느낌이 든다고 말이다. 그러나 동시에 자신이 가장 귀하게 여기고 원하는 것에 이끌려 가기를 두려워하는 사람이라는 느낌도 들었다. 나는 그 사람이 자신의 가장 내밀한 생각들을 숨기고 있는 차단막 뒤를 들여다보고 싶다고 썼다.

열심히 굴러가던 내 펜이 멈칫했다. 문득 고개를 들어야만 할 것 같은 느낌이 들었기 때문이다. 건너편에서 테일러 씨가 펜을 쥐고 나를 뚫어지게 쳐다보고 있는 것이 아닌가. 눈이 마주치자 그는 급히 다시 글을 쓰기 시작했다(나중에 안 일이지만 그때 그는 캘리포니아에 있는, 자신이 '성모 마리아'라고 부르며 속마음을 털어놓고 지내는 어떤 사람에게 나에 관해 편지를 쓰고 있었다고 한다). 우리는 둘 다 침묵 속에서 계속 편지를 썼다. 하지만 나는 더 이상 글에 집중할 수 없어서 급히 편지를 마무리하고 그곳을 나서려고 자리에서 일어났다.

그 역시 일어나 다가오더니 천연덕스럽게 나와 문 사이에 서서 물었다. "오늘 밤 저와 함께 식사하시겠습니까? 그런 다음 제가 극장까지 모셔다 드려도 될까요?"

나는 잠시 주저하다가 그 제안을 받아들였다. 주저한 까닭은 왜 하필이면 어젯밤이 아닌 오늘일까 하는 생각 때문이었다. 전날 밤에는 〈윈더미어 부인의 부채〉라는 연극에서 예쁘게 나오는 역할을 연기했지만, 그날 밤에는 머리를 뒤로 질질 늘어뜨리고 뺨에는 시커멓게 움푹 파인 분장을 하고 히죽거리는 노처녀 역을 연기해야 했기 때문이다.

그날 오후 나는 곧장 아서 앤 본즈라는 상점에 가서 거기서 가장 아름다운 이브닝 망토를 샀다. 기품 있는 색감의 양단으로 된 옷이었는데, 거기에 순전히 습관적으로 호박 목걸이도 걸었다.

저녁을 먹는 동안 그는 자기 이야기를 조금 들려주었다. 자기 아버지가 한국으로 건너가서 최초의 미국인 금광 사업가 중 한 사람이 되었다는 것과, 자신과 동생 빌도 아주 젊어서부터 한국으로 가서 아버지의 사업을 도왔다는 것이었다. 자신의 인생은 7년을 주기로 번영의 시기와 역경의 시기가 교대로 반복되어왔다고도 말했다. 다른 사람들과 거의 단절된 채 지내는 시기

　　　　　　　　　　　　　· 호박 목걸이

가 있고, 그 뒤를 이어 문명사회로 불려나오는 시기가 있는데, 출장차 일본에 온 지금이 바로 그런 시기라는 것이었다. 일본에는 당분간 와 있는 것이고, 언제 갑자기 한국으로 돌아가게 될지 모른다고 했다. 어머니와 누이 올리브에 대해서도 아주 다정하게 이야기해주었다.

자리를 뜰 시간이 되었을 때 나는 그에게 연극을 보러 오지 말라고 설득하려고 했지만, 그는 빙긋 미소만 지을 뿐 아무 말도 하지 않았다.

택시 안에서 테일러 씨는 무척 아름다운 호박 목걸이를 내게 선물했다.

"전 그거 받을 수 없어요." 나는 딱 잘라 거절했다.

"물론 그러시겠죠. 당신은 교육을 제대로 받은 사람이니까요." 그가 놀리듯 말했다. "모름지기 조신한 아가씨라면 잘 모르는 남자가 주는 선물을 덥석 받으면 안 되는 법이죠. 그 법칙은 평생 지키시되 내가 드리는 것만은 받아주세요."

"그럴 수 없어요." 나는 힘없이 말했다.

"그렇다면 바꿉시다!" 그리하여 나는 나의 가짜 목걸이를 그에게 건넸고, 그는 자기 호박 목걸이를 내 목에 걸어주었다. 목걸이는 내 어깨에 가볍게 내려앉으며 형광 불꽃의 폭포처럼 내 무릎까지 찰랑거리며 흘러내렸다. 그 호박 구슬들은 원시의 숲에 존재하던 모든 색조를 발산하는 것 같았다.

목걸이 가운데에는 큰 구슬이 하나 달려 있었는데 손에 잡아보니 아주 익숙한 느낌이었다. 팔각형의 바퀴 모양으로 우리 집 호박 목걸이에 달려 있던 것과 똑같은 것이었다. 그가 그 구슬을 자기 소매에 비빈 다음 내 머리카락에 갖다대니 머리카락이 달라붙었다.

"이래서 나는 호박을 좋아합니다." 그가 말했다. "끌어당기는 힘이 있거든요."

"이건 어디서 온 건가요?" 내가 마법에 걸린 사람처럼 물었다.

"내가 온 곳, 한국에서 온 거예요." 그가 대답했다. 말하는 사이사이 침묵을 지키며 뜸을 들이는 그의 습관에 맞추어 나도 말없이 다음 말을 기다렸다. 이윽고 그가 다시 입을 열었다. "한국에서는 요즘도 결혼한 남자들이 이런 호박 장신구를 사용한답니다. 목걸이가 아니라 모자에 다는 장식으로요."

그 말에 나는 가슴을 졸이며, 그를 처음 만난 순간부터 계속 나를 괴롭혀왔던 질문을 던졌다.

"그러면…… 당신은…… 결혼을 하셨나요?" 나는 대수롭지 않은 듯 말하려고 애썼다.

"아니오." 그가 대답했다. "안 했습니다."

그리고 우리는 목적지에 도착했다.

다음 날은 일요일이라 공연이 없었으므로, 단원들은 극단장 코크란 씨의 초대로 일본식 만찬에 참석하기로 했다. 한참 동안 식사시간을 기다리는 사이 코크란 씨는 도착하는 손님들을 차례로 맞이하고 있었다. 우리 팀이 제일 먼저 도착했다. 나는 테일러 씨가 초대를 받았는지 어떤지도 몰랐지만 아무튼 문이 보이는 자리를 골라 앉았다. 아래층에서 미닫이문 덜거덕거리는 소리와 야단스러운 일본어 인사말과 구두를 실내화로 갈아 신는 소리가 들릴 때마다 새로운 손님이 도착했음을 알 수 있었다. 곧이어 가파른 계단을 오르면서 실내화가 벗겨지지 않게 조심하느라 털썩털썩하는 발소리가 들려왔다. 그런 다음 여종업원이 허리를 깊이 구부리고 미닫이문을 열어주면 새 손님이 들어오고, 먼저 온 손님들이 요란하게 환영 인사를 퍼부었다. 친절의 표시로 옆 사람들이 방석을 밀어주면 새 손님도 자리를 잡고 앉았다.

마침내 테일러 씨가 도착했다! 그의 모든 동작을 보면 그가 그런 환경에서 얼마나 편안하고 익숙한지를 알 수 있었다. 그가 방에서 나와 대각선에 위치한 자리를 골라 앉았을 때 나는 그것이 우연이 아님을 느꼈다. 그는 부처처럼 책상다리를 하고 앉아 태어날 때부터 써온 것처럼 편안하게 젓가락질을 했다. 또 우리의 잡다한 요구들을 종업원에게 통역해주었고, 그러면 종업원들은 신속하게 오가며 그 요구를 들어주었다. 식탁 위에서 즉석에서 요리하는 스키야키를 먹는 동안 우리의 작은 잔들에는 꽃향기가 나는 따뜻한 사케가 수시로 채워졌다.

그러는 동안 테일러 씨는 나를 거의 쳐다보지 않았고 자리가 멀리 떨어져 있어 나 역시 그와 대화하려는 시도를 하지 않았다. 식사가 끝나자 무희들이 들어와 사계절의 춤을 추었다. 아주 예쁜 춤이었지만 도저히 끝날 기미가 보이지 않았다. 나는 점점 좀이 쑤셔왔다.

우리를 초대한 코크란 씨가 짓궂은 미소를 띠고 우리 모두를 그 유명한 '넘버 나인'에 데려가겠다고 말했을 때 테일러 씨가 무언가 말하려는 듯 그를 향해 몸을 돌렸다. 그러나 아무 말도 하지 않고 담배를 비벼 끄고는 그 방에서 나가버렸다. 코크란 씨가 인력거를 불렀고, 인력거들이 도착했다는 말이 들리자 우리는 아래층으로 내려갔다. 날은 이미 어두워져 있었고, 인력거꾼들은 각자 촛불이 너울거리는 종이 등을 하나씩 들고 있었다. 우리가 탄 인력거들이 줄을 지어 이동했다. 하지만 누구와도 대화를 나눌 수 없으니 인력거라는 것은 참으로 비사교적인 교통수단이라는 생각이 들었다.

얼마 가지 않아서 코크란 씨가 요시와라 구역에 왔다고 큰 소리로 말했다. 나는 요시와라니 넘버 나인이니 하는 말이 뭔지 몰랐지만 다른 사람들은 알고 있는 듯한 표정이었다.

우리의 인력거 행렬이 넘버 나인에 도착했다. 그러나 그 집은 캄캄한 어둠에 잠겨 있었다. 코크란 씨가 인력거에서 뛰어내려 화가 난 듯 문을 쾅쾅 두드렸다. 아무 대답도 없었고 문을 열어주는 사람도 없었다. 그때 갑자기 어디서 나타났는지 테일러 씨가 코크란 씨에게 다가가더니, 그 집 문이 닫혔으니 가마쿠라로 가서 달빛 아래서 대불상을 보는 것이 어떻겠냐고 제안했다. 코크란 씨는 그 제안을 받아들여 이번에는 택시를 여러 대 불렀다. 테일러 씨가 한 대에 네 명씩 나눠 태웠다. 마지막 택시가 왔을 때 남은 사람은 그와 나 둘뿐이었다.

"그 수수께끼 같은 넘버 나인은 뭐 하는 곳이고 요시와라는 또 뭔가요?" 나는 정말 궁금했다.

"넘버 나인에 수수께끼라고 할 만한 것은 없어요. 세계적으로 유명한 유곽일 뿐이오." 그가 화난 목소리로 말했다. "요시와라는 홍등가고요."

나는 당황스러웠다.

"아, 그러면 문이 닫힌 게 천만다행이군요."

"그래요. 내가 문을 닫고 있으라고 손을 써두었어요. 당신을 그런 곳에 가게 할 수는 없으니까요." 그는 나를 택시 안에 편안히 앉히고는 내 어깨를 덮은 망토를 바로잡아주었다.

달빛 아래 가마쿠라 대불상

자정이 가까워진 하늘에는 달이 높이 떠 환히 빛나고 있었지만, 줄지어 달리는 택시들의 전조등은 그보다 더 밝아서 우리가 탄 차 안을 조명처럼 환히 비추었다. 고도쿠인(高德院)이라는 그 사원까지는 차로 한 시간이 걸렸다.

일본 가마쿠라 시 고도쿠인에 있는 대불상.

　사원 입구에 도착하자 우리는 택시에서 내려 불상이 있는 곳까지 소나무와 삼나무가 심어진 길을 따라 걸어갔다. 달빛을 등진 거대한 불상의 검고 장엄한 윤곽이 보였다. 아래로 내리뜬 부처의 무거운 눈꺼풀에서 그 뒤에 있을, 내게는 보이지 않는 눈에 담긴 수백 년 동안의 인내가 느껴졌다. 나는 오랜 옛날 태풍에 이 거대한 불상이 안치되어 있던 건물이 무너졌다는 사실이 고맙게 느껴졌다. 그 덕분에 이렇게 탁 트인 공간에 부처님이 앉아 있게 되었으니 말이다. 아주 늦은 시각이었는데도 일본인 부부가 다가와 경건하게 불상 앞에 절을 하고 향을 피웠다.

겉에 있던 테일러 씨가 러디어드 키플링의 시 〈가마쿠라의 부처(Buddha at Kamakura)〉에서 한 구절을 인용했다.

선향이 향기로운 연기로 변해 오를 때
서양인들은 농담일랑 삼가라
가마쿠라에서 예불하는
가련한 영혼의 작은 죄를

그의 기분은 자기를 둘러싼 환경과 완벽한 조화를 이루었다. 게다가 아는 것은 또 얼마나 많은지…… . 잠시 후 우리는 불상의 내부로 들어갔다. 불상의 머리까지 닿는 사다리가 놓여 있었는데, 나는 그 위로 올라가 부처의 눈으로 세상을 바라보고 싶었다. 하지만 우리 앞에 다른 부부가 있어서 우리는 서둘러 자리를 내주었다.

달도 졌고, 우리가 걸어 나올 때는 동쪽에서 가벼운 바람이 불어와 우리의 얼굴을 시원하게 해주었다. 새벽이 다가오는 전조였다.

"부처에 관한 다른 시도 있나요?"

"많지요. 하지만 내가 제일 좋아하는 시는 아까 그 시입니다. 오, 지옥 불 옆으로 난 좁은 길을 걸어 / 심판의 날을 향해 가는 자들이여 / 이교도들이 가마쿠라의 부처께 기도할 때 / 부디 너그러운 마음을 가져라."

우리는 택시에 올랐다. 주위에 아무도 없어서 우리는 다른 사람들이 모두 가버렸다고 생각했다.

"라프카디오 헌이 쓴《낯선 일본》이라는 책 읽어보셨나요?" 읽지 않았다고 하자 나에게 그 책을 주겠다고 했다. "싫어요?" "좋아요." 결정은 그렇게

· 호박 목걸이

내려졌다.

나도 모르는 사이에 그의 어깨에 머리를 기대고 잠이 들었다.

내가 꿈을 꾼 것일까, 아니면 그가 정말 그렇게 말했던 걸까? "사랑하는 이여, 날이 밝았어요!" 나는 잠시 기다렸다가 눈을 떴다. "무슨 말을……?" 하지만 나는 말을 끝맺지 못했다.

"당신의 눈썹이 파랗다고 말했어요." 그가 웃으며 말했다.

"아, 그 노처녀 분장이 다 지워지지 않은 모양이네요." 나는 손수건을 꺼내 그 불쾌한 얼룩을 닦아냈다. 여자의 허영심이 무너진 그 일을 생각하면 지금도 원통해서 울고 싶을 지경이다.

"당신이 그런 역할을 연기하는 건 보기 좋지 않아요." 브루스가 말했다.

"나도 당신이 그 연극은 보지 않기를 바랐어요." 나는 쓴웃음을 지었다.

그날 아침 우리 극단은 요코하마를 떠나 도쿄에 갈 예정이었다. 나는 아카이 보(빨간 모자)라 불리는 짐꾼을 대동하고 기차역에 도착했다. 짐꾼은 침대보 하나에 내 짐을 다 싸서 들고 갔는데, 반짝이는 주석 주전자 때문에 보따리 한쪽이 불룩 튀어나왔다.

플랫폼에 도착하니 테일러 씨가 초조하게 왔다 갔다 하고 있었다. 그는 내 모습을 보고 교육을 잘 받은 젊은 숙녀가 집시처럼 동양의 여기저기를 떠돌아다닌다는 사실에 아연실색했다. 그때 그의 놀란 반응은 평생 잊히지 않는다. 사실 내가 그런 식으로 짐보따리를 싼 것은 일꾼들이 내 트렁크를 내릴 때 아무렇게나 던지는 바람에 가방 바닥이 깨져버렸기 때문이다.

우리는 기차 옆에 함께 서 있었다.

"전보를 받았어요." 그가 말했다. "지금 바로 한국으로 돌아가야 해요."

나 역시 일주일 후면 인도로 떠날 예정이었다. 심장이 멎는 것 같더니 이

내 맹렬하게 뛰기 시작했다.

"이렇게 우리는 헤어지는군요." 나는 짐짓 아무렇지 않은 척하며 말했다.

"아니오. 나는 절대 작별 인사는 하지 않을 거요." 그는 주머니에서 거대한 준설기 사진을 꺼내 보여주었다.

"이 준설기들이 움직이기 시작할 즈음에 당신을 찾아가겠습니다."

나는 아무 말도 할 수 없었다. 모든 게 머나먼 이야기 같았다. 나는 준설기와 광산업에 대해서는 아는 게 없었다. 어쩌면 몇 세기가 걸리는 일일지도 몰랐다. 게다가 사람들은 자기가 한 말을 곧잘 잊어버리지 않는가.

기차가 천천히 움직이기 시작했다. 내가 손을 내밀자 그는 내 손가락에 가볍게 입술을 댔다.

일주일 뒤 일본을 떠나는 배에 올라 나의 객실에 들어갔을 때 제일 먼저 눈에 띈 건 커다란 소포였다. 아름답게 장정한 라프카디오 헌의 전집이었다. 금시계도 하나 있었는데, 시계 상자 안에는 작은 종잇조각이 들어 있었다. 성경책에서 오려낸 것이 분명했다. 그 종이에는 이런 글귀가 담겨 있었다.

그대는 나를 도장같이 마음에 품고
도장같이 팔에 두라.
〈아가서〉 8장 6절

시계를 손으로 들어보았다. 불안하던 마음에 확신이 생겼다. 나는 손목에 시계를 단단히 찼다.

선실의 둥근 창을 통해 일본 열도의 마지막 모습이 멀어져가는 것을 지켜보면서도, 마음속에는 한국의 해안은 어떤 모습일까 하는 생각뿐이었다.

구슬 열
청혼

인도에서 만난 딜쿠샤

우리는 다시 인도로 갔다. 극단은 레퍼토리 극을 하는 팀과 뮤지컬 코미디를 하는 팀으로 나뉘었다. 내가 속한 레퍼토리 팀이 규모가 더 작았다. 그 덕에 우리는 여간해서는 가볼 기회가 별로 없는 여러 지역들을 여행하며 공연할 수 있었다.

어떻게 보면 인도는 내 핏줄 속에 흐르고 있다고도 말할 수 있었다. 우리 가문에는 엘리자베스 1세 치세에 동인도회사가 설립된 때부터 인도와 관계를 맺어온 사람들이 많았기 때문이다. 바라나시에서 우리 조상들을 포함하여 많은 사람들이 악어에게 잡아먹혔다는 이야기를 들을 때마다 나는 몸서리를 쳤었다. 언제인지 기억도 못할 만큼 어린 시절부터 인도와 반란에 관한 모험담과 영웅담을 들으며 자랐다. 작은할아버지인지 작은증조할아버지인지는 정확하지 않으나, 재판관이었던 그분은 어느 충성스러운 토후의 목숨을 살려준 공으로 빅토리아 여왕에게서 인도 성훈장을 받았다고 들었다. 성난 군중이 그 토후를 잡으려고 몰려들어 그의 목숨이 위험에 처했을 때 그분이 감옥에서 토후를 빼내 자신의 마차에 태우고 좌석 밑에 숨겨 탈출시켰던 것이다. 나도 그 훈장을 본 적이 있었다. 내가 아주 어린 시절, 여러 해 동안 자취를 감췄던 그 훈장을 어느 상자 속에서 찾아냈던 것이다. 또 재판관이었던 그 할아버지의 어두운 침실에 암살자가 들어왔을 때 고양이가 침입자를 덮쳐 주인의 목숨을 구했다는 이야기도 들었다. 그런데도 그분은 끝까지 고양이를 싫어했다고 한다.

할아버지는 '박차를 찬 호랑이'라는 별명으로 불리던 젊은 기병장교 시절에, 소수의 병력을 이끌고 러크나우 근처의 딜쿠샤라고 하는 궁전에서 적들의 진격을 지연시킨 일이 있었다. 내 눈으로 그 이야기들의 실제 배경인 장소를 직접 보니 그 이야기들이 더욱 생생히 되살아났다.

러크나우에 갔을 때 나는 말을 타고서 폐허가 된 그 궁전*을 찾아갔고, '딜쿠샤'가 힌디어로 '기쁜 마음의 궁전'이라는 얘기를 듣고는 언젠가 내게도 집이 생긴다면 딜쿠샤라는 이름을 붙이겠다고 마음먹었다.

러크나우와 델리, 라호르를 거친 다음, 우리가 본거지로 삼고 있던 라왈핀

---

* 딜쿠샤 궁전은 인도 러크나우 지역의 딜쿠샤 마을에 있는 가장 오래된 건물로, 18세기에 인도의 통치자 사다트 알리 칸이 지었다. 지금은 폐허가 된 이 궁전은 영국의 관리들과 인도의 왕족들이 사냥 시 숙소로 사용했다고 한다. 인도풍이 가미된 영국 바로크 스타일의 건물로, 1857년 세포이 항쟁이 일어났을 때 상당 부분 훼손되었다.

인도 마이소르에서 메리.

디로 돌아갔다. 나는 그곳에 있으면서 말라바 터널 현장에서 수석 기사로 일하는 어머니의 사촌을 만나러 갔다. 그분은 북서변경주에 있는 카이베르 고개*에서 멀지 않은 곳에 위치한 일종의 요새 같은 곳에서 생활하고 있었다. 나는 그 요새의 탑에 있는 방에서 하룻밤을 보냈다. 그 방에 들어가려면 탑에서 내려준 사다리를 타고 올라가야 했고, 밤이면 원주민인 아프리디족이 공격해올 위협에 대비해 사다리를 끌어올려야 했다. 아프리디족은 아프가니스탄에서 국경을 넘어 종종 야간습격을 감행했다. 탑에서는 부하라에서 온 양탄자와 터키석으로 만든 장신구, 달걀만큼 큰 호박 등을 낙타에 싣고 도착하는 상인들의 행렬이 보였다.

* 북서변경주(Northwest Frontier Province)는 영국이 1901년에 영국령 인도의 한 부분으로 만든 지역으로 현재는 파키스탄의 영토이며, 카이베르 고개는 파키스탄과 아프가니스탄을 잇는 주요 산길이다.

내가 처음으로 러시아인 친구를 사귀게 된 것도 바로 이곳이었다. 그중에는 세르게이와 나탈리 체르킨이라는 젊은 부부가 있었다. 세르게이는 투르키스탄의 타슈켄트 주재 러시아 영사를 지낸 사람이었다. 그들은 러시아 혁명이 일어나자 말을 타고 산을 넘어 페르시아로 탈출했다가 도중에 강도단을 만나는 등 험난한 일을 겪으며 인도로 넘어왔고, 인도에서 영국 정부의 보호를 받고 있었다. 나탈리는 내게 한국으로 갈 생각이라고 말했다. 몇 달 전 시작된 혁명이 진압되고 차르가 복위되면 귀국할 계획이기 때문에 러시아에서 멀지 않은 그 나라에 가 있겠다는 것이었다.

한국에서 온 소포

우리는 북쪽 지방을 떠나 기차를 타고서, 창문을 닫아도 피할 수 없는 더위와 모래폭풍을 뚫고서 카라치로 갔다. 카라치에서는 어머니의 또 다른 사촌이 총독으로 있어서 융숭한 대접을 받았다.

그분은 단원 모두를 초대해 환영 파티를 열어주었다. 평소와 달리 샴페인을 텀블러에 따라 마시다 보니 샴페인이 가볍고 신선한 음료수 정도로 여겨져 나는 마음 놓고 마셨다. 저녁식사 후에 낙타를 타고 바닷가까지 경주를 해보자는 제안을 선뜻 받아들인 것도 그만큼 취해 있었기 때문일 것이다. 낙타의 습성을 전혀 몰랐던 데다가 한없이 너그러운 마음이 된 나는 낙타 꼬리를 묶어두는 것이 잔인하다는 생각이 들어 내가 탈 낙타의 꼬리를 풀어주었다. 재갈까지 풀어주지 않은 것이 천만다행이었다. 낙타는 먼저 꼬리로 내 다리를 후려치더니 가까이 오는 사람은 무조건 물려고 했다. 그 낙타 경주를 돌이켜보면 내 몸이 앞뒤로 휘청거리던 것과 땅바닥이 솟아오르는 것 같던 느낌이 떠오른다. 낙타 모는 사람이 입고 있던 좀이 슨 진홍색 벨벳 민소매 윗도리에 금사로 수놓은 무늬도 기억나고, 모래언덕이 나타날 때마다 낙타가 언덕을 넘지 않고 옆으로 돌아가려고 했던 것, 그리고 우리가 경주에서 진 게 분명하다고 생각했던 것도 기억난다. 그러다 갑자기 낙타가 앞무릎을 꺾으며 주저앉자 달빛을 받아 빛나는 파도가 눈에 들어왔고, 다음 순간 낙타가 뒷다리를 접자 빙글빙글 도는 별들이 눈에 들어왔다. 그리고 마지막으로 낙타는 나를 모래사장에 내동댕이쳤다. 이 모든 일에도 불구하고 우리가 목표 지점에는 일등으로 도착했다.

카라치에 있을 때 또 하나의 소포를 받았다. 캔버스 천에 싸인 이 소포에는 알 수 없는 흥미로운 문자가 적혀 있었고 스탬프가 찍히고 밀랍봉인에는 내 이름이 새겨져 있었다. 포장을 열자 잘 만든 나무상자가 나왔고, 그 상자를 여니 흑칠에 자개가 상감된 길쭉한 상자가 들어 있었다. 신기하게 생긴 자물쇠를 열자 호박으로 만든 장신구들이 들어 있었는데, 당시에는 몰랐지만 한국 사람들이 갓에 다는 갓끈이었다.

세 개가 들어 있었는데 색깔과 질감과 디자인이 제각각 달랐다. 하나는 밀랍처럼 뿌연 호박이었고, 다른 하나는 자잘한 금이 간 데다 여러 가지 색조가 섞여 있었다. 작은 홈집 같은 것도 많았는데 자세히 보니 곤충과 식물의 부스러진 잔해들이었다. 긴 사각형 구슬들을 엮어놓은 사이사이로 갓끈이 유연하게 구부러지도록 동그란 구슬들이 섞여 있었다. 마지막 호박은 보기만 해도 숨이 멎을 것 같았다. 다섯 면으로 된 마름모꼴에 끝으로 갈수록 가늘어지게 깎은 구슬들은 투명하면서도 짙은 주황빛을 띠었는데 빛을 받으면 피처럼 붉은색으로 보이기도 했다.

장신구들의 한가운데에는 다른 모양의 호박 구슬이 묵직하게 달려 있었다. 나는 이 갓끈 옆에, 흠집 하나 없이 맑은 수레바퀴 모양 구슬이 달린 나의 벌꿀색 호박 목걸이를 나란히 놓아보았다. 모두 전문가의 호박 수집품이 분명해 보였는데, 그가 그 전부를 내게 준 것이다.

일주일 쯤 뒤에 우리는 봄베이에 있는 본부로 돌아갔다. 봄베이에 도착하자 전신국으로 오라는 연락이 나를 기다리고 있었다. 그곳에 도착해보니 영국인 관리가 자기 사무실의 책상 뒤에서 엄격한 눈매로 나를 빤히 쳐다보는 게 아닌가. 하지만 담청색 눈망울 뒤에는 다정한 반짝임이 숨어 있었다.

"린리 양, 앉으시지요." 그가 자기 책상에서 멀리 떨어진 쪽의 의자 하나를 손으로 가리키며 말했다. 그리고 "에헴!" 하고 목청을 가다듬고는 들고 있던 전보를 조심스럽게 펼쳤다. "전시 규정 때문에 이 전보를 당신에게 드리지는 못합니다. 암호로 쓰인 것처럼 보이니까요. 하지만 성경의 권고에 의지한다면 위안을 얻을 수 있을 것입니다." 그러면서 〈룻기〉 1장 16절을 펼쳐 성경책을 건네주었다. 그런 다음 전보를 여전히 손에 든 채 창가로 걸어가 밖을 내다보았다. 나는 서둘러 그 구절을 읽었다.

나에게 그대를 떠나라거나 그대를 따르지 말고 돌아가라 강권하지 마옵소서.
그대가 가시는 곳에 나도 가고 그대가 머무는 곳에 나도 머물겠나이다.
그대의 백성이 나의 백성이 되고, 그대의 하느님이 나의 하느님이 되시리니.

그 후에도 몇 달 동안 여러 통의 전보가 도착했지만 모두 성경 구절과 시구만 담겨 있었다.

그러다 우리가 일본에서 헤어진 지 열 달이 지난 어느 날, 연락도 없이 그 사람, 브루스 테일러가 홀연히 캘커타에 배를 타고 도착했다.

그날 저녁 연극이 끝난 후, 반딧불이들이 허공을 반짝반짝 수놓는 환상적인 인도의 밤하늘 아래서 그가 지극히 자기다운 방식으로 내게 청혼했다.

"나는 기사도 정신이 모든 남자에게 준 권리에 따라 나의 온 마음을 바쳐 당신에게 봉사할 것이오. 메리, 나를 받아주겠소?" 그는 간단히 말을 마쳤다.

굳이 말로 대답하지 않아도 좋았다. 말로 하지 않더라도 마음을 주고받는 방법은 많으니까.

구슬 열하나

결혼과 신혼여행

인도에서 올린 결혼식

법적 절차를 처리하고, 밀린 출연료도 받고, 영국에서 다른 여배우를 데리고 온 뒤에야 나는 자유롭게 결혼할 수 있는 처지가 되었다. 브루스는 법적인 일들을 능숙하게 처리하는 믿음직한 모습을 보여주었고, 이런 세세한 일들을 잘 처리함으로써 모든 사람들에게서 호감을 샀다.

우리는 1917년 6월 15일에 봄베이에 있는 성 토마스 성당에서 결혼식을 올렸다. 영국에서는 결혼식을 오전에 치르는 풍습이 있는데, 신랑이 술에 취하기 전에 하기 위해서라고 한다. 그러나 인도에서는 지독한 더위라는 복병

· 호박 목걸이

인도에서 브루스와 메리.

까지 감안해야 했기 때문에 우리의 결혼식은 아침 8시에 열렸다. 그러니 자락이 길게 끌리는 드레스는 입을 수 없었다. 크레이프 드 신 직물로 만든 나의 하얀 웨딩드레스는 옆 허리선에 잔주름이 잡히고 발목까지 오는 길이였다. 거기에 긴 깃털이 풍성하게 늘어지는 캐벌리어 모자를 쓰고, 어깨에 두른 레이스 케이프를 신랑에게서 선물받은 다이아몬드 브로치로 고정했다.

브루스는 전형적인 모닝코트에 회색 줄무늬 바지를 입고, 인도에서는 필수품인 솔라 토피*라는 모자를 회색으로 골라 썼다.

봄베이에 있던 친척들과 친구들, 그리고 우리 '극단 가족' 전원이 결혼식에 참석했다. 영국 재판소의 앞 못 보는 판사 찰스 비먼 경이 내 손을 잡고

* 자귀풀(Sola)의 줄기피로 엮어 만든 헬멧처럼 생긴 모자(인도어로 '토피')로, 뜨거운 열기로부터 머리를 보호하기 위해 특히 식민지 시대 영국인들이 즐겨 썼다.

입장해주었다.

타지마할 호텔에서 열린 결혼식 조찬 중에 브루스는 "영국과 미국이 힘을 합하니 어떤 힘으로도 우리 두 사람을 갈라놓지 못할 겁니다"라는 멋진 말을 했다.

'연극은 계속되어야 한다'는 만고불변의 전통에 따라, 그날 저녁 나는 우리 극단과 함께 하는 마지막 무대에 올랐다. 그 지역 신문은 우리의 결혼을 이례적으로 요란하게 보도했는데, 얼마 전 미국이 1차 세계대전에 뛰어들었기 때문인 듯했다.

한국에서 온 미국인 금광 사업가, 영국의 유명 여배우와 결혼하다.

그래서 그날 극장은 〈찰리의 이모〉를 보러 온 관객으로 만원을 이루었다.

브루스는 비먼 판사와 라빈드라나트 타고르와 함께 오른쪽에 있는 특별석에 앉아서 관람했다. 나중에 타고르 시인은 내게 아름답게 장정된 자신의 시집을 선물해주었다. 연극이 끝난 뒤 무대 앞 관람석에서도 관객들이 내게 결혼선물을 건네주었다.

무대 조명이 서서히 어두워지더니 무대 위 내 뒤로 펼쳐진 영국과 미국 두 나라의 국기에 스포트라이트가 비쳤다. 양국의 국가가 연주되는 동안 관객들도 기립해주었다.

마침내 우리는 자유로운 몸이 되어 석 달에 걸쳐 인도에서 출발하여 한국에 도착하는 신혼여행길에 오를 수 있었다.

결혼이라는 낯선 성채

나는 결혼이란, 사랑하는 두 사람이 '열려라 참깨' 하고 외치기만 하면 이루어진다고 생각했던 것 같다. 그러나 사실은 그렇지 않다는 것을 곧 깨닫게 되었다. 결혼피로연 조찬에서 찰스 비번 경이 한 말이 떠올랐다. "사랑과 삶의 이야기는 결혼식으로 끝나는 것이 아니라 결혼식으로부터 시작하는 것입니다."

우리가 랑군과 페낭을 거쳐 싱가포르에 도착했을 즈음 나는 결혼이라는 성채가 어떤 모습인지 어렴풋이 느낄 수 있었다. 그 성에는 성주의 깃발이 휘날리고, 끌어올릴 수 있는 다리도 있었다. 두꺼운 돌담의 작은 틈들 사이로 환한 빛이 새어나와, 그 안에서 따뜻한 난롯불이 타오르고 있음을 알려주었다. 그 불가에 앉으면 몸을 따뜻하게 녹이고 연회를 열고 황홀한 음악을 즐기고 기사들의 방랑기를 들을 수 있을 것 같았다. 그렇게 해자 밖에 서 있는 공주는 눈앞에 펼쳐진 모습에 반해 넋을 잃지만, 그 성이 내리닫이 창살문으로 가로막혀 있다면 어떻게 안으로 들어갈 수 있겠는가?

내가 생각한 결혼이란 공정한 터전에서 어떤 치우침도 없이 함께 나누는 것이었다. 사랑에서 우러나온 수고와 공통된 갈망이 더해져 혼자라면 불가능할 피차의 성장을 소중히 여기며 이끌어낼 수 있는 관계 말이다.

남편의 생각은 나와 전혀 달랐던 것일까? 나는 어리둥절해졌다. 그는 결혼을 기사의 투구에 꽂을 하얀 새 깃털 정도로만, 아니면 자기 성 안 한쪽에 따로 마련한 제단에 놓아둘 일종의 성배 같은 것으로 생각했던 것일까? 그래서 이따금 그 제단 앞에서 경의를 표하고 사랑의 징표를 놓아두기만 하면 된다고?

우리가 홍콩에 도착했을 즈음에도 그는 여전히 나에게는 수수께끼였다. 옆에 내가 있다는 사실을 잊어버린 듯한 태도와 그의 침묵은 나를 경악하게 했다. 그는 '우리의 것'이라 말하지 않고 '당신의 것'과 '나의 것'이라고 말했다. 나는 물론 오랜 세월 고립되고 독립적으로 살아온 데서 생긴 습관일 것이라고 자신을 타일렀다. 그러나 내가 소외감에 빠지면 그는 또 언제 그랬나 싶게 천진난만한 아이 같은 일을 벌여 그런 기분을 씻어내주었다. 예를 들어 어느 날에는 아침 식탁에서 내 접시 위에 재미있는 장난감을 올려놓았다. 또 내가 사족을 못 쓰게 좋아하지만 동양에서는 거의 구할 수 없는 '홀릭스 맥아 분유'를 여러 병 구해다 주기도 했다. 그리고 온갖 희귀한 물건들을 사다 주었다. 그는 내가 아는 일반적인 영국 남자들과 비교하면 훨씬 더 전통적인 사람인 동시에 훨씬 더 파격적인 사람이었다. 사실상 그는 늘 예측할 수 없었고, 그래서 늘 나를 얼떨떨하게 만들었다.

그의 유머감각은 독특했고 장난을 칠 때도 기괴할 정도로 짓궂었다. 한번은 우리가 묵던 호텔에서 아래층 객실에 든 남자가 매일 이른 아침마다 〈티퍼러리의 노래〉를 곡조도 틀리게 휘파람으로 불어댔다. 브루스는 소의 목에 다는 방울을 가져다가 긴 줄 끝에 묶더니, 우리 침대의 모기장을 고정하는 버팀대에 그 줄을 걸치고 한쪽 끝은 자기 발가락 끝에 묶은 다음 아래층 창문 앞으로 방울을 늘어뜨렸다. 그리고 이른 새벽에 아래층 남자가 휘파람을 불기 시작하자마자 음정도 엉망인 그 휘파람 소리는 즉각 요란한 소 방울 소리에 묻혀버렸다. 브루스는 놀란 아래층 남자가 어떻게 된 영문인지 파악하기도 전에 힘차게 다리를 끌어당겨 방울을 끌어올렸다. 남자는 방을 옮겼고, 그 후로 우리는 아침을 조용히 맞이할 수 있었다.

상하이에 갔을 때는 브루스의 친구가 자기 집을 쓰라며 빌려주었다. 널찍

• 호박 목걸이

한 응접실은 납처럼 무거운 흑목을 깎아 만든 가구들로만 꾸며져 있었다. 붉은 벽에는 누워서 아편을 피우는 소파가 놓여 있었고, 두꺼운 중국산 양탄자가 깔려 있어서 발소리마저 묻혀버렸다. 낙타의 방광으로 만든 등은 어둠 속에 호박색 빛 덩어리들을 점점이 띄워놓았고, 칠보 화병들에는 선향들이 잔뜩 꽂혀 있었다. 이 모든 것이 영국인인 나의 취향에는 지나치게 이국적이어서 고향에서 너무 멀리 와 있다는 느낌을 주었다.

그날 밤 우리는 일찍 잠자리에 들었는데 새벽 2시쯤 이상한 냄새에 잠이 깼다. 대장간에서 말발굽에 편자를 박을 때 나는 것과 비슷한 냄새였다. 곁을 보니 브루스가 없어 슬그머니 걱정이 되었다. 집에 불이라도 난 걸까? 나는 맨발에 기모노를 찾아 걸칠 여유도 없이 황급히 응접실로 달려갔다. 응접실에는 푸르스름한 연기가 자욱했다. 그리고 아편 흡입용 소파에서 연기에 감싸인 채 몸을 낮게 숙이고 두 손을 부채 삼아 연기를 자기 쪽으로 끌어다 깊이 들이마시고 있는 브루스가 보였다. 동양의 신비로운 유혹들에 관한 온갖 이야기가 상상 속으로 침범해 들어왔다. 나는 꼼짝도 못하고 문가에 서 있었다. 브루스가 고개를 들어 나를 보더니 미소를 지었다.

"여보, 일어났소? 침실에 고약한 냄새를 피우지 않으려고 여기서 이러고 있소. 왜 그렇게 놀란 거요? 내가 가끔 천식이 도지곤 하잖소. 이리 와서 앉아요."

그에게 다가가 탁자 위에 놓인 녹색 양철통을 집어들었다. 거기에는 '힘로드 천식 치료제'라고 적혀 있었다.

한국의 금광 이야기

이따금 브루스에게서 그의 지난 이야기를 듣는 것은 큰 즐거움이었다. 하루는 그가 준설기 사진을 아주 사랑스럽다는 듯이 들여다보고 있었다. 요코하마에서 헤어질 때 보여준 바로 그 사진이었다. 내 눈에는 흉하게만 보이는 준설기였지만 그는 열렬한 애정을 품고 있는 것 같았다. 내가 그런 말을 하자 그는 이렇게 말했다.

"왜 안 그렇겠소? 그건 나의……."

"우리의……." 내가 그의 말을 정정했다.

"그래요. 우리의 풍요로운 7년의 시작이었으니 말이오. 이 준설기가 우리에게 확실한 번영을 가져다줄 거요."

"당신의 광산에 대해서도 이야기해줘요." 내가 애원하듯 말했다. 그가 줄곧 광산에 관해서는 말을 아끼기 때문이었다. 나는 아직 금광업자들은 다 그렇다는 사실을 몰랐다. 그는 탁자에 사진을 내려놓더니 다섯 손가락으로 사진을 단단히 누른 채 이야기를 시작했다.

"운산(평안북도) 금광에서 7년 동안 감독관으로 일하고 나니 다른 사람 밑에서 일하는 건 그만하면 충분하다는 생각이 들었다오. 그래서 내 금광을 운영할 가능성을 타진해보다가 남쪽에 있는 직산(충청남도 천안)이란 곳을 발견했소. 사람들이 오랫동안 아주 원시적인 방법으로 금을 채취하다가 일본인들에게 팔아버린 곳이었소. 그런데 일본 사람들도 별 수익을 올리지 못했지. 하지만 나는 늘 나의 직감에 따라 살아왔고, 그 광산에 대해 어떤 감이 있었소. 그래서 사람들을 모아 회사를 세우고 그들과 함께 그 땅을 사들였다오. 그들은 내게 총관리인 직책을 맡겨주었소. 나는 7년 동안 봉급은 받지 않는 대신 주식으로 일한 대가를 받았어요. 그러니 내 확신이 어느 정도였는지 당신도 알 수 있을 거요." 그가 내 손을 잡고 말을 이었다. "당신에게도 바로 그런 확신을 가졌소." 그는 거기까지 말하더니 아무 말 없이 생각에 잠겼다.

"제발 계속 말해줘요." 나는 부드러운 말투로 재촉하며 사진을 집어 자세히 들여다보았다.

"아, 그래요. 우리는 쇄광기를 설치하고 사금을 채취하기 위해 이 준설기를 사들였소. 우리가 요코하마에서 만났을 때 나는 그 준설기가 도착하기를 기다리던 참이었고, 내가 그렇게 갑작스레 떠난 것도 그 때문이었소. 그때까지는 모두 손으로 사금 채취 작업을 했었다오. 참으로 힘겹고 고된 세월이었지. 아무도 우리를 믿어주지 않던 때도 있었소. 금광 사업을 믿어준 사람도 없었고. 그래서 광부들에게 지불할 돈도 마련하지 못할 때가 있었지. 불만을 품은 광부들이 험악하게 위협을 해댈 때면 우리는 꼭 짝을 지어 다녀야 했소. 거의 굶어 죽을 뻔한 적도 있고 입에 풀칠하기 위해 별의별 방법을 궁리하던 때도 있었소. 내 동생 빌과 감독관으로 일하던 친구 빌 파넘이 낡은 축음기 한 대와 금이 간 레코드 몇 장을 가지고 시골 마을들을 돌아다니던 때가 생각나는구려. 한국 사람들은 그걸 혼령의 소리라고 생각하고 그 소리를 들어보려고 돈을 몇 푼씩 내기도 했고 대신 쌀을 주기도 했다오. 그야말로 궁핍의 7년이었지. 그러다가 마침내 내 감이 틀리지 않았음이 증명되기 시작했소. 당신도 파넘을 만나게 될 거요. 그리고 이 준설기도."

나도 그들을 만날 날이 기대된다고 말하고 사진을 돌려주었다. 브루스는 연애편지라도 되는 양 사진을 조심스럽게 조끼 주머니에 집어넣었다.

이런 이야기를 나누면서 나는 그와 한층 더 가까워진 느낌이 들었고, 말 그대로 그와 한솥밥을 나누는 사이라는 실감이 났다. 내 심장은 우리가 한국에 도착할 날에 대한 기대로 부풀어 오르기 시작했다. 그곳에 가면 나를 기다리고 있을 새로운 삶에 도전장을 던지고 한판 승부를 겨뤄보리라. 나는 그곳에 도착해야만 브루스의 성 안으로 과감히 들어갈 수 있고, 성의 안주인으로서 내 역할을 할 수 있을 거라고 느꼈다. 그리하여 우리는 같은 난롯가에 나란히 앉아 함께 몸을 녹이고, 같은 잔으로 사랑의 축배를 들고, 우리가 함께하는 삶을 상징하는 깃발을 높이 올릴 수 있을 것이다.

그러나 우리는 처음 만났던 장소에 다시 가보고 싶어서 집으로 가는 일정을 뒤로 미루었다. 우리는 가는 곳마다 사진을 찍었지만 그 사진들은 일본 경찰에게 모두 압수당했고 큰 의심만 사게 되었다. 1945년에 일본이 패전할 때까지 우리는 그 의심의 그늘에서 벗어나지 못했다.

시모노세키 해협을 거쳐 미야지마 섬으로 갔다. 그곳에서 보낸 3주 동안 대부분은 세토 내해에서 수영을 하며 보냈고, 정겨운 추억이 남아 있는 여러 곳을 찾아다녔다. 예전에도 매혹을 느꼈던 장소들이지만, 브루스가 그 모든 지역과 장소에 대해 들려준 중요한 의미들이 더해지면서 그 매력은 더욱 풍성해졌다. 그렇게 우리의 평온한 날들이 흘러가고 있었다.

어린 날의 '사랑스러운 얼간이'가 꿈꾸던 일들이 실현된 것이다!

삶의 바퀴를 상징하는 듯한 구슬이 달린 호박 목걸이의 마력이 내 꿈이 이루어지도록 도와주는 것 같았다.

고요한 아침의 나라로

시동생 빌의 마중

그림 같던 일본의 친숙한 풍광을 떠나 몽환적인 새벽빛 속에서 바라본 한국의 모습은 어딘지 딱딱하고 냉담해 보였다. 우리가 탄 작은 배가 부산항에 닻을 내리자 삐걱거리는 노 젓는 소리와 "영치기 영차" 하는 사공들의 함성이 들려왔다.

나는 창밖을 보려고 선실의 침상 위에 올라섰다. 주황색 사각 돛을 단 평평한 돛단배들이 미끄러지듯 천천히 흘러가고 있었고, 참깨와 해초의 냄새가 콧속을 파고들었다. 부두는 부산한 소음과 한국말과 일본말이 뒤섞인 고함소리로 떠들썩했다.

나에게는 낯선 나라였지만 브루스에게는 숨 쉬는 공기처럼 자연스러운 장소인 것 같았다. 나는 목에 걸린 호박 목걸이를 만지작거리며 브루스가 내게 보내준 다른 호박 장신구들도 머릿속에 떠올렸다. 지금 나는 그 호박들을 그것들이 원래 속해 있던 고향으로 다시 가져온 것이었다. 내가 그것들을 지니고 있다는 사실만으로도, 그 호박들처럼 나도 고향에 돌아온 것이라는 느낌을 조금이라도 나눠 가질 수 있었으면 싶었다. 브루스가 너무나 쉽게 한국말을 하는 것을 듣자, 처음에 그가 유창하게 일본말을 구사하는 것을 들었을 때처럼 기이한 느낌이 들었다.

배에서 내리자 브루스의 동생 빌이 우리를 맞이해주었다. 빌은 남편보다 몇 살 아래지만, 날씬하고 탄탄한 브루스와 달리 몸집도 크고 태도도 무척 개방적이었다. 그가 아직 미혼이라는 사실이 놀라웠다.

"조선에 오신 것을 환영합니다." 빌이 내게 열렬하게 인사를 건넸다.

"조선이라고요?" 나는 어리둥절해서 물었다.

"한국의 옛 이름이지요. '고요한 아침의 나라'라는 뜻이랍니다. 형수님도 조선에 사시면서 고요한 아침을 만끽하시기를 기원합니다."

나는 빌에게 짧게 입을 맞추었다. 새로운 남자형제가 생긴 것이 축복이라고 생각하면서, 세상을 떠난 내 동생을 떠올렸다.

빌은 우리를 서둘러 기차에 태웠고, 그렇게 수도 서울까지 가는 긴 여행이 시작되었다. 약 480킬로미터에 달하는 거리였다.

산들은 확실히 장엄하면서도 평온한 분위기를 띠었다. 폭포들은 산허리를 끼고 흘러내려 계곡을 따라 돌며 강을 이루고, 논으로도 흘러 고였다.

기차에서 본 한국의 풍경

9월은 풍요의 계절이다. 녹색 벼들은 9월의 연금술에 힘입어 황금색으로 완성된다. 이 경이로운 가을의 한 시기에는 찬란한 반짝임과 나른함이 공존한다. 나는 한국이라는 나라의 이런 풍요로움을 처음으로 목격하고 있었다.

허리를 직각으로 꺾고 벼를 베는 흰옷 입은 농부들은 마치 양 떼 같았다. 그들은 점심을 먹은 후 짚을 엮어 만든 커다란 삿갓으로 얼굴과 어깨와 상체의 절반을 덮고서 부리던 무던한 소를 옆에 두고 바닥에 길게 누워 한숨 잠을 청했다.

기차가 작은 마을 역에 멈출 때마다 나는 기차에 타고 내리는 사람들을 가까이서 바라보며 그 모습에 매료되었다. 언제나 남자들이 앞서서 차에 올랐다. 여자들은 넓은 치마폭을 여며 쥐고 절묘하게 균형을 잡아 보따리를 머리에 이고 등에는 아기를 업은 채 그 뒤를 따라 안간힘을 쓰며 차 속으로 비집고 들어왔다. 그 사람들은 일단 일등칸으로 들어와서 거위 떼처럼 앉아 있다가 일본인 차장에게 발각되면 다른 곳으로 쫓겨갔다. 어디든 앉을 수만 있다면 차장이 지정해주는 장소로 고분고분하게 옮겨가는 모습이 인상적이었다. 내 눈에는 이런 소동들이 재미있었지만 브루스와 빌은 다소 성가신 듯 보였다.

가족들이 '아버지'라고 부르던 어느 점잖은 노인이 특히 흥미로웠다. 그 사람은 흰색의 긴 겉옷을 입고 있었는데, 이 옷은 오른쪽 가슴 위에서 긴 끈을 한쪽만 리본 모양으로 접어 여몄고, 평퍼짐한 바지의 단은 두껍게 누빈 하얀 양말 속으로 넣어두었다. 신발은 짚으로 엮어 만들었는데 발가락이 삐져나왔다.

모자는 또 어찌나 희한하던지! 검은 말총으로 만들었다는 그 모자는 챙의 테두리가 반들반들하고, 꼭대기 부분은 속이 비쳤다. 그 부분을 통해 들여다보니 정수리 위로 당겨 묶어 작게 매듭을 지어놓은 머리카락이 보였다. 모자 속에는 머리 둘레에 넓고 검은 띠를 두르고 있었다. 이 띠의 앞부분은 배 모양의 호박으로 고정되었는데, 브루스가 카라치로 나에게 보내준 것과 같은 종류의 호박이었다. 그 호박은 모자가 뒤로 미끄러지지 않게 잡아주는 역할을 했다. 내가 보기에 그 모자는 햇빛이나 눈, 바람 따위를 전혀 막아주지 못할 것 같았다. 가는 검정 끈을 턱 밑에서 묶어 모자를 고정하고, 브루스가 설명해준 대로 호박으로 만든 갓끈을 길게 늘어뜨리고 있었다.

빌은 내 표정이 재미있다는 듯 쳐다보았고, 브루스는 그런 빌을 쳐다보았다.

"빌, 어서. 메리한테 다 설명해줘. 메리는 지금 궁금한 게 넘쳐나는 것 같은데."

브루스 자신은 도착하자마자 건네받은 편지들을 뜯어보느라 여념이 없었다. 나는 궁금증을 가득 안고 빌 쪽으로 몸을 돌렸다.

"저 사람은 왜 저런 모자를 쓰고 있어요? 저 머리에 두른 띠는 용도가 뭔가요?"

"아, 그건 망건이라고 부른답니다. 한국 사람들은 저걸 '다른 모든 두통을 싹 잊게 하는 두통거리'라고 말하죠." 빌은 껄껄 웃었지만 나는 더 어리둥절해질 뿐이었다. 빌이 계속 설명했다. "소년 시절에는 머리를 땋아 늘이다가 장가를 들 즈음이 되면, 그래 봐야 열세 살이나 조금 더 많은 정도인데요, 그러면 머리카락을 걷어올려 상투를 튼 다음 저 망건을 두르고, 망건 안쪽에 아래위로 달린 작은 끈들을 가지고 있는 힘껏 당겨 조이는 겁니다. 그러면 두통이 생기는데 그게 한 일주일 정도 간다더군요. 당사자는 설마 그런 두통을 또다시 겪을 일은 없을 거라고 생각하는데, 그대로만 된다면 나쁠 게 없겠지요."

내가 못 믿겠다는 표정을 짓고 있으니 빌이 계속 설명했다. "저 모자는 갓이라고 하는데 머리가 아니라 머리카락을 보호하려고 쓰는 겁니다. 농담으로 하는 말이 아니라 사실이에요. 그뿐이 아니지요. 이 나라에서 모자에 자부심과 명예를 부여하는 쪽은 여자들이 아니라 남자들이랍니다. 그리고 저 사람이 가지고 다니는 갓통을 보면……."

"갓통이라고요?" 그 노인의 손목에 대롱대롱 걸려 있는 돔 형태의 신기한 상자를 건너다보며 내가 끼어들었다.

"맞습니다. 저 사람은 항상 저 통을 가지고 다닐걸요. 안에는 갓이 두어 개 더 들어 있지요. 하나는 실내에서 쓰는 작은 잠자리채처럼 생긴 것(탕건)이고, 다른 하나는 작은 천막처럼 생겼는데 비가 올 때 쓰는 것(갈모)이죠. 그건 기름 먹인 종이로 만들고 부채처럼 접을 수 있습니다."

"외출할 때는 항상 갓을 쓰나요?"

"옛날 예법을 고집하는 사람이라면 그렇습니다. 갓이 없다면 몰라도 말입니다. 그리고 망건은 절대로 벗지 않아요. 저 홍옥수로 만든 단추(풍잠)에 끈을 매어서 고정해둡니다. 머리카락을 자르지 않는 한 무슨 수를 쓰든 머리카락을 위로 끌어올린 상태를 유지해야 하니까요. 일본은 한국을 강제로 병합한 뒤 사람들에게 상투를 자르라고 명령했습니다. 그러자 어마어마한 반발이 일었지요. 한국 사람들은 상투를 민족의 마지막 상징이라고 여겼거든요. 앞으로 보시면 알겠지만 요즘 젊은 남자들은 대부분 머리를 짧게 잘랐답니다."

내가 진지하게 관심을 보이자 빌은 더욱 열의를 띠고 계속 이야기했다. "항상 저렇게 얄팍한 갓을 쓴 건 아니었어요. 예전에는 도자기로 만들었는데……."

"도자기라고요? 진담은 아니겠죠?"

"빌, 너한테 아주 좋은 청중이 생겼구나." 브루스가 웃음 띤 얼굴로 말했다.

"갈 길이 꽤 남았어요. 이야기를 나누며 시간을 때우는 게 좋죠. 안 그래요, 형수님? 담배 피우세요?"

내가 미처 대답도 하기 전에 "안 피우셨으면 좋겠네요" 하고 빌이 말을 낚아챘다. "저는 여자들이 담배 피우는 모습이 좋지 않더라고요." 그리고 자기 담배에 불을 붙이고는 좀 더 편안한 자세로 고쳐 앉았다.

"옛날 옛적에 말입니다, 한국 사람들은 음모를 잘 꾸미는 성향이 있었다고 하더군요. 그래서 어느 현명한 왕이 남자들은 챙이 1미터쯤 되는, 도자기로 만든 모자를 써야 한다는 법을 만들었답니다. 그러니 두 사람이 길에서 만나 비밀 이야기를 나누려고 해도 서로 몇 미터 떨어져 설 수밖에 없었지요. 그 정도 거리에서는 비밀을 말할 때도 큰 소리로 외쳐야 했고요. 게다가 챙이 좀 부서지기라도 하면 당장 감옥에 집어넣었다지요. 그렇게 해서 중상모략이 사라지게 되었답니다. 그리고 담뱃대 길이도 챙 밖으로 1미터는 더 나와야 했답니다. 그러니 당연히 자기 담뱃대에 손수 불을 붙일 수가 없어서 담뱃대에 불을 붙여줄 어린 하인을 데리고 다녀야 했지요. 이렇게 커다란 갓과 긴 담뱃대와 어린 하인의 힘이 더해져서 한국 사람들은 평화를 사랑하는 민족이 되었다고 합니다. 믿거나 말거나."

• 호박 목걸이

남대문역에 마중 나온 사람들

서울이 가까워졌을 때는 이미 저녁이 되어 있었다. 구불구불 산들을 감싸 도는 오래된 성벽이 마치 용의 화석 같은 모습으로 눈에 들어왔다. 성벽에는 동서남북 네 방향에 각각 커다란 대문이 하나씩 자리 잡고 있었다.

우리가 탄 기차는 남대문역*에서 덜커덩거리며 멈춰 섰고, 브루스가 내 손을 잡아 내리는 걸 도와주었다. 플랫폼에는 브루스가 '외국인 공동체'라고 부르는 사람들로 바글거렸다.

이 '외국인'이라는 표현에 내가 얼마나 당황스러웠는지 설명해야겠다. 인도에 있을 때 우리 영국인들은 외국인이라고 불린 적이 없었다. 그러나 이곳에서는 일본 사람과 한국 사람이 아니면 모두 '외국인'이었다.

또 여행에서 돌아오는 사람들을 마중하는 일 역시 나로서는 전혀 예상하지 못한 풍습이었다. 내가 기차에서 내리자 수많은 사람들이 연달아 인사를 건넸다. 나는 이 놀라운 경험을 통해 한국이 브루스와 내가 단둘이 살아갈 고립된 곳이 아님을 깨달았다. 물론 당시에는 미소를 띤 그 낯선 얼굴들 중에 많은 이들이 내 평생의 친구가 되리라는 것도 몰랐다.

복잡한 군중을 뚫고 지나가면서 빌이 사무실 직원 한 사람을 소개해주었다.

"형수님, 이분은 김 주사입니다."

내 앞에는 살아 숨 쉬는 사람이 서 있었지만, 어찌나 꼼짝 않고 서 있던지 상아를 깎아 만든 조각이라고 해도 믿을 정도였다. 김 주사는 중간 키에 마

---

* 남대문역은 1925년 르네상스식 건축물로 신축하면서 경성역으로 명칭이 바뀌었다가, 해방 후에 서울역으로 불렸다.

른 편이었고, 크림색의 긴 비단 두루마기는 어깨에서 주름이 여러 겹 접혀 있었다. 피부도 옷 색깔과 잘 어울렸다. 눈은 잘 익은 올리브 열매 같았고 콧수염도 듬성듬성 나 있었다. 검은 머리를 짧게 깎았고 두 손은 엇갈려 소매 속에 밀어넣었다. 그리고 어울리지 않게 갈색 홈부르크해트를 쓰고 반질반질 광이 나게 닦은 가죽 구두를 신고 있었다. 그는 항상 이 두 가지 서양 복식을 착용하고 손잡이를 금으로 장식한 전통적인 지팡이를 가지고 다녔다. 이 셋에 순수한 한국 전통 의상이 더해져 그의 외양은 무척 독특했다.

김 주사는 손이 닿지 않을 것처럼 비현실적으로 느껴졌지만, 나는 어떻게든 친근함을 표시하고 싶어 손을 내밀었다. 김 주사가 화들짝 놀라며 소매에서 황급히 손을 뺐다. 내 손에 닿은 그의 손가락이 너무나 연약하게 느껴져 나는 곧바로 잡은 손을 놓았다(한국 사람들은 손을 맞잡고 흔드는 악수는 하지 않지만 친한 사람들끼리 만나 인사를 나눌 때는 서로 손을 붙잡고 대화를 하는 내내 놓지 않았다).

"안녕하세요, 미스터 김." 내가 말했다.

"형수님, 김 주사라고 부르셔야 합니다." 빌이 힘주어 말했다. 김 주사는 그 말에 희미하게 웃으며 아무래도 괜찮다는 듯한 표정을 지었다. 빌이 계속 말을 이었다. "주사는 왕이 한국을 다스리던 시절에 이분이 맡았던 궁정관리의 직함이랍니다."

뒤이어 다른 직원들도 앞으로 나와 의식을 치르듯 고개 숙여 절을 했다. 한국의 절은 두 팔을 쭉 펴고 손바닥을 아래로 향해 넓적다리 앞에 두고 엉덩이부터 깊이 구부리는 것이다.

먼저 경리를 맡은 원씨가 있었다. 그는 조용하고 겸손한 젊은이로 짙은 갈색 양복을 입고 있었다. 근시가 심해서 엄청나게 두꺼운 안경을 쓰고, 종이를 코앞에 대고 짐 목록을 기록하고 있었다. 나는 그를 보자마자 두더지가 떠올랐고, 그때부터 우리끼리 있을 때는 두더지라는 별명으로 그를 칭했다.

사환으로 일하는 박씨는 서른다섯 살 정도 된 남자인데, 필요하면 언제라도 심부름을 할 태세로 가까이 서 있었다. 농부 같은 인상인데 그는 머리는 짧게 깎았고 볼이 아주 붉었다.

역에서 나오니 빌의 자동차가 대기하고 있었다. 차를 타고 지나면서 보니 서울은 고산의 위엄을 품고 우뚝 솟은 험준한 바위산들을 병풍처럼 둘러치고 그 아래 계곡에 폭 안기듯 자리 잡고 있었다. 차가 남대문 옆을 지나갔다. 남대문은 돌로 된 거대한 아치형 통로로 그 위에는 기와를 얹은 누각이 있었다. 어디를 보나 초가집들이 옹기종기 모여 있었고, 그 사이사이로 아주 좁은 골목길들이 나 있었다. 집집마다 저녁을 짓느라 불을 지핀 탓에 도시 전체가 푸르스름한 연기 사이로 솟아오른 신기루 같았다.

한국의 집들은 모두 연통이 바닥 아래로 지나가며, 굴뚝은 바닥에서 50센티미터 정도 되는 지점에 솟아 있다고 브루스가 설명해주었다. 그렇게 하면 연료도 아끼고 난방도 할 수 있다고 했다.

나는 '위아래가 뒤집힌' 나라라는 생각이 들었다. 그리고 얼마 지나지 않아서 그 표현이 다른 여러 방면에도 그대로 적용된다는 것을 알게 되었다.

빌이 서대문 근처 대로에서 차를 세웠을 때는 날이 거의 캄캄해져 있었다.

"다 왔습니다." 빌이 말했다. 하지만 주위에 집이라고는 보이지 않았다.

"어떻게 된 거냐?" 브루스가 물었다. "내가 전보로 조선호텔에 방을 예약해두라고 했잖니."

"깜짝 놀라게 해드리려고요. 내 물건들은 모두 치웠어요. 두 분이 자기 집에서 결혼생활을 시작하는 게 좋겠다고 생각했거든요. 모든 게 다 준비되어 있습니다."

브루스가 빌의 손을 힘주어 잡았다. 빌은 경적을 울리고 먼지구름을 일으키며 차를 몰고 가버렸고, 브루스는 내가 가파른 언덕 아래로 내려가도록 도와주었다.

언덕 아래에 도착하자 그가 두 손을 입가에 모으고 소리쳤다. "이보오, 이보오, 이보오."

나는 죽 늘어선 나무들을 올려다보았다. 나무들은 색색가지 등으로 장식되어 있었다. 대문과 문들이 활짝 열리며 땡그랑하는 소리가 들리고, 등불을 들고 달려오는 흰옷을 입은 사람들의 모습이 보였다.

별이 총총 뜬 암청색 하늘을 배경으로 이제부터 내가 살 집을 감싸안은 기와지붕의 우아한 곡선이 눈에 들어왔다.

한국에서 시작한 신혼생활

낯선 신혼집

벽돌과 돌로 지은 그 집의 독특한 팔각형 창문을 통해 주황색 빛이 새어나왔다. 이 집은 원래 조선의 양반이 지은 것으로, 물론 지을 당시에는 다른 집들과 마찬가지로 바닥 밑으로 온돌을 놓았다. 그러나 후에 그 집에 들어와 살게 된 '외국인들'이 벽난로를 설치하면서 온돌은 쓰이지 않게 되었다.

처마 끝에는 작은 풍경(風磬)이 달려 있었다. 물고기 모양의 추가 늘어뜨려진 놋쇠로 만든 풍경이었다. 정원을 가로질러 올라가는 내내 내 귀에 들려오던 땡그랑땡그랑하는 소리는 바로 그 풍경 소리였다.

대문 앞에 흰옷을 입은 하인들이 서 있었다. 머슴과 요리사, 집안일과 바깥일을 맡은 일꾼들이었다.

문 뒤에서 개가 사납게 짖는 소리가 들려왔다.

"저 녀석은 푸기요." 브루스가 문을 열자 살찐 페키니즈 한 마리가 뛰쳐나왔다. "빌이 남겨둔 또 하나의 깜짝 선물이군." 브루스가 얼굴을 찡그리며 말했다.

집 안으로 들어가자 식당과 응접실을 겸한 방이 제일 먼저 나왔다. 천장은 하얀 석회를 발랐고 서까래들이 겉으로 드러나 있었다. 또 벽들을 따라 일정한 간격으로 늘어선 기둥들은 지붕을 지탱하는 거대한 대들보들을 떠받치고 있었다. 방 한쪽 끝에는 화려한 열 폭 병풍이 놓여 있었는데 외풍을 거뜬히 막아낼 만큼 높았다. 브루스는 커다란 돈궤짝을 책상으로 쓰고 있었다.

"돈궤짝이라고요!" 내가 놀라서 소리쳤다. "저렇게 큰 게요?"

"그래요. 저렇게 큰 걸 쓴다오. 조선에는 일본인들이 들어오기 전까지는 지폐가 없었고, 그래서 양반들은 돈궤짝을 주문해서 만들어 그 안에다 줄로 꿴 엽전 꾸러미를 보관했다오. 그 엽전의 가치는 미국 돈으로 환산하면 25센트 정도일까. 대부분의 돈궤짝에는 비밀 서랍도 달려 있고, 놋쇠로 된 장식 등 제각각 모양이 달라요."

"무슨 나무로 만든 거예요?" 옹이 모양을 들여다보며 내가 물었다.

"느티나무 목재로 귀목이라고 해요. 서양에서 흔히 보는 호두나무 목재와 비슷하지."

"이것들은요?" 검정 칠에 자개로 그림과 기하학적 무늬를 상감한 장식장들을 가리키며 내가 또 물었다.

"그건 혼인할 때 가져가는 상자들이오. 조랑말의 등에 실을 때 균형이 잘 잡히도록 똑같은 크기로 두 개를 만들어요. 이쪽 것을 열어봐요."

거기에는 토마토색 공단에 분홍색과 초록색으로 수를 놓은 아름다운 긴 겉옷이 들어 있었다.

"박물관에 전시할 옷 같네요." 나는 감탄하며 더 자세히 보려고 옷을 들어 올렸다.

"맞소. 결혼할 때 입는 옷이라오."

나는 그 옷을 걸치고 브루스가 감상하도록 이리저리 몸을 돌렸다.

그가 나를 보고 미소를 지으며 말했다. "이제 저쪽 것도 열어봐요. 금발 마님."

이번에는 두 마리의 목각 원앙이 들어 있었다.

"그건 새색시에게 주는 선물이오. 원앙은 평생 한 마리의 짝하고만 지낸다고 해서 금슬 좋은 결혼을 상징요. 나의 찬사와 함께 그대에게 바치나이다!" 브루스는 아주 우스꽝스러운 표정으로 내게 원앙 한 쌍을 건넸다.

문 양쪽에는 높이가 1미터 반 정도 되고 나비 모양의 반사체가 달린 놋쇠 촛대 두 개가 하나씩 서 있어서, 천장과 방의 구석까지 커다란 그림자를 만들었다.

"저건 옛날 물건이에요, 요즘 물건이에요?" 나는 한 번도 본 적 없는 물건이었다.

"옛날 물건이오. 궁궐에서 쓰던 촛대요. 내가 전기로 불을 켤 수 있도록 개조했지. 나비들을 뒤로 젖히면 더 환해져요."

브루스가 나비를 젖히자 더 밝아진 빛이 방 안에 놓인 놋그릇들과 은이 상감된 검은 쇠상자를 비추었다.

원래 바닥은 돌을 깔고 그 위에 얇게 흙을 발라 기름종이를 입힌 것인데,

그 위에 단단한 목재로 쪽모이 세공을 하고 반들반들 윤을 낸 마루가 깔려 있었다. 거기에 동물 가죽을 양탄자처럼 깔아놓았다.

모든 것이 무척이나 아름다웠지만, 생활하기에는 이루 말할 수 없을 정도로 불편할 것 같았다.

푸기가 밀어젖혔던 문은 또 다른 방으로 연결되었다. 나는 그리로 들어가 주위를 둘러보았다. 그 공간 중에서 적어도 4분의 1은 문풍지를 바른 장지*로 나뉘어 있었다. 거기에는 놋쇠 받침이 달린 커다란 3층 장식장과 한국 사람들이 '장'이라고 부르는 궤짝과 축음기가 있고, 그 위에는 레코드판들이 쌓여 있었으며 가죽을 댄 식탁용 의자들이 있었다. 벽에는 일본의 유명한 현대화가 야마다 바스키가 그린 〈안개 속의 후지산〉이라는 아름다운 그림이 걸려 있었다. 창틀 위에는 가마쿠라 불상을 투명한 소재로 옮긴 조각이 걸려 있었다. 한 모퉁이에는 1890년대에 유행하던 스타일의 크고 흉물스러운 철제 침대틀이 놓여 있었는데, 우편으로 주문하여 미국에서 들여온 것이라고 했다.

"여기가 침실이에요?" 나는 무릎에 힘이 빠지는 것을 느끼며 간신히 질문을 뱉어냈다.

하지만 브루스는 이미 화장실을 보여준다며 나를 이끌고 있었다. 나는 박물관에서 가져온 것 같은 신부복을 입고 실물 크기의 원앙 조각 한 쌍을 두 팔로 끌어안은 채 미끄러지듯 그의 뒤를 따라갔다.

"이게 화장실이라고요?" 내 눈에는 격자창살에 문풍지를 바른 문이 한쪽 벽면을 차지한 통로로밖에 보이지 않았다. 벽에는 테니스 라켓과 스키와 총

---

* 방과 방 사이 또는 방과 마루 사이에 칸을 막아 끼우는 문.

• 호박 목걸이

등이 걸려 있었다. 화장실과 관련된 물건은 힘없이 걸려 있는 수건 두 장뿐이었다.

"욕조는 어디 있어요?" 나는 말할 수 없이 실망스러웠다.

"마당 빨랫줄 있는 곳에." 브루스는 당연한 사실을 말하듯 태연하게 대답했다.

"그러면 그…… 다, 다른 것은 어디에……?" 나도 모르게 말을 더듬었다. 브루스는 대답 대신 어깨로 무거운 나무문을 힘껏 밀었다. 그래도 말을 듣지 않자 구둣발로 문을 걷어찼다. 그러자 문이 활짝 열렸다. 그가 깜짝 놀라 쳐다보았다.

"착한 빌 녀석. 참 생각이 깊단 말이야. 빌이 특별히 손을 봐놓은 게 틀림없어요."

놀라기는 나도 마찬가지였다. 눈에 보이는 거라고는 구멍 하나가 뚫려 있는 형편없는 나무상자뿐이었으니 말이다.

"특별히요?"

"전에는 바닥에 틈이 조금 벌어진 정도였으니까, 이 정도면 상당히 개선된 거요."

나는 황급히 그 자리에서 물러나 격자문을 활짝 열고 상쾌한 공기를 마시려고 정원으로 나갔다. 내 머리 근처에서 무언가 희고 커다란 것이 펄럭였다.

"여기가 목욕하는 곳이라오." 브루스가 웃으면서 나를 감싼 캔버스 휘장을 걷어주었다.

한밤의 고요를 깨고 어디선가 탁 탁 탁 탁 하는 소리가 리드미컬하게 들려왔다. 그 소리는 마치 사방에서 들려오는 것 같았고, 파도처럼 높아졌다 낮아졌다를 반복했다. 나는 무슨 소리인가 하여 귀를 기울였다.

"대체 저건 무슨 소리죠?" 곁에 선 브루스에게 물었다.

"그냥 다림질 같은 거요."

"다림질이라고요?"

"그래요. 여자들이 다림질을 하는 소리요. 여기서는 다듬이질이라고 하는 것인데, 큼직한 나무토막 같은 데 옷을 올려놓고 야구방망이 비슷한 방망이 두 개로 두드리는 거요. 그렇게 두드릴 때 저런 소리가 난다오."

"밤새도록 일을 하는 건가요?"

"흠, 그렇소."

"그러면 잠은 언제 자죠?" 나는 자꾸 캐물었다.

"한국의 아낙들은 밤이나 낮이나 일을 해요. 그들이 언제 잠을 자는지는 아무도 모르지."

"남자들은 밭에서 자던데." 나는 기차를 타고 올라오면서 본 광경을 떠올렸다.

"그렇소. 남자들은 그러지. 여기는 남자들의 나라라오. 이 나라에서는 여자들은 아무 권리도 없고 남자들은 뭐든 마음대로 할 수 있어요."

"하…… 하……, 하지만 그 규칙은 우리 집에서는 절대 안 통할 거예요." 우리는 웃으며 다시 집 안으로 들어갔다.

"자, 이제 부엌을 보러 갈까요?" 나는 용감한 척하며 과감히 제안했지만 내심 마음은 착잡하게 가라앉았다. 부엌에 당도하자 김이라는 하인이 길을 막아서면서 거의 동시에 거실로 가는 문을 활짝 열어젖혔다. 윤이 나는 식탁 한가운데 자그마한 양초들에 불을 붙인 커다란 하얀 웨딩케이크가 놓여 있었다. 나는 브루스 쪽으로 돌아섰다. 그 역시 나만큼 놀란 표정이었다.

"빌의 마지막 깜짝 선물이로군." 브루스가 씨익 웃더니 내가 입은 전통 혼례복의 거추장스러운 소매를 접어 올려주고는 말했다. "케이크를 잘라요, 메리. 한국의 관습에 따르면 신랑과 신부는 한 접시에 놓인 음식을 나누어 먹어야 비로소 부부가 되는 거라오."

그래서 우리는 촛불을 모조리 불어 끈 다음 케이크를 나눠 먹고 침실로 갔다. 침대에는 푸기가 먼저 와서 자리를 잡고 있었다.

동양의 방식

다음 날 아침 내 뺨을 핥는 푸기와 화장실에서 나는 물 끼얹는 소리에 잠이 깼다. 그런데 그 소리 말고도 낑낑거리는 이상한 작은 소리가 들렸다. 나는 여행 가방에 있는 기모노를 꺼내려고 자리에서 일어났다. 열려 있는 내 여행 가방 안에는 혼수로 가져온 란제리 사이에서 작은 강아지 다섯 마리가 꼬물거리고 있었다. 시동생 빌이 준 깜짝 선물 가운데 최고봉이었다. 나도 모르게 흠칫 놀라서 뒤로 물러서다가 마침 차를 가지고 들어오던 하인과 부딪쳤다. 데일 듯 뜨거운 차는 내 얇은 잠옷에 쏟아져 다리를 타고 흘러내렸다. 내 비명소리에 브루스가 화장실에서 뛰어나왔다. 그는 나를 침대에 앉히고 푸기와 강아지들과 차 쟁반을 모두 치우게 했다.

"여자 하인을 쓰면 안 될까요?" 나는 기운도 빠지고 방금 벌어진 일이 당황스럽기도 했다.

"남자들이 더 다루기 쉽다오." 얼마 전까지 독신이던 남편의 대답이었다 (그리고 시간이 지나면서 나도 그 말이 사실이란 걸 알게 되었다).

아침식사를 하면서 브루스에게 그 하인에 관해 물어보니, 그의 이름은

'김'이었다. 한국 사람들 중 거의 절반이 김씨이므로 우리는 그를 '김 보이'라고 부르기로 했다.

식사가 끝나자 브루스는 나를 정원으로 데려갔다. 정원은 가파른 경사지였는데, 하인들과 그 가족들이 사는 작은 집들도 거기 모여 있었다.

"집 안을 들여다봐도 될까요?" 나는 안이 어떻게 생겼는지 무척 궁금했다.

"물론이오." 브루스는 문을 두드리며, "여보시오, 여보시오" 하고 불렀다. 아무 대답이 없었다. 두 번째 집도 마찬가지였다. 언덕 맨 아래 세 번째 집이 문지기 집인데, 그 집에 도착하니 연기가 자욱했다. 예쁘장한 여자 한 명이 마루에 앉아 숯화로에 부채질을 하고 있었다. 브루스가 '김씨'라 부르며 그 여인에게 말을 걸었다.

마당일을 맡아 하는 하인이 이상하게 생긴 물건을 등에 메고 집 뒤편에서 나왔다. 그의 어깨에는 긴 막대가 걸려 있었고, 그 막대의 양쪽 끝에는 스탠더드 오일 회사의 커다란 깡통 두 개가 걸려 있었다. 그 속에는 정원에 줄 물이 가득 담겨 있었다. 브루스는 '공'이라는 그 사람에게 인사를 건넸다.

우리 목소리가 들리자 그 집에서 문이 하나 빼꼼히 열렸다. 안을 얼핏 들여다보니 사람들이 말 그대로 포개져 있었다. 우리는 목소리가 안 들릴 만한 거리로 물러났다.

"저 사람들 좀 봐요!" 내가 소리쳤다. "거의 스무 명은 될 것 같아요."

"아이들까지 치면 서른 명에 가깝지."

"말도 안 되는 노릇이에요! 집이 세 채나 있는데 저렇게……."

"지난밤은 추웠잖소." 브루스가 말했다. "집을 한 채만 데우면 세 채를 데울 때보다 땔감이 덜 들거든."

"우리가 땔감을 더 주면 안 되나요?"

"물론 줄 수 있지만, 그래도 달라지지 않을 거요. 저들이 땔감을 아끼겠다고 마음먹으면 절대 말리지 못하니까. 간섭하지도 말고, 동양의 방식에 맞서려고 하지도 말아요." 그가 이야기를 마무리하듯 단호하게 말했다.

돌이켜보면 그것은 내가 배워야 할 가장 중요한 교훈이었다. 그 가르침을 받아들이지 않으려 했던 사람들은 결국 신경쇠약에 걸려 고향으로 돌아갔다.

인력거 타고 첫 나들이

아무튼 그때 나는 장을 보러 가는 일에 더 관심에 쏠려 있었다. 나는 걸어서 가고 싶었지만 결국 인력거를 탔다. 브루스는 길이 험해서 걸어가면 내 구두가 다 망가질 테니, 걷기는 산길을 산책할 때나 실컷 하자고 했다. 그러면서 그때는 서울에서 만든 튼튼한 신발을 신어야 한다고 했다.

공사관 거리(지금의 정동 거리)는 몹시 실망스러웠다. 눈에 보이는 거라곤 높은 담장뿐이었고, 베이징에서 보았던 웅장한 출입문 같은 것은 찾아볼 수 없었다. 우리는 진고개*라는 상점가 초입에 도착해 인력거에서 내렸다. 그 길에서 인력거를 타는 것은 기생들만의 특권이었다. 길이 너무 좁아 인력거 두 대가 지나가지 못하니 다른 사람들은 어쩔 수 없이 걸어갈 수밖에 없었다.

* 서울특별시 중구 충무로 2가 옛 중국대사관 뒤편에서 세종호텔 뒷길에 이르는 고개로, 한자로 이현(泥峴)이라 하였다. 남산 줄기가 뻗어 내려오면서 형성된 이 고개는 그리 높지 않지만 흙이 몹시 질어서 비만 오면 사람의 왕래가 끊어질 정도로 통행이 불편하여 진고개라 불렸다.

한국인이 운영하는 상점들을 얼마간 돌아본 후 나는 '외국인' 상점에 가서 내가 원하는 물건들을 사고 싶다고 말했다.

"카펫, 크레톤 원단, 쿠션, 옷걸이……." 나는 적어온 목록을 읽었다. "거울, 설거지통, 머리핀……." 브루스가 굳은 듯 멈춰 섰다.

"이걸 다 사려면 베이징과 도쿄, 상하이 그리고 미국의 몽고메리 워즈로 가야겠는데." 나머지 목록을 훑어보며 브루스가 말했다. "지금 당신은 이런 것들이 필수품이라고 생각하겠지만 시간이 조금 지나면 그중 절반도 필요 없다는 걸 깨닫게 될 거요."

나중에는 정말 그의 말대로 되었다.

"이제 당신을 김 주사에게 데려다주겠소. 그의 조언은 우리 서양인들이 한국 생활에 적응하는 데 큰 도움이 된다오." 브루스는 이렇게 말하고는 모퉁이를 돌아서 자신과 빌이 운영하는 '테일러 골동품점'으로 나를 안내했다.

"김 주사는 여러 해째 우리 골동품점을 맡아서 운영해왔는데, 일하는 능력이 아주 탁월해요. 한국의 역사에 관한 진지한 학자이고 열렬한 애국자이기도 하지만, 서구 사상에 관해서도 누구보다 빼어나게 이해하고 있어요. 그보다 더 훌륭한 안내자는 찾을 수 없을 거요."

상점에 도착하자 나는 이리저리 살펴보았다. 나는 남편과 시동생이 무역업을 한다는 것은 알고 있었다. 브루스는 물건을 수집하는 일에 더 만족하는 편이고, 상점을 수익성 있는 사업체로 꾸려온 사람은 경영과 영업에 뛰어난 빌이었다.

김 주사가 우리의 말소리를 듣고 높은 병풍 뒤에서 나와 허리를 굽혀 절을 했다. 브루스는 내게 이것저것 구경시켜주라고 김 주사에게 당부한 뒤 밖으로 나갔다.

• 호박 목걸이

김 주사가 내게 의자를 내밀었다. 평소 그가 생활하는 환경은 김 주사 본인만큼이나 옛 조선을 떠올리게 했다. 역에서 만났을 때는 도저히 종잡을 수 없는 존재처럼 보였지만, 실제로 그가 속한 장소에서 그 사람을 다시 보니 훨씬 더 현실적인 보통 사람 같았다.

서양식 모자를 벗고 있으니 구불구불하게 이마 위로 솟은 머리카락도 보였다. 외출할 때 입는 긴 두루마기 대신 허리까지 내려오는 갈색 양단 마고자를 입고 눈물방울 모양의 커다란 호박 단추로 앞섶을 여몄다. 그의 하얀 비단 바지는 통이 무척 넓었고, 바지 아랫단은 대님이라고 하는 파란 비단 리본으로 가느다란 발목에 동여매고 있었다. 단정하고 형식적인 의상이지만 파란 대님 덕에 독특하고 화사한 느낌이 더해졌다.

그는 멋진 현대식 담뱃갑에서 담배 한 개비를 꺼내 내게 권했는데, 손목에 시계를 차고 있는 걸 보니 그 역시 이례적인 느낌이 들었다.

나는 주위를 둘러보며 수많은 질문을 쏟아내기 시작했다. 그는 내가 하는 말을 모두 알아듣는 것 같았다. 그의 영어 말투는 꼭 옥스퍼드 대학의 교수 같았다. 소년 시절에 영국인 교사에게서 영어를 배웠다고 했다. 당시 조선은 서구 열강들과 여러 조약을 맺고, 외국 강사들을 초빙해 관립학교에서 가르치게 했다고 한다.

김 주사는 병풍 속 그림에 묘사된 이야기를 들려주고, 벽에 걸린 초상화 속 인물들에 관해서도 설명해주었다. 초상화 속 위대한 인물들은 거의 대부분 호랑이 가죽을 깔고 의자에 앉아 있었다.

"한국에는 호랑이가 많은 모양이에요." 내가 말했다. 그는 그렇다고 하면서 호랑이들을 존중하여 '산에 사는 군자'라고 표현한다고 말해주었다. 게다가 호랑이 피를 마시면 호랑이의 용기를 얻을 수 있다고도 했다.

"한국 역사의 시초에 얽힌 전설 하나를 들어보시렵니까?" 나는 정말로 듣고 싶다고 말했다.

"호랑이 한 마리와 곰 한 마리가 동물로 사는 것이 너무 지겨워져서 신령님에게 사람이 되게 해달라고 빌었답니다. 그들의 기도를 들은 신령님은 '동굴 속으로 들어가 마늘만 먹으며 백일 동안 버티면 사람이 될 수 있다'고 말했지요. 호랑이와 곰은 그 말대로 했지만, 얼마 지나자 호랑이는 그 사나운 성미를 이기지 못하고 동굴을 뛰쳐나와 인간을 해치며 지상을 누비고 다녔답니다. 반면 참을성이 많은 곰은 백일을 기다려 동굴 밖으로 나왔을 때는 완벽한 여자 인간이 되어 있었지요. 신의 아들인 신령이 바람의 날개를 타고 그 여인에게 다가와 바람을 불어주니 마침내 여인은 아들을 잉태했고, 후에 그 아들은 단군으로 불리게 되었답니다. 전설에 따르면 단군은 평양을 수도로 정하고 1135년 동안 이 땅을 다스렸답니다. 그는 사람들에게 많은 지혜를 전수해주었고, 마침내 변신하여 백두산 꼭대기까지 올라가, 거기서 연기처럼 사라졌다고 합니다. 오늘날에도 단군을 기려 백두산까지 찾아가는 사람들이 있고, 우리 백성들은 단군이 다시 돌아와 우리나라에 자유와 독립을 되찾아주기를 기원하고 있습니다."

김 주사는 나에게 마지막 왕후의 조카라는 사람의 초상화도 보여주면서 그가 젊은 시절에 자신과 절친한 사이였다고 말했다. 그러고는 말을 멈추고 몽상에 잠긴 듯하기에 나는 그가 더 이상 말해줄 마음이 없는 모양이라고 생각했다. 그러나 반갑게도 그가 다시 말을 이었다.

"조선과 미국이 1882년에 조약을 맺은 뒤, 우리 개화파는……." 김 주사는 다시 말을 멈추고 그림 속의 남자를 뚫어지게 쳐다보았다. "우리 개화파의 가장 간절한 소망은 조선이 진취적으로 발전하는 것이었지만, 백성 대부

· 호박 목걸이

분은 영혼을 겨드랑이 아래 끼고 다녔지요."

"뭐라고요?" 내가 깜짝 놀라 물었다.

"한국말의 표현입니다, 부인. 사람들이 단순하다는 뜻이지요. 당시 우리 백성들 대부분은 교육을 받지 못했고, 미신을 많이 믿었답니다. 우리는 교육을 통해 미신을 없애고 싶었지요. 조약이 체결된 후에 사절단*을 워싱턴에 파견하기로 결정이 되었습니다. 저는 영어를 할 줄 알고 양반 신분이었기 때문에 통역 겸 서기로서 그들과 동행하도록 선발되었지요. 그래서 저도 부인의 나라에 여러 달 머물렀었답니다."

이제 우리 두 사람 다 의자에 앉아 있었다. 김 주사는 새 담배에 불을 붙여 호박으로 된 담뱃대에 끼우고는, 창밖을 내다보며 아주 먼 곳에 가 있는 것 같은 목소리로 계속 말했다.

"다시 귀국했을 때 나는 우리 세대의 젊은이들이 일본에서 교육을 받고 개혁과 군사 전략에 관한 새로운 사상을 배워 돌아왔다는 사실을 알고 매우 기뻤습니다. 저 역시 그러했지요." 젊은 날의 불같던 열정이 되살아난 듯 말을 이어가던 그의 눈이 반짝였다. "우리는 훌륭한 비전과 크나큰 열정과 넘치는 신념을 갖고 있었습니다. 그러나 우리에게는 군대가 없었지요. 처음에는 서구 사상에 자극을 받은 듯했던 임금님과 신하와 백성들은 다시 옛날 방식으로 후퇴했고, 우리가 할 수 있는 일은 아무것도 없었습니다. 그래서 우리는 때만 기다리다가 이렇게 나이가 들어버렸지요."

* 조선에서 최초로 미국 등 서방 세계에 파견한 외교 사절단 보빙사(報聘使)를 지칭한다. 1882년 조미수호통상조약 체결 후 고종은 임오군란 이후 비대해진 청나라 세력을 견제하기 위해 1883년 5월에 민영익, 홍영식, 서광범, 변수, 유길준 등 친선사절단을 서방 세계에 파견하였다. 보빙사는 샌프란시스코에 도착하여 미국 대륙을 횡단한 다음 워싱턴을 거쳐 뉴욕에서 미국 대통령 체스터 A. 아서와 두 차례 회동하여 국서를 전하고 양국의 우호와 교역에 관하여 논의하고 여러 공공기관을 시찰하고 각지를 순회했다. 1884년 5월에 대서양을 건너 유럽 각지를 여행한 다음 귀국했다.

김 주사는 한숨을 내쉬었고 그의 얼굴에 항상 서려 있던 우울한 표정도 다시 돌아왔다. 그렇지만 그가 희망을 완전히 놓아버린 것은 아니라는 느낌이 들었다. 김 주사에게는 아주 조용하고 무어라 꼭 집어 말할 수 없는 어떤 힘이 있었는데, 그것은 바로 정신의 힘이었을 것이다.

나는 그가 혼자 생각에 잠기도록 두고 자리에서 일어나 주변을 살폈다. 눈에 들어오는 물건들이 중국과 일본에서 보았던 것과 여러 면에서 상당히 비슷하다는 것을 알 수 있었다. 김 주사는 중국의 문화를 일본에 전해준 것이 한국이라고 아주 자랑스럽게 말했다.

나는 진열장 문 하나를 열고 선반 위 눈에 잘 띄지 않는 곳에서 빛을 발하고 있는 환한 물건 하나를 집어들었다. 유리 뚜껑이 덮인 육각형의 신기한 상자였다. 상자 안쪽 면에는 빛바랜 노란 비단이 덧대어 있고, 속에는 홍옥수가 잔뜩 박힌 황금 혁대가 들어 있었다. 나는 감탄스럽게 바라보며 그 상자를 김 주사 앞 탁자로 가져갔다.

그러자 그의 표정이 갑작스레 돌변했고, 그런 그를 나 역시 깜짝 놀라 바라보았다. 김 주사는 얼굴을 붉히며 일어서더니 마치 보호하려는 것처럼 두 손을 쫙 펴서 그 상자를 덮었다. 나는 그가 그 물건을 남에게 보이고 싶어하지 않는다는 것을 알아차렸고, 그 이유가 궁금해졌다.

"이건 먼지를 털어야 합니다." 그는 조심스럽게 헛기침을 하고 상자를 들어 진열장 안에 넣고 문을 닫았다. "댁에서 살림할 때 필요한 물건을 고르시려는 거지요?"

그때 브루스가 들어왔다. 그는 내가 아직 아무것도 사지 않은 것이 의외인 모양이었다. 김 주사가 들려주는 이야기가 어찌나 흥미롭던지 물건을 고르러 왔다는 사실을 까맣게 잊었던 것이다. 뭔가를 골랐다면 아마도 그 혁대였을 것이다.

"김 주사, 다음에 언젠가 이런 물건들을 어디에 어떻게 쓰는지 알려주세요. 그러면 기쁜 마음으로 쓸게요." 나는 이렇게 말하고 브루스와 함께 집으로 돌아왔다.

실수하고 오해하며

김 보이와 공 서방

나는 집안 살림에 부지런히 몰두하려고 사뭇 진지하게 노력했다. 나 자신이 중요한 존재라는 의식도 없지 않았다. 그런데 당연히 따르리라 기대하며 몇 마디 익힌 짧은 한국말로 지시를 할 때마다 하인들은 "네이, 네이"* 라고 대답하는 것이 아닌가. 그뿐 아니라 내가 "이러이러한 일을 하지 마라"고 말할 때도 그들은 나를 쳐다보면서 싹싹하게 "예스, 예스"** 하고 대답했다. 그 때

---

* '네'를 길게 발음한 것을 저자가 부정을 나타내는 영어 'nay'로 오해한 것.
** 영어로는 하지 말라고 했을 때 'yes'라고 대답하면 하겠다고 어깃장을 놓는 셈이 된다.

· 호박 목걸이

문에 나는 한동안 적잖이 당황했다. 그러다가 마침내 그들이 '예스'라고 말하는 것은 "예, 마님이 말씀한 대로 하겠습니다"라는 뜻이며, '네'는 '예스'에 해당하는 한국말이라는 것을 알게 되었다.

내가 어떤 음식을 준비하라고 지시하면(내게는 훌륭한 요리책도 몇 권 있었다) 김 보이는 언제나 '예' 하고 대답했다. 그런데 다 차린 식탁을 보면 내가 시킨 것과는 다른 음식이 올라오곤 했다. 김 보이는 서울에 있는 가장 좋은 호텔에서 제일 실력 있는 사환으로 일한 적이 있었고, 그때 어깨너머 배운 풍월로 영어를 할 줄 알았다. 그러니 김 보이가 늘 해오던 대로 집안 살림과 하인들을 관리하는 일에 내가 간섭하지 않는 것이 당연시되었다.

김 보이는 스무 명쯤 저녁 초대를 해도 알아서 척척 준비했다. 사실상 김 보이는 손님 접대가 많지 않은 집에서는 일하지 않을 사람이었다. 한국 사람들은 자기가 일하는 집에서 손님 접대를 많이 하는 것을 무척 자랑스러워하며 자신에게도 명예라고 여겼다. 때때로 나는 김 보이가 우리 집 일을 그만둬버릴까 두려워서 마지못해 자꾸 파티를 여는 것이 아닌가 하는 생각이 들 정도였다. 아무튼 나는 만찬 시간 전에 꽃꽂이를 하고 식사가 끝나면 은식기나 갈무리하는 정도로 만족했다. 내가 손님 접대를 완벽하게 해내는 안주인이라는 과분하고도 당치않은 명성을 얻은 데는 이런 사정이 있었다.

가계부는 브루스가 능숙하게 점검했다. 나는 하인들이 '슬쩍 빼돌리는 일'을 일일이 따지다 보면 신경쇠약에 걸릴 것이라고 생각했다. 내가 달걀 값에서 그런 낌새를 채면 얼마 후에는 버터 값에서 그런 일이 벌어졌다. 그런 일을 완전히 근절하려 한다면 일 잘하는 하인들은 한 명도 남아나지 않을 터였다. 동양에서는 그렇게 빼돌리는 일을 도둑질로 여기지 않았다. 오히려 부유한 사람이 자기를 위해 일해주는 가난한 사람들에게 약간의 세금을 낸다는 기본적인 생각이 있기에 오랜 세월 동안 허용되어온 관습인 듯했다. 빠져나가는 돈이 두 배로 불 때면 브루스는 그냥 김 보이를 불러서 현재 일하는 사람들을 내보내라고 지시하고 새 사람을 고용하곤 했다.

또 하나 내 심기를 불편하게 한 것은 계속되는 빤한 거짓말이었다. 예를 들어 딜쿠샤 건물 외부의 일을 주로 보는 공 서방은 허락도 받지 않고 자취를 감추는 일이 잦았다. 나는 김 보이에게 공 서방을 불러 어떻게 된 일인지 물어보라고 했다. 김 보이는 요리사에게 물었고, 요리사는 집안일을 돌보는 머슴에게 물었으며, 그가 다시 바깥일을 하는 공 서방에게 물었다. 공 서방의 할머니가 돌아가셔서 장례를 치르러 가야 했다고 김 보이가 통역해주었다. 다음에는 할아버지가 돌아가셨다고 했고, 나중에는 아버지와 어머니가 돌아가셨다고 했다. 그런데 그다음에는 형제자매나 사촌이나 숙모로 넘어가는 게 아니라, 다 잊고는 할머니부터 다시 시작하는 것이었다.

"저 사람, 거짓말하고 있어요." 내가 브루스에게 말했다. "저 사람은 반드시 해고해야 해요."

"그렇게 성급히 결정하면 안 돼요, 여보. 그건 이런 상황에 대처하는 좋은 방법이 아니요. 그 정도 잘못으로 하인을 해고하면 얼마 안 가서 한 명도 안 남을 거요. 한국 사람들은 거짓말을 도덕적으로 큰 죄라고 생각하지 않는다오. 우리가 은유를 이리저리 섞어 에둘러 말하는 것 정도로 여기지." 브루스의 말이었다.

브루스는 공 서방을 부르더니 멋쩍은 표정으로 앞에 서 있는 그에게 이렇게 말했다.

"공 서방, 자네 할머니가 돌아가셨다니 참으로 애석하네. 다시는 할머니를 돌아가시게 하지 말게!" 그러고는 그를 돌려보냈다.

· 호박 목걸이

"왜 공을 서방이라고 불렀어요?" 내가 물었다.

"그를 존중한다는 걸 보여주고 그의 체면을 세워준 거요. 동양인에게 거짓말을 하는 것은 일종의 예의일 때가 종종 있다오. 상대방의 감정을 상하지 않게 하려고 하는 거짓말이기 때문이지. 하지만 동시에 나는 그가 거짓말하는 걸 내가 알고 있다는 것도 분명히 알렸소."

서방(書房)은 문자 그대로는 책이 있는 방이라는 뜻이다. 그러나 보통은 선생이라는 뜻으로 통하고, 한국은 교육을 대단히 중시하는 나라이기 때문에 배우지 못한 사람을 그렇게 부르는 것은 아주 우호적으로 추켜세우는 일이다. 그 후 우리는 그를 꼭 공 서방이라고 불렀다. 그리고 그는 우리가 한국을 떠날 때까지 계속 우리 집에서 남아 일했다.

나는 공 서방을 유심히 보기 시작했다. 그는 우리 집 주위를 떠도는 장난꾸러기 요정이나 광대 같은 존재였다. 내가 처음으로 방문객을 맞이한 날, 그는 정말이지 확실한 인상을 심어주었다. 손님은 한국에서 오랫동안 살았던 나이 지긋한 여선교사였다. 마른 얼굴과 날카로운 눈매의 그녀는 호기심도 왕성했다.

"댁에서는 유리를 닦을 때 어떤 천을 쓰시나요?" 손님이 의자 가장자리에 엉덩이를 살짝 걸치듯이 앉아서 물었다. 새로 구한 천을 자랑하고 싶은 마음에 나는 요리사를 불렀다. 요리사는 집안일을 하는 머슴을 불렀고, 그가 다시 바깥일을 하는 공 서방을 불렀다. 유리 닦는 천을 자랑스럽게 펼쳐 보이며 공 서방이 들어왔다. 그것은 그때까지 내가 본 것 중 최악의 누더기였다. 색깔은 잿빛이고 구멍이 숭숭 뚫렸는데, 그래도 빨간색 가장자리를 보니 내가 새로 산 그 천이 분명했다. 공 서방은 그 천으로 뒤쪽 계단을 열심히 닦고 있었던 것이다! 손님은 왔을 때만큼이나 잽싸게 돌아가버렸고, 나는 그녀와

딜쿠샤 외부 일을 돌보던 하인 공 서방.

나 둘 중에서 누가 더 경악했는지 판단이 서지 않았다.

외모로 보면 공 서방은 전형적인 남쪽 촌사람이었다. 키가 작고 뒤통수는 납작했는데, 아기일 때 딱딱한 바닥에 눕혀놓으면 그렇게 납작해진다고 한다. 꽤 젊은 나이인데도 얼굴은 갈색으로 그을고 주름살이 호두처럼 쪼글쪼글했다. 코는 짤막하고 광대뼈는 높이 솟았으며 이는 앞으로 툭 튀어나와 있었다. 눈썹도 콧수염도 아무렇게나 삐죽삐죽 나 있고, 머릿결도 거친데 심지어 정수리에 틀어놓은 상투는 너저분하게 뒤로 흘러내렸다. 게다가 자기 머리카락을 수건 같은 용도로 썼다. 불을 지피거나 개밥을 섞어주고 나면 머리카락에다가 손을 슥슥 문질러 닦았다. 후에 내가 고집을 부려 그의 머리를 박박 깎아버렸을 때 공 서방은 무척이나 애통해했다. 그래서 우리는 실내에서 쓰는 모자를 주어서 그를 달랬다.

공 서방이 하는 일은 장작을 패고, 목욕탕과 정원에서 쓸 물을 길어오고, 불을 지피는 것이었다. 정문 바로 옆에 있는 문지기 집에서 살면서 잔심부름도 하고 편지도 가져다주었다. 한국의 전통 의상인 통이 넓은 바지와 짧고 흰 저고리를 입고 그 위에 갈색 새틴으로 된 조끼를 입었는데, 이 조끼에는 담배쌈지가 들어가는 큰 주머니도 달려 있었다. 중간 정도 길이의 담뱃대를 목 뒤로 옷 속에 꽂고 다녀서 늘 한쪽 귀 옆으로 작고 움푹한 담뱃대 끝부분이 튀어나와 반짝였다.

장작이나 물 같은 무거운 짐을 나르지 않을 때는 익숙하게 내리누르는 무게가 없어서 허전한지, 토끼처럼 깡충깡충 뛰거나 갑작스레 다다다다 달리다가 우뚝 멈춰 서고는 도깨비가 쫓아오는지 보려고 뒤를 힐끔거렸다. 성격은 우직하면서도 교활한 데가 있었고, 교육은 전혀 받지 못했다. 때때로 나를 너무 화나게 해서 해고된 적도 여러 번 있었다. 그래도 하루이틀 지나면 언제 그랬냐는 듯 슬그머니 나타나 일을 했다. 내가 걸어가면 빗자루를 들고 나타나 춤을 추듯이 내 발 앞의 나뭇잎을 쓸고 히죽이 웃으며 굽실굽실 절을 해댔다. 그러면 우리도 결국 마음을 누그러뜨리고 임시로 채용했던 일꾼을 내보내고 그를 받아주었다.

얼마 지나지 않아서 나는 흥분해서 크게 화낼 일을 만들지 않으려면 몇 가지만 조심하면 된다는 사실을 깨달았다. 간섭하지 말 것, 불가피한 일은 받아들일 것, 가능하면 질문하지 말 것, 최대한 견뎌보다가 더 이상 안 되면 깨끗이 포기할 것, 모른 척하고 넘어가야 할 일과 져주어야 할 때를 알 것, '슬쩍 빼돌리는 것'은 마음에 담아두지 말고 경비에 포함시킬 것, 체면 차리기는 아주 오래된 습관이니 인정해줄 것, 거짓말은 많은 경우 예의상 하는 말임을 이해할 것, 그리고 무엇보다 동양의 방식에 맞서려고 하지 말 것!

실수 연발 손님맞이

내가 집에서 할 수 있는 일도 별로 없었고, 집안 살림을 위해 할 수 있는 일은 전혀 없었으므로, 나는 곧 공동체 활동에 열심히 참여하게 되었다. 그 시절 한국에 온 사람들은 여기서 평생 살 생각이었고 고국에는 가끔 다니러 가는 정도였다. 그렇기 때문에 누군가 새로 한국에 오면 우리는 따뜻하게 환영했고, 그들이 공동체에 즐거움을 더해줄 좋은 사람이기를 기대했다.

나는 다른 사람들과 보조를 맞추려고 최선을 다했지만 항상 뜻대로 된 것은 아니다. 사실 내가 처음으로 사람들 앞에 나섰던 날, 나는 커다란 실수를 하고 말았다. 1차 세계대전 당시 일본은 우리와 동맹을 맺었기 때문에, 총독인 사이토 남작과 남작 부인이 이 동맹을 기념하는 연회를 열었다. 연회가 열린 총독부 건물에는 여러 개의 방이 서로 연결된 경우가 많았다. 입구의 넓은 홀과 연결된 연회실에서는 남작 부부가 손님들을 맞이하고 있었고, 거기서 연결된 옆방에는 다과가 준비되어 있었으며, 그다음 방에서는 좁은 공간을 피해 모인 사람들이 담소를 나누고 있었는데, 이 방은 다시 홀로 이어졌다.

브루스가 나를 공식적으로 소개한 뒤, 나는 혼자 다니면서 친구들과 대화를 나누었다. 다과실에 있다가 옆방을 통해 홀로 나갔는데, 어쩌다 보니 다시 연회실로 들어가게 되었고, 그러다 어느 순간 남작 부부와 또다시 얼굴을 마주하게 된 것이다. 그들은 전혀 놀란 기색을 보이지 않았고 나 역시 태연하게 굴었다. 나는 처음으로 그들을 만나는 영광을 누리게 되었다는 조금 전의 문장을 그대로 반복하고 그들과 악수를 나눈 다음 그 자리를 빠져나왔다. 두 번째에는 곧바로 정문으로 갔다. 브루스가 밖에서 기다리고 있었다.

"무슨 일 있었소?" 하고 그가 물었지만 방금 있었던 일에 대해서는 입을 꼭 다물었다.

몇 주 뒤 총독 부인이 서울시장과 함께 답례로 우리 집을 방문했다. 내가 차를 드시라고 세 번이나 권했는데도 부인은 한사코 마다했고, 결국 나도 더는 권하지 않았다. 그렇게 부인은 차를 입에도 대지 않고 돌아갔다. 나중에 들은 얘기로는 그 부인이 그렇게 거절한 것은 예의를 차리는 행동이므로 내가 적어도 다섯 번은 권했어야 한다는 것이었다.

얼마 후에는 처음으로 한국인 부인이 나를 찾아왔다. 서양식 의자를 처음 본 그 부인은 앉는 자리를 밟고 올라가 의자 등에 앉는 것이라고 생각한 모양이었다. 그리고 정말 그대로 했다가 끔찍한 결과를 초래하고 말았다. 나는 부인을 안정시키려고 소파에서 쿠션을 두 개 가져다가 바닥에 깔았고, 그렇게 우리 두 사람 다 바닥에 앉아 있었다.

대화를 나누는 일 역시 여간 어려운 게 아니었다. 그래도 나는 놋쇠로 만든 그릇을 보여주며 부인의 관심을 끌어보려고 노력했다. 가운데가 불룩 나오고 윗부분에 구멍이 뚫린 그릇이었다. 나는 그 그릇이 한국의 가옥들 바깥에 놓여 있는 것을 자주 보았는데, 몇 차례의 흥정 끝에 마침내 몇 개를 살 수 있었다. 그러나 그걸 내줄 때마다 사람들은 하나같이 주저하는 기색을 보였다. 나는 그 예쁜 그릇 중 하나에 철쭉을 심어놓았는데, 그 부인에게 보여주려고 손가락으로 가리켰다. 부인은 그걸 빤히 쳐다보다가 얼굴을 붉히더니 그 자리에서 벌떡 일어섰다. 그러고는 뒷걸음질을 쳐서 문으로 다가가더니 가마와 밖에서 기다리던 수행원을 불렀다.

그 부인이 막 나갈 때 김 보이가 차를 가지고 들어왔다. 나는 기가 막혀서 김 보이에게 차가 나오기도 전에 손님이 가버리는 것은 대체 무슨 관습이냐고 물었다. 그 부인이 사교적인 예의로 차를 나누는 일에 익숙하지 않아서 그런 것이었을까?(한국은 중국이나 일본과 가깝지만 차를 즐겨 마시는 나라는 아니다.)

"아닙니다, 부인." 김 보이가 말했다. "저 요강 때문입니다." 그러니까 그 그릇은 용변을 받는 용기였던 것이다.

서울 유니온클럽

한국에서 살면서 누릴 수 있는 큰 기쁨 중 하나는 사계절이 뚜렷하다는 점이다. 나는 이곳에서 처음 맞이하는 겨울을 열렬히 고대하고 있었다.

우리의 공동체에 무려 150명이나 되는 외국인이 살고 있다는 사실에 나는 무척 놀랐다. 국적도 다양하여 미국인, 영국인, 프랑스인, 이탈리아인, 벨기에인, 그리고 백계 러시아인까지 있었다. 독일인들은 전쟁이 일어나자 모두 떠났다. 이 각 나라들이 모두 한국에 영사관을 두고 있었으며, 당시 영사관들은 연회를 자주 열었다. 덕분에 우리는 꽤 즐거운 사교생활을 영위했고, 1년 내내 각 나라의 국경일이 돌아올 때마다 함께 축하했다. 예컨대 영국과 러시아는 크리스마스와 부활절이 두 주씩 차이 나기 때문에 크리스마스와 부활절은 두 번씩 기념했고, 설날도 영국식, 러시아식, 중국식으로 세 번을

쉬었으며, 그 밖에도 동양과 서양의 여러 명절들을 챙겨 행사를 열었다. 생일과 결혼기념일도 잊지 않고 축하했다.

그래서 겨울에는 즐거운 파티가 줄줄이 이어졌다. 모두 함께 상상력과 창의력을 모아 준비했기 때문에 그때까지 내가 참석했던 어떤 파티보다도 즐거웠다. 영사관과 각 개인의 집에서는 만찬회가 열렸고, 기업의 건물에서는 뷔페식 무도회를 열기도 했다. 그중에서도 스코틀랜드인인 데이비드슨 씨가 회장을 맡고 있던 서울 유니온클럽(경성구락부)에서 열린 모임이 가장 재미있었다. 그 건물은 견고한 구조부터 가죽으로 된 의자들까지 어쩐지 특별한 분위기를 풍겼고, 벽에는 1902년부터 클럽 회원이었던 사람들의 단체사진들이 걸려 있었다. 당시에는 '외교관 모임'으로 불렸다고 한다. 우리가 모임 장소로 사용하던 곳은 조선 왕실의 도서관으로 쓰이던 건물(중명전)로, 궁궐에 화재가 난 후 고종 황제가 2년 동안 편전으로 사용하기도 했다. 이렇게 기분 좋은 공간에서 황제는 한국의 재정과 외교에 관한 모든 권리를 일본에게 이양하는 조약을 강제로 체결해야만 했고, 이 조약은 일본이 한국의 보호국을 자처하게 되는 밑바탕이 되었다. 그 후 대한제국 황실은 이 건물을 서울 유니온클럽에 임대했는데, 내가 보기에는 그래서 더욱 매력적인 공간이 된 것 같았다.

그때부터 클럽의 남자 회원들은 매일 당구와 카드를 하는 장소로 이용했다. 여성도 들어갈 수는 있었으나, 처음에는 관리위원회의 초대를 받은 특별한 경우에만 출입이 가능했다. 그러나 시간이 흐르면서 회원들의 특권이 여성에게도 확대되면서 회원의 아내들도 그곳을 즐겨 이용했다. 지방에서 생활하다가 사업이나 휴가차 서울에 온 사람들을 만나 함께 즐거운 시간을 보낸 곳도 서울 유니온클럽이었다. 또한 우리 회원들은 관광과 도보여행, 사냥, 등산, 수영, 스케이트 그리고 스키까지 계절에 따라 온갖 종류의 스포츠 동호회도 결성했다.

내가 동양 여러 곳을 다니며 사람들을 만나보았지만, 우리 회원들만큼 속물적인 우월의식이 없고 소박한 이들도 드물었다. 우리는 말 그대로 하나의 용광로처럼 다양한 사람들이 잘 어우러져 지냈다. 이는 선교사부터 사업가와 광산업자, 교사, 게다가 골수 모험가들까지 관심사가 크게 다른 이들의 모임이었다는 점을 감안하면 더욱 대단한 일이다.

그해 겨울 크리스마스가 다가올 무렵, 기온이 영하로 떨어졌고 한강도 얼어붙었다. 몇몇 사람이 스케이트를 갖고 있었고, 브루스가 캐나다에 주문해 내 것까지 마련해주었다. 드넓은 한강의 얼음판을 보고 나니 테니스코트에 물을 부어 얼린 유니온클럽의 얼음판은 아이들 놀이터처럼 보였다. 그래서 우리는 다 같이 한강에 스케이트를 타러 가기로 했다.

스케이트를 타기로 한 전날에 눈이 조금 내렸다. 그래서 공 서방과 하인 몇 명을 보내 눈을 쓸어놓게 했다. 우리는 강가에 있는 어부의 집을 빌려서 스케이트를 갈아 신고 몸도 녹였다. 우리가 얼음판에 나간 지 얼마 되지 않아서 사람들이 모여들기 시작했다. 스케이트 타는 모습을 처음 본 한국 사람과 일본 사람들이었다. 그리고 불과 며칠 후 우리는 새로운 스케이트장을 물색해야 했다. 남아도는 금속 조각을 끈으로 묶어 엉성하게 만든 스케이트를 가지고 수십 명의 사람들이 몰려왔기 때문이다. 그들은 대부분 스케이트를 한 짝만 만들어서 탔는데도, 웅크린 채 균형을 잡아가며 우리 사이로 쏜살같이 지나가는 통에 오히려 우리가 더 느리고 서툴게 보였다. 금방 그렇게 민첩한 몸놀림으로 균형을 잘 잡을 수 있었던 것은 그들이 일상적으로 쪼그리고 앉는 자세에 익숙하기 때문이었다. 어부들은 얼음에 구멍을 뚫고는 몇 시간이고 아무렇지도 않게 앉아서 태연히 물고기를 낚았다. 그 구멍들은 우리에게 큰 위협이었지만, 그들은 몇백 년 전부터 그렇게 얼음낚시를 해왔고 스케이트는 갓 생겨난 것이니 우리가 뭐라고 할 처지는 아니었다.

은행나무에 마음을 빼앗기다

봄이 다가오면서 새로운 해가 아름다움을 뽐내기 시작했고, 나에게는 새로운 세상이 열린 것과도 같았다. 이제 나는 서울을 둘러싼 산들을 찾아가 내눈으로 직접 보고 싶었다. 브루스는 걷기라면 이골이 난 사람이었지만 나는말을 타고 가고 싶었다. 그는 산길이 너무 험하기 때문에 한국의 재래종 조랑말을 제외하면 어떤 말도 갈 수 없다는 걸 잘 알면서도 내가 바라는 바를들어주려고 말들을 빌려왔다. 일본 군대가 쓰다가 퇴물로 내보낸 말들이 틀림없었다. 말이라면 제법 타본 나도 그렇게 고약하게 구는 말은 처음이었다. 사람들이 복작거리는 길 한가운데에 드러눕지를 않나, 박차를 가하기 전까지는 꼼짝도 않고 버티는가 하면, 빙글빙글 돌아서 등에 탄 사람에게 현기증을 일으키고는 두엄 더미로 돌진하기도 했다. 그러니 나도 내 다리로 걸어가야 한다는 현실을 받아들이는 수밖에 없었다. 그리고 곧 한국이 진정한 등산가들의 천국이라는 것을 알게 되었다.

어느 날 브루스와 나는 서울을 둘러싸고 있는 성벽을 따라서 한 바퀴 돌기로 했다. 성벽의 길이는 직선거리로는 20킬로미터에 지나지 않았지만, 그렇다고 우리가 직선으로 걸어갈 수 있는 것은 아니었다. 구불구불한 성벽을따라가자면 갔던 길을 되돌아 다시 가야 하기도 했고, 그냥 옆으로 비켜 갈수도 있었을 언덕을 힘들게 올라가야 했으며, 그러다 다시 어질어질하게 가파른 내리막길로 내려가야 했다.

브루스는 지치지도 않고 북악산 최정상에 있는 쌀바위로 나를 이끌고 갔다. 그곳에 가려면 양말만 신거나 한국 사람들이 신는 짚신을 신어야만 했다. 또 어느 지점에서는 첫 발을 제대로 디디지 않으면 다리가 끼어 바위틈을 빠져나갈 수 없는 경우도 있었다. 옛날에 어떤 왕이 쌀가마니들을 가지고 와서 그 바위에서 야영을 했다는 이야기가 전해진다. 왕이 항복하기만을 기다리던 적들이 지쳐서 돌아갈 때까지 그 쌀로 연명했다는 것이다.

왕은 아니지만 나도 그 쌀바위에서 시간을 보냈다. 발아래로 보이는 기막히게 아름다운 서울의 전경에 반했기 때문이기도 하지만, 그 먼 길을 힘들게 되짚어가려면 기운을 차려야 했기 때문이다.

옛 성벽을 따라 내려가다가 키가 30미터나 되어 보이는 거대한 나무 옆을 지나가게 되었다. 나로서는 한 번도 본 적 없는 신기한 나무였다. 커다란 밑동은 지름이 120센티미터 정도에 껍질은 반질반질하고 회색을 띠었다. 줄기들도 굵직해서 커다란 그림자를 드리웠고, 뿌리는 구렁이처럼 땅 위로 구불구불 솟아 있었다. 그러나 잎은 아주 여리게 생긴 것이 꼭 공작고사리 잎을 확대해놓은 모양이었다.

"이게 무슨 나무예요?" 내가 브루스에게 물었다.

"미국에서는 공작고사리 나무(Maidenhair Tree)라고 부르는데 원래 이름은 깅코(Ginkgo)요. 식물학자들은 살아 있는 화석이라고 부르지. 한국 사람들은 이 나무를 숭배해서 성스러운 장소나 궁궐에만 심는다오. 여기서는 은빛 열매가 열린다고 하여 은행나무라고 하는데, 그중 당신 마음에 드는 이름으로 부르구려."

"나는 '우리 나무'라고 부를 거예요. 정말로 이 나무를 갖고 싶어요. 게다가 여기는 집을 짓기에 딱 좋은 곳이네요!"

브루스는 두 팔을 활짝 펼쳐 주위를 가리키며 말했다. "저 나무도, 그리고 여기 이 땅도 지금 이 나라에 살지 않는 영국인의 소유요. 그러니 괜히 헛된 꿈은 안 꾸는 게 좋을 거요."

우리는 계속해서 내리막길을 걸어 서대문 근처에 있는 작은 회색 집으로, 조금 불편하지만 그나마 더운 물로 목욕을 할 수 있고 따뜻한 차가 기다리고 있는 우리 집으로 돌아왔다.

그 특이하고 아름다운 나무에 호기심이 동한 나는 백과사전을 찾아보고 몇 가지 사실을 알게 되었다. 그 나무는 지금으로부터 약 4억 5000만 년 전부터 2억 년 전에 해당하는 고생대에 살았던 식물들 중에서 유일하게 오늘날까지 살아남았다. 게다가 지난 1000만 년 동안 아무런 변화 없이 그 상태를 유지하며 살아왔는데, 현존하는 그 어떤 나무도 그렇게 오래 유지되지는 못했다고 한다. 또한 은행나무는 고생대 소철 양치류의 특징인 유영하는 포자도 갖고 있다. 그러나 번식에는 포자가 아니라 수그루에서 나온 꽃가루가 사용된다. 원산지는 중국 서쪽 지방이라고 하는데, 사람들이 심어서 기르는 지역이 많다 보니 그것이 실제로 야생 상태에서 자란 것인지는 분명하지 않다. 중국이나 일본에서 성스러운 곳으로 여겨지는 사찰에 심어지지 않았더라면 아마도 2000년에서 3000년 전에 멸종했을 것이라고 한다. 수명은 1000년이 넘으며, 부채 모양의 잎은 넓이가 5~10센티미터에 길이가 3센티미터 정도이며, 매년 낙엽이 진다.

그 후 몇 달 동안 나는 수시로 그 은행나무가 있는 곳까지 걸어가 나무 아래 앉아서 안개에 싸인 서울을 내려다보며 몽상에 잠겼다. 나의 나무는 무악재에서 불어오는 바람을 받아 잎들을 살랑거리며 시원한 산들바람을 내게 선물로 보내주었다.

개털 소동

그렇게 은행나무 아래 쉬러 갈 때는 브록과 봉이라는 저먼셰퍼드 두 마리를 데리고 다녔는데, 어느 날 아주 난처한 일을 겪었다. 개들은 내가 그 나무를 나의 나무라고 여긴다는 것을 잘 아는 듯했다. 브록과 봉은 나무 그늘 아래 조용히 엎드려 있었고, 나는 무악재 쪽을 내려다보고 있었다. 독립문과 허물어진 영은문의 주춧돌이 희미하게 보였다. 갑자기 개들이 귀를 쫑긋 세우더니 사나운 기세로 벌떡 일어났다.

내가 브록을 붙잡아 목줄을 씌우는 동안 봉은 단숨에 달려가 가까이 다가오던 사람의 목덜미를 향해 덤벼들었다. 그 사람은 순간 본능적으로 방어를 하느라 팔을 치켜들었고 봉은 그 사람의 누빈 옷소매를 물어뜯었다.

나는 한 손으로는 브록을 잡은 채 다른 손으로 봉을 붙잡아 물린 사람에게서 떼어놓았다. 정신없이 개를 제어하느라 그 사람이 얼마나 다쳤는지 살펴보지도 못했고 사과도 제대로 하지 못했다.

남자의 비명소리를 듣고 금세 사람들이 몰려들었지만, 개들이 무서워서인지 내게 가까이 오지 못하고 속 시원히 분풀이를 하지도 못했다.

나는 무작정 집을 향해 걷기 시작했는데, 점점 더 많은 사람들이 나를 쫓아오며 소리쳤다. "개털 주시오!" 나는 그 말을 봉의 가죽을 벗기라는 뜻으로 이해했다. 한국 사람들은 개를 잡아먹기도 하며, 고기가 연하다는 여름철에 특히 좋아한다고 들었던 터라 나는 공포에 사로잡혀서 어서 브루스를 만나기만을 바라며 빠른 걸음으로 서둘러 갔다. 브루스라면 개에게 물린 사람에게 보상을 해주고 문제를 해결해줄 거라고 믿었다.

집까지 가는 내내 사람들은 계속해서 소리쳤다. "개털 주시오! 개털 주시오!"

겨우 집에 도착해보니 브루스는 없고 대신 김 보이가 달려와 곧바로 사태를 파악했다. 그런데 기가 막히게도 김 보이는 내 편을 들기는커녕 봉을 그 사람들에게 주라고 하는 것이 아닌가. 아무튼 나는 그의 말을 그렇게 이해했다. 이제 저들이 모두 작당해서 나를 몰아세우는구나! 나는 날뛰는 개들을 우리에 밀어넣고, 그 문에 등을 대고 고집스럽게 버티고 섰다.

김 보이는 내게 그들의 말을 들어주라고 거의 애원하다시피 했지만, 내가 완강히 버티자 공 서방에게 사무실에 가서 주인을 모셔오라고 했다.

그제야 보니 개에게 물린 사람은 살짝 긁힌 정도이고 옷소매만 심하게 찢어져 있었다. 피해가 그리 크지 않았는데도 사람들은 물러날 생각을 하지 않았다. 마침내 브루스가 침착하게 걸어왔다.

"저들이 봉을 죽이려고 해요." 내가 볼멘소리로 말했다. "김 보이도 저들이 산 채로 봉의 가죽을 벗기려 한다고 말했다고요."

"진정해요, 여보." 브루스는 그렇게 말하고 내 옆을 지나 우리 안으로 들어갔다. 그가 커다란 주머니칼을 꺼내는 것이 보였다. 이제 남편마저 우리 개를 죽이려 하는구나 하는 끔찍한 생각이 머릿속을 스쳤다. 브루스가 봉의 목덜미를 붙잡더니 털을 한 움큼 잘라내어 김 보이에게 주면서 조용히 무어라 말했다. 김 보이가 다친 사람의 무리에게 그 털을 건네주자 그들은 절을 하며 받아들었다. 브루스도 절을 하고 김 보이도 절을 했다. 몰려왔던 사람들은 절을 하고 물러갔다. 나는 영문을 몰라 막대기처럼 멍하니 서 있었다.

브루스가 돌아서서 나를 보고 말했다. "저들이 원한 건 그 사람을 문 개의

털이었소. 이제 그 털을 태워서 상처에 바를 것이고 아무 해도 끼치지 않을 거요. 내가 그에게 새 저고리 값을 주고 일이 이렇게 되어서 미안하다고 사과했소." 브루스가 팔로 나를 감싸 집 안으로 데리고 들어갔다. 그 바람에 나는 봉을 혼내주는 것을 잊고 말았다. 어차피 그러기엔 이미 늦었다. 그래 봐야 봉은 까맣게 잊고 왜 야단을 맞는지도 모를 테니까.

• 호박 목걸이

황금의 나라를 찾아온 이방인들

2대째 이어가는 광산업

서울 유니온클럽 회원들은 적십자 일로 다들 바빴고, 브루스는 적십자사 한국 지부의 서기 일을 맡고 있었다. 바느질과 뜨개질, 붕대 감기 같은 꼼꼼한 일은 내 성격에 맞지 않았다. 그래도 한몫 거들어야 한다는 조바심에 나는 연극 공연을 하자고 제안했다. 연극이란 거짓부렁에 지나지 않는다고 생각하는 몇몇 나이 많은 선교사들은 내 제안에 어이없어 했고, 자신들은 절대로 참여하지 않겠다고 잘라 말했다.

우리가 할 연극의 주인공은 영국의 첩보요원인데 장교이자 점잖은 신사이기도 했으므로, 나는 매시 로이즈 씨가 적역이라고 생각했다. 영국 부영사인 로이즈 씨는 자신은 전혀 연기를 할 줄 모르며, 게다가 키스 장면까지 있으니 당치도 않은 일이라고 말했다. 나는 그냥 평소 행동하듯이 하면 되고, 키스 장면은 가리고 시늉만 하는 것이며, 그도 적십자를 위해 무슨 일인가 해야 하지 않겠냐는 말로 그를 설득했다.

나는 아름다운 러시아인 스파이 역을 맡는데, 주인공 장교의 포도주에 약을 타서 그 틈에 그의 서류를 훔치고, 장교가 자살하려 하자 마음을 바꾸어 서류를 돌려주고, 위험을 무릅쓰고 썰매를 몰아 그를 역까지 태워다주는 인물이었다.

조선호텔에서 공연한 그 연극은 대성공이었다. 봄이 오면 평양에서 북쪽으로 120킬로미터 정도 떨어진 운산의 광산까지 가서 공연해달라는 초대를 받을 정도였다. 그렇게 큰 성공을 거두자 이번에는 선교사들도 편견을 접고 심지어 합창단까지 모아주었다. 그들과 함께 한 운산 공연으로 우리는 모금에 큰 힘을 보탤 수 있었다.

그 연극은 광산에서 일하는 사람들이 보기에 딱 좋은 작품이었다. 게다가 드디어 나에게도 광산을 직접 볼 기회가 찾아온 것이다. 나는 그날을 학수고대했다. 남편의 인생에서 광산이 차지하는 부분도, 그가 미국에서 보낸 과거도 나에게는 아직 한 번도 가보지 못한 미지의 세계였다. 그때까지 내가 한국의 금광에 관해 알고 있던 사실들은 모두 낭만적인 이야기 정도에 지나지 않았다.

나는 제너럴셔먼호 사건에 대해서도 알고 있었다. 그 배에 탄 미국인 모험가들은 청나라에 있다가 조선 왕의 시신은 황금 관에 넣어 묻는다는 떠도는 이야기를 듣고서 도굴할 욕심에 조선으로 건너왔다. 나도 서울에 있는 박물

·   • 호박 목걸이

관에서 순금으로 된 왕관을 본 적이 있다. 그 왕관들은 분명히 왕릉에서 가져온 것일 터이고, 그것을 본 사람들이 관도 황금일 것이라고 추측했던 모양이다.

나는 언젠가 평양에 가서 대동문 앞에 전시되어 있다는 셔먼호의 닻을 연결하는 사슬도 보고 싶었다. 그것은 외국인 탐험가들에게 조선인들도 자신들의 권리를 위협받으면 그리 호락호락하지 않다고 경고하는 상징물이었다. 셔먼호 역시 썰물 때문에 모래톱에 빠지고 선원들은 살해당하고 배까지 불태워지지 않았던가.

또한 황금은 호랑이 가죽, 인삼, 한지, 쌀과 더불어 청나라에 해마다 바치던 조선의 주된 공물이었다는 것도 알고 있었다. 조선의 왕은 300년 이상 해마다 신하들을 거느리고 영은문까지 가서 무릎을 꿇고 중국 사신들을 영접하고 노새들에게 공물을 실어 보냈다고 한다. 노새들은 굽이굽이 산길을 걸어 머나먼 베이징까지 그 무거운 짐을 짊어지고 가야 했다.

게다가 한국 사람들은 자기 나라에는 귀금속이 묻혀 있지 않은 지역이 한 군데도 없다고 주장했다. 물론 과장이겠지만 어느 정도는 근거 있는 주장이었다.

이런 소문들은 미국무역회사(American Trading Co.)가 궁궐에 전기발전기를 설치했을 때 처음으로 입증되었다. 그 일을 맡았던 책임자는 금화로 대가를 지불받을 것이라고 예상했다가 왕이 보낸 생금 덩어리가 잔뜩 든 자루 여러 개를 받고는 크게 놀랐다. 미국무역회사의 일본 지부에서 온 J. R. 모스 씨는 즉시 서울 주재 미국 공사를 통해 문의했다. 그는 그 황금이 조선 북서부에 있는 평안북도의 황실 소유 금광에서 가져온 것임을 알게 되었다(그 지역은 한국전쟁 당시 가장 격렬한 전투가 벌어진 지역 중 하나다).

최초의 미국인 금광회사

마침내 미국인들은 1896년에 고종으로부터 채광 특권을 얻어냈고, 양자 사이에 동업관계가 합의되었다. 그리하여 평안북도 북진에 본사를 둔 동양합동광업회사(Oriental Consolidated Mining Co.)가 1897년에 설립되었다.

처음에 개발을 시도한 미국인 기술자들은 노동 상황이 좋지 않다는 부정적인 보고서를 제출했다. 한국 사람들에게 어떻게 현대적인 채광 기술을 가르쳐야 할지 몰랐기 때문이다.

그러다가 브루스의 아버지이며 선구적인 광산 개발자인 조지 알렉산더 테일러가 한국에 처음으로 쇄광기를 들여와 설치한 뒤에야 마침내 운산 금광은 수익을 내기 시작했다.

그분은 한국 사람들이 아주 단순한 도구들만 가지고도 일을 잘 해내는 것을 보면, 서양식 시설을 도입하면 매우 뛰어난 광부가 될 것이라고 판단했다. 그 생각은 그대로 적중하여 오늘날 한국 사람들은 세계에서 가장 뛰어난 금광 기술자로 평가받는다.

그래도 초창기에는 난관이 많아서, 아버님은 두 아들을 한국으로 불러들였다. 브루스뿐 아니라 겨우 열네 살이었던 동생 빌도 함께였다. 브루스는 금광 사업을 할 때는 앨버트 와일더 테일러(Albert Wilder Taylor)라는 본명을 썼다. 많은 사람들이 그렇듯이 그 역시 자신의 세례명을 싫어했기 때문에 우리가 처음 만났을 때부터 그는 내게 브루스라고 불러달라고 말했고, 가까운 친지들도 그렇게 불렀다.

형제는 샌프란시스코에 있는 유니온 철공사에서 기계를 구입해 해체한 다음 인천으로 운송했다. 인천에서는 다시 80톤짜리 소규모 연락선 몇 척에 옮겨 실었다. 날씨가 사나우면 어쩔 수 없이 가까운 섬(이런 작은 섬들이 무수히 많은 한국의 서해는 뱃사람들의 무덤이라 불렸다. 한국 사람들이 그 섬들을 세세하게 지도에 표시해두지 않았기 때문이다)에 정박했다가 다시 출발하기를 반복하며 겨우 평양까지 실어 나를 수 있었다.

평양에 도착하자 말을 탄 한국 사람들이 그들을 기다리고 있었다. 리본을 매단 조랑말들과 가마꾼들이 들고 있는 화려하게 장식된 가마들도 있었다. 길도 정비되고, 마치 왕족을 영접할 때처럼 붉은 가루도 뿌려져 있었다.

무거운 기계의 부품들을 황소와 조랑말의 등에 옮겨 실을 때가 되자 브루스는 있는 힘을 다해 애쓰는 일꾼들을 격려하려고 이렇게 소리쳤다.

"캄 온, 보이스, 캄 온!"

그러자 일꾼들은 기계를 바닥에 내려놓고 어리둥절한 표정으로 브루스를 쳐다보았다. 브루스도 그때는 한국말을 전혀 몰랐기 때문에 자기가 한 말이 그들에게 "가만! 가만!"이라고 들릴 줄 몰랐지만, 일꾼들은 하던 일을 멈추라는 말로 알아들었던 것이다.

이렇게 무거운 기계를 싣고 몇 주에 걸쳐 머나먼 평안북도의 광산까지 이동하는 동안, 인정사정 봐주지 않는 산적들과 먹이 사냥에 나선 굶주린 호랑이들로부터 사람들과 동물들을 지켜내는 일도 만만치 않았다.

사람들은 총을 지녔고, 말들에게는 소리로 호랑이를 겁주려고 목에 방울을 달아놓았다. 빌은 구불구불한 긴 산길을 따라 줄지어 가는 조랑말들의 행렬과 끊임없이 딸랑거리는 방울 소리를 절대 잊을 수 없을 거라고 했다.

밤이면 근처 마을에서 묵었는데, 그때마다 한국의 모든 집이 누리는 한 가지 호사를 함께 누릴 수 있었다. 바로 따뜻한 온돌 바닥이었다. 아궁이와 연결된 고래가 구들장 아래를 구불구불 통과해 나가고, 굴뚝은 바닥에서 60센티미터 정도 높이에 나와 있다. 약간의 솔잎만 가지고 불을 지피려면 집중과 인내가 필요했다. 그러나 일단 불이 붙고 나면 연기도 그냥 날려 보내지 않아 열 손실이 전혀 없었다.

온돌방은 고래가 지나가는 자리도 있고 지나가지 않는 자리도 있어서 어디에 자리를 잡느냐에 따라 살이 델 정도로 뜨겁기도 하고 얼음장처럼 차갑기도 했다.

또한 밤새 등불을 켜놓고 잠자는 것도 한국의 풍습 중 하나였다. 이 두 가지 풍습이 더해지면 방 안 공기가 숨이 막힐 정도로 답답해질 뿐 아니라 온갖 종류의 벌레가 꼬였다. 그리고 누구나 알다시피 빈대와 이는 인종을 가리지 않는다.

또 한 가지 브루스의 화를 돋운 것은 조랑말 먹이를 만드느라 긴 시간을 허비해야 한다는 점이었다. 건초를 먹는 서양 말들과 달리 한국의 조랑말은 몇 시간이나 끓여야 하는 콩죽만 먹었기 때문이다.

이렇게 고된 여행을 무사히 마쳤지만, 새로운 난관이 기다리고 있었다. 천신만고 끝에 가져온 쇄광기를 설치하려고 하자, 한국인들의 저항에 맞닥뜨린 것이다. 대한제국 조정에는 외세가 들어오는 것을 막으려는 수구파가 있었는데, 그들이 쇄광기 설치 허가를 방해하고 있었다. 마침내 쇄광기를 설치한 뒤에도 동양인들이 대개 그렇듯이 천하태평으로 늑장을 부려 기계의 가동을 미루곤 했고, 그러는 동안 기술자들은 한국의 주거와 음식이 맞지 않아 이질에 걸리거나 결국 참지 못하고 문명사회로 돌아가기도 했다. 나중에 알게 된 일이지만, 대한제국 황실은 그 쇄광기를 사용할 생각이 전혀 없었다. 그들은 그저 그렇게 놀라운 설비를 갖게 되었다는 사실에 엄청난 자부심을 느끼고, 그 주변에 누각 같은 것을 세워 전시용으로 만들어버렸다.

궁핍의 7년 세월

미국이 채광권을 가져가자 한국과 무역협정을 맺은 서구 다른 나라들에서도 비슷한 요구가 이어졌다. 그리하여 프랑스, 영국, 독일, 러시아, 벨기에, 이탈리아와 일본까지 채광권을 갖게 되었다. 이들 중 청송에서 광산을 개발한 프랑스만이 유일하게 성공을 거두었고, 나머지는 얼마 안 가 사업을 접고 돌아갔다.

시간이 지나면서 더 많은 건설 기술자들이 한국으로 들어왔는데, 그중에는 허버트 후버*도 있었다. 그리고 미국이 채광권을 얻은 320제곱킬로미터의 땅에서 다른 몇 가지 프로젝트들이 뒤이어 시작되었다.

브루스는 텃밭에 작물을 기를 수 있게 되기 전까지 얼마나 굶주렸던지 그 고생스러운 날들을 절대 잊을 수 없을 거라고 말했다. 주위에는 고기를 살 수 있는 시장도 없었고 마을 사람들은 적대적이었다고 한다. 그래서 한국에서 구할 수 있는 음식과 수수죽으로 버텨야 했다. 구할 수 있는 유일한 고기는 호주산 양고기 통조림뿐이었고, 훈제 청어와 토피 캔디로 영양을 보충했다. 그리고 일요일에만 자그마한 달걀 한 알씩을 먹을 수 있었다. 이런 음식을 몇 달이나 똑같이 먹었으니 식도락과는 거리가 한참 먼 생활이었다.

그들은 일주일 내내 하루도 쉬지 않고 동틀 때부터 해 질 때까지 일했고, 쉬는 날이라고는 한 해를 통틀어 고작 크리스마스와 독립기념일 이틀뿐이었다.

채광소 밖으로 외출할 때에는 모두 44구경 콜트 권총을 휴대했는데, 그것

---

* 미국의 31대 대통령. 광산업으로 성공한 후 난민 구제위원으로 활동하다가 정계로 진출했다.

도 호신용으로 별 도움이 되지 않았다. 그들이 총을 겨누면 시골 도둑들은 난생처음 보는 물건에 대한 호기심으로 오히려 한번 구경하게 해달라고 부탁하는 경우가 많았기 때문이다. 그들은 그게 뭔지 모르니 당연히 무서워하지도 않았다.

이제 적십자 공연단이 광산에서 공연을 하게 되었으니,《아메리칸 골드러시 스토리》같은 책에서 읽었던 것과 같은 생활을 드디어 내 눈으로 볼 수 있게 된 것이다. 브루스는 네바다 주의 유명한 광산촌인 버지니아시티*의 수트로 배수갱 바로 초입에서 태어났다. 그러다 보니 내 머릿속에서는 한국의 광산에 얽힌 이 모든 이야기들이 미국 서부 개척시대의 골드러시 붐과 뒤섞여 있었다.

기차를 타고 평양까지 가서 다시 맹중리의 작은 간이역으로 갔다. 북진의 채광소는 거기에서 한참 떨어진 거리에 있었다.

우리는 채광소까지 가는 거리의 절반을 자동차를 타고 험한 길을 달려 숙소에 도착했다. 그곳에서 금광 관리자인 앨프리드 벨하벤과 그의 조수 밴 네스 씨를 만났다. 그들은 노새들이 끄는 사륜 짐마차를 타고 도착했다.

거기서부터 브루스와 나는 나머지 일행과 헤어져 그들의 사륜 짐마차를 함께 타고 갔는데, 나에게는 정말 신기한 경험이었다.

우리가 지나간 길은 험한 산길이었다. 중간에 물살이 센 개울이 심심치 않게 나타났는데, 한국 사람들이 개울가에 쪼그리고 앉아서 둥그런 나무쟁반을 흔들며 물을 걸러내는 광경이 자주 나타났다.

---

* 버지니아시티는 1859년에 은광맥이 발견되면서 갑자기 생긴 도시로, 한때는 미국에서 부자가 제일 많다고 알려질 정도로 성황을 이루었다. 은 채광이 끝난 후에는 쇠퇴하여 지금은 인구가 3000명밖에 안 되는 폐허의 도시가 되었다.

· 호박 목걸이

"저 사람들은 뭘 하고 있는 거예요?" 내가 브루스에게 물었다.

"사금을 채취하고 있다오."

"저렇게 비참한 방법으로 돈을 버는군요."

"비참한 방법이라니! 저 사람들은 1년 내내 호의호식할 수 있는 돈을 벌고 있는 거요."

몇 킬로미터를 더 가자 대화할 엄두도 못 낼 만큼 몹시 가파르고 험한 길이 나타났다. 노새들이 힘겹게 언덕을 올랐다. 마차를 몰던 한국 사람이 내려서 행렬 맨 앞으로 나아갔다. 언덕 꼭대기에 이르자 맨 앞에서 끌던 노새가 더 가지 않으며 고집스레 버텼기 때문이다. 마부는 노새 목을 붙잡고 욕설을 퍼부으며 알아들을 수 없는 말로 마구 고함을 지르고 거세게 굴레를 끌어당겼다.

"떠들지 마라!" 브루스가 한국말로 사납게 호통을 쳤다. 나는 들어본 적 없는 낯선 목소리였고 표정도 무서웠기에 깜짝 놀랐다.

"여보, 갑자기 왜 그러오?" 내가 불안해하는 것을 눈치채고 브루스가 물었다. 내가 이유를 설명하자 그는 작은 소리로 속삭이듯 말했다. "저 마부의 입을 다물게 하려면 언성을 높일 수밖에 없소. 저 노새가 제 형제의 피 냄새를 맡았다고 떠들어대지 뭐요. 이전에 산적의 습격을 받았을 때 함께 마차를 끌던 노새가 총에 맞아 죽었는데, 그 후로 저 노새는 이 자리에만 오면 가지 않으려고 저렇게 버틴다오. 벨하벤의 동생도 같은 날 바로 여기서 총을 맞았소."

나는 앨프리드 벨하벤을 쳐다보았다. 노르웨이 태생의 미국인으로 덩치가 크고 피부가 희며 잘생긴 중년 남자였다. 그는 챙 넓은 스테트슨 모자를 푹 눌러쓴 채 밴 네스와 대화를 나누고 있었다.

나는 브루스에게 그 이야기를 들려달라고 귓속말로 말했다. 브루스는 파이프에 담배를 채우더니 낮은 목소리로 이야기를 시작했다.

"금괴를 안전하게 맹중리까지 운반해서 그곳 은행에 맡겨두고, 우리는 임금으로 지불할 돈을 가지고 돌아가는 길이었어요. 수천 달러는 되는 돈이었지. 앨프리드의 동생 핀 벨하벤을 포함해서 우리 네 사람은 앞쪽 마차를 타고 가고 있었소. 돈은 여행 가방에 넣어두었고, 우리 뒤를 따라오던 마차에는 한국인 광부들과 일본인 청원경찰이 타고 있었어요. 우리 마차가 고개의 꼭대기를 막 넘어갔을 때였소. 갑자기 우리 뒤쪽에서 총성이 들렸지. 우리는 즉각 마차에서 뛰어내려 뒤로 달려가며 각자 총을 꺼내 방아쇠를 당겼소. 노새 한 마리가 쓰러져 죽어 있고, 나머지 노새들은 겁에 질려 괴성을 지르며 제자리를 빙빙 돌고 있었다오. 핀이 더 잘 조준하려고 마차 위로 뛰어올랐소. 바로 그 순간 강도들도 마차로 돌진하며 총질을 해댔고, 핀과 다른 몇 사람은 부상을 당했다오. 하지만 강도들은 우리 쪽에서 자신들에게 총을 쏘는 것을 알고는 뒤로 돌아 달아났어요. 그들은 엉뚱한 마차를 습격했지. 우리는 핀과 부상자들을 싣고 다시 채광소로 돌아왔소. 하지만 핀은 그날 밤 숨을 거두었소. 앨프리드는 동생을 잃은 슬픔을 아직도 잊지 못하고 있다오. 우리는 다음 날 사건 현장으로 돌아가 죽은 노새를 수습했소. 러시아산 총알들이 떨어져 있는 것을 보고 그 강도들이 만주에서 온 한국인들이란 걸 알았소."

브루스는 말을 멈추고 담뱃대를 꾹꾹 눌렀다. 나는 벨하벤 씨를 흘깃 쳐다보았다. 그는 깊은 생각에 잠겨 있는 것 같았다.

"저분 입장에서 이렇게 우리를 마중 나와준 건 정말 큰 마음을 내어준 거겠군요."

"저 친구 천성이 그래요. 친절함의 화신이지. 그의 아내도 마찬가지고. 당신도 만나보면 그 부인을 좋아할게 될 거요."

이제 마차는 계곡 아래로 내려가고 있었다.

"저기 좀 봐요!"

내가 놀라서 손가락으로 가리키며 거의 숨넘어가는 소리로 말했다. 커다란 소나무 한 그루가 서 있는데 그 아래 작은 둔덕에 거대한 철제 금고가 있는 것이 아닌가.

"아, 저건 여기 있던 채광소가 문을 닫았을 때 너무 커서 옮기지 못해 저렇게 둔 거라오." 브루스가 설명했다.

벨하벤 씨도 한마디 거들었다.

"A. W.(앨버트 와일더)가 저 소나무를 베어버리려던 한국 사람에게서 저 나무를 사서 지켜냈지요."

황량한 주변 풍경은 젊은 날의 브루스가 '궁핍의 7년' 동안 느꼈을 삭막한 공허함을 그 어떤 말보다도 생생히 전달해주었다. 당시 브루스는 한국인과 말도 통하지 않고 얘기를 나눌 만한 외국인은 북진 번화가까지 가야 겨우 만날 수 있는 오지에서 두 군데 광산의 관리를 책임지고 있었다. 8킬로미터나 떨어진 두 금광을 매일 두 번씩 왕복해야 했고, 나중에는 겨우 잘생긴 흰 노새 한 마리를 길들여 탈 수 있게 되었는데, 그 녀석은 걸핏하면 앞발을 치켜들고 일어서 등에 탄 사람을 내동댕이치는 고약한 버릇이 있었다고 한다.

지금 우리가 지나는 곳은 한때 풍부한 산출량으로 흥청거렸던 광산의 잔해였다. 나는 그 자리에 버려진 채 녹슬어가는 금고를 바라보았다. 한때 사람들이 품었던 꿈과 희망과 '감'을 떠올리게 하는 처량한 유물이었다.

브루스는 마을 광부들에게 의사 역할까지 했다. 경우에 따라 약을 처방하거나 수술을 하고 손이나 발을 절단하기도 했으며, 때로는 폭발 사고로 광산

바닥에 흩어진 갈기갈기 찢긴 시신들을 양동이에 담아 수습하기도 했다. 언젠가 콜레라가 번졌을 때는 우물을 막고, 매일 집집마다 찾아가 환자들을 돌보고, 집 안에 숨겨둔 시체들을 처리했지만, 결국에는 역병이 더 번지는 것을 막기 위해 마을 전체를 불태울 수밖에 없었다고 한다.

나는 동행한 사람들에게 쉴 새 없이 질문을 퍼부은 끝에, 초창기 운산광산에서 그들이 경험한 삶을 아주 생생하게 머릿속에 그려낼 수 있었다. 당시는 아직 한국이 일본의 식민지가 되기 전이었고, 모든 외국인은 치외법권을 누리며 각자 자국 영사의 권한에 맡겨져 있었다. 영사는 마치 가장처럼 자기네 나라 사람이 곤란에 처하면 도와주고, 일자리도 구해주며, 필요하면 본국으로 송환하기도 했다. 또 대중선동가들을 추종하는 도둑과 강도, 악당 들도 있었는데, 이들은 대체로 보따리장수나 경찰로 위장하고서 미국인이나 다른 외국인들을 몰래 감시하거나 틈만 나면 말썽을 일으켰다.

그중에 나가후치라는 자가 북진에 있는 채광소에 경비원으로 채용되었다. 그는 예전에 다방에서 기도로 일하던 자로 남을 잘 괴롭히는 질 나쁜 사내였다. 그가 채광소에서 어찌나 공포 분위기를 조성해놓았던지 관리자였던 미저브 씨가 자기는 두려워서 그를 해고하지 못하면서 브루스에게 그를 해고하고 그 지역에서 내쫓으라고 지시했다.

브루스는 난처한 일을 자기에게 떠넘기는 데 화가 났지만, 그 사내와 이야기를 나눠본 후 자기가 왜 그를 만나러 왔는지 말해주었다. 브루스는 봉건체제에서 살아온 일본인들은 본능적으로 충성심이 강하다는 사실을 알고 있었다. 그것은 가문이나 권력자에 대한 충성심이기도 하지만 무엇보다 밥줄에 대한 충성심이었다. 브루스는 이런 점을 염두에 두고 나가후치에게 자기 개인 경호원으로 고용하겠다고 제안하여 그의 체면을 세워주었다. 나가후치는 후에 충성심으로 보답했다.

언젠가 나가후치는 브루스가 두 광산 사이를 오가는 길에서 한 패거리가 칼을 들고 그를 습격할 것이라고 미리 알려주었다. 브루스는 나가후치에게 자기는 불독 콜트 총을 가지고 있으니 만약 공격한다면 그들이 살아남지 못할 거라고 전하게 했다. 그 때문인지 브루스는 습격을 당하지 않았다.

그러나 날이 갈수록 지하조직이 일으키는 문제는 더욱 심각해졌고 나가후치의 행실도 나빠졌다. 채광소의 작업반장이자 미국에 있을 때 프로 권투 선수로 활동했던 뚱보 플레처가 나가후치를 어떻게 하면 좋겠냐고 브루스에게 물었다. 그런 자를 채광소에 계속 둘 수 없다는 것이었다.

브루스는 이렇게 대답했다. "그러면 그를 병원으로 보냅시다."

그리고 뚱보 플레처에게 기회를 보다가 나가후치가 또 말을 듣지 않으면 한 방에 날려버리라고 했다. 기회는 곧 찾아왔고, 나가후치는 아무런 질문도 저항도 없이 일그러진 얼굴을 치료받기 위해 들것에 실려 나갔다.

그런데도 전반적으로 긴장된 분위기는 고조되어갔다. 그러던 어느 날 브루스는 누가 보냈는지 알 수 없는 전갈을 받았다. 그의 통역을 맡던 김필재라는 사람이 일본인들에게 붙잡혀 어떤 집에 포박되어 있다는 것이었다. 게다가 그들이 광산에 있는 미국인들을 살해하려는 음모를 꾸미고 있다고 했다.

브루스는 사람들을 불러모았고, 각자 총에 총알을 장전하고 집 안에 앉아 기다렸다. 몇 시간이 흘렀고 자정이 되어서도 공격은 없었다. 가만히 앉아 침묵 속에 버티는 것이 따분해진 브루스가 불쑥 이렇게 말했다.

"젠장, 우리가 내려가서 그자들을 혼내줍시다."

브루스 일행은 슬그머니 마을로 들어갔다. 투명한 덧문을 통해 불빛이 새어나와 그 집을 쉽게 찾을 수 있었다. 그 일본인들은 먹고 마시면서 거사를 앞두고 용기를 북돋우고 있었다.

일행은 바닥에 앉아 있던 일본인들을 덮쳐 미처 달아나기도 전에 붙잡아 결박했다. 소동이 벌어지는 동안 엉성하게 지어진 집은 여기저기 망가졌다. 김필재를 풀어준 다음 그 악당들을 마을에 있는 죄수 매어두는 곳으로 데려가 밤새 꼼짝 못하게 하였다.

다음 날 브루스와 밴 네스는 노새에 올라타고, 일본인 포로들을 데리고 평양까지 약 50킬로미터를 걷게 했다. 그중 한 사람이 자기는 절대로 거기까지 걸어갈 수 없으니 가마를 대령시키라고 요구했다. 그러나 몸의 특정 부위에 채찍을 한 번 휘둘렀더니 두말없이 다리를 움직이기 시작했다고 한다.

평양에 있는 일본 영사관에서는 그들을 감옥에 가두고 서울에 사건을 보고했다. 그 사건은 국제적인 문제로 비화했고, 하마터면 브루스에게 불리하게 전개될 뻔했다. 그러나 결국 일본인들은 더 큰 문제가 생길 경우 미국인들이 어떻게 나올지를 잘 배운 셈이었다. 미국 영사관에서는 오히려 위기의 상황에 대담하게 대처했다며 브루스를 치하했다.

하지만 브루스는 매일 위험부담을 짊어진 채 생활해야 했다. 일본인들은 한 번 당한 일은 절대 잊지 않기 때문이다. 7년 후 그들은 복수를 시도했다. 사건은 그가 치과 치료를 받으려고 인천에 갔을 때 일어났다.

미국인 치과의사는 그들이 브루스가 시내에 나타나기만 하면 죽이려 벼르고 있다고 알려주었다. 그리고 치과에서 나가면 교외에 있는 호텔까지 걸어가야 할 테니 꼭 갖고 가라며 막무가내로 자신의 권총을 브루스에게 내어주었다. 인적이 없는 길에 접어들었을 때 브루스는 몇 사람이 울타리 뒤로 숨는 것을 알아차렸다. 그들이 숨을 죽여 소곤거리는 소리도 들렸다. 그는 권총의 방아쇠를 뒤로 당기고 계속 태연하게 걸어갔다.

갑자기 커다란 마스티프종 개 한 마리가 그의 목덜미를 향해 달려들었다. 브루스가 예상하던 상황은 아니었지만, 순간적으로 그는 총을 쏘았다. 불쌍한 개의 뇌가 터지며 흙바닥에 흩어졌지만, 브루스는 아무 일도 없었다는 듯 동요하지 않고 계속 걸음을 옮겼다.

엘도라도의 꿈을 좇는 사람들

무서운 얼굴로 히죽이 웃는 커다란 장승 두 개가 갑자기 눈앞에 나타나는 바람에 나는 다시 현재의 순간으로 돌아왔다. 키가 아홉 척이나 되는 장승들은 무섭고 심술궂은 표정에 커다란 이를 드러내고 있었다.

"마을 사람들이 세운 거랍니다." 벨하벤 씨가 말했다. "마을의 공동작품이지요. 다 함께 통나무를 베어오고 나무를 깎고 칠도 했습니다. 저쪽이 천하대장군, 이쪽이 지하대장군이지요. 나쁜 기운을 몰아내는 것이라는데 마을 입구에 저렇게 서 있으니 우리도 든든하답니다."

눈앞에 펼쳐진 수려한 소나무숲 속에 벨하벤 씨의 집이 있었다. 넓고 시원한 곡선을 그리는 기와지붕이 있는 아름다운 한옥이었다. 벨하벤 부인이 계단 위에 나와 기다리고 있었다. 발그레한 얼굴에 미소가 기분 좋은 여인이었다. 부인은 손을 내밀어 나를 거의 들어내리다시피 해주었다. 오랫동안 짐마차를 타고 나면 몸이 얼마나 뻐근하고 지치는지 잘 알았던 것이다.

널찍한 마루로 들어서니 벽에는 사슴뿔과 야생돼지의 박제된 머리가 걸려 있었고, 바닥에는 동물 가죽이 깔려 있었다.

따뜻한 물로 기분 좋게 목욕까지 한 다음 식당에 모여 점심식사를 했다.

마을의 초입에 서 있는 장승들. 장승은 마을의 수호신 역할을 한다.

창밖으로는 넓은 강과 먼 산들 그리고 브루스의 외로운 소나무 한 그루도 보였다.

사슴고기와 집에서 기른 여러 가지 채소로 훌륭한 식탁이 차려졌다. 나는 한국에 온 지 얼마 되지 않아 외국인들이 재래시장에서 채소를 사먹지 않는다는 사실을 알게 되었다. 인분을 거름으로 쓰기 때문이었다. 내가 망설이는 것을 본 벨하벤 부인이 말했다.

"메리, 걱정 말고 들어요. 이 채소들은 우리 자신의 거름으로 키운 거니까요."

그러자 다들 배꼽을 잡고 웃어댔고, 벨하벤 부인은 나를 안심시키려다가 단어를 잘못 고른 것을 알고 당황하여 얼굴을 붉혔다.

식사를 마치고 우리는 이 집 저 집 찾아다니며 연극 무대에 소품으로 사용

• 호박 목걸이

할 물건들을 모았다. 집은 언덕 중턱에도 있었고 그들 생활의 구심점인 두 대의 쇄광기를 둘러싼 계곡에도 있었다. 그 집들의 건축과 설비는 동양합동 광업회사가 담당했다. 거기에는 상점도 없었고 마을임을 알 수 있는 다른 어떤 시설도 보이지 않았으며, 그저 사람들이 아무데나 일군 텃밭만 군데군데 있었다. 한국인 광부들은 거기서 멀지 않은 마을에서 가족과 함께 편안히 살고 있었고, 병들거나 문제가 생기면 회사에서 보살펴주었다. 의료 선교사 닥터 파워스*가 그곳에 상주하면서 주민들의 육신과 영혼을 모두 치료해주고, 결혼식과 세례와 장례식 등도 치러주었다.

우리는 저녁 공연을 위해 클럽 건물에 모였다. 그날은 공연과 겸해 그 건물을 처음 사용하는 입주 파티이기도 했다. 갓 지은 그 건물은 규모가 컸고 주위를 빙 둘러 넓은 베란다도 있었다. 클럽 룸에는 멋진 벽난로가 있었는데, 커다란 장작에서 일어난 불꽃들이 넓은 굴뚝 속으로 춤추듯 날아오르는 모습이 보기 좋았다. 벽난로와 마주 보는 위치에 우리의 공연을 위한 무대가 특별히 만들어졌고, 커튼과 조명도 설치되어 있었다.

관객 중에는 여자보다 남자가 훨씬 많았고, 모두들 가장 좋은 외출복을 갖춰 입으려 애쓴 흔적이 역력했다. 옷차림만 봐도 최근 고국에 다녀온 사람인지 오래도록 한국에서만 산 사람인지 단번에 알 수 있었는데, 특히 여자들은 더 티가 났다.

한 여인이 내 눈길을 끌었다. 사각형 얼굴에 입은 커다랗고, 곱슬곱슬한 머리에는 고데기 흔적이 그대로 남아 있었으며, 잔뜩 부풀린 소매에 몸에 꼭

---

* Dr. Eugene Powers. 운산광산에서 일하던 미국인뿐만 아니라 인근의 한국인들까지 잘 돌보아주어서 후에 마을 사람들이 그의 공덕비를 세우기도 했다. 일제강점기 말에 추방되어 미국 사우스캐롤라이나에 가서 살다가 여생을 마쳤다.

끼는 재킷을 입고 있었다. 나는 속으로 그 부인에게 '컴스탁 광맥의 미세스 바워스'˙라는 별명을 붙였다. 내가 상상한 그 인물과 꼭 맞아떨어지는 느낌이 들었기 때문이다. 그처럼 눈에 띄는 차림의 사람들을 더 보고 싶었지만 다른 부인들은 대부분 점잖은 차림이어서 오히려 실망스러웠다. 남자들의 경우에는 내가 상상한 구레나룻을 기르고 먼지와 땀이 범벅된 지저분한 사나이들은 온데간데없고 깨끗하게 면도한 신사들뿐이었다. 물론 구식이기는 하지만 일반적인 야회복 재킷을 입고 있었고, 광산왕이나 일확천금을 꿈꾸는 터무니없는 사람들로는 보이지 않았다.

우리의 공연은 열렬한 호응을 얻었지만, 그렇다고 해서 열광한 광부들이 금이 든 주머니를 무대 위로 던진다거나 흥분해서 뛰어오르고 서로 가슴을 부딪거나 하는 일은 일어나지 않았다.

연극이 끝난 뒤 그들을 한 사람 한 사람 소개받고 보니, 나의 황당한 상상을 만족시키는 별난 인물들도 많았다.

'아빠'라는 별명으로 불리는 팔머 씨는 한때 샌프란시스코의 저명인사였다고 한다. 그는 의사에게서 심장병 때문에 몇 달밖에 더 살지 못한다는 말을 듣고 한국으로 건너왔다. 그런데 그는 동양합동광업회사에 20년째 근무하고 있었다! 한국의 자연이 준 효과에 대해서는 의사들도 의아해했다. 그들은 한국에 사는 환자들은 실제 나이보다 훨씬 젊어 보인다고 했다.

'아빠' 팔머는 유쾌한 성격이었고, 심지어 음담패설도 듣는 사람이 불쾌하지 않도록 말하는 재주가 있다고 했다. 벨하벤 부인이 말하기를, 그는 자기

---

* Alison Eilley Oram Bowers(1826~1903). 스코틀랜드 태생의 미국인으로 당대 미국에서 가장 부유한 여성이자 가장 큰 저택 중 하나였던 바워스 맨션의 주인. 농부의 딸로 태어났으나 컴스탁 광맥 붐에 힘입어 백만장자가 되었다.

집 부엌에 들어갈 때도 항상 노크를 한다. 왜 그러냐고 물으면 자기가 보지 말아야 할 게 있다면 하인들에게 그걸 치울 시간을 주고 싶어서 그런다는 것이다.

'떠벌이' 니콜스는 입술 절반이 덮이도록 콧수염을 길렀는데, 꼭 필요한 경우가 아니면 말을 하지 않기 때문에 사람들이 일부러 그런 별명을 붙였다고 했다.

너무 인색해서 '쩨쩨 씨'라 불리는 사람도 있었다. 그는 새 손목시계를 차고 나가면 누가 시간을 물어도 알려주지 않는다고 했다.

채광소 작업반장 '애꾸눈' 피트는, 퇴근할 때마다 사무실 탁자 위에 유리 눈알을 두고 다니던 시절의 이야기를 들려주었다. 그러면서 한국 사람들에게 눈을 두고 가니 도둑질을 하면 다 볼 수 있다고 말했다는 것이다. 어느 날 한 사람이 살금살금 다가가 유리눈알을 컵으로 덮어버렸다. 그렇게 해서 감시하는 눈알의 시선에서 벗어난 그들은 다시 도둑질하는 습관으로 돌아갔다고 한다.

그러나 이 모든 이들 중에서 내가 갖고 있던 거칠고 강인한 황금광의 인상에 가장 부합하는 인물은 광부들이 '거구 빌'이라 부르는 나의 시동생 빌이었다. 그는 활극의 주인공처럼 모험적이고 무모하지만 때로는 한없이 너그러운 사람이었다. 빌은 항상 손에 잡히지 않는 엘도라도의 꿈을 좇는 것 같았고, 확신할 수만 있으면 어떤 모험도 서슴지 않았으며, 자기가 소중히 여기는 것을 위해서라면 기꺼이 싸웠고, 아이들에게는 다정하고 여자들에게는 기사도를 발휘했다. 한번은 자기와 원수처럼 지냈던 사람의 장례식 비용을 치르기도 했는데, 순전히 남편을 잃은 아내의 슬픔을 달래주기 위해서였다고 한다.

'애꾸눈' 피트가 말을 끝내자 '거구 빌'이 피우던 담배를 난로 속에 던지고 말을 시작했다.

"우리가 이 광산을 처음 인수했을 당시 한국인 수천 명이 일자리를 빼앗긴 상태였습니다. 그들은 다루기가 정말 어려웠지요. 다이너마이트와 퓨즈와 캡 등을 훔쳐가는 것을 도저히 막을 방법이 없더군요. 그러던 어느 날 누군가가 그들의 미신을 이용하자는 아이디어를 냈지요."

빌은 장난기 가득한 눈빛으로 두 손을 비비더니 짧게 웃었다.

"우리한테 오래된 에디슨 축음기랑 녹음되지 않은 공판이 있었어요. 거기에다 통역자를 시켜 예언자 같은 말투로 목소리를 녹음했습니다. 제2광구에서 훔쳐간 물건들을 도로 갖다놓지 않으면 그들 조상의 묘에 악귀가 붙을 거라고 말이죠. 그 방법은 말할 것도 없이 효과 만점이었지요. 하루가 채 지나기 전에 모든 물건이 제자리로 돌아왔거든요."

우리는 난롯가에 둘러앉아 술도 마시고 담배도 피우며 흥겹게 웃고 떠들었다. 어느 사이에 카드와 주사위가 등장했고, 말소리는 중얼중얼 낮게 깔렸다.

'그래, 이제야 제대로 광산 분위기가 나는구나' 하고 나는 생각했다. '이제 뭔가 흥분되는 일이 일어나야 할 텐데.'

"물론 저 사람은 할 거예요." 브루스가 말하는 소리가 들렸다. 그리고 나를 향해 술잔을 쥔 손을 들어 살짝 흔들었다.

"누가 뭘 한다고요?" 나도 유쾌하게 그에게 잔을 들어 보이며 물었다.

"광산 밑바닥까지 내려가는 거요, 메리. 수직 갱도에서 한 1.6킬로미터 내려간 곳인데, 여태껏 바닥까지 내려간 여자는 아무도 없었지."

'여자들은 역시 현명해' 하고 나는 생각했다. 장롱 속에만 들어가도 폐소 공포증으로 까무러칠 나에게 이 무슨 날벼락인가! 그런 곳에 가보고 싶어 하는 사람이 과연 있기라도 할까?

사람들의 시선은 모두 나를 향해 있었다. 브루스는 왜 하필 나를 지목하여 이런 괴상한 일을 시킨 걸까. 왜 나를 그렇게 배짱 두둑한 여자라고 혼자 단정해버리고, 나에겐 선택의 여지도 남겨주지 않았을까. 자신만만하고 뿌듯해하는 그의 표정은 나를 대신해 이미 대답을 한 것이나 다름없었다.

"아, 물론이지요." 내가 말했다. "기꺼이요."

남자들은 박수를 쳤고, 여자들은 미심쩍은 듯 어색한 미소를 지었다.

미세스 바워스가 불쑥 말했다.

"그러면 케이지 안에서는 뭘 입을 건가요, 색시?"

"케이지요?" 나는 영문을 알 수 없었다.

"첫 번째 조차장에 도착하면 코트를 벗어야 할 테고, 두 번째는 드레스를, 세 번째는 페티코트를 벗어야 하겠죠. 들통에 들어가면 당신이 용기 내어 벗을 수 있는 한도까지 벗어야 할 테고요."

들통이라니? 여자들이 킥킥거렸다.

이게 다 무슨 소리지? 나는 전혀 상황 파악을 못해 당황스러울 뿐이었다. 그래, 흥분할 일이 생기면 좋겠다더니 바라던 대로 되었구나.

그날 밤 나는 거의 잠을 이루지 못했다. 단조롭게 돌아가는 쇄광기 소리가 내 두려움을 더욱 구체적으로 만들었다. 땅 밑으로 내려가는 생각만 해도 죽도록 무서웠고, 지금 이곳이 서울에 있는 우리 집이라면 얼마나 좋을까 하는 생각이 간절했다.

광부 체험

다음 날 아침 일찍 갱도 입구에 광부 몇 사람이 모여 있었다. 브루스와 나까지 합세하여 우리는 케이지로 들어가 첫 번째 조차장(操車場)으로 내려갔고, 미세스 바워스의 말대로 나는 거기서 코트를 벗었다. 케이지가 점점 더 깊이 내려갈수록 온도는 더 높아졌고, 나는 걸친 옷들을 차례차례 하나씩 벗었다. 스트립쇼를 정당화할 수 있는 때가 있다면, 지금이 바로 그런 경우였다. 가장 아래쪽 조차장에 도착하여 우리는 케이지에서 나왔다. 사람들이 나를 들통에 태우더니 밧줄을 꼭 붙잡고 있으라고 말했다. 브루스가 들통 가장자리에 서서 움직임을 조절했다. 들통은 흔들리고 기울어지고 하면서 우리 둘을 지구의 가장 깊은 곳으로 데리고 내려갔다.

들통에서 나온 우리는 허리를 거의 90도로 꺾고서 구불구불한 터널의 축축한 돌바닥을 손으로 더듬으며 앞으로 나아갔다. 우리 뒤에는 들통이 있고, 앞에서는 눈이 시릴 정도로 환한 빛이 비쳐오고, 귀를 먹먹하게 하는 망치 소리까지 들려왔다. 머리 위로는 지상에서 펌프로 뿜어 보내는 공기가 어지러울 정도로 쏟아져 내려왔다. 그 공기는 경외심으로 떨고 있는 나의 정신을 미약하게나마 땅 위 세상과 이어주는 유일한 힘이었다.

갑자기 망치 소리가 그쳤다. 벌거벗은 채 일하고 있던 광부들이 여자가 온다는 소리를 듣고 서둘러 옷을 챙겨 입느라 일손을 멈춘 것이었다. 모퉁이를 돌자 둥글고 커다랗게 파인 넓은 공간이 나왔고, 우리는 그제야 허리를 펴고 설 수 있었다.

칠흑 같은 흙벽을 배경으로 포물선으로 늘어선 불빛이 밝히는 작업장이 마침내 내 눈앞에 모습을 드러냈다. 태고의 시간이 정지해버린 듯한 장면이었다. 퀴클롭스의 외눈처럼 이마에 눈부신 불빛을 하나씩 매단 구릿빛 형체들이 바위 천장에 우둘투둘한 그림자를 만들었다. 브루스가 넋을 놓고 있는 나를 광산의 가장자리에 위치한 바위 벽 앞으로 데리고 가더니 거기서 광석 조각을 조금 떼어내 내 손바닥에 올려놓았다.

"당신이 여기 왔다는 걸 증명해야지, 피터." 그가 자랑스럽게 말했다.

광부들은 드릴을 바닥에 털썩 내던지고 이마와 몸에 흐른 땀을 닦아내며 헛기침을 해서 목에 낀 광물의 먼지를 뱉어냈다. 잠시라도 힘든 노역을 멈추고 한숨 돌릴 기회가 생기는 것은 언제라도 달가운 일이었다. 그들은 궁둥이를 땅에 대고 쪼그리고 앉아 못이 박인 손을 들여다보다가 비벼댔다.

우리가 지상으로 올라가는 동안 쩌렁쩌렁 울리던 망치 소리는 차츰 희미해졌다. 마침내 밖으로 나오자 몸이 팽창하는 느낌이 들었고, 심장은 당장이라도 터질 것 같았다. 맑은 공기를 들이마시고 햇빛의 호사를 누릴 수 있다는 것이 그토록 강렬한 기쁨인지 그때까지는 미처 알지 못했다.

동양합동광업회사의 운산광산은 한국의 광산 중에서 가장 큰 성공을 거두었다. 광산을 운영하는 20년 동안 6000만 달러의 배당금을 벌어주었고, 1939년에 아슬아슬하게 때를 맞추어 일본인들에게 매각되었다.

그 거래를 마무리하던 날, 우리는 서울에 있는 조선호텔에서 총책임자인 로워 씨와 차를 마시고 있었다. 내가 광산 바닥에서 가져온 금 조각을 보여주자 로워 씨는 이렇게 말했다.

"그래요. 20년간 동양합동광업이 캐낸 황금이 지금 제 눈앞에 있군요."

익숙해져가는 한국

지붕 위에 생긴 꽃밭

봄은 지붕을 수리하고 온돌을 손보고 울타리를 다듬고 꽃을 심는 계절이다. 미국의 버피스 종묘사에 주문한 씨앗들이 도착했다. 수레국화와 천수국과 채송화를 비롯한 수십 가지 꽃씨들이었다.

브루스는 꽃이란 모름지기 자연스러운 장소에서 자라야 한다고 주장했지만, 내 생각에 가장 가꾸기 좋은 곳은 집 근처였다. 나는 정원에서 대문과 가까운 곳에 꽃 심을 장소를 고르고, 공 서방을 시켜 그 땅을 일구었다. 그런 다음 찻숟가락으로 떠서 줄을 맞춰가며 정성스레 씨앗을 뿌렸다. 그리고 꽃밭이 아름다운 모습을 보여줄 날을 학수고대했다.

열심히 물을 주고 정성을 다했는데도 몇 주가 지나도록 싹틀 기미가 없어 무척 속이 상했다. 식물이 자연스럽게 자라날 수 없는 땅에 씨를 뿌렸기 때문이라는 브루스의 말에 모든 게 내 탓인 것만 같았다.

첫 봄비가 내리자 나는 곧 싹이 틀 거라고 생각했다. 며칠 뒤 꽃밭에 가보니 싹은 눈을 씻고 봐도 없었다.

공 서방이 자기 집이 있는 곳에서 모퉁이를 돌아 나오더니 잔뜩 흥분해서는 구경할 게 있다며 나를 재촉했다. 그래서 따라가 봤더니 자기 집 지붕 위를 가리키는데 거기에 꽃밭이 생겨난 게 아닌가! 공 서방은 그 조그만 갈색 얼굴에 기쁨과 놀라움이 뒤섞인 오묘한 표정을 짓고는 나에게 설명을 해보려고 했다. 늘 하던 버릇대로 지저분한 손가락으로 머리카락을 훑으며 한다는 말이 "귀신이요, 귀신"이라는 것이다.

대문 옆 문간채의 기왓장 사이사이로 자라난 꽃들이 활짝 피어 있었다. 푸른 바다물빛의 수레국화와 주황색 천수국, 알록달록 여러 색깔의 채송화까지! 꽃들이 어떻게 지붕 위로 올라갔을까?

나는 김 보이를 불렀다. 김 보이와 공 서방이 큰 소리로 옥신각신했다. 얘기가 끝나고 자초지종을 들어보니, 한국의 시골에서는 기와를 얹을 때 그 밑에 흙을 놓는데 공 서방이 자기 집에서 가장 가까운 곳에 있는 흙, 그러니까 내 꽃밭의 흙을 떠다가 썼다는 것이다.

지붕 위 꽃밭을 본 브루스는 이렇게 말했다. "놀라워라. 다음에는 또 어떤 기발한 일을 생각해내실까?"

널뛰기와 그네 타는 여인들

이제 내가 집 밖에서 할 일도 많아졌으니, 예전부터 바라던 대로 집안일을 도와줄 여자 하인을 구하기로 마음먹었다. 드레스를 여밀 때 브루스나 김 보이의 손을 빌리는 것도 더는 못할 일이라는 생각도 있었다. 김 보이가 집안 살림을 능숙하게 잘 꾸린다는 것은 부인할 수 없는 사실이었지만, 나의 개인적인 일을 도와줄 하인 역할을 하기에는 모자라는 점이 많았다.

당시 서울에는 세탁소가 없었는데, 어느 날 김 보이가 새끼 염소 가죽으로 된 길고 하얀 내 결혼식 장갑을 세탁하다가 들고 와서 보여주었다. 장갑은 누렇게 변해 있었고, 사과한답시고 억지로 지은 그의 미소만큼이나 뻣뻣해져 있었다. 그는 그걸 들고는 천진난만하게 "부인, 이제 제가 이걸 어떻게 해야 할까요?"라고 물었다.

주변에는 딱히 할 일이 없어 보이는 젊은 여자들이 많았다. 산책을 나갈 때마다 어디서든 담장 너머로 젊은 여자들의 머리가 오르락내리락하는 것을 볼 수 있었는데 아마도 무슨 놀이를 하는 것 같았다. 하루는 호기심이 발동해서 들어가서 구경했다. 너무나 이상한 시소가 눈에 띄었다. 가마니를 둘둘 말아 가운데에 받침대로 깔고 그 위에 균형을 맞추어 긴 널빤지를 올린 것이었다. 한쪽에서 껑충 뛰어올랐다 내려오면서 그 힘으로 널빤지를 바닥에 내리꽂으면 반대쪽에 있던 사람은 그 반동으로 높이 튀어올랐다. 나무와 나무 사이에 긴 밧줄을 매어놓고 그 줄을 지지대 삼아 붙잡고 뛰기 때문에 아주 높이 뛰어오를 수 있었다.

그 처자들은 그네를 탈 때도 대담하기 짝이 없었다. 그네는 앉는 자리도 없이 기다란 밧줄로만 만들어진 것이었다. 처자 세 명이 어깨에 발을 딛고

• 호박 목걸이

올라가 3층을 이룬 채 동시에 그네를 타면서 어질어질할 정도로 높이 그네를 차올렸다. 그때까지 나는 한국 여자들은 빅토리아 시대의 영국 여자들처럼 조신하다고 생각했기 때문에, 그런 내 선입견과 너무나 다른 그들의 모습은 더욱 놀랍고 인상적이었다. 집안일을 여자에게 맡겨야겠다는 결심도 더욱 굳어졌다.

김 보이가 금세 사람을 구해왔다. 그렇게 젊은 사람이 아니어서 조금 실망스러웠지만 그래도 내 방식으로 일을 가르치면 될 거라고 생각했다. 권씨라 불리는 그이에게 나는 먼저 인두다리미 쓰는 법을 알려주었다. 일단 인두다리미 사용법을 익히면 나중에 전기다리미도 쓸 수 있을 거라는 생각이었다. 만약 우리 집에 전기세탁기가 있어서 그걸 보여주었다면 권씨는 놀라서 기겁했을 것이다. 아직은 세탁기가 없었지만 언젠가 꼭 들여놓을 작정이었다. 내가 먼저 숯불 화로에 올려 뜨겁게 달군 인두로 다림질하는 시범을 보여주었다. 더없이 쉽고 간단한 일이었다. 나는 침대 시트를 가져와서 식탁 위에 담요를 깔고 그 위에 시트를 펼쳤다. 권씨는 다 알아들었는지 미소 띤 얼굴로 연신 "예스, 예스" 하고 대답했다.

한두 시간 후에 돌아와 보니 권씨는 바닥에 개구리 같은 자세로 쪼그리고 앉아서 뜨거운 숯덩이를 담은 냄비를 들고 내 아일랜드산 리넨 시트를 다리고 있었다. 한쪽 끝은 공 서방이 바닥에 닿도록 붙잡고 있었고, 다른 쪽 끝은 요리사가 위로 세워 붙잡고 있었다. 참으로 놀랍게도 그런 방법으로도 시트는 아주 잘 다려졌다.

바느질을 할 때 권씨는 바늘을 천에 꽂는 것이 아니라 천을 붙잡아 바늘에 꽂았다. 위아래가 뒤집힌 한국의 방식을 보여주는 또 하나의 예였다.

한번은 내 치마 하나를 주면서 그것을 본으로 삼아 같은 것을 하나 더 만들라고 했다. 찢어져서 천을 덧대 기운 치마였지만, 전체적인 디자인이 마음에 들었기 때문이다. 완성된 치마는 딱 하나만 제외하면 꽤 훌륭했다. 권씨는 원래 치마와 똑같이 뒤쪽에 구멍을 내고 거기에 다시 천을 덧대 기워놓은 것이다!

세탁에 관해서는, 색깔 있는 세탁물은 따로 분리해서 빨아야 한다고 누누이 말했지만 권씨는 좀처럼 말을 듣지 않았다. 권씨가 생각하기에 그것은 비누를 낭비하는 몹쓸 짓이었고, 그 결과 리넨으로 된 이부자리들의 상당수는 마치 홀치기염색을 한 것 같은 모양새가 되고 말았다.

때때로 권씨는 부엌에서 불같이 화를 내곤 했다. 그녀가 왜 그렇게 화를 내는지는 알 수 없었지만 그럴 때마다 다른 사람들이 안절부절못했고, 남자들도 권씨를 두려워하는 것처럼 보였다. 브루스는 그런 불같은 성미도 나름대로 쓸모가 있는 법이라고 말했다. 다른 사람에게 겁을 줄 수 있는 여자라면 빚을 받아내는 일을 맡길 수 있다는 것이었다. 채무자의 집 앞에서 그 여자의 모습이 보이기만 해도 그 사람이 난처한 일을 당하게 될 거라는 사실을 동네방네 알리는 격이니, 그 여자가 나타나지 않게 하기 위해서라도 돈을 갚을 수밖에 없다는 것이다.

사실 권씨는 그 정도로 성미가 고약한 사람은 아니었다. 내가 보기에 권씨는 화를 내더라도 일을 크게 만들지 않았고, 자기 위신을 지키려는 정도이지 막무가내로 화를 내는 것은 아니었다. 그러나 브루스는 권씨가 우리 돈을 받아가며 자기 직업훈련을 하고 있다고 말했다. 저러다가 언젠가는 빚 수금업자로서 탁월한 능력을 갖게 되겠지만, 자기가 그런 사람을 고용할 일은 없을 거라고 했다. 그렇게 브루스는 권씨를 해고해야 한다고 고집했다. 나는 한참을 버티다가 더 젊고 양순한 사람을 구해준다는 그의 약속을 받아내고야 마

• 호박 목걸이

침내 뜻을 굽혔다. 한국 여자들은 대부분 천성이 매우 선량하기 때문에 그런 사람을 찾는 게 어려울 거라고는 생각하지 않았다.

아나나 다를까, 다음 날 김 보이가 키 작고 통통한 여자를 데려왔다. 나는 그녀의 이름을 도저히 발음할 수가 없어서 처음에는 '아마'라고 불렀고, 그러면서도 속으로는 그 통통한 몸매 때문에 '패티(뚱뚱이)'라고 불렀다. 그러다 두 별명이 합해져서 우리 모두 그녀를 '파티마'라고 부르게 되었다. 시골에서 온 파티마는 김 보이와 친척뻘이었고, 도시에는 한 번도 와본 적이 없다고 했다. 성격이 진지하고 솔직담백하며 사람들과도 잘 어울렸고, 한 번에 한 가지 일만 시키면 별문제는 없었다. 파티마는 우리 집이 대궐 같다고 생각하여 종일 집 구경을 하며 시간을 보내고 다 늦어서야 일을 시작했다.

얼마 지나지 않아 파티마는 인두다리미를 잘 다룰 줄 알게 되었고 바느질하는 것도 좋아했다. 처음에는 파티마가 서양식의 작은 바늘에 익숙하지 않아서, 마루에 앉아 한복을 짓게 했다. 그녀가 거기 앉아 바느질하는 모습을 보는 것만으로도 흡족했고, 그 옷들의 용도에 대해서는 딱히 생각해본 적이 없었다.

결혼 1주년 파티

결혼기념일이 다가오자 나는 축하 파티 계획을 세우기 시작했다. 결혼선물로 여러 가지 멋진 은식기를 받았지만, 내가 보기에는 중요한 게 한 가지 빠져 있었다. 바로 만찬 식탁에 놓을 나뭇가지 모양의 은촛대였다. 나는 촛대를 유난히 좋아해서 브루스에게도 촛대가 없는 서운함을 자주 이야기했었다. 물론 브루스는 은이 결혼 25주년을 기념하는 상징물이므로 선물하기에는 이르다고 생각했지만, 내가 무척이나 갖고 싶어했기 때문에 깜짝 선물로 은촛대를 준비한 모양이었다.

초대장도 보냈고, 아직까지 몸에 잘 맞는 웨딩드레스도 파티마가 다려놓았으며, 메뉴도 결정해 김 보이와 요리사가 맡아 준비하기로 했다. 만사가 순조롭게 진행되었고, 나는 다만 최고의 아름다운 모습으로 파티에 참석하기만 하면 되었다.

그러나 그날 아침에 나는 몸이 별로 좋지 않았고, 조심성 없이 그 말을 입밖에 내어버렸다. 그러자 브루스는 나에게 저녁 때까지 침대에서 나오지 말라고 힘주어 말하면서, 마지막 준비는 자신과 하인들이 알아서 하겠다고 했다. 방 안에 죄수처럼 갇혀 있어야 한다는 게 마음에 들지 않았지만, 나만이 아니라 브루스의 기념일이기도 하므로 그의 말을 따르기로 했다. 그러나 좀처럼 마음이 놓이지 않았다. 특히 장식에 관한 하인들의 감각을 고려하면 그들에게 식탁 장식을 맡기는 것은 불안하기 짝이 없었다.

마침내 손님들이 도착했다. 중국과 한국의 관세청에서 일한 경력이 있는 진과 해리 데이비드슨 부부가 왔고, 브루스가 한국에 온 이후 내내 알고 지내온 플로렌스와 아서 콜브랜 부부도 왔다. 아서와 브루스는 금광업의 동업자였고, 플로렌스와 진과 나는 이후 절친한 친구 사이가 되었다. 또 영국 선교회의 드레이크 신부와 헌트 신부, 미국 영사관 소속의 메리언과 레이먼드 커티스라는 젊은 부부, 얼마 전 새로 부임한 프랑스 영사 갈루아 부부도 참석했다. 특히 갈루아 부인은 아주 세련된 멋쟁이였다.

"저녁식사가 준비되었습니다." 풀 먹인 흰옷을 깔끔하게 차려입은 김 보이가 부동자세로 서서 이렇게 말하고는 멋들어진 병풍을 천천히 옆으로 접으며 밀었다. 그러자 결혼기념일을 맞아 브루스가 특별히 내게 팔을 내밀어

에스코트해주었다.

식탁 위에는 18세기에 만든 것 같은 거대한 나뭇가지 모양의 촛대가 놓여 있었다. 가운데 줄기를 중심으로 옆으로 퍼져나간 작은 가지들에서 열두 개의 촛불이 빛을 발했다. 궁궐에 어울릴 만큼 멋지고 화려한 촛대 때문에 다른 은식기들이 초라해 보일 정도였다. 나는 정말 크게 놀랐다. 조금 당황했던 것도 같은데, 아무튼 마치 마법에 걸린 것처럼 그 촛대의 매력에 푹 빠져버렸다. 열두 개의 촛불은 식탁 위에 은은한 빛을 퍼뜨렸다. 나는 미소로 브루스에게 고마운 마음을 표현하고는, 촛대를 좀 더 자세히 살펴보고 직접 만져보면서 이게 꿈은 아닌지 확인하려고 서둘러 다가갔다. 다른 사람들도 그 정교한 공예품을 더 자세히 감상하려고 가까이 모여들었다.

그런데 내 눈에 보이는 이것이 무엇일까? 촛대의 받침대 부분에 머리글자들이 서로 엉켜 있는 어느 가문의 문장이 새겨져 있었는데, 아무리 봐도 우리 집안의 이니셜은 아니었다. 갈루아 씨도 코안경을 걸치고 자세히 들여다보았다.

"이럴 수가! 이거 내 촛대잖아!" 갈루아 씨가 숨죽여 말하는 소리가 들렸다. 갈루아 부인은 손수건을 흔들며 먼저 나를 쳐다보더니 이어서 자기 남편을, 마지막으로 놀라서 창백한 낯빛으로 서 있는 브루스를 쳐다보았다. 그러자 브루스는 그에게 '호랑이 얼굴'이라는 별명을 붙여준 무서운 표정으로 김 보이를 방에서 데리고 나가더니, 그날 상하이에서 도착했다는 그 선물은 어떻게 되었느냐고 캐물었다.

언제나 사교에 능숙한 데이비가 나서더니, 유창한 프랑스어로 이것은 갈루아 부부가 불쾌하게 여길 일이 아니라고 설명했다. 동양의 훌륭한 하인들이라면 누구나 관례적으로 해오던 방식을 김 보이가 따른 것이 분명하다는 설명이었다. 동양에서는 필요한 물건이 있으면 다른 집에서 빌려다 쓰는 풍습이 있는데, 파티를 멋지게 꾸며줄 물건을 빌려 쓰는 일도 흔하다는 것이었다. 그리고 다음 날 아침에 빌려온 물건을 돌려주기만 하면 아무 문제도 없다고 생각한다고 했다.

모두 식탁에 자리를 잡고 앉은 뒤에는, 우스꽝스럽게 장식된 꽃들의 모양새 때문에 조금 전의 불편한 감정은 순식간에 달아나버렸다. 다들 체면도 팽개치고 배꼽을 잡고 웃었다. 식탁 위에는 줄기는 없이 목만 댕강 잘라낸 작고 가여운 꽃송이들이 기하학적인 구도로 줄지어 누워 있고, 그 사이사이로 내가 지난 크리스마스 때 쓰고 버렸던 빛바랜 반짝이 장식이 놓여 있었다.

"브루스가 메리를 놀래주려고 어느 정도로 노력했는지 다들 모르실 겁니다." 레이먼드 커티스가 말했다. "제가 오늘 오후에 이 집에 왔다가 문간채 지붕 위에서 허둥거리며 이 꽃들을 조심스레 따고 있는 브루스를 보았지요. 도대체 그 위에서 뭘 하고 있냐고 물었더니 '하인들한테는 맡길 수가 없어. 줄기는 하나도 없이 꽃송이만 잘라내거든' 하고 대답하지 뭡니까."

브루스가 식탁 상석에 와서 앉자 바로 옆에 앉아 있던 갈루아 부인이 프랑스식 억양이 강하게 묻어나는 어투로 말했다. "쉥경 스쥐 마쉐요." 브루스는 눈썹이 아래로 축 처져 있고, 표정도 침울했다. 아직도 기분이 풀어지지 않은 것이 분명했다.

"마음 푸세요. 우리 집 가보가 이런 사랑스러운 파티에 기쁨을 더할 수 있어서 오히려 제가 영광이에요."

갈루아 부인이 수레국화 한 송이를 집어들었다.

"영어로 이 꽃을 뭐라 부르죠? 아, 미혼남의 단추(bachelor's button), 그렇죠? 아하! 하지만 이제 당신은 미혼남이 아니잖아요. 그래도 어쨌든 제가 당

· 호박 목걸이

신에게 이 단추를 드릴게요." 그러고는 브루스 쪽으로 몸을 기울이고 유혹하듯이 그의 재킷 단춧구멍에 수레국화를 꽂아주었다.

여자들에게 늘 정중한 브루스는 결국 갈루아 부인에게 미소를 지어 보였다. 부인이 매력과 기지로 그날의 분위기를 살려놓은 것이다. 브루스는 눈을 들어 식탁 맞은편 끝에 앉아 있는 내 눈을 찾았다. 그의 눈빛에는 특별한 기쁨을 선사하려고 최선을 다해 노력했지만 하는 일마다 실패해버린 어린 소년 같은 안타까움이 가득했다. 나는 손으로 그에게 입맞춤을 날려 보냈고, 그제야 그도 자기가 소재가 된 농담에 합류했다. 어쨌든 그날의 디너파티는 아주 즐거웠고, 나에게는 결코 잊을 수 없는 파티로 남았다.

항구 도시 원산

초여름 어느 날, 브루스가 방수 처리에 쓰는 구두약통을 가지고 돌아왔다. 광산에서 신는 장화에 쓰려는 것이라고 했다. 그리고 내게 말했다. "여보, 북쪽에 있는 광산 한 군데에 가서 좀 살펴보고 와야 하는데. 당신 혼자 외롭지 않겠소?"

갑작스러운 그의 말에 나는 조금 충격을 받았고, 왜 함께 가자고 하지 않는지 의아했다. 내가 얼마든지 지치지 않고 잘 걸을 수 있다는 것은 그도 잘 알지 않는가. 하지만 내가 잊은 사실이 있었다. 금광에서 일하는 남자들은 세상에서 가장 과묵한 사람들이라는 것을 말이다. 잠시 의논한 끝에, 원산까지 동행해서 그가 돌아올 때까지 그곳 호텔에 머물러 있기로 했다.

원산은 한국의 북동부 해안에 있는 상당히 중요한 항구 도시다. 그곳에는 훌륭한 부동항이 있고, 주민들은 대부분 한국인과 중국인, 일본인이었으며 간간이 미국인 선교사들도 눈에 띄었다.

우리가 도착했을 때 날은 이미 어두웠고, 브루스는 이튿날 아침 일찍 광산으로 떠났다. 어둠 속에서 윤곽만 보았을 때는 호텔과 바다 사이에 이층집이 있다고 생각했는데, 날이 밝고 나서 보니 말린 생선을 산더미처럼 쌓아놓은 것이었다. 바람이 육지 쪽으로 불어오는 통에 정신을 못 차릴 정도로 심한 비린내가 몰려왔다.

숙소 주인이 내가 심심할까 봐 금강산 여행 안내서를 보여주었는데, 나는 그 산에 홀딱 반해버렸다. 전해지는 이야기에 따르면, 500년에 인도 승려 53명이 금강산에 왔다가 이 산이 불교의 자연적 근거지임을 알아차리고 산봉우리들 사이사이에 수많은 암자를 짓고 그곳에서 수행을 하며 깨달음을 얻었다고 한다. 금강산에 그런 암자들이 있었다는 사실은 700년경 중국에까지 알려졌다고 역사는 기록하고 있다. 충격적일 정도로 아름다운 풍광을 지닌 산봉우리와 폭포와 소(沼) 등의 이름도 모두 불교 용어에서 온 것들이다. 늘어선 봉우리들 전체를 아우르는 금강산이라는 이름 역시 불교의 경전인 금강경에서 따온 것으로, 여기서 금강석(다이아몬드)은 진리와 순수함과 찬란함을 상징한다. 글을 읽어보니 불교의 영향력은 기나긴 세월이 흐르는 동안 흥망성쇠를 반복했다고 한다.

이 안내서를 읽고서 나는 한국이라는 나라를 내면적으로 이해하려면 금강산에 그 답이 있을 거라는 확신을 갖게 되었다. 교통편을 알아보니, 일주일에 한 번 금강산 입구에서 멀지 않은 장전항으로 가는 작은 화물선이 있는데 승객도 약간 태워준다고 했다. 그래서 나는 브루스와 함께 금강산에 가기로 마음먹었다. 브루스가 나와 의논도 하지 않고 여행을 결정한다면, 나 역시 그렇게 할 수 있다는 생각이었다.

• 호박 목걸이

그러나 상황은 쉽게 풀리지 않았다. 동양에서는 그렇게 곧이곧대로 일이 이루어지는 경우는 드물다. 언제나 예측하지 못한 일이 불시에 벌어진다. 며칠 뒤 브루스가 원산으로 돌아왔을 때부터 내 계획은 틀어지기 시작했다.

날씨가 너무 더워서 우리는 둘 다 수영을 하고 싶었다. 그래서 생선 비린내가 올라오지 않을 만큼 높은 절벽 위에 지어진 일본 사람의 집을 빌리고 전보를 보내 요리사와 김 보이를 오게 했다. 그들은 간이침대를 가져와 우리를 편안하게 해주었고, 부엌도 임시로 꾸렸다.

처음으로 수영을 하러 나갔다가 돌아오니, 미국 부영사 레이먼드 커티스가 서울에서 올라와 우리를 기다리고 있었다. 그는 브루스에게 적십자의 한 부서를 인솔하여 블라디보스토크에 다녀와달라고 부탁했다. 브루스는 흔쾌히 제안을 받아들였고, 레이먼드는 목적을 달성하여 흡족하게 서울로 돌아갔다. 우리도 짐을 싸서 다음 날 아침 서울로 돌아오기로 했다.

금강산이 안개 속으로 희미하게 사라져버리는 것 같았다.

그날 한밤중에 브루스는 심한 통증으로 잠에서 깨어났다. 그에게 브랜디를 마시게 했지만 통증은 더욱 극심해졌다. 나는 김 보이에게 서둘러 선교사들이 운영하는 병원으로 달려가 의사를 불러오라고 했다. 몇 시간 뒤 도착한 의사는 이질이라고 진단하더니, 일본 법규에 따라 발병 사실을 당장 보고해야 한다고 덧붙였다. 양심이 구부러진 노인네였다.

일본 당국이 언제 들이닥쳐 제멋대로 브루스를 데려갈지 모르는 판국이라, 나는 그전에 서둘러 6킬로미터가량 떨어진 선교회 병원에 브루스를 입원시키기로 했다.

우리는 인력거를 타고 끔찍한 여행을 시작했다. 울퉁불퉁한 길 위로 덜컹거리며 달리고 지름길을 찾아 들판을 가로지른 끝에 겨우 병원에 도착했다.

김 보이가 뒤를 따랐다. 그날은 마침 일요일이었는데, 그 병원의 의사는 안식일을 반드시 지켜야 한다고 믿는 꽉 막힌 근본주의자였다. 그는 그런 고집이 그리스도의 가르침과 어긋난다는 것도 몰랐다. 그리스도는 바리새인들에게 일요일이라고 해서 우물에 빠진 당나귀를 건지지 않고 두겠냐고 묻지 않으셨던가. 하지만 나는 그 성경 구절을 찾아내지 못해서 의사를 설득하는 데 실패했고, 브루스는 우물에 빠진 당나귀가 되어 속절없이 누워서 기다리는 수밖에 없었다. 월요일 아침이 되어서야 그는 주사를 맞고 뜨거운 우유를 마실 수 있었다. 그뿐만 아니라 내가 있을 곳이 없다는 이유로 병원에 남아 그를 간호하는 일도 허락하지 않았다.

그리하여 김 보이와 나는 뜨거운 유월의 햇빛을 받으며 터덜터덜 걸어 돌아왔다. 우리 집으로 이어지는 가파른 언덕길에서 몸을 끌듯 천천히 걸어가는데, 길에 사람들이 와글와글 모여 있고 마치 불이라도 난 것처럼 수레에 실어온 분무기 같은 것을 뿌리고 있는 게 아닌가. 새로 시행된 보건위생 지침을 충실히 따르는 일본 순사들이 우리 집 가구와 옷가지들을 전부 집 밖으로 끌어내고, 도로 한가운데 의자와 침대를 늘어놓은 것이었다. 게다가 나의 귀중한 호박 목걸이는 의자 등받이에 걸려 있었다. 나는 다급히 호박 목걸이를 집으면서 없어지거나 망가지지 않은 것이 천만다행이라고 생각했다.

담당 순사는 자기가 찾는 환자가 사라진 사실에 몹시 흥분하면서 나와 김 보이에게 집으로 들어오라고 명령했다. 우리가 안전히 집 안으로 들어가자, 순사는 우리 집을 3주 동안 격리한다는 내용이 적힌 공고문을 대문에 붙였다. 김 보이에게는 혹시 시장에라도 가면 감옥에 가두어버리겠다고 으름장을 놓았다. 순사는 떠나기 전에 우리 물건은 도로 집 안에 들여놓아주겠다고 말했다.

우리 집 맞은편 울창한 숲 속에 라트비아 영사의 집이 있다는 것이 나에게는 큰 행운이었다. 그 친절한 신사는 생필품을 공급해주고, 자기 개인 인력거와 인력거꾼까지 내어주어 내가 매일 브루스를 보러 병원에 다녀올 수 있게 해주었다.

브루스는 9월이 되어서야 퇴원할 수 있을 만큼 건강을 회복했고, 그동안 블라디보스토크에 가는 일은 다른 사람이 대신 맡았다.

금강산도 꿈같은 일이 되어버렸다.

해금강 구경

어느날 문득 브루스가 바다뿐 아니라 바다와 관련된 모든 것을 좋아한다는 사실이 떠올라 해상여행을 하면 그가 더 빨리 회복하지 않을까 하는 생각이 들었다. 브루스도 내 생각에 동의하고 장전항으로 가는 작은 연안선 배편을 예약했다.

배는 작고 흔들림이 심한 데다 생선 비린내와 가축 냄새까지 진동했다. 브루스는 갑판에서 잤지만 나는 멀미가 심해 선실에 있어야만 했다. 밤에는 황소 엉덩이가 창문을 막아버려 질식할 것 같았기에 하는 수 없이 갑판으로 올라갔다. 습하고 추운 끔찍한 밤이었다.

그러나 브루스가 즐겨 인용하는 말대로 '아침에는 기쁨이 찾아오는 법이다.' 우리에게 그 기쁨은 인력거의 모습으로 나타나서 항구에서 온정리 호텔까지 우리를 태워다주었다. 전원풍으로 지어진 그 호텔은 유럽식으로 운영되었다. 그날 밤 우리는 뜨거운 온천욕도 즐기고 좋은 침대에서 쉴 수 있었다.

우리는 해금강을 샅샅이 구경했다. 마치 산맥 전체가 그대로 바다 속으로 미끄러져 들어간 것 같은 풍광이었다. 수면 위로 솟아오른 봉우리들은 바닷물에 깎여 부처와 물개 같은 형상이었다. 뾰족하게 솟은 현무암 바위산은 그리스의 코린트식 기둥을 연상시키는 모습이었는데, 소나무들과 여러 새들이 제 집 삼아 살고 있었고, 청명한 터키옥색 물살은 쉴 새 없이 세차게 몰려와 바위를 씻어냈다. 여기저기 홀로 뚝 떨어져나간 바위산에서는 높이 20미터가 넘는 거대한 바위 동굴들이 속을 드러냈고, 동굴 깊은 곳까지 바닷물이 들어차 있었다.

우리는 고기잡이 돛단배 한 척을 빌렸고, 어부는 근처 섬까지 우리를 태워다주었다. 무너진 바위기둥들 옆에 남아 있는 평편한 표면을 찾아 배를 대고 섬에 올랐다. 바닥은 마치 육각형 타일들로 된 모자이크 같았고, 틈새마다 짙은 빨간색 말미잘들이 빼곡히 자리를 잡고 있었다. 발을 딛기에는 바위가 너무 뜨거워서 우리는 바닷물에 몸을 던지고 수영을 했다.

브루스가 섬 주위를 한 바퀴 도는 동안 나는 어두운 바다 동굴 속으로 깊숙이 헤엄쳐 들어갔다. 동굴 속으로 몰려와 부딪치는 파도 소리는 먼 곳에서 들리는 오르간 소리 같았고, 어느새 나는 시적인 감흥에 젖어들었다. 그러다 뭔가 축축하고 흐물흐물한 것이 내 온몸에 철썩 달라붙는 순간 감흥도 깨지고 말았다. 나는 공포에 사로잡혀 너무나 멀어 보이는 동굴 입구를 향해 필사적으로 헤엄쳤다.

입구에 도착하자 그것은 내 몸에서 스르르 떨어지더니 힘없이 바닷물에 둥둥 떠 흘러가버렸다. 시시각각 색깔이 변하는 무지갯빛 촉수를 길게 늘어뜨린 낙하산처럼 생긴 거대한 해파리였다.

그즈음 브루스는 몸 상태가 많이 좋아졌는지 금강산에 올라 둘러보자고 제안했다. 여유롭게 천천히 돌아보면서 밤이 되면 절이나 여인숙에서 묵고 산을 다 넘으면 기차를 타고 집으로 돌아가면 어떻겠냐는 것이었다.

처음에 세운 계획에서 한참 돌아오기는 했으나, 금강산에 가보겠다는 나의 꿈이 막 이루어지려 하고 있었다.

구슬 열일곱

일만이천봉 금강산 여행

가이드 학생 미스터 영

여행을 준비하면서 브루스는 네 사람이 드는 가마를 빌렸다. 등산할 때 꼭 필요한 짚신과 팥빵과 말린 자두와 밤도 몇 자루 준비했다.

브루스는 반바지를 입고 나는 무릎 아래까지 내려오는 바지를 입었으며, 둘 다 두꺼운 양모 양말을 신었다.

나는 이발소에서 머리를 짧게 잘랐다. 거울을 들여다보니 뒤통수 아래쪽 3분의 1은 거의 빡빡 밀어놓았고, 앞머리는 이마 중간에서 일직선으로 잘라놓았다.

스웨터와 코트를 가마에 넣는 것으로 떠날 채비가 끝났다.

우리와 같은 배를 타고 가던 한국인 학생이 갑자기 브루스에게 다가오더니 자기를 가이드로 써달라고 간청했다. 그는 일본 대학생이 입는 연청색 면 교복을 입고 있었는데, 황동단추가 달린 재킷과 무릎 아래까지 오는 바지에, 종아리에는 하얀 각반을 차고 챙이 달린 모자를 쓰고 있었다. 그는 영어를 그럭저럭 말할 줄 알았고, 힘도 세어 보이고 예의도 발랐다. 검은 눈썹은 마치 누군가가 두꺼운 손가락으로 문질러놓은 것처럼 보였고, 검은 눈동자는 아주 총명해 보였다. 가장 특이한 것은 툭 불거진 울대뼈가 단추가 열린 칼라에서 탈출하려는 듯 심하게 오르내리는 모습이었다. 그가 간곡히 자신의 의사를 전달하는 동안 울대뼈도 덩달아 열심히 움직였다.

"아이 유니버시티 스튜던트. 아이 스피크 잉글리쉬. 아이 노우 올 스토리 금강산. 미 유 가이드, 플리스."

브루스는 길안내보다는 나에게 이야기를 들려주라고 그를 고용했다. 그의 이름은 '영지니'처럼 들렸는데, 아무튼 우리는 그를 '미스터 영'이라고 불렀다.

우리는 동이 트기 전에 출발하여 만물상부터 오르기 시작했다. 그 험준한 고지에 오르면 금강산 전체가 한눈에 들어온다는 말을 들었기 때문이다. 일꾼들과 미스터 영은 아래에 남겨두고 우리끼리 산을 오르기 시작했다. 짚신을 신고 오르는 동안 우리는 그 옛날 전설 속의 수행자들이 디뎠던 길을 그대로 따라 밟고 있는 셈이었다. 수 세기에 걸쳐 많은 사람들이 암벽에 박아놓은 쇠고리와 사슬을 붙잡고 의지하며 올라갔다. 정상에 올랐을 때는 바람이 어찌나 센지 암벽에 몸을 바짝 붙이고 서 있어야 했다. 어느 새 붉은 태양이 바다 위로 솟아오르더니 그 마법 같은 빛으로 겹겹이 솟은 거대한 병풍

같은 산줄기들이 차례로 하나씩 우리 눈앞에 펼쳐졌다. 그 사이사이로 옹기종기 모여 있는 산봉우리들과 탑처럼 솟은 장대한 바위산들이 드러났다. 그야말로 세월과 자연의 풍화를 견뎌온 산의 핵심부였다. 한국 사람들은 이를 일컬어 '일만이천봉'이라고 부르지만, 내가 보기에는 억겁의 시간 동안 사라져간 수많은 영령들이 말없는 어떤 신에게 구원을 간청하며 뻗어 올린 기도하는 손들 같았다.

현실의 실재하는 세계는 저 아래에서 유령 같은 안개에 감싸여 있었다. 내가 어려서부터 품어왔던 모든 기대와 경이 그리고 내 안에 담긴 모든 사랑이, 과거와 미래를 한데 담고 있는 이 풍경 속에서 최종적으로 완성되는 것 같았다. 그 순간 나는 세상에 살아 숨 쉬는 존재가 브루스와 나 둘뿐이라는 느낌이 들었는데, 브루스 역시 그렇게 느꼈을 거라고 생각한다. 그러나 몇 시간 뒤 다시 계곡으로 내려왔을 때는 더 이상 우리만 존재하는 세상이 아니었고, 우리는 무수한 중생들에게 둘러싸여 황금빛 세상 속을 걷고 있었다.

무르익은 단풍잎은 높은 산들을 핏빛으로 빨갛게 물들였고, 상록수들이 만들어준 초록 숲의 빈터는 우리의 발을 쉬게 해주었다. 현란한 색깔의 나비들과 물총새들은 시들어가는 꽃들 사이로 민첩하게 날아다녔다. 한 걸음 한 걸음 디딜 때마다 금강산의 신비 속으로 점점 더 깊이 이끌려 들어가는 것 같았다. 사방에서 흐르는 물소리가 들려오는가 싶으면 이내 개울을 건너게 되고, 조금 더 올라가면 개울의 모습은 자취를 감추는데 그러다 또 잠시 후에는 개울이 다시 우리 발 아래에서 모습을 드러냈다.

우리는 옥류동 계곡에 있는 비룡폭포 아래에서 점심을 먹었다. 우리가 차를 마시는 시간인 오후 4시경이 되어서야 주요 목적지 중 한 곳이자 금강산에서 가장 크고 가장 흥미진진한 폭포인 구룡폭포에 도착했다. 우리는 수 세기 동안 시인들과 학자들이 명상하러 찾아왔던 정자의 마룻바닥에 누웠다. 나는 신고 있던 짚신을 벗고, 보온병에 남은 차를 마저 마시고는, 그 자리에 누워 굉음을 내며 그 아래 연못으로 떨어지는 폭포를 바라보았다. 브루스는 말없이 담배를 피우고 있었다. 시끄러운 폭포 소리 때문에 목소리가 잘 들리지 않자 미스터 영이 내게 가까이 다가앉았다. 그런데도 그가 아주 멀리 있는 것 같았고, 폭포에 얽힌 전설을 들려주는 그의 억양에서는 어쩐지 신선 같은 느낌이 묻어났다.

"이곳은 구룡연못이에요. 저기 아홉 마리 용이 숨어 있었어요. 인도의 이상한 승려들한테서 도망쳐 왔대요. 알겠어요?" 미스터 영은 폭포 꼭대기를 가리켰다. "저 위에 연못이 여덟 개 있고, 용은 아홉 마리였어요. 어쩌나, 용 한 마리는 아주 못생겼고, 눈도 멀었어요. 아내가 그 용을 폭포에 밀어버렸어요. 그 용이 떨어지고 물이 아주 세게 그 용을 때렸어요. 연못에서 절대 못 나왔어요."

"가여워라." 내가 말했다.

미스터 영이 나를 뚫어지게 쳐다보았다.

"당신 그것을 믿어요?" 하고 그가 물었다. "나 안 믿어요. 나 클리스찬이에요."

"나도 크리스찬이에요." 나는 그렇게만 말하고 입을 다물었다.

그는 좀 더 앞으로 나갔다. 그의 울대뼈가 오르락내리락했다.

"당신 한국과 친구예요?" 미스터 영이 낮은 소리로 속삭이듯 물었다.

나는 고개를 끄덕였다.

"일본 놈 나쁜 놈." 그가 비밀을 털어놓듯이 말을 이었다. 그의 두터운 입술은 아래로 처지고 검은 눈동자는 이글거렸다. "일본인들 모두, 전부 다 가져갔어요. 하지만 언젠가 우리가 다시 가져와요." 마치 자신에게 다짐을 반복하듯이 눈을 반짝이며 말했다. "미국 신문이 말했듯이, 우리 독립해요, 진짜. 안 그래요?"

그의 울대뼈가 꼼짝하지 않았다. 목이 멘 것이리라. 한국에 온 후 처음으로 한국 사람의 관점에서 들은 말이었다. 나는 한국에 사는 외국인들에게서 일본이 아니었다면 지금 우리는 한국에 살고 있지 못할 거라는 말을 들어왔고, 그 말이 사실이라고 여겼다. 하지만 우리는 상황을 우리의 관점에서만 보고 있었던 것이다. 나는 일본이 제공한 효율과 사업 기회와 위생과 법과 질서를 빼버린 한국을 상상해보려고 했다. 그런 상황이라면 몇몇 선교사들과 모험가들만 남으려 할 것이다. 나로서는 아무 말도 할 수 없었다.

"갑시다." 브루스가 갑자기 일어나 앉으며 한국말로 했다. "메리, 당신은 잠시 가마를 타고 가는 게 좋겠소. 이제 물길을 건너야 할 테니."

나는 재미있을 거라고 생각하며 가마에 올라탔다. 조금 있으니 가마꾼들이 보조를 맞추어 가마가 흔들리지 않게 하려고 구호를 붙이기 시작했다. "영치기, 영치기, 영차." 앞에는 깊은 협곡이 있는데 그곳을 건너려면 난간도 없이 대나무만으로 만든 다리를 건너야 했다. 가마를 멈추라고 소리치려는 순간 브루스가 가마에 손을 얹고 말했다. "잠자코 있어요." 나는 하는 수 없이 눈을 질끈 감았다. 잠시 후 가마를 열어보니 우리는 벌써 건너편에 무사히 도착해 있었다.

"당신은 어떻게 건너왔어요?" 내가 브루스에게 물었다. 가마가 흔들려 속이 울렁거렸다.

"가마꾼들과 같은 방법으로 건너왔지. 내 다리로 걸어서. 나도 보통 일꾼이라는 거 당신도 잘 알 텐데?"

나도 더는 가마에 몸을 맡기고 싶지 않아서 그 틈을 타 가마에서 내렸다.

거기서부터 비로봉에 도착할 때까지는 계속 오르막길이었다. 한 지점에 이르자 수직의 절벽이 우리 길을 정면으로 가로막았다. 아주 가까이 다가가기 전까지는 그 절벽을 에둘러 가는 길이 있는지, 아니면 그 절벽에 박아놓은 철계단을 올라가야만 하는지 알 수 없었다. 결국 우리는 100개도 넘어 보이는 계단을 밟고 절벽을 타올라야 했다. 가마는 우리가 올라간 다음 줄로 묶어 끌어올렸다. 정상에는 자연적으로 큰 구멍이 문처럼 뚫려 있었고, 그리로 바람이 울부짖듯 휘몰아쳤다. 그 구멍은 질투심 많은 신이 세상에 또 홍수가 나면 산을 들어올리려고 만들어둔 것이라고 미스터 영이 말했다. 그는 내가 그 말을 믿는다고 생각하는 것 같았다.

여관에서 보낸 하룻밤

우리는 어두워지기 전에 비로봉 아래에 있는 여관까지 가려고 애를 썼지만, 길은 끝이 없어 보였다. 그러다 갑자기 나에게는 아무도 보이지 않는데 가마꾼들이 소리치기 시작했다. "여보시오, 여보시오!" 그 소리는 먼 산골짜기까지 메아리쳤다. 우리는 날이 거의 어두워져서야 여관에 도착했다.

그때까지 나는 한국식 여관에 묵어본 적이 없었고, 모두들 그러지 않는 게 좋다고 충고해서 드러내놓고 말하지는 않았지만, 솔직히 나는 한국 여관에 묵어보고 싶었다. 여관의 초가지붕 윤곽 위로 초저녁 별이 사랑스럽고 낭만적으로 떠 있었다. 우리가 다가가자 황급히 문들이 열리고 환한 빛이 쏟아져 나와 그 집까지 걸어가는 길을 밝혀주었다. 그것은 한국에서 봐온 일반적인 풍경이라기보다 정다운 고향집을 주제로 한 엽서 그림 같은 풍경이었다.

사립문을 들어서니 모든 사람이 일제히 떠들기 시작했다. 미스터 영이 대장 노릇을 하는 것 같았다. 그때까지 보았던 온순함은 찾아볼 수 없었다. 그는 자기가 대학생이며 미국인들과 여행하고 있다는 사실을 과시하려고 했다. 한참 이런저런 의견이 오고 갔는데, 아마도 방 배정에 관한 문제로 이야기를 나누는 듯했다. 가마꾼들까지 말을 거들고 나섰고, 나는 금방이라도 싸움이 벌어질 것 같다는 생각이 들었다. 그러다가 브루스가 동양 사람들의 과장된 행동에 관해 해준 말이 떠올랐다. 그러고 다시 보니 다들 미소를 띠고 있었다.

집주인이 앞으로 나와 정중하게 허리 굽혀 인사했다. 선량한 인상의 잘생기고 점잖은 노인이었다. 그가 쓴 속이 비치는 작은 갓을 들여다보니 그는 아직도 옛 조선의 상징과도 같은 상투를 틀고 있었다. 코밑과 턱에 난 허연 수염들은 마치 한 올 한 올 따로 피부에 심은 것처럼 띄엄띄엄 나 있었지만 아주 단정하게 정리되어 있었다. 허리춤에는 빠지는 머리카락이나 수염, 손톱 조각을 모아두는 작은 주머니를 차고 있었다. 무엇보다 코가 잘생기고 전체적으로 귀족적인 얼굴이었다. 티 없이 깨끗한 흰 바지와 저고리를 입었는데, 저고리는 큰 눈물방울 모양의 호박 단추로 여며져 있었다.

그가 마루에 앉으라고 권해서 우리는 신발을 벗고 마루로 올라갔다. 우리가 앉은 뒤쪽으로 미닫이문이 활짝 열려 있었는데, 그 뒤로 편안한 안식처같은 방이 보였다. 색이 짙은 방바닥을 만져보니 따뜻했고, 한 여인이 바닥에 방석들을 깔고는 종종거리며 작은 밥상을 내가고 새로운 밥상을 들여왔다. 방 안에 있는 가구라고는 벽에 걸린 크고 둥근 외국 시계와 아름다운 놋쇠 장식이 있는 장 하나뿐이었다. 혹시 집주인의 방을 미스터 영이 고집을 피워 우리에게 내주게 한 것은 아닐까 하는 생각이 들었다. 물론 말도 안 되

· 호박 목걸이

는 일이었지만, 알고 보니 사실이었다.

"한국 사람들이 손님을 대접하는 예의일 뿐, 미스터 영이 그렇게 한 것은 아니오." 우리가 방에 들어가 편안히 앉았을 때 브루스가 말했다. "저 사람들은 손님이 올 걸 예상하지 못해서 다른 방들은 하나도 덥혀놓지 않았고, 방이 따뜻해지려면 적어도 한두 시간은 걸리니까 말이오."

종일 불을 지폈는지 바닥이 너무 뜨거워 방석에서 발을 내려놓을 수 없었다. 바닥에는 기름 먹인 종이를 단단히 붙여놓았는데 열을 받아 거기서 이상한 냄새가 났고, 그 때문에 방 안 공기는 숨이 막힐 듯 답답했다. 방에는 창문도 없었기 때문에 그 안에서는 질식하거나 얼어버리거나 둘 중 하나를 선택해야 하는데, 당분간은 숨 막히는 쪽이 더 나을 것 같았다.

저녁은 한 사람 앞에 작은 상이 하나씩 차려져 나왔다. 여남은 개나 되는 접시와 놋그릇은 대부분 뚜껑이 덮여 있고, 젓가락과 납작한 숟가락이 놓여 있었다. 나는 브루스에게 한국 사람들은 도자기 접시를 많이 만들면서 왜 자주 닦아야 하는 놋그릇을 쓰냐고 물었다. 놋그릇은 깨지지 않기 때문에 더 경제적이라 가난한 한국 사람들에게는 더 적합하고, 아연 대신 주석합금을 써서 만든 것이라 녹청이 끼지 않아 따로 닦아줄 필요가 없어서 계속 사용한다고 했다.

땋은 머리에 빨간 댕기를 드린 열네 살쯤 되어 보이는 예쁜 여자아이가 까만 눈을 반짝이며 들어와 구석에 다람쥐처럼 쪼그리고 앉았다. 아이는 우리에게 밥을 퍼주었다. 그러고는 뚜껑을 열면 튀어나오는 인형처럼 그 자리에서 앉았다 일어났다 했는데, 그러면서 우리를 쳐다보는 게 아주 재미있는 모양이었다. 나중에는 그 아이의 여동생이 들어와 그 자리를 차지했고, 그다음에는 더 어린 남동생이 들어왔다. 그렇게 온 가족이 차례로 들어와 외국인을 구경했다.

저녁상에는 고춧가루를 푼 맑은 국이 나왔는데 나는 도저히 삼킬 수 없었다. 해초를 구운 것은 맛있었지만 전혀 배부른 음식은 아니었고, 아주 조그만 생선들도 있었는데 그 작고 멍한 눈들이 나를 빤히 쳐다보는 것 같았다. 작은 콩알 반찬은 젓가락으로 집어 먹기가 여간 어려운 게 아니었다. 잘게 썬 문어와 파 등 여러 가지를 섞어 구운 네모난 팬케이크 같은 것을 간장에 찍어 먹는 것도 있었다. 그 밖에도 양파와 마늘과 고추로 양념한 이름 모를 요리들이 많았지만, 우리의 위가 쌀밥만으로 배를 채우는 데 익숙해지기 전까지는 이런 밥상으로는 배가 고플 수밖에 없을 것 같았다.

상을 내간 다음에 주인이 다시 들어와 앉았다. 브루스가 외국산 담배를 권했더니 노인은 석 자나 되는 긴 담뱃대에 담배를 채웠고, 그러자 어린 손자가 불을 붙여주었다. 두 사람은 한국말로 대화를 나누었는데, 일본에 관한 이야기라는 것만 알 수 있었다. 일본인들이 운영하는 호텔이 있는 비로봉 쪽을 가리키며 말할 때 노인의 얼굴에는 몹시 비분강개한 표정이 떠올랐다. 그때를 제외하면 대화는 전체적으로 차분했다. 나중에 브루스가 들려준 바에 따르면 그 노인은 김 주사와 마찬가지로 양반 계급이었지만, 일본인들이 신분제도를 철폐하고 그의 땅도 몰수해갔다는 것이다. 게다가 그 호텔도 원래는 그 노인의 집이었다고 했다. 노인은 일본인들이 금강산을 관광지로 만들어버린 사실에 격분했고, 특히 외국인들이 주로 찾는 유럽식 호텔들이 생긴 것을 못마땅하게 여겼다. 그는 자기가 살아 있는 이유는 딱 하나, 나라의 독립을 보기 위한 것이며, 독립이 되면 죽어도 여한이 없다고 말했다.

시간이 더 흐르자 침구를 가지고 들어왔다. 비단 솜이불 두 채였는데, 하얀 것은 바닥에 까는 것이고 빨간 것은 덮는 이불이었다. 이불은 아주 깨끗해 보였다. 그러나 기모노로 갈아입고 자리에 누워보니 이번에도 너무 뜨겁거나 너무 차가웠다. 잠이 들자마자 천장 위를 돌아다니는 쥐들 소리에 잠이 깼다. 마치 북을 두드리는 소리 같았다. 너무나 피곤해서 깜빡 잠이 들었는데, 이번에는 살이 델 듯 뜨거워서 잠이 깨고 말았다. 반면 브루스의 몸은 차디찼다. 그가 누운 자리 밑으로는 고래가 지나가지 않는 게 분명했다. 그래서 우리는 이리저리 옮겨 누우며 바다 온도가 적당한 지점을 찾아냈는데, 밤새 몇 번이나 그러기를 반복했다. 숨이 막힐 듯해서 문을 열었다가, 바람이 너무 차서 곧바로 닫아야 했다. 겨우 잠이 들려는데 이번에는 야속하게도 다듬이질하는 소리가 나를 깨웠다. 바로 우리 방 앞 마루에 걸터앉아 다듬이 방망이를 두드리면서 조곤조곤 이야기를 나누는 게 아닌가. 게다가 괘종시계까지 시간마다 울려댔다. 마침내 괘종소리와 닭 울음소리가 동시에 들리자 곧 날이 밝는다는 사실에 차라리 안도감이 들었다. 다음 날에는 마하연(摩訶衍)에서 묵을 예정이었는데 거기서는 사정이 좀 낫기를 바랐다.

아침상을 들여오기 전에 그들은 방문 앞 마루 위에 뜨거운 물이 담긴 대야를 가져다놓았다. 나는 대야를 방 안으로 들여와 문을 닫고 씻고 싶었지만 브루스가 방 안에서 씻는 것은 안 될 일이라고 말했다. 그 말투를 들어보니 고집을 부려도 소용없을 것 같았다. 그래서 나는 구경하는 사람들을 앞에 두고 얼굴과 손만 씻는 것으로 만족했다. 그리고 전날 저녁과 똑같은 아침밥상을 받았다.

비로봉에 펼쳐진 장엄한 파노라마

그날 우리는 금강산에서 제일 높고 한국에서 두 번째로 높다는 비로봉 정상까지 올라갔다. 산에 오르는 것은 그다지 어렵지 않았고, 풍광은 더할 수 없이 아름다웠으며 하늘에는 구름 한 점 없었다. 정상에서 서쪽을 바라보니 거대한 협곡들을 가로지르며 첩첩이 이어진 금강산 줄기 전체가 한눈에 들어왔고, 동쪽으로는 동해의 반짝이는 수면이 보였다. 자연이 보여주는 숨 막히게 아름다운 파노라마였다.

서울에 있을 때는 이 나라에 항상 존재하는 갈등을 느꼈는데, 그것은 지배자 일본과 이 땅의 주인인 한국 사이의 갈등이었다. 그러나 이 산속에서는 더욱 깊은 의미의 갈등, 나라들의 갈등이라기보다는 우주적인 갈등을 느낄 수 있었다. 그것은 바로 이 산들도 모두 무너뜨리고 우리 인간 존재마저 모두 내던져버릴지 모를 머나먼 훗날의 세계와, 인간의 꿈과 염원과 야망 사이의 갈등이었다.

저 아래 바위 협곡에서 얼음처럼 차가운 바람이 불어와 내가 살아 있음을 다시금 일깨워주었다. 나는 계곡 아래로 내려가고 있는 브루스와 가마꾼들을 서둘러 따라잡았다. 미스터 영은 그 부근을 '용의 소굴'이라 불렀다. 그곳은 노랑과 주황, 빨강의 가을 색으로 찬란했고, 어디를 보나 덤불들 사이로 청회색 바위들이 얼굴을 내밀고 있었다. 금강산에서는 모든 자연에 영혼과 정령이 깃들어 있는 것 같았다.

그럼에도 바위에 새겨진 거대한 불상*이 20미터나 되는 높이에서 나를 내려다보는 상황은 전혀 예상하지 못한 것이었다. 이 불상은 600여 년 전에 한 승려가 새긴 것이라고 하는데, 가마쿠라의 불상에서 보았던 인내와 아량의

---

* 금강산 만폭동 골짜기에 있는 묘길상(妙吉祥) 마애불로, 고려시대의 것이다. 북한의 국보유적 제102호로 지정되어 있다. 현재 한반도에서 가장 큰 마애불로 앉은 높이 15미터, 무릎 넓이 9.4미터, 얼굴 높이 3.1미터, 눈 길이 1미터, 귀 길이 1.5미터, 발 길이 3.2미터, 손 길이 3미터다. 고려 말에 나옹조사가 큰 바위벽을 그대로 다듬어 조각했다고 전해진다.

• 호박 목걸이

표정은 찾아볼 수 없었다.

우리가 묵기로 한 마하연까지 얼마 남지 않았다는 말을 듣고 무척이나 기뻤다. 비록 지금까지 내리막길을 걷다가 다시 가파른 오르막길로 3킬로미터 정도를 더 가야 했지만 말이다.

마하연 암자에서 묵다

저물어가는 태양이 두 봉우리 사이 산길에 옹기종기 모인 작은 건물들에 황금빛 햇살을 내리비추고 있었다. 진홍색 기둥과 청동색 지붕, 그리고 목조장식들에 칠해진 비취색이 어우러져 마치 두 산을 모아주는 보석 브로치 같았다. 마당에서 하얀 진주색 옷을 입은 사람들이 오가는 모습이 보였다.

그들도 우리를 발견했는지 큰 소리로 서로 말을 주고받는 소리가 들렸다. 그러고는 다 함께 우리에게 다가오더니 그중 한 명이 앞으로 나섰다. 키가 크고 마른 그 사람은 회색 장삼을 입고 목에는 검정 구슬과 옥구슬을 엮고 긴 자주색 비단술을 단 염주를 걸고 있었다. 삭발은 하지 않았으나 긴 지팡이를 들고 있었다. 마하연의 주지스님이 틀림없었다. 뺨과 턱에는 짤막한 회색 수염이 듬성듬성 돋아 있었다.

그 스님은 우리를 친절하게 맞이한 뒤, 마하연이 표훈사(表訓寺)에 딸린 암자이며 특히 깊은 지혜를 깨치고자 하는 수행자들이 찾아와 정진하는 곳이라고 알려주었다.

젊은 수행자 한 명이 우리를 방으로 안내해주었다. 그는 눈과 눈썹이 유난히 새카매서 삭발한 머리와 얼굴색의 창백함이 더욱 두드러졌다. 손목에는 나무로 된 염주를 두르고 있었다. 우리 앞을 걸어갈 때 옷자락에 잡힌 주름을 보니 여러 시간 동안 한 자세로 앉아 있었던 모양이었다. 그는 우리가 묵을 방 앞에서 멈춰 서더니 하얀 고무신을 벗어놓고 미닫이문을 열어주었다. 사방 2미터도 채 안 되는 작은 방이었다. 낮은 앉은뱅이책상과 그 위에 펼쳐진 경전 한 권, 납작한 방석이 하나 있었다. 그는 신속한 동작으로 책을 집어들어 겨드랑이 밑에 끼우고 방에서 나갔다. 자기가 쓰는 방을 우리에게 내어준 것이 분명했다.

얼마 후 그는 방석 하나와 씻을 물을 가지고 왔다. 우리는 동자승들이 구경하는 앞에서 세수를 했다. 아직 어려서 예의를 차릴 줄 모르는 이 아이들은 다람쥐들처럼 모여 앉아 내 세면가방 속을 뒤지며 구경했다. 그러다 비누를 입에 넣어보더니 얼굴을 찡그리고 줄행랑을 쳤다. 재밌기도 하고 고소하기도 했다. 저녁식사는 여관에서 먹었던 것과 다를 게 없었다. 다만 문어 대신 고동이 나온 것만 달랐다. 흰 바탕에 파란 무늬가 있는 그릇에 담긴 음식도 있었는데 냄새가 무척 고약했다. 브루스는 내게서 가능한 한 멀리 떨어져서 그것을 먹었다.

"그게 뭐예요?" 내가 코를 싸쥐고 물었다.

"묻지 않는 게 좋소. 지금까지 당신은 뭐든 잘 참아왔는데, 당신이 거부할 거리를 줘서 그 기록을 깨게 하고 싶지는 않거든. 아무튼 아직은 당신을 이 시험에 들게 할 생각이 없소. 내가 여태껏 이걸 먹지 않은 것도 오직 그 때문이고."

"흠, 먹어도 죽지만 않으면 좋겠네요." 나는 숨을 깊이 들이마시고, 최대한 거리를 두고 밥만 꾸역꾸역 떠먹었다.

"식품을 조금이라도 가져왔더라면 좋았을 걸 그랬어요." 내가 웅얼거리듯 말했다. 정말로 로스트비프와 요크셔푸딩이 못 견디게 먹고 싶었다.

다음 날 이른 아침, 조랑말 울음소리에 눈을 떴다. 밤사이에 절에서 쓸 숯을 싣고 올라온 조랑말들이었다. 아침을 기다리는 동안 나는 녀석들을 보러 작은 마구간에 가보았다. 기둥들과 초가지붕, 지붕을 떠받치는 들보만으로 된 마구간이었다. 그 들보에 조랑말 세 마리가 걸려 있었다. 넓은 복대를 끼워 발이 허공에 떠 있도록 매달아둔 것이었다.

"다리를 쉬게 해주는 거랍니다." 미스터 영이 말했다. 저렇게 하면 배는 괜찮은 걸까? 그러고 보니 두 마리는 눈이 먼 것 같았다. 내가 걱정했더니 미스터 영은 조랑말들 상당수가 앞을 보지 못한다며 아무렇지도 않게 넘겼다. 그렇게 덥수룩한 갈기가 항상 흘러내려 눈을 찌르니 안 보이는 것도 무리는 아니었다.

아침상은 전날 저녁과 똑같은데 날달걀만 더해져 있었다.

"이걸 어떻게 먹으라는 거죠?" 내가 브루스에게 물었다.

"아, 쭉 빨아들여요." 그는 눈도 깜짝하지 않고 대답했다.

우리가 준비한 선물을 드리니 그들은 허리 굽혀 인사를 하며 꼭 다시 오라고 말했다. 우리도 정중한 태도로 암자에서 빠져나왔다. 계곡을 내려오는 동안 단조로운 아침 염불 소리와 간간이 작은 북을 두드리는 소리가 들려왔는데, 어느덧 세찬 계곡 물소리에 묻혀 들리지 않았다.

구슬픈 장안사의 아리랑

나중에 우리는 낭떠러지 중턱에 매달린 누각*을 지나갔다. 마치 심연 위 허

---

* 내금강 만폭동 법기봉 중턱의 보덕굴(普德窟)을 말한다. 보덕암은 627년 고구려의 보덕화상이 창건한 절로, 그에 딸린 누각인 보덕굴은 최소한 14세기 이전에 세워졌다. 한국전쟁 때 폭격으로 보덕굴만 남아 있다.

공에 둥둥 떠 있는 것 같았는데, 실제로 암자에서 7미터 아래 바위에 고정된 구리기둥 하나가 누각을 떠받치고 있었다. 거기에 작고 하얀 사람의 형체가 얼핏 보였다. 속세를 등지고 수행을 위해 그곳을 거쳐간 수많은 수도자 중 한 사람이었을 터이다. 그 밑으로 광폭한 물살이 바위를 때리며 흘러내려 제 갈 길을 찾아가고 있었다.

우리는 만폭동 계곡을 따라 다시 위로 올라갔다. 끊임없이 쏟아지는 계곡 물의 굉음 때문에 아무 말 없이 걸음만 옮겼다. 그런데 그 단조로운 물소리 사이로 흐느껴 우는 듯한 이상한 소리가 들려오기 시작했다. 얼마 지나지 않아 우리는 폭포물이 흘러 만든 아주 거대하고 어두운 연못 앞에 멈춰 섰다. 연못 한가운데에 사람만 한 크기의 하얀 돌이 마치 시체 같은 모습으로 있었고, 그 근처에는 더 작고 새하얀 돌이 세 개 더 있었다. 미스터 영은 그것이 그 연못에 몸을 던져 자살한 어떤 조각가의 시신이 돌로 변한 것이며, 효심 깊은 그의 세 아들도 아버지를 따라 죽었다고 말했다. 그는 이번에도 내가 자기 말을 믿는지 확인하려는 듯 쳐다보았다. 아무튼 슬픔이 밴 장소임에는 틀림없었다. 그 어두운 그늘에서 벗어나 장안사로 이어지는 숲길로 들어서니 안도감이 들었다.

우리는 넓은 땅에 작은 암자와 법당들이 모여 있는 큰 절을 지나쳤다. 날이 어두워지기도 해서 그만 걸음을 멈추고 쉬고 싶은 마음이 간절했지만, 장안사까지 5킬로미터도 채 남지 않았기 때문에 힘을 내서 더 가기로 한 것이다. 장안사(長安寺)는 5세기에 지어진 고찰로 중국에서 온 목수와 장인들이 지었다고 했다. 화재로 두 차례 무너졌고, 한 번은 저절로 허물어져 폐허가 되었다가 15세기에 다시 세워졌다.

따뜻한 초가을에나 볼 수 있는 커다란 호박색 달이 하늘에 둥실 떠올라,

· 호박 목걸이

산언덕들이 만들어낸 천연 원형극장 한가운데에 옹기종기 모여 있는 전각 열여섯 채의 지붕을 비추고 있었다.

우리는 커다란 일주문을 통과하여 영원한 안식처라는 뜻의 장안사로 들어섰다. 텅 빈 마당에서 판석을 밟는 우리의 발소리가 메아리쳐 울렸다. 마당 한가운데에는 석탑이 있었다. 향내가 공기를 타고 우리의 콧속으로 스며들었고, 대웅전의 종이 바른 문 너머에서 등불이 비쳐 나왔다. "나무아미타불, 나무아미타불." 하는 염불 소리가 계속 들렸다. 우리는 낮게 울리는 염불 소리에 귀를 기울이며 조용히 서 있었다. 그러다 종이 울리고 문이 열리자, 한 무리의 스님들과 금불상이 보였다. 스님들이 등을 들고 우리에게 다가왔다. 주지스님이 젊은 스님들과 동자승들을 이끌고 앞장섰다. 모두들 무아지경에 들어 있는 것처럼 보였다.

주지스님의 지시에 따라 젊은 스님 몇 명이 우리를 객들이 기거하는 방으로 안내해주었다. 가마꾼들은 우리와 미스터 영과는 다른 방향으로 갔다. 브루스와 내가 머물 방에서는 강이 내려다보여 마음에 쏙 들었다.

저녁상은 한참을 기다려도 들어오지 않았다. 한국에서는 무엇이든 항상 오래 기다려야 하는 것 같다. 이런 일에 관해서라면 브루스는 놀랍도록 참을성이 많았다. 자기가 처한 환경에 맞출 줄 알기 때문일 것이다. 그는 내가 아는 어느 누구보다 참을성이 많았지만, 또 어느 누구보다 참을성이 없기도 했다. 방바닥은 뜨겁고 밤 기온은 온화해서 우리는 미닫이문을 활짝 열고 수면에 비친 달빛을 바라보았다. 마침내 저녁상이 들어왔다. 이미 늦은 식사였고 너무 배가 고파서 우리는 젓가락을 들고 말도 없이 밥만 먹었다. 그때 바로 옆방에서 낮고 구슬픈 가락이 들려왔다.

아리랑 아리랑 아라리요

아리랑 고개로 넘어간다

청천 하늘엔 잔별도 많고

이 내 가슴엔 수심도 많다

"저 곡은 옛날 조선 실향민의 노래라오. 왠지 나는 저 노래만 들으면 〈볼가 강의 뱃노래〉가 연상되던데. 아무튼 이 노래의 가사에 대한 해석은 수십 가지가 넘소. 어떤 가사를 붙여 부르든 곡조 자체에 정치적인 의미가 담겨 있다오. 일종의 암호 같은 거랄까." 브루스가 설명했다.

"정치적인 것이라뇨?" 미스터 영과 구룡연에서 나누었던 대화가 떠올랐다.

호박색 달이 뜬 밤 장안사에 앉아, 흐르는 물소리에 섞여든 아리랑 노랫소리를 들으면서 브루스는 내게 이야기를 들려주었다.

"러일전쟁이 끝나고 일본이 통감부를 설치하여 한국을 잠정적으로 통치할 기반을 마련하자 한국인들은 국경을 넘어 만주로 탈출하기 시작했소. 일본이 한국 군대까지 해산하자 거기서 나온 사람들 수천 명이 북쪽으로 가서 합류했고. 그들은 지린성에 본부를 두고 정당도 창설하고 독립군도 훈련시켰으며, 언젠가는 조국을 되찾을 날을 꿈꾸고 있소."

브루스는 젓가락을 밥에 꽂아두고 말을 이었다.

"1910년에 일본이 공식적으로 한국을 강제 병합한 후로는 많은 사람들이 이 산중으로 들어왔다오." 브루스는 자리에 앉은 채 방석을 밀어 문 앞으로 가서 열린 문밖을 내다보더니, 아무도 없는 걸 확인하고는 음식을 먹는 중간중간 아주 작은 소리로 이야기를 이어나갔다. "겉보기에 아무 흔들림도 없어 보이는 저 스님들 중에도 불교 독립운동 단체에 소속된 분들이 많고, 탁발하러 마을들을 돌아다닐 때도 백성들에게 독립의 가치를 설파한다오."

내가 몹시 놀라는 기색을 보이자 브루스는 누가 엿들을까 봐 내 입을 막으려고 파란 무늬가 있는 흰 그릇의 뚜껑을 열고 내 코에 갖다댔다.

"이게 김치라는 것이오." 이제 노랫소리가 그쳐서인지 브루스가 큰 소리로 말했다. "한국의 전통적인 음식인데, 겨울에는 유일한 비타민 공급원이지." 브루스는 장사꾼처럼 계속 설명했지만 나는 저만치 뒤로 물러앉았다.

"치워버려요!" 나는 코를 틀어쥐고 소리쳤다.

"양파, 마늘, 생강, 생선 젓갈……." 그는 장난스럽게 계속했다. "고춧가루, 소금, 무까지. 최고의 구풍제지."

"구풍제가 뭐예요?"

"트림하게 해주는 거." 브루스는 배를 누르며 입을 벌리고 시범을 보였다.

"당신도 좀 먹어보면 좋을 텐데."

"당신 너무 심했어요." 나는 고약한 냄새를 피해 방석을 밀고 멀찌감치 떨어져 앉았다. 그러다 그가 얼마 전에 한 말이 기억났다. 이 사람은 지금 나를 시험해보려는 것이다. 어쩌면 앞으로 할 여행들도 이 시험에 달려 있을지 몰랐다. 브루스를 상대로는 말로 빠져나갈 수 없다. 농담을 할 때든 진지하게 말할 때든 그는 언제나 자기가 뜻한 바를 직설적으로 표현했다. 나는 젓가락을 단단히 잡고 그 냄새 고약한 음식을 집어들었다.

"맛있네요!" 하지만 눈에서는 눈물이 줄줄 흐르고 목구멍에 불이 난 것 같았다. 나는 얼른 밥을 듬뿍 떠서 꿀꺽 삼켰다. 브루스는 웃으면서 장하다는 듯 내 등을 토닥거렸다.

다음 날 아침, 나는 내가 한국 주거생활의 첫 번째 규칙을 어겼다는 사실

을 깨달았다. 밖에서 신던 신을 밖에 두지 않고 방 안에 가지고 들어온 것이
다. 그 위반의 대가를 톡톡히 치렀다. 방바닥의 뜨거운 열기 때문에 신발밑
창이 다 갈라져버린 것이었다. 경내 구경을 하려면 먼저 버선과 짚신부터 구
해야 했다. 버선과 짚신을 신어보니 아주 편했지만, 그 편안함은 그리 오래
가지 않았다.

주지스님이 몸소 나와서 우리를 기다리고 있었다. 스님은 삭발한 머리에
말총으로 만든 둥그런 모자를 쓰고 있었는데 그 모양이 마치 어항을 뒤집어
놓은 것 같았다. 그리고 회색 장삼 위에 진홍색 사각형 가사를 한쪽 어깨에
서 반대쪽 겨드랑이 밑으로 둘러 입고, 목에는 호박 염주를 두르고, 장식이
된 지팡이를 들고 있었다. 전체적으로 위엄이 깃든 모습이었다. 그래서 그분
이 신성한 불경을 암송하고 종교적 고행을 실천하는 것 외에 다른 일을 한다
는 것은 상상할 수도 없었다. 나는 가까이 다가가 허리 굽혀 인사를 하면서
스님의 마르고 주름진 적갈색 얼굴을 쳐다보았다. 반짝이는 작은 눈에 담긴
유쾌함과 자비로운 심성이 고스란히 전해져왔다.

우리는 대웅전 앞 처마 아래 돌계단에 서 있었다. 고개를 들어보니 처마를
지탱하는 공포와 추녀는 모두 조각으로 장식되고 여러 색으로 채색되어 있
었으며, 새들을 막기 위해 전체에 그물망을 씌워놓았다. 궁궐이나 사찰의 전
각과 문들이 대부분 그렇듯이 이 절 역시 끝이 들려 올라간 추녀 위에 원숭
이 같은 잡상들을 줄지어 세워놓았다. 사람들은 그것이 악귀를 쫓아준다고
믿는데 그러한 토속신앙의 요소가 불교 건축에도 어느 정도 반영된 것이다.

건물 측면 외벽에는 화려한 색채와 대담한 표현으로 신들과 괴물들이 그
려져 있었다. 법당 안으로 들어가니 황금 불상과 보살상들이 어스름한 빛 속
에서 제단에 앉아 있었다. 그 모습이 매우 압도적이면서도 마음을 차분히 가

라앉혀주었다. 하지만 불상의 머리 위에 조잡하게 분홍색 모슬린을 씌우고 금박 입힌 연잎을 올린 이유는 납득하기 어려웠다. 불상의 온화함과는 대조적으로 벽에 그려진 프레스코화는 충격적이었다. 불교에서 말하는 지옥을 표현한 것 같았다. 죄지은 자들이 펄펄 끓는 기름 솥에 던져지거나, 날카로운 못에 찔리거나, 사나운 짐승들에게 사지가 찢기면서 괴로워하는 장면이었다. 그중에서도 가장 불쾌한 것은 벌주는 자의 모습이 파란 눈동자와 불타는 듯한 빨간 머리카락을 지닌 백인처럼 보인다는 사실이었다. 이것이 다른 사람들의 눈에 비친 우리의 모습인가 하는 생각이 들었다. 과거에 이 나라에서 파란 눈과 금발머리의 사제들이 처형된 것도 이런 시각 때문이었을까?

한국 사람들은 불처럼 이글거리는 영혼이 침투하면 빨강 머리가 된다는 생각을 갖고 있다고 미스터 영이 설명해주었다. 나는 빨강 머리가 아니라 금발이지만 머리띠를 이마 쪽으로 당겨 두르고 검은 색안경을 꺼내 썼다.

기차역까지 가는 길에는 짚신을 신고 그렇게 먼 거리를 갈 수 없기 때문에 가마를 타야만 했다. 도중에 우리는 산신을 모시는 작은 사당을 지나갔다. 호랑이 한 마리가 똬리를 틀고 산신의 발목을 아늑하게 감싸고 있었다. 그것을 보니 내가 좋아하는 윌리엄 블레이크의 시 한 구절이 떠올랐다.

호랑이! 호랑이!
한밤 숲에서 타오르듯 환한 빛을 발하는 너
어떤 불멸의 손, 불멸의 눈이
무섭도록 정확히 균형 잡힌 너를 빚었단 말인가

"그 시를 들으니 트롤로프 주교*와 호랑이에 얽힌 실화가 생각나는군." 브루스가 말했다. 트롤로프 주교는 유명한 소설가 앤서니 트롤로프의 후손으로 조선 개화기 초창기에 영국 성공회의 선교 활동을 위해 한국으로 건너온 분이었다.

"사제 몇 분이 어느 산속에 있는 수도원에 머물 때였소. 가을이었지만 아직 더워서 모기장을 치고 문은 열어둔 채 잠을 자고 있었다더군. 밤중에 주교님은 귓가에서 무슨 소리가 들려 잠에서 깼다오. 그래서 모기이겠거니 하고 모기를 죽이려고 벌떡 일어나 앉으면서 세차게 박수를 쳤다지 뭐요. 그러자 호랑이가 놀라서 어슬렁거리며 뒤꽁무니를 빼더라는 거요. 다음 날 아침에 다른 사제들이 '주교님, 도대체 어떻게 호랑이를 쫓으셨습니까?' 하고 물었다오. 그랬더니 트롤로프 주교가 대답했지. '내가 하기는 뭘 했겠소. 모기장을 치고 잤던 것을 하느님께 감사할 뿐이오.'"

우리는 철원에서 출발하는 작은 전동차를 타고 가서, 다시 간선 철도로 갈아타고 서울로 돌아왔다.

우리는 아름다운 풍광을 만끽하며 경이로운 2주를 보낸 뒤 금강산을 떠났다. 그러나 아쉬움을 느끼지는 않았다. 금강산의 찬란한 아름다움은 영원히 사라지지 않을 거라고 확신했기 때문이다. 어제도, 오늘도 그리고 영원히 변치 않는 모습일 것임을 알았다. 나는 몇 번이고 또다시 찾아오겠다고 마음속으로 다짐했다. 그 후 오랜 세월 동안 나는 금강산을 여러 차례 다시 찾으며 그 산을 점점 더 깊이 알아갔다.

---

* Mark Napier Trollope(1862~1930), 한국 성공회의 3대 주교(1911~1930).

· 호박 목걸이

구슬 열여덟
만세 소리와 함께 아들이 태어나다

미국인 친구 플로렌스

1918년 11월 어느 날, 플로렌스 콜브랜과 나는 희부옇게 황혼이 질 무렵 우리 집 벽난로 앞에 나란히 앉아 차를 마시고 있었다. 우리 둘 사이 바닥에는 물방울무늬 스위스 모슬린을 깔고 파란 리본을 묶은 일본 바구니가 놓여 있었다.

"고마워, 플로렌스. 하지만 나는 아기 때문에 꼭 이렇게 난리를 피워야 하는 건지 모르겠어. 옛날에 내가 키우던 하얀 토끼들처럼 톱밥을 깔고 낳으면 안 될까?"

"메리!" 플로렌스는 끔찍한 소리 말라는 듯 과장해서 소리쳤다. "푸기도 바구니에 새끼들을 낳았잖아."

"그건 아니야. 푸기는 내 여행 가방 속에다 새끼를 낳았지."

구석에 앉아 있던 푸기는 제 이름이 들리자 일어나 다가오더니 바구니 속으로 뛰어들었다.

"푸기, 푸기이!" 플로렌스는 푸기의 목덜미를 움켜잡고 바구니에서 꺼내더니 밖으로 내보낸 다음 문을 닫았다.

"아이고, 우리 철없는 메리." 플로렌스가 웃으며 다시 자리에 앉았다. "정말이야. 이제는 준비를 해야 한다니까. 나더러 엄마 노릇까지 하게 만들려는 건 아니지? 난 대모 역할로 족해. 수녀님들이 만드는 아기 옷을 주문해두는 게 좋을 거야. 그러면 나중에 따로 신경 쓸 필요 없거든." 나한테 꼭 맞는 계획 같았다.

플로렌스는 내가 처음 사귄 미국인 친구였다. 외모도 아름답고 성품도 매력적이며 유머감각도 풍부한 그녀는 우정의 뿌리에는 정성스러운 배려가 있다는 걸 내게 가르쳐준 사람이다. 게다가 미국인들이 자랑스러워하는 유형의 여성이었다. 플로렌스의 핏속에는 개척자다운 강인함이 흐르고 있었다. 그것은 용기와 끈기, 그리고 무엇보다 창의적인 기발함이었다. 재물이 있고 없음은 플로렌스가 하고자 하는 일에 아무런 걸림돌이 되지 않았다. 음식을 만들고 바느질을 하고 실용적이고 효율적으로 가정을 꾸려나가는 일을, 살면서 배우고 익힌 사람이었다.

플로렌스는 자신의 아들딸들도 그렇게 교육시켰다. 아이들에게 휘둘리지 않으면서도, 아이들이 자기 소신대로 행동할 수 있는 여지를 충분히 주었다. 앞 세대에게서 횃불을 전해 받은 세대는 그 불이 계속 환히 타오르도록 지켜

낸다. 미국을 건강하고 견고하고 위대한 나라로 만든 전통은 그렇게 이어지고 있었다.

게다가 플로렌스는 샌프란시스코의 광산업자였던 아버지 존 B. 패리시를 따라 러시아를 비롯한 여러 유럽 나라들을 여행한 경험이 있었다. 그래서인지 플로렌스에게서는 늘 코스모폴리탄적인 분위기가 느껴졌다.

우리의 우정이 점점 더 깊어지면서 나는 그녀와 나 자신을 비교하지 않을 수 없었다.

나는 몇 세대 동안 기존에 안전하게 확립된 관습과 질서를 고수하며 살아온 집안에 속해 있었다. 그런 삶의 방식은 하나의 계급사회를 형성했고, 그 안에서 부유한 사람들은 세상의 실제적인 일들과는 점점 더 멀어지기만 했다. 어린 시절 우리 형제자매는 늘 우리를 위해 일해주는 사람들의 봉사에 기대어 살았고, 이런 방식이 오래 지속되면서 우리는 실제로 무언가를 하면서 스스로 배우는 기회를 거의 갖지 못했다. 내가 하는 음식은 부엌이나 캠핑장에서 요리해보며 배운 게 아니라, 프랑스의 신부 학교에서 배운 것이었다. 거기서는 젊은 처녀들을 모아놓고 머랭이나 에클레르 만드는 걸 가르칠 뿐 매일 먹어야 하는 빵이나 파이를 굽는 법은 가르치지 않았고, 바느질이라고 가르치는 것은 자수뿐이었다. 아이 돌보는 방법에 관해서도 내가 아는 것이라고는 유능한 유모가 새로 태어난 동생을 돌보는 모습을 감탄스럽게 지켜보면서 배운 게 다였다. 우리는 상류층 가문의 사람과 결혼하여, 우리가 물려받았다고 하는 노블레스 오블리주의 정신을 훌륭하게 이어가야 하는 것을 당연히 여기며 자랐다.

1차 세계대전이 끝나다

김 보이가 차와 함께 먹을 갓 구운 크럼핏을 가지고 들어와 테이블에 내려놓으며 영어로 말했다.

"워 피니시."

"뭐라고 했어요, 김 보이?" 나는 잘못 들은 게 아닌가 생각했다.

"전쟁 끝났다고요."

"어디서 들었어요?" 나는 심장이 멎는 것 같았다.

"경성클럽(서울 유니온클럽)에서 일하는 사람한테서요. 그 사람이 전쟁 끝났다고 말했어요. 클럽에서 다들 축배를 들고 있답니다."

나는 시계를 쳐다보았다. 평소라면 브루스가 돌아왔을 시간이었다.

어둑하던 방 안에 갑자기 장밋빛 불빛이 환히 밝혀졌다. 플로렌스와 나는 재빨리 창 쪽으로 고개를 돌렸다. 처음으로 커튼을 달지 않은 게 다행이라고 생각했다. 남산 위에서 불꽃이 화사하게 터지고 있었다. 어두운 하늘을 배경으로 반짝이는 빛의 분수가 쏟아져 내렸다.

"정말이네." 나는 자리에서 일어났다. 내 안의 무언가가 꿈틀대는 것 같았다. 플로렌스가 재빨리 앞문을 열었다. 브루스와 아서 콜브랜이 장난스럽게 노래를 부르며 정원을 가로질러 오고 있었다.

"휴전이오. 휴전이 선포되었어! 어서 코트 입어요. 클럽에서 파티를 열고 있다오. 우리 마나님들을 모시러 온 거요."

클럽에 도착하니 마치 요술이라도 부린 것처럼 다과와 음료수가 준비되어 있었고, 우리는 먹고 마시고 노래하고 춤추며 새벽까지 파티를 벌였다. 나는 임신한 몸이라 다리가 무거워서 날렵하게 춤을 출 수는 없었다.

전쟁이 끝났으므로 그해는 즐거운 마음으로 크리스마스를 맞이했고 사교 행사도 많이 열렸다.

1919년 2월이 끝나갈 무렵 나는 세브란스 병원에 입원하여 편안하게 출산을 기다리고 있었다. 입원실이 길 앞쪽을 바라보는 방향에 있어 창을 통해 남대문 거리가 한눈에 들어왔다. 나의 시아버지가 생애의 마지막 몇 년을 보내고 편안히 임종하신 곳도 바로 이 병실이었다. 그분의 손자가 같은 방에서 태어나는 것은 아주 적절한 일이라는 생각이 들었다.

고종의 승하

내가 입원하자마자 한국 사람들의 입을 통해 대한제국의 마지막 군주인 고종 황제가 승하했다는 소문이 들려왔다. 동양에서는 임금이 사망해도 장례 준비가 완벽하게 끝날 때까지 가능한 한 오랫동안 비밀로 유지하는 관습이 있었다. 그러나 대부분의 사람들은 고종의 죽음을 기정사실로 여기고 있었다.

내가 입원한 다음 날 아침, 김 보이가 집에서 가져오기로 한 아침식사가 도착하지 않았다. 나는 침대에서 일어나 창가로 가서 밖을 내다보았다. 국방색 군복을 입은 일본 군인들이 병원 정문에서 경계를 서고 있는 모습에 깜짝 놀랐다. 거리에는 흰옷 입은 한국 사람들이 구름 떼처럼 몰려나와 있었다. 소달구지를 타고 나온 사람도 있었고, 조랑말을 탄 사람들도 있었다. 역 쪽에서도 수많은 인파가 몰려오는 것으로 봐서는 기차를 타고 도착한 사람들도 많은 듯했다. 나중에 안 사실이지만 대부분은 몇 주에 걸쳐서 수백 킬로미터나 되는 거리를 두 발로 걸어서 온 사람들이었다. 전 세계를 통틀어 한국인들만큼 잘 걷는 사람들도 없을 것이다. 아직 확인되지는 않았지만 이렇게 많은 인파가 몰린 것은 황제의 죽음 때문일 거라고 생각했기에 나는 크게 놀라지는 않았다.

갑자기 브루스가 평소처럼 지팡이를 다소 공격적인 자세로 들고 보초병을 향해 다가가는 모습이 눈에 들어왔다. 보초병이 총을 치켜들었고 그의 총검에 햇빛이 반사되어 반짝거렸다. 브루스는 전혀 움츠러들지 않고 팔에 지팡이를 걸어둔 채로 지갑을 열더니 자기 배에 닿아 있는 보초병의 총검 끝에 무언가를 꽂았다. 이번에는 보초병이 뒤로 물러서며 총의 개머리를 바닥에 내려놓고 총검 끝에 걸린 것을 뽑았다. 브루스는 1초도 머뭇거리지 않고 보초병을 지나 성큼성큼 걸어갔고, 어리둥절해진 보초병이 정신을 차렸을 때는 이미 병원 출입문을 통과해 들어오고 있었다. 브루스가 병실에 들어서자마자 나는 흥분해서 온갖 질문을 퍼부었다. 그를 상대할 때는 이런 방식이 역효과를 낸다는 걸 아직 모를 때였다.

"아, 아무 일도 아니오. 당신 몸은 좀 어떻소?"

내가 아무 문제도 없다는 것을 확인한 뒤에야 그는 조끼 주머니에서 명함 한 장을 꺼내서 보여주었다. 명함에는 그의 이름이 적혀 있고, 그 밑으로 한 면에는 영어로 다른 면에는 일본어로 'UP 통신 미합중국 특별 통신원'이라고 적혀 있었다.

"내가 보초병 총검에 꽂은 건 바로 이거요." 브루스는 내게 미소를 지어 보였다.

"그래서요?" 나는 넘치는 호기심에 계속 캐물었다. 브루스는 파이프에 불을 붙이고는 병실 안을 돌아다니며 재떨이를 찾았다.

"여긴 선교회가 운영하는 병원이에요."

"아버지가 그런 규칙을 다 바꿔버리셨어. 이 방에 항상 당신의 재떨이를 놔두셨는데."

결국 재떨이를 찾지 못하자 성냥을 서랍장 위 모서리에 살짝 내려놓고 의자에 앉았다.

"마침내 일본인들이 황제의 죽음을 공식적으로 발표했다오. 어제 여기서 나간 뒤 나는 조선호텔에 가서 도쿄에서 온 사람을 만났소. 황제의 장례식 기사를 쓸 특별 통신원을 찾고 있더군. 내가 지원서를 작성해서 건넸더니 그가 이렇게 명함을 만들어주었소."

"그래서 사람들이 저렇게 많은 건가요? 당신은 저 인파가 황제의 장례식 때문에 전국 방방곡곡에서 몰려온 거라고 생각해요?"

"물론이지. 다른 이유가 있겠소?"

"모르겠어요. 아무튼 금강산에서 만난 그 이상한 대학생 가이드와 그가 털어놓은 민족주의 감정에 관한 이야기가 자꾸 생각나요."

"흥!" 브루스가 콧방귀를 꼈다.

닥터 러들로가 들어와 내게 몇 가지 질문을 하고는, 창가에 서 있는 브루스에게 다가가 낮은 소리로 뭐라고 말했다. 브루스는 내게 입맞춤을 하고는 서둘러 밖으로 나갔다. 이윽고 수간호사 미스 에스텝이 내게 아침식사를 가져다주었다.

아기 이불에 감춘 독립선언문

그날 우리의 아들이 태어났다.

의식이 반쯤 돌아온 상태에서 나는 병원에서 커다란 동요가 일고 있음을 어렴풋이 감지했다. 문들이 열렸다 닫히고, 귓속말과 고함소리, 쿵쾅거리는 발소리와 발끝을 들고 조심조심 걷는 소리가 번갈아 가며 들렸다. 나중에는 사람들이 내 방에 살금살금 들어왔다 빠져나가는 것을 느꼈고, 어느 순간 눈을 떴더니 간호사가 아기가 아니라 종이 뭉치를 안고 있는 모습이 보였다. 그러다 그 서류를 내 침대의 이불 밑에 집어넣는 것이 아닌가.

바깥 거리도 온통 소란스러웠다. 간간이 비명소리와 총성이 들리고, 찬송가를 부르는 소리도 들렸다. "만세, 만세" 하고 외치는 커다란 함성이 계속 반복되었다. "만세!" 그 소리는 거의 포효와 같았다.

나는 에스텝 수간호사를 보며 저 말이 무슨 뜻이냐고 물었다. 그녀가 내게 무슨 일이 벌어지고 있는지 설명해주었다.

"한국 사람들이 인쇄기를 우리 병원의 시트 보관하는 장 속에 숨겨두었던 모양이에요. 일본 경찰이 병원에 들이닥쳐서 건물 안을 다 수색했답니다. 그들은 인쇄기를 발견하고 한국인 직원 몇 명을 체포했지만 인쇄된 종이는 찾아내지 못했어요."

"간호사님이 내 침대에 밀어넣은 게 그 종이들인가요?"

우리가 대화하는 동안에도 한국인 간호사들이 방을 들락거리며 수간호사에게 귓속말로 새로운 소식을 알렸다.

"만세란 한국이 천년 만년 계속되라는 뜻이에요. 한국인들은 독립에 대한 염원을 보여주기 위해 평화로운 시위를 하고 있는 거고요." 그러면서 에스텝 수간호사는 이런 움직임이 윌슨 대통령의 민족자결주의에서 영향을 받아 촉발된 것이라고 설명했다. 지금 한국은 전 세계의 모든 민중과 손을 잡고 자유와 인류애를 다짐하고 있었다. 나는 수간호사의 들뜬 표정에서 그녀 역시 그들과 같은 이상을 품고 있음을 알았다.

"우리도 모두 한국인들의 대의가 성취되기를 기도하고 있답니다." 이렇게 말을 마친 수간호사는 창가에 모여 거리를 내려다보고 있던 한국인 간호사들에게 돌아서서 무어라고 말을 했다. 이어서 모두 함께 무릎을 꿇더니 기도를 했다. 그런 다음 수간호사를 선두로 재빨리 병실에서 나갔다.

나는 조용히 누워서 이 모든 일의 의미를 이해해보려고 노력했다. 하지만 무엇보다 아기를 보고 싶었다. 몇 분 뒤 수간호사가 실즈라는 간호사와 함께 내 병실로 왔다. 두 사람은 커다란 바구니를 양쪽에서 들고 있었는데, 그 안에는 아기가 다섯 명이나 누워 있었다.

"모두 내 아기예요?" 나는 깜짝 놀라서 물었다.

눈을 감았다 떴다 하다가 다시 잘 보니, 네 명의 아기는 피부가 노랗고 눈동자가 까만 한국 아기였고, 한 아기만 분홍빛 피부에 푸른 눈이었다. 나는 안도감을 느끼며 그 아기를 안았다.

브루스의 기척을 느끼고 다시 눈을 떴을 때는 병실이 어둑어둑해져 있었다. 그는 몸을 굽혀 내게 입맞춤을 하고는 어설픈 동작으로 아기를 안아보려고 했다. 그러는 와중에 아직도 내 침대 속에 감춰져 있던 종이 뭉치들이 드러났다. 브루스는 급히 아기를 내려놓고, 글을 읽을 수 있을 정도의 빛이 들어오는 창가로 달려갔다.

"대한독립선언문이군!" 브루스가 놀라서 소리쳤다. 오늘날까지도 나는 서운한 마음에 그날의 일을 힘주어 말한다. 당시 갓 신문기자가 된 브루스는 아들을 처음 만난 것보다 그 문서를 발견한 것에 더 흥분했다고 말이다.

바로 그날 밤, 시동생 빌이 독립선언문 사본과 그에 관해 브루스가 쓴 기사를 구두 뒤축에 감춘 채 서울을 떠나 도쿄로 갔다. 금지령이 떨어지기 전에 그것을 전신으로 미국에 보내기 위해서였다.

브루스는 새벽 2시가 넘어서야 병원으로 돌아왔다. 그는 잠든 아들을 사랑스럽게 내려다보더니, 피곤에 지친 몸을 의자에 털썩 던지고는 부츠를 벗었다. 그는 일본인들이 시위자들을 점점 많이 체포해 들이면서 진압하고 있다고 말해주었다.

구슬 열아홉

전국에 울려 퍼진 대한독립만세

독립운동의 열기

다음 날 아침 잠에서 깬 브루스는 학살 행위가 있었다는 소문을 듣고 그것을 확인하고 취재하러 수원과 전주 두 도시를 다녀왔노라고 말했다. 낮에 영국 영사와 미국 영사를 대동하고 내려가 마을 전체가 불타버린 현장을 두 눈으로 확인했다고 했다. 일본인들이 마을 주민들을 모두 불러모아 교회 안에 가두고 밖에서 창문을 통해 총을 쏘아 사살했다는 사실도 알아냈다.[*] 기독교인

[*] 1919년 4월 15일 수원 제암리 학살 사건을 말한다. 앨버트 와일더 테일러는 제암리 사건 이튿날 신속히 취재하여 일제의 만행을 세계에 알렸다. 그러나 아들 출산일과 시기가 맞지 않아 저자의 기억에 착오가 있었던 듯하다.

들이 만세운동의 주동자일 가능성이 크다고 의심했기 때문이다. 이런 일들이 한반도 전역으로 번져나가고 있었다.

브루스는 마을이 불타는 광경도 촬영했다. 그런데 군인들이 외국인 세 명이 그런 사진을 찍는 걸 보면서도 저지하지 않은 것이 이상하다고 했다. 아마도 전신으로 기사를 보냈을 때처럼 저지하라는 명령이 미처 떨어지기 전에 신속하게 행동으로 옮겼기 때문인 것 같았다.

만세운동은 5월 21일까지 계속되었고, 그사이 수천 명이 투옥되고 약 7000명이 목숨을 잃었으며 저명한 애국 인사들 다수가 살해되었다. 브루스는 마침내 믿을 수 있는 미국인 의사들과 성직자들, 교사들 목격담을 모아 작성한 서류들을 모두 손에 넣었다. 1949년에 나는 이 서류들을 이승만 박사를 만나 면담했을 때 그에게 넘겨주었다. 예전 그의 동료들을 비롯한 애국자들이 어떤 최후를 맞이했는지에 관한 소중한 정보가 담긴 자료였다.

1948년 5월 10일, 유엔 한국임시위원단의 감시 아래 제헌국회의원 선거가 실시되었다. 소련이 주둔하고 있던 북쪽 지역은 선거에 참여하지 않았다. 이렇게 성립된 국회는 1948년 7월 20일에 한국의 노련한 정치가 이승만을 대통령으로 선출했다. 1948년 8월 15일에는 공화국 정부 수립이 선포되었고, 1949년 1월 1일 유엔에서 정식으로 승인을 받았다. 당시 나는 이 일을 기념하여 서울에서 열린 시가행진을 참관하였다.

1919년에 독립선언문에 서명한 민족대표 33인은 대부분 체포되었고, 이후 한국의 독립과 관련하여 실체적으로 남은 것은 상하이 임시정부뿐이었다. 그러나 독립을 갈망하는 정신은 한국에 남아 있는 사람들의 가슴속에서 여전히 불타오르고 있었다.

오전 중에 브루스는 일본인 총독 하세가와 요시미치를 만나러 그의 관저

• 호박 목걸이

로 찾아갔다.

"총독께서는 지금 무슨 일이 벌어지고 있는지 아십니까?" 브루스가 물었다.

"모릅니다." 총독이 대답했다.

브루스는 탁자 위에 자기가 찍은 사진들을 펼쳐놓았다.

"이제는 아시겠지요." 브루스가 무뚝뚝하게 말했다.

"총독께서 학살을 중단하라고 명령했으며, 벌어진 사태에 대해 유감을 표했다고 제가 보도해도 되겠습니까?"

"그러시오." 총독은 마지못해 대답했다.

다음 날 신문의 헤드라인은 "하세가와 유감 표명"이었다. 그리고 대학살은 중단되었다.

이런 일촉즉발의 상황에서 외국인이 거리에 나다니는 것은 무모한 일이었는데, 김 보이는 위험을 무릅쓰고 내게 식사를 날라다주었고 플로렌스도 그와 함께 하루도 거르지 않고 병원을 찾아왔다.

베르사유 회담 이후 한국 사람들은 미국이 한국의 독립을 진심으로 바란다고 확신했다. 남의 말을 잘 믿는 이 사람들은 윌슨 대통령이 주장한 약소민족의 민족자결주의를 글자 그대로 받아들이고 철석같이 믿었다. 그들이 용기와 확신을 갖고 전국 방방곡곡에서 서울로 집결할 수 있었던 것은 바로 그 믿음 때문이었다. 물론 구실은 황제의 장례식을 본다는 것이었지만, 진짜 목적은 독립을 향해 활활 타오르는 열망을 전 세계에 보여주는 것이었다.

황제의 장례식은 3월 3일에 거행되었다.

내가 결혼하면 한국에서 살게 될 거라고 편지로 알렸을 때 나의 어머니는 이렇게 말씀하셨다.

"네가 어떻게 한국에서 산단 말이니? 지도를 아무리 들여다봐도 찾을 수 없는 나라에서!"

그렇지만 한국은 기원전 12세기까지 거슬러 올라가는 오랜 역사를 지닌 왕국이며, 국제관계의 동향에서 일반적으로 알려진 것보다 훨씬 중요한 역할을 해왔다. 1894년부터 1895년까지 벌어진 청일전쟁도 한국을 차지하기 위한 두 나라의 싸움이었다. 또한 러일전쟁(1904~1905)도 한반도와 만주의 지배권을 둘러싸고 러시아와 일본이 벌인 전쟁이었다.

일본은 청일전쟁 이후에 한국의 왕을 황제로 바꾸고, 고종 황제의 아들인 영친왕 이은(李垠)을 일본에 데려가 교육받게 하고 일본 왕족과 혼인시켰다. 1922년에 영친왕 부부가 아들을 출산한 뒤 한국을 방문했을 때 브루스와 나도 환영 파티에 참석했다. 그때 나는 왕비가 파티에서 입을 옷을 고르는 일을 도왔다. 그해 한국 방문 당시 두 분의 친아들이 사망했는데 독살이라는 설이 있었다. 그 후 다른 아들(이구)을 미국에 보내 교육시키고 싶어 했다. 1949년에 나는 일본에 갔다가 두 분을 다시 만났다.

세브란스 병실에서 본 고종의 장례 행렬

내 병실의 창은 황제의 장례 행렬을 조망하기에 아주 좋은 위치였다. 나는 한국인 간호사들을 모두 내 병실로 초대했다. 물론 미스 에스텝과 미스 실즈도 함께였다. 한국에서 오래 살았던 그들은 행렬을 지켜보며 내게 하나하나 자세히 설명해주었다.

장례 행렬을 보려고 모인 군중이 밤새도록 길에서 기다렸다. 그들은 모두 흰 상복을 입고 있었다. 한국에서는 애도 기간이 아주 길었다. 왕이 사망하면 7년상을 치렀고, 부친이 사망하면 3년상을 치렀다. 그렇게 오랜 기간 동안 상복을 입다 보니 흰색 옷이 민족을 대표하는 옷 색깔이 되어버렸다.

높이 3미터 정도에 둘레는 사람 몸통만 한 횃불들이 거리를 따라 일정한 간격으로 놓여 있었다. 새벽 무렵에 횃불잡이들이 와서 불을 붙였다. 횃불은 타닥타닥 소리와 함께 커다란 불길을 일으키며 타올랐고, 내 병실도 붉은빛으로 물들었다. 거리 도처에 일본 군인들이 늘어서 있었고, 한국인들도 기다란 나무막대를 들고서 군중이 밀고 나오지 못하도록 막았다.

이른 아침에 흰색과 분홍색으로 옷을 맞춰 입은 사람들이 빨강, 파랑, 초록 비단을 드리운 커다란 빈 가마를 어깨에 메고 지나갔다. 원래 이 가마들은 고인의 생전 업적을 기록했던 역사가들을 태우는 것이라고 했다. 여러 개의 화려하고 다채로운 깃발이 그 뒤를 이었다. 공작 털로 끝을 장식한 대나무 깃대 끝에 가로대를 매달고 그 가로대에 깃발을 길게 늘어뜨린 것이었다. 길이가 3미터, 너비가 1.5미터 정도였고 가장자리는 들쭉날쭉했다. 가로대의 한끝에는 등과 종들이 달려 있었다. 그 깃발들은 고인을 추도하는 글을 적어놓은 것으로 만장이라고 한다. 만장을 든 사람들은 푸른색 모슬린 옷을 입고 동그란 까만 모자를 썼는데 모자 꼭대기에 빨간색 말꼬리 같은 술이 달려 챙 너머로 늘어뜨려져 있었고, 호박을 흉내 내어 밀랍으로 만든 구슬들을 엮은 줄을 턱에 걸어 모자를 고정했다.

다음에는 왕실을 상징하는 빨간색 우산과 빈 왕좌가 뒤를 이었는데, 사방에 매듭과 술과 늘어뜨린 고리 등으로 현란하게 장식되어 아주 아름다웠다.

가장 이상하고, 장례식에서 볼 거라고 전혀 예상하지 못했던 광경은, 도깨비처럼 기괴한 가면을 쓴 사람들이 하는 일종의 무언극이었다. 그들은 미친 듯이 춤을 췄는데, 악귀를 쫓기 위한 것이라고 했다. 그 의식을 주도하는 사람은 아름다운 백마에 올라타고 손에는 권위 있는 모습으로 지팡이를 들고 있었다. 그 뒤로 똑같은 옷을 입은 수많은 사람들이 줄지어 따라갔다.

마지막으로 아름다운 색색의 휘장을 두른 커다란 상여가 두 개 나타났다. 상여라기보다 화려한 포장마차 같았다. 족히 100명은 되는 사람들이 상여를 어깨에 짊어진 채 나르고 있었다. 모두 머리부터 발끝까지 삼베로 지은 상복을 입고 있었다. 그들은 리드미컬하게 발을 옮기며, 일정한 박자에 맞추어 낮은 소리로 상여 소리를 냈다. 탄식을 반복하는 것처럼 들렸는데 어쩌면 단순히 상여꾼들이 보조를 맞추어 움직이기 위해 부르는 것 같기도 했다.

똑같은 상여 두 개를 나르는 이유는 망자에게 들러붙어 괴롭히려 하는 나쁜 귀신을 헷갈리게 하려는 것이다. 둘 중 어느 상여에 시신이 있는지는 아무도 모른다. 상여의 앞뒤 모양이 똑같이 생겼고, 앞쪽과 뒤쪽에 각자 전방을 바라보며 올라탄 사람들은 지나가면서 종을 울렸다. 또 상여에 긴 밧줄을 매어놓고 상여꾼들이 그 줄을 앞뒤로 잡아당기거나 끙끙거리는 소리를 내며 상여를 흔들어대는 것도 모두 나쁜 귀신이 망자가 어느 방향으로 가는지 모르게 하려는 것이다. 그들은 때때로 멈춰 서기도 하고 상여 전체를 위태로울 정도로 옆으로 기울이기도 했다.

미스 에스텝은 이 모든 행동이 망자를 가능한 한 오래 놓아주지 않으려는 마음을 나타내는 것이라고 설명했다.

갑자기 간호사들이 "아이고! 아이고!" 하고 곡소리를 냈다. 높이가 4.5미터 정도 되는 종이로 만든 말들을 수레에 매달아 거리로 끌고 나왔을 때였다. 황제가 저세상에 도착했을 때 타고 가도록 무덤 앞에서 종이 말들을 태운다고 했다.

행렬 뒤쪽에는 인력거를 탄 상제들이 따르고 있었다. 그들은 위로 뻣뻣하

1919년 3월 3일 고종 황제의 운구 행렬.

게 솟은 희한한 모양의 삼베 모자를 썼는데, 그 모자 때문에 그들의 얼굴이
더욱 근엄해 보였다. 말을 탄 일본 경찰들이 행렬의 맨 뒤를 따라갔다.

　만약 일본이 이 장례식을 통해 한국인들이 자신들의 고통을 잊을 수 있을
거라고 기대했다면, 크나큰 착각을 한 것이다. 자기 나라의 마지막 황제가
조상들이 있는 저세상으로 가는 모습을 말없이 침통하게 지켜보는 한국인
들의 가슴속에는 증오와 절망이 가득했을 것이다. 만세운동이 실패하고 수
천 명이 살해당했을 뿐 아니라, 이제는 마지막 남은 자유의 상징과 같던 황
제마저 죽었기 때문이다.

구슬 스물
한국인과의 충돌

미국에 대한 실망

3·1만세운동이 일어나던 무렵 한국에서 미국은 가장 높은 인기를 누렸다. 일본인들도 미국인에게 우호적이고 협조적이었으며, 하다못해 고철부터 비스킷까지 온갖 것들을 수입하는 각종 사업을 장려했다. 그들은 통조림 제품들을 비롯하여 미국이 만든 것은 무엇이든 대놓고 흉내 냈다. 미국에서 요리를 배운 사람들을 데려다가 서울에 레스토랑을 열기도 했다. 크리스마스도 적어도 상업적인 측면은 받아들여서, 진고개에 크리스마스 분위기가 흘러넘쳤다.

• 호박 목걸이

한국인들은 민주주의 이념이 미국에서 직접 전해졌기 때문에 자연스럽게 미국인들을 의지하게 되었다. 특히 선교사들은 자신들과 같은 대의를 공유하고 있다고 생각해 더욱 믿었다. 한국의 젊은이들은 외국인들의 집에서 일자리를 얻고 싶어했다. 정기적인 수입이 보장될 뿐 아니라 그들에게서 배운 문물이 자신들의 생활수준도 높여주기 때문이었다. 그들은 우리에게서 물건을 훔치는 일이 없었다. 인도에서 지냈던 경험에 비춰보면 이는 참으로 특별한 점이었다.

한국인들은 윌슨 대통령의 민족자결주의를 문자 그대로 받아들였던 것처럼, 미국이 자신들의 독립운동을 도와주지 않은 것 역시 문자 그대로 받아들여 지독히 실망했고, 심지어 비열한 배신 행위라고 생각했다. 교육을 좀 더 많이 받은 사람들은 '민족자결주의'란 강대국들이 자신들의 제국주의를 강고히 하기 위해 내세우는 구호일 뿐이라고 말했다. 그리고 미국이 국제연맹에 가입하지 않은 이유가 무엇이겠냐고 따져 물었다.

그러던 어느 날 나는 그러한 불만의 감정이 구체적으로 드러난 사건을 경험했다. 우리의 결혼 3주년을 기념하여 한강 가에 피크닉을 가기로 한 날이었다. 1차 세계대전 중에 한쪽 다리를 잃은 내 여동생 우나가 얼마 전에 한국에 도착했고, 나는 우나가 나만큼 한국을 사랑하게 되기를 바랐다.

기념일을 축하하기 위해 우리는 커다란 선상가옥 한 채를 빌렸고, 김 보이를 미리 보내 바닥에 매트를 깔고 커튼을 달고 등불을 걸어놓게 했다. 요리사와 공 서방이 음식과 음료수를 날랐다. 스물다섯 명쯤 모이자 우리는 몇 대의 차에 나눠 타고 강으로 갔다. 우리는 먹고 농담하고, 우쿠렐레를 튕기며 노래하고 강물 위를 떠다녔다. 등불이 강물에 아름답게 비쳤다. 브루스는 일하는 사람들을 먼저 집으로 돌려보냈다. 다들 시간 가는 줄도 모르고 즐겁게 보냈다. 우나도 모든 것이 매력적이라고 느꼈고, 마법의 나라에 온 것 같다고 말했다.

우리가 집으로 돌아가기로 했을 때는 이미 밤이 늦은 시각이었다. 그런데 차 한 대에 문제가 생겨서 손님들을 우리 차에 태워 집으로 보내고, 우리는 전차를 타고 서울로 돌아가기로 했다. 남은 사람은 우리 부부와 우나, 우나의 친구 에이미, 그리고 브루스의 사무실에서 일하는 링컨과 모지스라는 청년이었다. 그런데 전차에 앉을 자리가 많았는데도 한 한국인이 공격적인 태도로 다가와 브루스와 나 사이에 끼어 앉았다. 내 다른 쪽 옆에는 링컨이 앉아 있었다. 우리는 그 남자가 요란한 몸짓을 해도 모르는 척 무시하고 가만히 앉아 있었다. 어쩌면 술이 취했던 것인지도 모른다. 그러다가 이번에는 링컨과 나 사이에 앉으려고 하면서 링컨을 마구 밀쳐댔다. 링컨은 주먹을 불끈 쥐었지만, 꾹 참고 있었다.

"그대로 있게, 링컨." 브루스가 말했다. "가만히 있어."

그러나 그 남자가 갑자기 링컨의 얼굴을 때렸고, 링컨도 반사적으로 주먹을 날렸다. 그 순간부터 전차 안은 난장판이 되었다. 모두가 주위를 빙빙 돌며 소리를 질러댔다.

"외국 놈들 죽여라. 우리를 배신한 미국 놈들 죽여!"

"메리, 우나, 에이미, 문 쪽으로 가!" 브루스가 말했다.

우리는 그 말을 따랐고, 밖을 보니 전차가 마침 일본 경찰 초소를 지나고 있었다. 나는 전차에서 뛰어내려 초소로 달려갔지만 문제가 생긴 걸 본 경찰이 초소 안에 몸을 숨기더니 나올 생각을 하지 않았다.

그러는 사이 전차는 멈추고 마을 사람들이 달려와 차 위로 기어오르고 출입문을 막았다. 그러니 우리 일행이 전차에서 빠져나오려면 그들 모두와 싸

· 호박 목걸이

우는 수밖에 없었다.

우나는 신경질적으로 비명을 지르는 에이미를 진정시키려 애썼다. 내가 다시 전차로 달려갔을 때 브루스가 소리쳤다. "여자들은 어서 집으로 가!"

세 남자는 무리에 맞서 그들을 막아내고 있었다.

"당신들이 있으면 우리가 싸우기 더 힘들어. 달려서 집으로 가라고, 제발!"

뒷짐 지는 일본 경찰

우리는 다음 번 경찰 초소에 가서 도움을 청할 생각으로 힘껏 달렸다. 그러나 그들 역시 나오지 않고 버텼다.

뒤돌아보니 무리는 더 크게 불어나 있었다. 나는 우리 남자들 중 한 사람이라도 맞아서 쓰러지고 그런 다음 죽을 때까지 발길질을 당하는 건 아닐까 하는 생각에 너무나 두려웠다. 한국 사람들은 싸웠다 하면 그런 지경까지 간다고 알고 있었기 때문이다.

화난 무리는 장작과 돌을 던지며 우리 뒤를 쫓아왔다. 브루스와 링컨, 모지스는 우리 여자들이 달아날 시간을 벌어주려고 그들 쪽으로 돌아서서 최대한 천천히 후퇴했다. 우리는 달려서 철도다리를 건넜다. 그 다리는 우리 집 근처에 있었는데 아직 완성되지 않아 난간이 없었다. 에이미는 비교적 안전한 우리 집 앞까지 오자 자제력을 잃고 주저앉아 흐느껴 울었고, 우나는 언덕을 달려 올라가 이웃의 외국인 집들을 찾아가 도움을 청했다. 나는 곧바로 우리 집으로 달려가 진입로에서 김 보이를 소리쳐 불렀다.

그러는 동안 사람들의 고함소리는 점점 더 가까이 다가왔다. 나는 다시 김 보이를 불렀다. 그가 달려 나왔다.

　나는 넘어질 듯 집 안으로 뛰어 들어가 구급상자를 꺼내오고 테이블 위에 위스키를 올려두고 바깥 소리에 귀를 기울이며 기다렸다. 우나가 절뚝거리며 에이미를 부축하고 왔다. 우리는 백짓장처럼 질린 에이미를 침대에 눕혔다. 그런 다음 가만히 귀를 기울였다. 시끄러운 함성이 우리 집을 지나쳐 큰 길 쪽으로 멀어졌다. 우나가 도움을 청하자 이웃들이 즉각 나와서 도와준 덕분이었다.

　모지스가 제일 먼저 돌아왔다. 두 손은 주머니에 깊이 찔러 넣었고, 귀는 심하게 찢어져 있었다. 그는 숨이 차서 말도 하지 못했다.

　"한 잔 들어요." 나는 그에게 독한 위스키를 한 잔 건넸다. 그는 잠시 주저하더니 몹시 고통스러워하며 한 손을 주머니에서 꺼냈다. 손가락 관절도 귀처럼 심하게 물어뜯긴 게 분명했다. 내가 그의 다른 손도 주머니에서 꺼내자 그 손에도 피가 흐르고 있었다.

　마침내 브루스와 링컨도 돌아왔다. 링컨은 들어오자마자 기절해버렸다. 우리가 그를 부축해 소파로 옮기는데 브루스가 물었다.

　"김 보이는 어디 있소? 아까 다리 위에서 맹렬하게 싸우는 걸 봤는데."

　"당신 다쳤어요?" 내가 브루스를 살펴보며 물었다. 이마와 턱에 달걀만 한 혹이 생겼고, 코뼈도 휘어져 있었다. 나는 그의 코에 살며시 손을 대보았다.

　"부러졌소." 브루스가 덤덤하게 말했다. "지금은 어차피 손쓸 방법이 없소. 링컨은 어때요?"

　링컨은 기운이 좀 돌아온 것 같았다. 거의 자정이 다된 시각이었다.

　"우리 모두 좀 쉬는 게 좋겠소." 브루스가 타이르듯 말했다. 모지스와 링컨이 막 떠나려고 하는데 김 보이가 부엌으로 들어가는 소리가 들렸다. 우리는 그를 집 안으로 불렀다. 김 보이는 다친 데도 없어 보였고 빙그레 미소를 지었다.

"비겁한 허풍쟁이들!" 링컨이 겨우 도착한 초소에서 만난 일본 경찰들을 떠올리며 말했다. "체포하는 것도 두려워서 누가 주동자인지 모른다고 둘러대더군요."

"어이가 없군! 내가 그놈 턱을 한 대 갈기면서 아주 분명하게 주동자를 알려줬는데!" 브루스가 말했다. "먼저 싸움을 건 놈들이 무리들 틈으로 숨어버리다니, 분통이 터지는군."

"그놈들 숨지 않았습니다, 주인." 김 보이가 말했다. "그치들 다리도 건너지 못한걸요. 제가 다리 옆으로 밀어 떨어뜨렸습니다."

우리는 김 보이를 빤히 쳐다봤다. 그는 외국인들에게서 주먹 쓰는 법을 배우더니 그 기술을 바로 이렇게 써먹은 것이다. 그날 두 사람이 목숨을 잃었다. 그러나 경찰은 자신들 잘못도 있어선지 그 사건을 더 추궁하지 않았다.

다음 날 브루스는 외무부로 찾아가 일본 경찰의 행동에 대한 공식 항의서를 제출했다. 그 때문에 우리 마을을 관할하던 경찰서에 속한 경찰들은 징계로 검을 압수당하고, 직위가 강등되었다. 브루스가 그 사건을 언론에 널리 알리지 않은 점을 고려해 내린 결정이었다.

그 후 그들은 우리가 외출할 때마다 경호원을 붙여주었다. 그래도 완전히 안심할 수 있는 상황은 아니었고, 당분간 김 보이도 마음 놓고 서울에 있을 수 없었다.

그래서 브루스와 우나와 우리 아기와 나는 여름별장이 있는 원산 근처 갈마반도에 가 있기로 했다. 물론 김 보이도 데리고.

구슬 스물하나
갈마 해변에서 보낸 여름

아름다운 갈마 해변

갈마 해변은 원산항에서 남쪽으로 수 킬로미터 떨어진 곳에 있으며, 명사십
리라는 아름다운 모래사장이 부드러운 곡선을 그리며 펼쳐지는 곳이다. 한
쪽 끝은 산과 닿아 있고, 기러기들이 보금자리로 삼은 넓은 남대천과 만나
면서 경계를 이룬다. 이 강에는 기러기들이 보금자리로 삼은 넓은 늪지대가
있었다. 우리 별장도 이 해변에서 바다를 바라보며 서 있었고, 보트를 묶어
두는 부잔교도 설치되어 있었다. 고기잡이배들은 강과 바다가 만나는 어귀
에서 돛을 걷고 닻을 내렸다. 5킬로미터 정도 바다로 나가면 짙은 녹색 섬이

　　　　　　　　　　　　　　　　　　　　　　· 호박 목걸이

있는데, 모두들 언젠가 그 섬까지 수영해서 가고 싶다는 포부를 갖고 있었다.

선교사들이 처음에 이 해변에 들어와 여름 휴양지로 삼았을 때, 그곳 땅의 소유권을 사업가들에게도 개방해야 하는지를 두고 투표가 실시되었다. 결과는 우리에게 유리한 쪽으로 나왔는데, 아마도 경제적인 이유 때문이었을 것이다. 그리하여 60가구의 다양한 부류의 사람들이 한 마을을 이루게 되었다. 생활방식이나 관습은 다르지만, 인간적인 필요와 공통의 경험과 고립이라는 공통점이 모두를 하나로 묶어주었다. 이곳에서 우리는 외딴 먼 곳에서 온 사람들도 만났고, 중국과 일본에서 온 방문객들도 반갑게 맞이했다. 때로는 우리 집에서도 파티를 열었는데 아주 다양한 사람들이 모이다 보니 이상한 사람도 끼게 마련이었고, 그럴 때는 집을 개방했기 때문에 언제나 우리가 상황을 통제할 수 있는 것도 아니었다.

갈마 해변에서 보낸 그해 여름은 나에게 참 행복한 시간이었다. 데이비드슨 부부도 그곳에 별장을 지어, 진과 네 자녀가 그곳에 와 있었다. 브루스는 주말마다 서울에서 올라왔고, 우나도 한국에서 보내는 첫 여름을 우리와 함께 갈마 해변에서 보냈다.

동생 우나의 도전정신

내 동생 우나는 우리 회사의 사무직원으로 일하기 시작한 뒤로 우리 삶에 항상 함께하는 존재가 되었다. 우나는 약간 붉은 기가 도는 숱 많은 갈색 머리였고, 원시인 푸른 눈은 항상 방실방실 웃고 있었다. 키가 작고 동그란 얼굴이며, 한쪽 다리가 무릎 아래로는 없는데도 언제나 통통 튀는 고무공처럼 활동적이었다. 우나는 삶에 대한 강렬한 열의를 지녔고, 진취적이고 결단력 있고 사랑스러운 여자다. 전쟁 중에 자원간호대에 속한 급송 배달원으로 일하다가 사고를 당해 다리를 절단해야 했다. 이 장애는 오히려 우나의 도전정신을 한층 더 부채질했다. 시간이 지나면서 우나는 걷고 등산하고 춤추게 되었고 누구 못지않게 골프도 잘 치게 되었다. 특히 바닷가에 나가면 모든 사람들에게 좋은 자극이 되었다. 의족을 벗고 쾌활하게 바다로 뛰어들고, 큰 파도에 몸을 던지고, 한쪽 다리를 마치 인어의 꼬리지느러미처럼 흔들며 유연하게 헤엄치는 모습을 보면 누구나 우나를 따라 바다 속으로 들어가고 말았다. 그리하여 마을의 스포츠 동아리는 바빠졌고, 그중에서도 수영은 가장 인기 종목이 되었다.

수영 강습에는 연령을 가리지 않고 누구나 참석했는데, 심지어 18개월밖에 안 된 우리 아들까지 포함하여 어린아이들도 동참했다. 나는 머리와 다리와 팔만 밖으로 나오도록 아이 몸에 코르크로 만든 구명 튜브를 씌웠다. 그런 다음 튜브를 긴 밧줄에 연결해서 보트에 묶어두니 아들은 혼자서 돌고래처럼 물에 떠서 사방으로 움직여가는 법을 스스로 터득했다.

수영 강습뿐 아니라 우리는 적십자의 인명구조 요원 강좌도 열었다. 또 곡예다이빙을 하기 위해 나무 다이빙대도 만들었다. 앞에서 말한 초록 섬까지 제일 먼저 헤엄쳐 가는 사람에게는 은컵을 상으로 주기로 했다. 조수와 해류도 만만치 않은 장애물이었고, 해파리에 쏘일 위험도 있었기 때문에 그것은 그리 쉬운 일이 아니었다. 하지만 해파리는 9월에만 쏘기 때문에 초여름에는 걱정하지 않아도 되었다.

우리는 낚시로 잡은 물고기를 숯불에 구워 먹기도 하고, 기가 막히게 맛좋은 클램차우더도 만들어 먹었다. 고깃배를 빌려 인근 섬으로 가면서 달빛 아래 밤 소풍을 즐기기도 했다. 배 위에서 즐겁게 노래를 부르고 있으면 물

메리의 여동생 우나, 아들 브루스, 메리.
두 자매가 세상을 떠나기 몇 년 전에 찍은 사진.

개들이 나타나 배 뒤를 따라오기도 했다. 그러면 친구들은 내가 가장 뛰어난 로렐라이라고 추켜세웠다.

한번은 브루스가 멀리 헤엄쳐 가는 것을 보고 나도 그를 따라갔다가 혼비백산해서 다시 돌아왔다. 내가 쫓던 것은 알고 보니 푸른 눈과 매끈한 얼굴의 브루스가 아니라 갈색 눈에 콧수염이 난 바다사자였다. 바로 다음 날 죽은 바다사자가 해변에 떠밀려온 것을 보고 친구들은 그때 그 가여운 바다사자가 나보다 더 많이 놀랐던 게 분명하다고 말했다.

그곳에 있던 일본 경찰은 해가 갈수록 우리 서양인을 점점 더 미심쩍게 바라보았는데, 턱없이 형식에 집착하는 그들의 불합리한 태도는 때로는 우리를 웃겼고 때로는 짜증을 돋우었다. 한번은 섬에 소풍을 갔다가 마실 물을 구하기 위해 브루스와 내가 목에 보온병을 걸고 근처 섬까지 헤엄쳐 간 적이 있었다. 경계 근무를 서고 있던 일본 군인은 우리에게 섬에 올라오기 전에 방문 허가증부터 내놓으라고 고집했다. 결국 우리는 물을 구하지 못하고 돌아와야 했다.

이렇게 물에서 즐기는 취미활동 외에 테니스와 야구 경기도 했다. 해변에 싫증이 나면 해변을 따라 차를 몰고 아름다운 금강산에도 갈 수 있었다.

우리가 즐긴 이런 모든 활동들은 이후 미군정 시대에 한국에 주둔한 미군과 그 가족들은 경험하지 못했다. 전시법과 38선에 가로막혀 북한에 있는 휴양지들에 갈 수 없고 더운 계절에도 서울에만 머물러야 했기 때문이다. 한국에서 보낸 스물두 번의 여름 동안 나는 한 번도 서울에만 묶여 지낸 적이 없다.

못 말리는 아가씨 룰루

한번은 나와는 모르는 사이지만 우리 집에 머물던 손님의 친척인 젊은 아가씨가 미국에서 막 들어와 함께 지낸 적이 있었다. 룰루라는 이름의 그 아가씨는 육감적인 몸매에 금발머리였고, 하이톤으로 혀 짧은 소리를 했다. 맨발로 다녀야 할 곳에서도 굽이 아주 높은 프랑스제 하이힐을 신었고, 당시로서는 무척 파격적으로 몸매를 노출하는 수영복을 입고 뽐내며 다니기도 했다. 게다가 자신이 영양사라도 되는 양 우리 요리사가 아파서 쉬고 있을 때 우리 주방을 침범하기도 했다.

"테일라 부인 계십니까?" 특이한 발음을 들어보니 서울에 있는 영국 선교회 교구목사 헌트 신부님이 분명했다. 우리 별장에 머물 손님들이 더 찾아온

메리 린리 테일러와
영국 선교회의 찰스 헌트 신부.

다고 해서 기다리던 참이었다. 내가 미처 문 앞에 당도하기도 전에 룰루가 내 앞을 막아서며 끼어들었다.

"오, 어서 오세요, 찰리 신부님! 안녕?" 그러고는 깔깔대며 덧붙였다. "지금 제 손은 조금 바쁜데 입술은 한가하네요!"

"젊은 사람이 고약하군요!" 헌트 신부님이 꾸짖듯 말했다. 나는 상황이 어떻게 전개될지 좀 더 지켜보고 싶었지만, 신부님이 너무 난처해해서 어서 구해드려야 했다.

몸집이 큰 헌트 신부님은 더위를 싫어했고, 해변에 아무도 없는 아침 나절에만 잠시 바닷물에 몸을 담갔다. 신부님은 다음 날 아침 해수욕을 즐기려고 일찍 자리에서 일어났다. 룰루는 예민한 귀로 신부님이 움직이는 소리를 감지하고는 고양이처럼 침대에서 발딱 일어났다. 그리고 몸을 간신히 가리는 수영복으로 잽싸게 갈아입고 밖으로 나갔다.

창밖을 내다보니 헌트 신부님은 아무리 봐도 죄수복 같은, 팔꿈치와 무릎까지 내려오는 가로줄무늬 수영복을 입고서, 커다란 장화를 신은 발로 조심조심 걸음을 옮기며 바닷가로 나가고 있었다. 룰루는 음흉하게 그런 신부님의 뒤를 살금살금 따라갔다. 신부님이 장화를 벗고 그중 한 짝에서 조그만 기도서를 꺼내 잠시 누구의 방해도 받지 않고 읽으려고 하는 순간 그 앞에 룰루가 들이닥쳤다.

다음 순간 나는 헌트 신부님이 바닷물에 머리카락 한 올 안 보이게 잠수해 버리는, 그 누구도 본 적 없는 장면을 목격하고서 큰 소리로 웃음을 터뜨렸다. 근처에서 그물을 끌어올리던 어부들이 룰루의 관심을 끌지 않았다면, 신부님이 바닷물 속에서 얼마나 더 오랫동안 버텨야 했을지 모른다. 그 마을 어부들은 선교사들이 나서서 말리기 전까지는 조금도 부끄러운 기색 없이 벌거벗은 채 일을 했던 것이다. 그런 신기한 장면을 보고 그냥 지나칠 룰루가 아니었다.

군함을 타고 온 프랑스 손님들

프랑스의 조프르 장군*이 가족과 함께 군함을 타고 한국을 방문한다는 소식이 전해졌다. 그 소식을 들은 바로 다음 날 원산항에 정박한다고 하여 우리 해변위원회는 즉각 행동에 돌입했다. 그러나 조프르 장군은 가족을 데리고

---

* 조제프 자크 세제르 조프르(Joseph Jacques Césaire Joffre, 1852~1931), 1차 세계대전 당시의 프랑스 장군.

· 호박 목걸이

곧바로 서울로 가버렸다. 그래도 우리는 굴하지 않고 함선에 남아 있던 장교들에게 초대장을 보냈다. 우리의 작은 외국인 마을 사람들은 찾아온 손님을 반가이 대접하는 사람들로서, 우리 마을의 아름다운 해변에는 방문객들이 예상하지 못한 즐거움이 잔뜩 숨어 있다고 자신했기 때문이다. 그날 오후 장교들을 단체로 티파티에 초대했고, 저녁에는 연주회를 열기로 했다.

프랑스 장교들은 그런 프로그램에 별 재미를 못 느꼈는지 오후에 티파티 장소를 떠나 이 집 저 집 돌아다니며 방문했고, 예쁜 여자들이 있는 집에 특히 오래 머물렀다.

당시 우리 집에는 서울에서 온 손님들이 꽤 여러 명 있었다. 우리는 이웃에 사는 데이비드슨 가족을 불러왔다. 데이비를 비롯하여 몇몇 사람이 프랑스어를 유창하게 구사했기 때문에 우리 집 파티 분위기는 금세 화기애애해졌다. 하지만 미리 계획된 저녁 음악회에는 꼭 참석해야 했으므로 일단 음악회에 갔다가 프랑스 장교들이 군함으로 돌아가기 전에 다시 우리 집에 와서 마무리 파티를 하기로 했다. 그런데 음악회가 채 끝나기도 전에 대령 한 사람이 나에게 살짝 자기네들은 간다고 신호를 보냈다. 함께 온 우리 일행도 곧바로 따라 나왔다. 대령은 그제야 점잖게 불만을 토로했다. "담배를 못 피우게 하다니 말입니다!"

우리는 별장으로 돌아와 모두 포치에 편안히 자리를 잡고 앉았다. 느긋하고 흡족하게 즐기던 담뱃불이 유일한 조명이었다. 갑자기 엄하게 따지듯이 테일러 씨가 집에 있느냐고 묻는 한 목사님의 목소리가 들려왔다. 내가 앞으로 나섰다.

"무슨 말씀이세요, 목사님." 내가 놀라서 말했다. "그이가 서울에 있다는 거 아시잖아요."

목사님 뒤로 가발을 쓴 그의 아내가 따라왔다. 장교들은 민첩하게 일어섰지만 할 말이 없어 한동안 그냥 서 있었다. 목사 부인이 담배 연기에 기침을 심하게 했다. 이미 오후에 만났던 사이들이지만 나는 어색한 순간을 메우려고 한 명 한 명 다시 소개했다. 장교들은 필요 이상으로 공손한 동작으로 허리를 굽혀 인사했고, 대령은 마치 여왕의 손을 잡듯이 목사 부인의 손을 잡았다.

"부인, 만나 뵈어 영광입니다." 그는 허리 굽혀 절을 하고는 부인의 손가락 끝 하나하나에 입을 맞추었다. 그러자 부하들도 차례로 부인의 손에 입을 맞췄다.

김 보이가 등불을 들고 왔다. 어색한 상황을 보면 언제나 먼저 혼자 나서서 해결하려고 서두르는 룰루가 장교들이 가져온 트렁크의 뚜껑을 열어젖혔다. 그 속에는 샴페인 병들이 줄지어 누워 있었다. 룰루는 한 병을 꺼내 과장된 동작으로 불청객의 코 밑으로 한 바퀴 돌리더니 그날 자기 기사 역할을 맡은 장교에게 건넸다. 코르크가 경쾌하게 뽑혔다. 목사 부인은 남편의 팔을 낚아채듯 세차게 팔짱을 꼈고, 그 바람에 가발이 살짝 미끄러졌다.

"토비아스, 집으로 가요." 부인이 쉰 듯한 목소리로 낮게 말했다.

목사는 테일러 씨를 불러와야 한다는 등 구시렁거리며 계단에서 아내를 부축하며 내려갔고, 두 사람은 인사도 없이 어둠 속으로 사라졌다. 김 보이가 쟁반에 담아온 샌드위치를 모두 하나씩 집어드는 동안 룰루 혼자 깔깔거리며 재미있어 했다.

구슬 스물들
원산의 백계 러시아인

원산 앞바다에 나타난 외국 선박

9월이 다가오고 서울 외국인학교가 개학을 하면서 모두들 해변을 떠나 서울
로 돌아갔다. 다음 해 여름이 올 때까지 별장들의 문은 잠겨 있을 터였다. 우
나와 유모 파티마는 아기를 데리고 서울로 돌아갔고, 나는 사우스캐롤라이
나 출신으로 원산 장로회 선교병원에서 간호사로 일하던 린다 브레이를 만
나러 갔다.

　린다는 성실하고 건전하며 마음씨가 따뜻하고 유능한 여성이었다. 그녀
가 하는 일은 무엇이든 신뢰감을 주었다. 한국인들도 린다를 좋아하고 존경

했으며, 린다는 한국말도 잘했다.

원산에서 함께 며칠을 보낸 뒤, 린다는 한 환자로부터 자기들 어장 바깥에 백인들이 탄 배 한 척이 있다는 말을 들었다고 전해주었다.

원산의 작은 외국인 공동체에서 이 소식은 큰 관심을 불러일으켰다. 린다와 의논을 한 끝에 브루스에게 전보를 쳤다. 브루스가 서울에서 일본 당국에 문의하자, 그들은 그곳에 외국 선박 같은 것은 없다고 일축했다. 다음 날 어부들에게 물어보니 자기들은 분명히 외국인들을 보았으며, 그들이 이해할 수 없는 언어로 크게 외쳤다고 확언했다. 그 이야기를 다시 전하자 브루스는 직접 확인하기 위해 곧바로 원산으로 달려왔다.

다음 날 아침 브루스와 린다, 선교병원 의사 한 사람과 내가 함께 현장에 가기로 했다. 우리는 일본 당국의 눈을 피하려고 어부들과 함께 그들의 어선을 타고 갔다. 바람도 우리가 가는 방향으로 불어주었다. 얼마 지나지 않아 어부들이 벌떡 일어나더니 턱으로 가리키며 "저어기, 저어기" 하고 소리쳤다. 안개 속에서 어렴풋이 커다란 배의 윤곽이 보였다. 가까이 다가가니 정말로 돛 달린 거대한 군함이 있었는데, 선미에는 예인해온 작은 선박들 몇 척이 연결되어 있었다.

우리는 돛을 내리고 가까이 다가가, 널빤지를 내려 걸치고 그 배로 옮겨 탔다. 갑판에는 군인들이 빼곡히 몸을 붙이고 서 있었다.

함장이 앞으로 나왔다. 그는 자신을 제정 러시아 해군의 오스카르 빅토로비치 스타르크 제독이라고 소개했다. 브루스는 그에게 기자증을 보여주었다. 젊은 통역자가 앞으로 나왔다. 그는 다른 사람들과 똑같이 제복을 입고 굽이 높은 부츠를 신고 있었으며, 털모자 아래로 보이는 얼굴은 말끔하게 면도가 되어 있었고, 아주 젊어 보였다. 갈색 눈은 초롱초롱했고 뺨과 입술이 발그레했다. 나는 그가 굉장히 아름답다고 생각했다. 그는 공손하게 제독의 말에 귀를 기울이더니 우리에게로 돌아섰다. 그리고 뒤에 있는 작은 배들까지 가리키면서 말했다. "우리는 모두 1700명입니다. 블라디보스토크에서 볼셰비키들의 손에 죽을 수밖에 없는 처지였기에 이렇게 탈출했습니다. 이 군함과 저기 작은 증기선으로 엔진이 없는 작은 배들을 예인해 왔습니다. 도중에 노 젓는 보트 여러 척이 뒤집혀 많은 사람들이 익사했습니다."

브루스가 물었다. "블라디보스토크를 떠난 게 언제입니까?"

"우리가 배에 오른 지 6일째입니다. 식량과 물도 거의 없고 화장실 시설도 안 된 상태입니다."

제독이 다시 말을 하고 그 젊은이가 통역했다. "제독께서는 여러분이 일본 당국에 우리의 사정을 알리고 우리가 상륙할 수 있도록 허가를 받아달라고 부탁하십니다. 그리고 그전에 제발 저희에게 물을 좀 나눠주십시오."

그 배에는 한 연대 전체가 타고 있어서 서로 어깨가 맞닿을 정도로 복잡했다. 모두들 절실한 눈빛으로 우리를 응시했다. 나는 그렇게나 간절한 마음이 담긴 눈들을, 그렇게나 내 마음을 움직이는 얼굴들을 그전까지 본 적이 없었다. 브루스가 배를 자세히 살펴보러 내려간 동안 기다리는 것도 1초가 안타까워 견디기가 힘들었다.

브루스는 보일러실에서 녹물을 한 컵 받아서 올라왔다. "이 사람들이 마실 물이라곤 이것뿐인데, 이마저 얼마 남지 않았어."

다들 아무 말이 없었다. 우리가 순풍이 불어주기를 바라며 말없이 노 저어 가는 동안 그저 우리를 계속 바라보기만 할 뿐이었다.

브루스는 바로 다음 기차를 타고 서울로 가서 그 사람들의 상륙을 요청하기로 했다.

하세가와 총독에 이어 새 총독이 된 사이토 마코토 총독이 그날 저녁 서울에 도착할 예정이었다. 기자로서 취재차 총독이 도착하는 남대문역에 가야 했던 브루스는 시간이 빠듯하여 아슬아슬하게 현장에 도착했다.

공식 환영 행사가 끝난 뒤 신임 총독은 연단에서 내려와 아내와 함께 사륜마차를 타고 그 자리를 떠났다. 마차 가까이 서 있던 브루스는 마차가 움직이기 시작할 때 검은 공 같은 것이 마차 아래로 굴러가는 모습을 보았다. 다음 순간 귀가 먹먹한 폭발음이 났다. 총독 부부는 이미 위험한 거리를 벗어난 뒤였다.* 그러나 군중 가운데 몇 사람이 부상을 입었고, 예기치 못한 일이 벌어질 때마다 늘 그랬듯이 이번에도 일본 경찰은 잠시 어찌할 바를 몰라 한동안 아무 조치도 취하지 않고 가만히 있었다. 브루스가 현장에 있던 외국인 몇 명과 함께 부상자들을 바로 길 건너에 있는 세브란스 병원으로 옮겼다.

브루스는 다음 날 총독을 방문하여 백계 러시아인들의 요청을 알렸다. 그러나 브루스가 상륙 허가를 받아 원산으로 내려온다는 전보를 보내기까지는 만 이틀을 더 기다려야 했다. 허가를 받는 일은 쉽지 않았다. 첫째로, 1904년에 러시아와 전쟁을 치렀을 때부터 항상 러시아인들을 두려워하고 믿지 못하던 일본인들은 볼셰비키들이 세력을 잡은 뒤로 한층 더 경계하게 되었기 때문이다. 둘째로, 일본인들은 어떤 부류든 러시아인들이 한국에 상륙하는 것을 원치 않았다. 그러므로 만약 이 무렵 다른 열강국가들에게 잘 보이고 싶은 마음이 없었고 브루스가 미국으로 특전을 띄워 여론을 들쑤셔 놓지 않았다면, 그들은 결코 상륙을 허락하지 않았을 것이다.

브루스는 또 러시아 난민들을 위해 일본에 있는 미국과 영국 적십자사에

---

* 1919년 9월 2일에 강우규 의사가 남대문역에서 제3대 총독으로 부임한 사이토 마코토에게 폭탄을 투척하였으나 실패한 의거.

· 호박 목걸이

전보를 띄워 도움을 요청했고, 그동안 린다와 나는 원산에 있는 병원과 선교 단체들에 협조를 구했다. 모두 즉각적이고 따뜻한 반응을 보내주었다. 이런 모든 상황을 감안할 때 일본인들도 허락을 해주지 않을 수 없었을 것이다.

일본인들이 러시아 배들을 항구로 호송하는 동안 육지에서는 그들을 맞이할 준비가 한창이었다. 이 일에서도 그들은 전형적인 간교함을 보여주었다. 바람 센 부둣가의 커다란 세관 창고를 피난민들에게 내어준 것이다. 그리고 그 주위를 빙 둘러 철조망으로 울타리를 치고 다시 울타리를 빙 둘러 바닥에 흰 선을 그은 다음 일정한 간격으로 '마루(まる)'라는 글자를 써놓았다. 그 울타리 안이 '배'임을 나타내기 위해서였다. 러시아인들이 실제로 상륙했음에도 형식적으로는 상륙하지 않은 것처럼 만들어버린 것이다. 러시아 난민을 받아주었다는 전례를 남기지 않으려는 속셈이었다.

러시아 난민 수용소

쌀쌀한 10월의 어느 날 브루스와 나는 러시아인들이 육지로 올라오는 모습을 지켜보았다. 군인과 민간인, 여자와 아이들 모두가 이 비극적인 상황에서도 질서정연하게 배에서 내렸다. 얼마 전까지만 해도 좋은 집에서 유복하게 살던 사람들임을 쉽게 알아볼 수 있었다. 어떤 여인들은 모피코트를 입고 수가 놓인 모자를 썼고, 스카프와 숄과 앞치마를 두른 여인들도 있었다. 대부분 펠트로 만든 러시아 전통의 부츠인 발렌키를 신고 있었다.

성큼성큼 걷는 이들도 있었고, 절뚝거리며 걷거나 옹송그리며 걷는 이들도 있었다. 아이들은 드디어 배에서 내리게 된 기쁨에 환호성을 올리며 달려나왔다. 그러나 한 집단 전체로서는 기이할 정도로 조용했고, 그들이 자부심과 자존감을 갖고 있음이 피부로 느껴졌다.

창고는 지독하게 열악했다. 텅 빈 벽에는 창문 하나 없었다. 빛이 들어올 곳이라고는 양쪽 끝에 있는 문 두 개뿐인데, 그렇게 문이 마주 보고 있어 문을 열든 닫든 외풍이 심할 수밖에 없었다. 한눈에 봐도 배에 있을 때보다 더 낫다고 할 수 없는 공간이었고, 사람이 누울 수 있는 가구 하나 없이 딱딱한 흙바닥뿐이었다. 게다가 모든 인원이 다 들어갈 만큼 공간이 충분하지도 않았고, 철조망 밖으로 나가는 일은 금지되었다.

그러나 그들은 그런 열악한 환경도 묵묵히 감내하면서 딱 한 가지만 부탁했다. 자기들이 손수 바깥에 참호를 파고 바람을 피할 테니 곡괭이와 삽을 달라는 것이었다.

브루스는 미국과 영국의 적십자에서 보내준 후원금으로 난로를 마련했고, 일본 적십자에서는 흙바닥 위에 나무판을 깔아주었다. 밀가루와 콩, 기본적인 식료품이 공급되었고, 그들 가운데서 제빵사와 요리사들이 나서서 수프를 끓이고 검은 빵을 구웠다. 한국에 있는 외국인들 가운데 최소한 겨울옷 한 벌쯤 기증하지 않은 이는 아무도 없었다. 그 옷들을 나눠주는 일은 서울 주재 러시아 영사에게 맡겨졌다. 어째서인지 볼셰비키 러시아는 아직 새 영사를 보내지 않아서 차르에게 충성을 맹세했던 예전 영사가 그대로 자리를 유지하고 있었다. 그것은 참으로 다행스러운 일이었다. 수용소 안으로 들어가도록 허락받은 사람은 헤플러 영사 부부와 우리 부부뿐이었다.

수용소 내부는 담요와 시트와 옷가지 등을 널어서 최소한의 개인적 공간을 구획했다. 그러다 보니 자연스럽게 같은 집안끼리, 또 같은 계급끼리 모이게 되었다. 탁 트인 장소에서 그들의 거동을 지켜보면 계급의 차이가 확연히 눈에 들어왔다. 허리를 굽혀 절을 하거나, 여성이 한쪽 다리를 살짝 뒤로 빼고 무릎을 굽혀 절하는 모습도 볼 수 있었고, 우아하게 손을 내밀어 손등에 입맞춤을 받는 이들도 있었다. 그들이 당연한 일인 듯 자진해서 규율을 받아들이고, 사기를 유지하고, 서로 예절을 지키고, 고결하고 관대하게 행동하는 모습은 대단히 경이로웠다. 부유한 사람들은 가난한 동포들을 위해 자신들에게 제공되는 원조를 마다했다. 가난한 사람들마저도 자부심을 잃지 않았는데, 그 때문에 오히려 돕기가 더 어려운 측면도 있었다.

나는 그 숙녀들이 무언가 요청하는 말을 딱 한 번 들었는데, 그것은 바로 손수건으로 쓸 수 있는 흰 천을 조금 달라는 것이었다. 점잖은 귀부인들이 콧물을 훌쩍이려니 얼마나 속이 상했겠는가. 그렇다고 체면 불구하고 농부처럼 행동할 수도 없는 노릇이었을 터이다. 그들을 보니 프랑스 혁명기의 프랑스 귀족을 그린 그림들이 떠올랐다.

남장 여군 체리

얼마 지나지 않아서 나는 통역을 했던 그 군인이 여자라는 사실을 알았고, 우리 둘은 아주 친한 사이가 되었다. 유난히 붉은 입술과 볼 때문에 우리는 그녀를 '체리'라고 불렀는데, 나는 그녀를 볼 때마다 잔다르크를 떠올렸다. 그녀 역시 잔다르크처럼 조국에 봉사한다는 이상을 가졌고, 또 이미 그렇게 싸워왔기 때문이다.

체리는 탈출한 연대의 일원이었고 다른 군인들과 똑같이 텐트도 없이 창고 바닥에서 잠을 잤다. 체리의 자리는 같은 연대 소속인 자기 오빠 옆자리였다. 체리를 보호해주는 더욱 큰 힘은 연대원들의 고결함과 그녀가 속한 계급의 기사도 정신이었다. 그러나 선교회에 속한 일부 여성들은 그러한 기사들의 수행 정신을 이해하지 못했고, 체리가 남자 군인들과 함께 지내는 것을 보고 경악했다. 체리는 그들의 의견을 존중해서 여자 숙소로 옮겨갔다. 그러나 옮겨간 다음 날 밤 체리는 다른 연대원들보다 조금이라도 나은 대접은 받지 않겠다며 다시 연대가 있는 곳으로 돌아갔다. 그 후로는 아무도 그 일에 대해 왈가왈부하지 않았다.

털모자를 벗은 체리는 소년처럼 짧게 자른 짙은 곱슬머리가 드러나 더욱 사랑스러웠다. 나는 체리에게 할당된 작은 공간에서 체리와 함께 이야기를 나누며 시간을 보낸 날이 많았다. 우리는 소지품이 들어 있는 작은 꾸러미들을 쿠션처럼 기대고 앉았다. 군인들이 우리를 위해 커튼으로 칸막이를 쳐서 작은 방처럼 만들어주었고, 내가 찾아갈 때마다 체리는 촛불을 켜서 마치 방에 있는 것 같은 분위기를 냈다.

어느 날 저녁 체리는 우리끼리 은밀하게 대화할 수 있는 기회가 생기자 자신의 이야기를 털어놓았다. 그녀는 저녁으로 배급된 갈색 빵과 건포도를 꺼내놓았다. 예전에 식구들이 모여 앉아 이야기를 나누던 저녁시간이 떠올라서인지 그들은 이 무렵을 가장 좋아하는 것 같았다. 다른 사람들은 우리에게서 얼마 떨어지지 않은 난롯가에 모여 앉아 각자 대화에 몰두하고 있었다.

체리는 아무도 보는 사람이 없다는 것을 확인하고 승마장화 한 짝을 벗었다. 체리의 작은 발에는 너무 커 보이는 신발이었다. 장화 속 발끝 부분에서 샤무아 가죽으로 된 작은 쌈지를 꺼내더니 조심스럽게 끈을 풀었다. 촛불 빛을 받아 체리의 손바닥 위에서 무언가가 영롱한 빛을 발했다. 그것을 나에게 내밀어 보여주는 체리의 눈에 눈물이 고였다. 체리가 눈물을 보인 것은 그때가 처음이었다. 그것은 자수정과 진주와 작은 다이아몬드들이 박힌 아름다운 브로치와 밝은 빛을 반사하는 여러 개의 반지였다.

"이건 제 어머니의 물건이에요." 체리가 작은 목소리로 말했다. "어머니와 아버지가 살해당한 그날 이후로 오늘 처음 꺼내보는 거예요."

체리는 감정이 격해져서인지 러시아말로 이야기를 하더니, 내가 못 알아듣는다는 사실을 기억해내고 다시 영어로 말했다.

"그날 밤 나는 친구들과 집에서 그리 멀지 않은 곳에 저녁을 먹으러 갔어요. 친구들이 나를 집 앞까지 데려다주었는데 그때까지도 주방 창문에서 빛이 새어나오고 있더군요. 우리 가족은 항상 촛불을 켜놓고 저녁을 먹었거든요. 친구들은 집으로 돌아갔고, 나는 현관에 들어서서 하인들에게 내가 들어왔으니 이제 바깥 큰 대문을 잠그라고 소리쳤어요. 그런데 아무도 대답이 없는 거예요. 그래서 주방으로 가봤죠. 거기에, 식탁 의자에 앉은 채로 아버지와 어머니가 피를 흘리며 죽어 있었어요. 칼에 찔려서요. 그날 밤은 어머니와 아버지 단둘이 식사를 하셨어요. 나는 내 자리에 앉아서 그때까지 배운, 돌아가신 분들을 위한 기도를 드리려고 했지만 도무지 생각이 안 났어요. 그러다가 살인자들이 다시 돌아올지도 모르니 나도 얼른 숨어야 한다는 생각이 들었어요. 어떻게든 빨리 오빠가 있는 곳으로 가야겠다 싶었고, 탈출하려면 돈이 필요하다고 생각했죠. 그런데 아무리 찾아도 집 안에 돈이 없더군요. 그래서 어머니가 몸에 지니고 있던 보석류와 브로치와 반지를 뺐어요. 그러고는 사마라까지 달려갔던 것 같아요. 말들도 다 가져갔는지 마구간이 텅 비어 있었거든요. 뛰어가는 것 말고는 방법이 없었어요. 사마라에는 오빠의 소속 연대가 있었어요. 사람들이 나를 오빠에게 데려다주었고, 나는 오빠에게 다 말했어요. 그들이 나에게 이 제복을 주었고, 그때부터 나는 연대와 함께 말을 타고 이동하면서 생활했어요. 우리는 시베리아 전체를 횡단했어요. 2년 동안 볼셰비키들과 싸우면서 계속 이동했지요."

체리는 말을 멈추더니 그 쌈지를 내게 건넸다. "저 대신 맡아주세요, 마루슈카.* 나중에 필요하면 팔아야겠지요. 여기에 두는 것은 안전하지 않아요. 일본인들이 발견할 수도 있고, 발가락도 너무 아프거든요."

그때 군인 하나가 수프를 가지고 우리에게 오는 것을 보고 나는 급히 주머니에 그 쌈지를 집어넣었다.

겨울이 가고 봄이 왔지만 일본인들은 여전히 러시아 난민들이 병원에 가는 것도, 받아주겠다는 가정으로 옮겨가는 것도 허락하지 않았다. 그 모든 고난을 겪으면서도 그들은 예의 바른 행동과 사기를 전혀 잃지 않았고, 옷이나 식량 같은 도움을 받는 것조차 무척 망설였다. 구걸하거나 애원하는 사람은 아무도 없었다.

우리는 서울로 돌아가기 전에 체리가 일주일에 한 번 린다가 일하는 병원에 다닐 수 있게 허락을 받아냈다. 린다는 체리에게 갈마 해변에 우리 별장이 있다는 말을 해주었는데, 그 말이 후에 체리의 인생에 어떤 영향을 미치게 될지는 꿈에도 생각하지 못했다.

브루스와 나는 러시아의 부활절에 맞추어 난민 수용소를 다시 찾아갔다가 어떤 동요가 일고 있음을 즉각 감지했다. 러시아 난민들이 인내의 한계에 도달한 것 같았다. 우리가 문을 열고 들어가자 늘 질서정연했던 사람들이 무질서한 군중으로 변했다. 그들은 우리를 에워싼 채, 애원하고 기도하는 동시에 울면서 소리를 질러댔다. 물론 우리는 한마디도 알아들을 수 없었다.

그러자 체리가 무리를 뚫고 우리에게 다가왔다.

"일본인들이," 체리는 가쁜 숨을 가누며 말했다. "우리를 모두 블라디보

---

* 메리의 러시아식 애칭.

· 호박 목걸이

스토크로 돌려보낸대요. 그건 그냥 죽으라는 말이에요. 총독에게 얘기 좀 해주세요. 애원이라도 해주세요. 절대 우리를, 절대로 돌려보내서는 안 된다고 말해주세요."

서울에서 이에 대해 들은 바가 없었기 때문에 우리에게도 몹시 충격적인 소식이었다.

이렇게 격앙된 분위기 속에서 사제 한 사람이 부활절 예복을 입고 두 손으로 십자가를 높이 들고 무리 속으로 나타났다. 사람들은 순식간에 침착해졌다. 그들은 신부가 지나가면 무릎을 꿇었고 다시 일어나 그의 뒤를 따르며 행렬을 지었다.

이제 그들은 조용히 큰 막사 안으로 다시 들어갔다. 우리도 그 뒤를 따랐다. 그곳에는 제단이 마련되어 있었고 중심에는 성상이 놓여 있고 양쪽에는 촛불이 타고 있었다. 어슴푸레한 빛 속에서 예배가 시작되었다. 나는 그 장면을 결코 잊을 수 없다. 골함석으로 된 지옥 같은 창고를 대성당으로 만들던 그 영광스러운 노랫소리도.

우리 앞에는 체리와 세 명의 젊은 장교가 서 있었다. 그들은 유난히 독실해 보였다. 예배가 끝나자 네 사람은 무릎을 꿇었다. 그런 다음 세 장교가 일어나서 제단에 절을 한 다음 성호를 긋고는 고개를 높이 치켜들고 밖으로 나갔다. 조금 뒤에 총성이 세 방 울렸다.

체리가 일어서더니 브루스를 향해 돌아섰다. 그리고 상관에게 보고하는 군인 같은 말투로 이렇게 말했다. "조선총독에게 이반과 아벨과 아나톨리가 우리를 러시아로 돌려보내는 데 대한 항의의 표시로 스스로 목숨을 끊었다고 전해주십시오."

우리는 즉시 서울로 돌아갔고, 브루스가 사이토 총독과 면담했다. 러시아인들을 두려움에 떨게 한 그 이야기가 사실인지 헛소문인지 우리는 끝내 알 수 없었지만, 아무튼 브루스는 그들을 러시아로 돌려보내지 않을 것이며 다른 곳에 피난처를 구할 때까지는 남아 있어도 좋다는 총독의 말을 그들에게 전해줄 수 있었다. 게다가 스타르크 장군과 레베데프 장군은 체리를 통역자로 대동하고 서울에 와도 좋다는 허락까지 받아냈다.

그리하여 세 사람은 사이토 총독을 직접 만나 그 모든 약속을 확인했고, 총독은 우리가 체리의 후견인이 되는 것도 허락했다.

면담이 끝난 후 러시아인들과 함께 우리 집으로 왔는데 그들이 어찌나 고마워하는지 민망할 지경이었다. 그들은 러시아인다운 강렬한 감정 표현과 유럽인다운 예의가 뒤섞인 표현으로 브루스에게는 볼에 입을 맞추고 나에게는 허리를 굽혀 절을 했다. 남자 복장을 한 체리도 브루스에게 입맞춤을 했다.

러시아인들이 원산에 상륙한 지 6개월 뒤, 미국은 스타르크 장군에게 군함 한 대는 필리핀에, 다른 한 대는 샌프란시스코에 정박시켜도 좋다고 허락했다. 다른 배들은 상하이를 비롯한 중국의 항구들로 갔다.

구호단체들과 함께 러시아인들을 돕기 위해 일했던 우리는 그들을 상대할 때 가장 큰 어려움이 그들의 독특한 기질에 적응하는 일이었다는 데 모두 동의했다. 그들의 강렬한 자부심과 지나치게 감상적인 면, 예민함과 비현실성 등은 대부분 성장 환경에서 기인한 특징들이었다. 오늘날에는 대부분 러시아라고 하면 온 나라가 볼셰비키와 공산주의자뿐이라고 생각하지만 사실모두가 그런 것은 아니다.

일본이 난민 중 일부가 서울에 머무는 것을 허락했기 때문에 체리는 우리집에 와서 살게 되었다. 정성 들여 만든 우리 집 음식이 체리에게는 맞지 않

있는지 어느새 체리는 몸져눕고 말았다. 어느 날 체리는 나에게 브로치를 달라고 했다. 반지들은 이미 다 팔아버리고 그것이 유일하게 남은 보석이었기에 나는 이유가 무엇인지 물었다. 그랬더니 약을 사야 한다는 것이었다.

어느 날 체리가 아침식사 때 나타나지 않았다. 나는 무슨 일인가 싶어 체리가 머무는 정원에 있는 작은 사랑채로 내려갔다. 체리는 정신이 들락날락하는 상태에서 러시아어로 횡설수설했다. 나는 그때 마침 서울에 와 있던 린다를 불렀다. 린다는 당장 조치를 취해야 한다며 입원시킬 준비를 했다. 체리는 패혈증에 걸린 상태였고, 다음 날 유산한 태아를 몸 밖으로 빼냈다.

체리는 회복되어가는 중에 나에게 사정을 털어놓았다. 어느 날 밤 체리는 수용소에서 나와서 린다를 만나러 갔는데, 린다가 집에 없었다. 마침 우리 별장이 갈마 해변에 있다는 말이 생각나서 그 거리가 얼마나 먼지도 모른 채 해변을 향해 걷기 시작했다. 그런데 일본군 한 명이 접근하더니 러시아인이라는 걸 알고는 들로 끌고 가 체리를 강간했다. 그 후 체리는 일본인 의사에게서 임신이 되지 않게 하는 약을 사서 복용했다고 한다.

더 가엾이 여기고 도와줘도 모자랄 판에, 어떤 사람들은 그 이야기를 듣고 코웃음을 치면서 수용소의 숙소 상태와 체리가 다른 병사들과 함께 지내겠다고 고집했던 일을 들먹였다. 왜 그렇게 매사를 나쁜 쪽으로만 생각하는지 이해할 수 없다.

남자들의 공적이 된 시씸스 대령

서울에 남아도 좋다고 허락받은 러시아 난민 중에 시씸스 대령이 있었는데, 그는 어떤 농부와 동업을 해서 신발 사업을 시작했다. 대령이 주문을 받아오면 농부가 신발을 만드는 식이었다. 늠름하고 한눈에 반할 만큼 매력적인 대령은 많은 주문을 받아올 수 있었다. 여자들은 그가 가까이 오는 것만 봐도 심장이 쿵쾅댔다.

신발 사업은 성황을 이루어서 우리의 작은 외국인 공동체에서 아름다운 빨간색 발렌키를 갖지 않은 여자는 거의 없을 정도였다. 그 무렵 남편들은 대령을 다른 데로 보내야 한다는 데 뜻을 모으고, 돈을 모아 그를 상하이로 보내려고 했다. 대령은 일단 돈을 받은 다음, 자기 말이 없이는 서울을 떠날 수 없다고 버텼다. 그 말이 어디 있냐고 묻자, 사람들이 이어달리기를 하듯이 자기 말을 연달아 타고 시베리아를 가로질러 오고 있다고 대답했다. 물론 그 말을 믿는 사람은 아무도 없었다.

그러나 나중에 나는 러시아인과 관련된 일에서는 아무리 기상천외하더라도 믿을 수 없는 이야기는 없다고 생각하게 되었다. 시쎔스 대령의 이야기는 사실이었고, 실제로 몇 달 뒤 그의 말은 족보와 상으로 받은 리본과 함께 서울에 도착했다. 대령과 체리가 그 말에 올라타 기량을 선보였다. 그 말은 정말 멋지고 늠름한 모습으로 점프하고 뛰어다녔다.

말이 도착했는데도 대령이 그 말을 타고 상하이로 떠날 기미가 보이지 않자, 그를 보내는 골치 아픈 문제를 해결하기 위해 브루스가 그 말의 절반을 사겠다고 나섰다. 나머지 절반은 닥터 홉커크가 샀다. 그 후로 우리는 말의 어느 부분이 누구의 소유인가를 놓고 농담을 주고받았다.

시쎔스 대령은 상하이로 갔다가 나중에 미국으로 건너갔다.

체리는 한동안 우리 사무실에서 일하면서 서울 유니온클럽의 댄스파티에도 참석하곤 했다. 그러다 점점 슬프고 우울해 보이고 멍하니 있는 때가 많아졌다. 저녁에 우리와 있을 때도 별말 없이 조용히 앉아 있기만 했다. 나는 그런 체리가 몹시 걱정되었다. 그러던 어느 날 체리는 우리를 떠나야겠다고 선언했다. 상하이에 있는 오빠에게 가겠다는 것이었다. 이유를 물으니, 자기가 브루스를 속절없이 사랑하게 되었기 때문이라고 했다. 브루스는 전혀 눈치채지 못한 것 같았다.

체리는 오빠 알렉세이가 있는 상하이로 떠났다. 그곳에서 남매는 승마학교를 열었지만 벌이가 시원치 않았는지, 브로치를 보내달라는 편지를 보내왔다. 나는 여전히 그들을 위해 체리가 처한 궁핍한 처지를 설명하며 우리 클럽 여성 회원들에게 너그러운 도움을 호소했다. 회원들은 관대한 마음으로 응해주었지만 그들의 가계에는 분명 부담을 주는 일이었을 것이다. 아무튼 그 덕에 나는 체리에게 브로치 대신 돈을 보낼 수 있었다.

그러나 체리의 답장을 받았을 때 나는 그 편지를 회원들에게 읽어줄 수 없었다. 그걸 읽었다면 아무리 마음이 넓은 그들이라 해도 분명 괘씸한 생각이 들었을 것이다.

클럽의 부인들께 부디 감사의 말씀을 전해주세요. 여러분의 선물은 일찌감치 도착해서 저는 충분한 시간을 두고 알렉세이 오빠의 생일 파티를 준비할 수 있었어요. 하얀 당의로 장식한 케이크와 샴페인도 마련했답니다. 저는 선물로 오빠의 이니셜과 가문의 문장이 새겨진 금장식이 된 말채찍을 샀어요. 제 것으로는 어깨까지 올라오는 새끼 염소 가죽으로 된 하얀 장갑을 샀고요. 우리 어머니가 궁정에서 가장 작고 아름다운 손을 가진 사람으로 뽑혀 황제로부터 상을 받았을 때 우리가 꼈던 것과 비슷한 것이죠. 여러분 모두에게 키스를 보내고, 알렉세이도 여러분의 손에 키스를 보냅니다.

사랑하는 체리가

이런 일이 있고 얼마 지나지 않아서 체리는 예식이 길기로 유명한 그리스 정교회 대성당에서 화려한 결혼식을 올렸다. 나는 체리가 어떻게 그런 결혼을 하게 되었는지 그 사정은 끝내 알 수 없었다. 아무튼 체리에게는 모든 것이 최고 아니면 최악이라는 생각이 들었다. 그리고 내가 보기에 체리의 그런 특징은 러시아라는 나라와 그 나라 사람들의 전형적인 특징이기도 했다.

우리 집을 짓기로 하다

영국에서 온 크리스마스 선물

'서대문의 작은 회색 집'으로 다시 돌아오니 참 좋았다. 하지만 원산 바닷가의 널찍한 방갈로에서 지내다 온 탓에 집이 좀 비좁게 느껴졌다.

나는 곧 고향에 있는 가족과 친구들에게 보낼 크리스마스 선물을 사면서 쇼핑하는 재미에 푹 빠졌다. 선물을 고르기 위해 우리 부부는 진고개에 있는 한국인과 일본인의 상점을 훑고 다녔다. 브루스는 물건들을 보면서 거기에 얽힌 전설과 내력들을 들려주었다. 구입한 선물은 모두 우리 가게로 가져와서 나무상자에 담아 예쁘게 포장하고 캔버스 천으로 싸서 꿰맨 다음 배편으로 부쳤다.

하루는 브루스에게 영국에서 크리스마스 선물이 도착했으니 세관에 와서 찾아가라는 통지가 왔다. 브루스가 가서 보니 일본인 세관 직원들이 코끼리 발 하나를 살펴보고 있었다. 그런 물건에는 세금을 얼마 부과해야 한다는 규정이 없었기 때문에 그들은 무척 난처한 듯했다.

브루스 역시 우리 집의 코끼리 발 탄탈루스에 관해서 아는 바가 없었으므로 무척 당황했다. 수신인란에는 브루스의 이름이 또렷하게 적혀 있었다. 아무튼 그에게 온 물건임에는 틀림없었다. 그는 코끼리 발에 걸린 은으로 된 띠에 새겨진 글을 보고, 나의 아버지가 파티알라 토후의 사냥에서 잡은 코끼리 발을 우리에게 선사했다는 사실을 알게 되었다.

브루스는 오래전에 죽은 코끼리 발은 팔 사람도 살 사람도 없으니 관세를 매길 필요가 없다며 세관 직원들을 설득했다. 그들은 그 말이 일리가 있다고 생각했지만 한참이나 고개를 절레절레 흔들고 한숨을 들이쉬고 내쉬고 하더니 마침내 그냥 보내주었다.

코끼리 발은 황소가 끄는 달구지에 실려 '작은 회색 집'에 도착했다. 그것을 보니 어린 시절의 추억이 물밀듯 몰려오기는 했지만, 나 역시 그런 선물을 받고 기겁할 수밖에 없었다. 과연 우리 아버지다운 일이었다. 아버지는 내가 궁전같이 큰 집에 살고 있다고 생각하는 게 분명했다.

나는 작은 소리로 중얼거렸다.

"어디에 둬야 할까요? 우리 집에는 저걸 올려둘 만큼 크고 튼튼한 물건이 없잖아요. 올릴 만한 데라고는 식탁뿐인데." 그 식탁은 제임스 1세 시대(1603~1625)에 만들어진 가구 세트 중 하나로, 벨기에 영사관이 폐쇄될 때 거기서 사들인 것이었다.

"이 세트의 나머지 물건들도 다 사야겠는걸요. 우리 집에서는 항상 이 코끼리 발을 사이드보드 위에 올려두었거든요."

가구 세트 전체를 구하려면 서울에 거주하는 외국인들 사이의 치열한 경쟁을 뚫어야 했다. 한 세트를 이루던 가구들이 각각 이 집 저 집에 뿔뿔이 흩어져 있었기 때문이다.

"그 사이드보드가 우리 것이 되기를 바라느니 차라리 그 은행나무가 우리 것이 되기를 바라는 게 낫겠는데." 브루스가 놀리듯 말했다.

"아무튼 당분간 욕실에 둘 수밖에 없겠어요. 지금까지도 어떻게 해야 할지 모르는 물건들은 다 거기에 쌓아놨으니까요." 나는 자포자기하는 심정으로 그렇게 말했고, 결국 코끼리 발은 욕실로 들어갔다.

그런데 몇 달 뒤 그 사이드보드 주인이 세상을 떠났고, 브루스가 경매를 통해 구입했다. 하지만 문제는 더 커졌다. 그 사이드보드를 들여놓기에 집이 너무 작았기 때문이다.

"방법은 하나뿐이에요." 내가 선언하듯 말했다. "집을 새로 짓는 수밖에요."

"집을 지으려고 해도 지을 곳이 있어야지. 땅이 있어야 집을 지을 것 아니오."

"은행나무 아래죠." 내가 웃으며 말했다. "나는 거기에 집을 지을 생각이에요."

"우리 마나님, 아직도 꿈을 꾸고 계시네요?"

그동안 사이드보드는 정원의 퍼걸러* 아래에서 방수포를 뒤집어쓴 채 대

---

* 정원에 덩굴 식물이 타고 올라가도록 만들어놓은 아치형 구조물로, 장식과 차양의 역할을 한다.

기하고 있었다. 그런 대화를 나눈 지 얼마 지나지 않은 어느 저녁, 브루스가 식탁에 샴페인을 내오라고 했다. 나는 무슨 영문인지 궁금했다.

"누구 생일이에요?" 코르크가 퐁 소리를 내며 열리고, 김 보이가 우리 잔을 채웠다. 브루스는 내 잔을 향해 자기 잔을 들어 보이며 말했다.

"우리 은행나무를 위하여!"

브루스는 잔을 맞부딪치려고 했지만 나는 그의 말이 믿기지 않아 멍해져서 잔을 들 수도 없었다.

브루스가 자초지종을 들려주었다. "오늘 저녁 클럽에서 데이비드슨과 포커를 치고 있는데 사환이 그에게 전보 한 통을 가져왔다오. 데이비 말이 은행나무 있는 땅의 주인이 사망해서 그 땅을 팔아야 한다는 거요. 데이비드슨이 그 땅의 신탁관리자였거든. 내가 '얼만가?' 하고 물으니 그가 판돈을 올리며 '10만'이라고 대답하더군. '그럼 그건 내 땅일세'라고 하니, 데이비가 딴 돈을 끌어모으며 '거래 종료'라고 말했지."

그제야 나는 축하의 샴페인을 마실 수 있었다. 김 보이가 다시 잔을 채워주었고, 우리는 '우리의 새집'을 위해 축배를 들었다.

집터를 보러 가다

나는 다음 날 김 주사에게 그 소식을 알리면서 그도 매우 좋아할 거라고 생각했다. 하지만 김 주사한테는 무슨 말을 하든 그가 어떤 감정을 느끼는지 도통 알 수 없었다. 유교식 교육을 받은 그는 감정을 드러내는 것은 체통이 없는 일이라고 여겼기 때문이다. 나는 김 주사의 그런 면이 못내 불편했다. 그가 가족들에게도 항상 저렇게 침착성의 가면을 쓰고 대하는지 궁금했다.

· 호박 목걸이

나에게는 그런 그가 마치 연극의 등장인물같이 느껴졌다.

때때로 나는 갖가지 술책을 동원해 그의 그런 완고한 생각을 꺾어보려고 시도했다. 이를테면 양반은 절대로 서두르지 말아야 한다는 생각도 그 한 예였다. 나는 일부러 그보다 앞서 걸어가서 뒤를 돌아보며 말을 걸었다. 하지만 그럴 때마다 오히려 내가 그 자리에 서서 그가 평소와 다름없는 걸음으로 천천히 다가올 때까지 그를 기다려야 했다. 때로는 그가 짐을 나르게 만들려고도 해보았다. 직접 짐을 나르는 것 역시 그의 원칙에는 위배되는 일이었다. 그럴 때면 그는 내게서 정중하게 짐을 받아들고 절을 한 다음 밖으로 나갔다. 하지만 나중에 창문으로 내다보면 공 서방이 그 짐을 들고 종종거리며 김 주사 뒤를 따라가고 있었다.

나와 브루스, 심지어 우리와 동행한 건축가도 은행나무가 있는 가파른 언덕을 오르느라 숨을 헐떡거렸다. 그러나 김 주사는 달랐다. 그는 조금도 힘들이지 않고 올라가는 것처럼 보였다.

우리 집 개들은 신나게 앞서 달려가더니 벌써 은행나무 그늘 아래 배를 깔고 누워 꼬리를 흔들면서 우리를 기다렸다. 우리도 나무 아래에 멈춰 서서 숨을 돌리고 우리의 새로운 소유물을 바라보며 뿌듯해했다. 은행나무가 자라는 언덕 뒤로는 멀리 북한산이 보였고, 서쪽으로는 무악재 길이 보였으며, 동쪽으로는 아래쪽 계곡을 따라 늘어선 오래된 성벽이 경계를 짓고 있었다. 집을 지을 정확한 위치는 일본이 정한 법에 따라 정해질 터였다. 우리 땅과 마주 보는 남산 중턱에 조선신궁이 있었는데, 그보다 더 높은 건물은 짓지 못하도록 금지했기 때문이다.

은행나무골의 내력

그 땅에 대해 잘 알고 있는 김 주사가 자기 집안 문서고에서 문서 하나를 가져왔는데, 그걸 본 우리는 엄청나게 흥미가 동했다. 1600년경에 작성된 그 문서를 보니 그 땅은 오늘날과 마찬가지로 그때도 '은행나무골'*로 불렸다. 김 주사는 마을 이름에 반영될 정도로 중요하게 여겨진 나무였다면 당시에 이미 200살은 넘었을 거라고 추측했다. 그렇게 계산해보면 이 은행나무는 600살은 된 셈이었다. 한국 사람들은 신령한 곳에 은행나무를 심었으니, 과거에는 이 땅에 사당이 있었을지도 모른다고 김 주사는 말했다.

"아무튼 이 주변 마을 사람들은 몇 세대 전부터 이 나무를 숭배해왔고, 이 나무에게 아들을 낳게 해달라고 빌었습니다."

"아이 낳는 것을 왜 나무에게 빌었다는 거죠, 김 주사?" 내가 그의 설명을 끊고 물었다.

김 주사는 손을 뻗어 무악재 쪽을 가리키며 대답했다. "저 너머를 보십시오, 부인. 예전에는 저기에도 수령이 이 나무와 비슷한 은행나무가 한 그루 있었습니다. 언젠가 그 나무가 죽었고, 그 뒤로는 이 나무도 수정이 되지 않습니다. 보면 아시겠지만 이제 이 나무에는 은행이 열리지 않지요. 하지만 사람들은 아직도 변함없이 이 나무를 다산의 상징으로 여깁니다. 그래서 여인들은 아들을 점지해달라고 이 암나무를 찾아와 비는 거랍니다."

김 주사는 은행잎 하나를 주워 손바닥에 올려놓았다. 그리고 은행잎이 엄

---

* 은행나무가 있는 곳은 조선시대 권율 장군의 집터이며, 이 은행나무도 권율 장군이 손수 심은 것이라고 알려져 있다. 현재 수령이 약 420년으로 추정된다. 나무가 있는 행촌동은 1914년에 일제가 은행동과 신촌동을 합쳐서 만든 동 이름이다.

• 호박 목걸이

지를 펴고 나머지 네 손가락을 반쯤 오므린 작은 손 모양 같다고 말했다. 잎이 나무에 달려 있을 때는 바람이 불면 아래로 까딱까딱 움직이는 것이 마치 한국 사람들이 가까이 오라고 손짓할 때와 같다고 했다. 김 주사가 그런 손짓을 해보였는데, 손바닥을 위로 향해서 손끝을 까딱까딱하는 우리 서양식과는 반대였다. 부르는 손짓이라……. 앞으로 다가올 날들에 내가 이 앞을 오고 갈 때마다 이 나무가 나에게 어서 오라고 손짓을 해주겠구나 하는 생각이 들었다.

김 주사는 무언가 깊은 생각에 잠긴 듯했다. 나는 그의 마음속에 더 하고 싶은 말이 있음을 느꼈다. 그는 브루스가 우리에게 올 때까지 기다렸다. 그러고는 그 섬세한 손을 들어 입을 가리고 특유의 얕은 헛기침을 하더니 말을 시작했다.

"주인, 그리고 부인." 김 주사는 우리 둘을 차례로 쳐다보며 우리가 자기 말에 주의를 기울이고 있는지 확인했다. "이 토지는 오래전부터 사람들이 공동으로 사용하던 땅입니다. 예전 주인이었던 그 영국인도 과수를 심기는 했지만 건물은 짓지 않았지요. 이 나무와 샘에는 누구나 언제든 방해받지 않고 접근할 수 있었습니다." 주위를 둘러보니 바퀴자국 같은 것으로 다져진 길이 사방으로 여러 갈래 뻗어 있었다.

"담을 쌓아 은행나무와 샘으로 가는 길을 차단한다면 문제가 생길 것입니다."

김 주사는 고개를 절레절레 흔들며 "재미없어, 재미없어"라며 불운을 암시하는 한국말을 암울하게 반복하는 것으로 할 말을 마쳤다.

"당장 길을 다 차단하지는 않을 거요." 샘으로 걸어가며 브루스가 말했다. 땅 속 깊은 곳에서 솟아나는 아주 깨끗한 샘물이었다. 샘 주위로는 바위들이

빙 둘러 버팀벽 구실을 했고, 샘까지 내려가는 넓은 계단이 놓여 있었다.

김 주사가 가져온 문서를 꺼내 평평한 바위 표면에 펼쳐놓았다. 그리고 긴 집게손가락을 뻗어 글자를 짚으며 읽었다.

"까치샘."

그는 샘 위에 서 있는 은행나무를 올려다보았다.

"사람들이 이 샘을 까치샘이라고 부르는 이유는 수 세기 전부터 까치들이 늘 이곳을 찾아왔기 때문입니다. 까치는 길조랍니다. 그러니까 절대로 까치들을 쫓아버리면 안 됩니다."

우리 머리 위 은행나무에서는 검정 깃털 사이사이 푸른 깃털이 보이고 가슴 털과 날개 끝은 흰색인 까치들이 부지런히 둥지를 짓고 있었는데, 우리를 쫓아버리려는 것인지 계속 시끄럽게 울었다.

샘을 자세히 살펴보던 브루스가 이 샘물을 우리 식수로 사용하면 되겠다고 말했다.

"여기에는 양쪽으로 여닫는 문을 달아 잠가놓아야겠소."

김 주사는 걱정스러운 표정으로 브루스를 올려다보았다. 브루스는 그가 무슨 생각을 하는지 알아차렸다.

"걱정 마시오, 김 주사. 샘은 두 개가 더 있고, 하나는 마을 사람들이 쓰도록 개방해둘 테니."

우리는 정원이 될 땅에 있는 수사슴샘과 뱀샘을 둘러보았다. 그 경사길을 거니는 동안 나는 계단식 비탈로 바뀐 그곳의 모습을 머릿속에 그려보았다.

"수사슴샘은 마을 사람들이 쓰도록 남겨둘 것이오. 그리고 저쪽에 김 보이와 그의 가족들이 살 집도 지을 생각이오."

얼마 후 바위를 폭파하고 집의 토대를 놓기 위한 땅 고르기가 시작되었다.

나는 이마에 하얀 천을 질끈 두른 일꾼들이 집 지을 터를 고르는 모습을 지켜보았다. 그들은 그 하얀 천을 수건으로도 사용했다. 그들이 사용하는 삽은 자루가 1.5미터쯤 되고 삽날은 서양 것처럼 넓지는 않지만 땅을 파기에는 더 적합했다. 삽날 양쪽에 밧줄 여러 개를 묶고 우두머리가 삽 끝을 팔 지점에 대면 네 명에서 여섯 명쯤 되는 사람들이 힘차게 밧줄을 잡아당겨 흙을 날려 보내듯이 땅을 팠다. 그러면서 단조의 노래를 합창하며 박자를 맞추었다.

건장한 일꾼 두 사람이 짝을 지어 어깨로 막대를 받치고, 거기에 그네처럼 생긴 것을 걸어 커다란 돌들을 옮겼다.

말뚝과 밧줄이 집 지을 위치에 맞추어 배열되었다. 내게는 그 공간이 너무 작아 보였다. 나는 골똘히 생각해보면서 말뚝 몇 개의 위치를 옮겨 밧줄의 길이를 더 길게 해놓았는데, 그러고는 그 일을 잊어버렸다.

다음 단계로 주춧돌을 놓아야 했다. 우리 주춧돌은 커다란 화강암 덩어리로, 소달구지에 실어 끌고 올라오는 데 황소 네 마리의 힘이 필요했고, 제자리에 놓기 위해서 많은 수의 일꾼들이 안간힘을 써야 했다.

우리 집터는 언덕 높은 곳에 있었지만, 거기까지 변변히 닦인 길이 없었기 때문에 모든 건축 자재를 소달구지와 지게에 실어 날라야 했다.

지게는 한국에서 가장 편리하고 유용한 운송 수단이다. 끝이 둘로 갈라진 나무기둥 두 개와 그것을 가로로 연결하는 막대 두 개, 그리고 어깨에 짊어질 수 있는 어깨끈으로 이루어진 물건으로, 마치 앞다리 두 개를 잘라낸 의자 같은 모양이다. 의자의 앉는 자리처럼 생긴 부분에 짐을 싣고 뒤편의 편편한 쪽을 등에 대고 양쪽 어깨에 어깨끈을 멘 채 짐을 짊어진다. 또 끝이 갈라진 막대기를 함께 사용하는데, 이것은 지게꾼이 짐을 진 상태로 일어설 때

지렛대처럼 이용하기도 하고, 지게를 세워놓을 때 받침대로도 쓴다. 짐을 지고 가다가 힘이 들면 지게를 내리고 그렇게 받쳐두면 지게가 쓰러지지 않고 그사이 지게꾼은 쉬어갈 수 있다. 힘센 장정이라면 지게에 180킬로그램까지도 질 수 있다.

벽돌과 시멘트, 커다란 돌들과 같은 건축 자재들은 소달구지에 실어 날랐다. 무악재 큰길에서 집터까지 오는 길이 무척 좁았기 때문에 이런 수레가 지나가면 마을 사람들의 이목을 끌 수밖에 없었고, 곧 은행나무가 있는 신령한 땅 근처에 외국인이 집을 짓는다는 소문이 널리 퍼졌다. 김 주사가 우려한 대로 마을 사람들은 우리가 신령한 땅에 무엄한 짓을 저지르고 있다며 분개했다. 우리가 언덕 위에 집을 지으면 그들은 더 이상 까치샘과 은행나무에 갈 수 없게 된다는 사실을 받아들일 수 없었던 것이다. 그들은 대대로 누려온 권리를 지키겠다는 뜻을 표현하기 위해 수레를 뒤엎고 건축 자재들을 내던졌다.

무당의 불길한 저주

마을에서 소동이 벌어졌다는 이야기를 듣고 브루스가 사태를 파악하러 갔다. "서양 사람, 서양 사람!" 하고 그들은 고함을 질렀다. "무슨 짓이오, 서양 사람!"

한눈에 상황을 파악한 브루스는 촌장을 만나러 갔다. 그는 한국 사람들의 심리에 대한 이해와 유창한 한국어 실력에 과단성 있는 성격까지 동원해 마을 사람들의 시위를 잠재우려고 애썼다. 무당이 나타나 저주의 말을 쏟아내고, 자신들의 근거지를 빼앗아 노하게 한 외국인들에게 재앙을 내려달라고 모든 신령에게 빌고 나서야 군중은 흩어졌다.

"지신님이 복수할 것이다. 너희는 말라죽을 거다. 집안에 악운이 내리고 화마가 집을 삼킬 거다!" 무당은 째질 듯한 목소리로 신경질적으로 고래고래 소리를 지르며 뱀 같은 손가락으로 저주의 손짓을 해 보였다.

결국 우리는 일본 경찰의 보호를 받으며 집을 지어야 했다. 우리는 무당의 저주를 귀담아듣지 않았다. 우리 집은 돌과 벽돌과 타일로 지었고 이웃과도 외따로 떨어져 있었기 때문이다.

몇 달 후 집 정면에 기둥들이 늘어선 포치가 완성되고 보니 기둥 간격이 일정하지 않았다. 내가 말뚝과 밧줄을 함부로 건드린 것이 화근이었음을 알고 가슴이 덜컥 내려앉았다. 결국 정면 전체를 허물고 다시 지어야 했다. 나는 내가 저지른 실수를 혼자 비밀로 간직했다. 그로 인해 집의 완공은 몇 달이나 지연되었다.

주춧돌에 우리 집의 이름을 새겨 넣을 시간이 왔다. 나는 인도에서 '기쁜 마음의 궁전'을 처음 보았을 때부터 내가 살 집에 '딜쿠샤'라는 이름을 붙여줄 순간을 꿈꾸어왔다.

'딜쿠샤'라는 이름과 '1923'이라는 건축 연도 아래에는 브루스가 '〈시편〉 127장 1절'이라고 새겨 넣었다.

여호와께서 집을 세우지 아니하시면
세우는 자의 수고가 헛되며
여호와께서 성을 지키지 아니하시면
파수꾼의 깨어 있음이 헛되도다

이 구절은 매우 적절했다. 우선 집을 짓는 과정에서 우리는 유난히 큰 어려움을 많이 겪었고, 둘째로는 그 집에 사는 내내 무악재를 넘어 우리 마을 앞을 지나가는 야경꾼의 딱딱이 소리를 매일 밤 자정 무렵마다 들었기 때문이다.

• 호박 목걸이

기쁜 마음의 궁전, 딜쿠샤

언덕 위 은행나무집

한국은 계절의 변화가 뚜렷하기 때문에 집을 짓고 내부 설비를 갖추는 것이 간단하지 않았다. 집은 계절에 맞추어 변화하는 자연에 대응하며, 그 집에 사는 사람들을 철따라 다르게 보호해주어야 한다. 사람이 그렇듯이 집도 겨울옷과 여름옷은 큰 차이가 난다. 겨울에는 눈이 들어오지 못하게 문을 꼭 닫아야 하는 동시에 햇빛은 잘 들어야 하며, 여름에는 시원한 바람이 잘 통하면서도 이글거리는 열기와 쏟아지는 폭우를 잘 막아내야 한다.

　겨울에는 악천후에 대비한 덧문과 창문을 이중으로 만들고, 두꺼운 벽걸이와 양탄자로 온기를 보존하며, 가림막을 세워 난로로 데울 공간을 제한하여 열 손실을 방지한다. 또 여름에는 열 수 있는 문이란 문은 모조리 활짝 열어젖히되 모기가 들어오지 못하게 방충망을 꼭 설치해야 하고, 포치에는 덩굴 식물이 타고 올라갈 수 있도록 대나무 기둥을 세워 시원한 그늘을 드리워야 한다.

우리가 그 집에 들어가 살기 시작한 계절은 봄이었다.

일층에 있는 너비 14미터의 넓은 거실은 그 앞에 있는 포치에 가려서 많이 어두웠기 때문에 벽에 황금빛이 도는 노란 페인트를 칠했다. 벽지를 발랐다가는 장마철에 군데군데 곰팡이가 피기 때문에 도배를 하는 것은 좋은 생각이 아니었다. 처음에 벽지가 무슨 색이었든 나중에는 모든 벽이 죄다 이끼 같은 녹색으로 뒤덮이고 만다.

우리 집에는 포치로 나가는 정면을 비롯하여 양쪽으로 여는 유리문이 세 군데 설치되어 있었다. 이층으로 올라가는 계단은 어두운 색 오크 목재로 만들었는데 중간에는 작은 계단참도 있었다. 이 계단은 유럽 스타일로 지은 궁전의 어느 건물을 철거했을 때 거기서 가져온 것이다. 난간에는 칸마다 작약꽃을 조각해 장식했다. 계단 밑에서 바닥으로 통하는 문을 열면 지하실로 내려가는 계단이 나왔다. 지하실에는 장작과 석탄 그리고 포도주를 보관했다.

거실 뒤쪽 벽 가운데에는 넓고 깊은 잉글누크*를 만들어 그 안에 벽난로를 설치했고, 양쪽 옆으로 등받이가 높은 나무의자를 하나씩 놓아두었다. 겨울에는 맞은편에도 대형 난로를 하나 더 놓았고 여름에는 치워버렸다. 난로에서 나오는 연기는 검고 커다란 연통을 벽난로 굴뚝에 연결하여 빼냈는데, 그

---

* 벽난로 주위로 벽을 우묵하게 파서 만든 공간.

• 호박 목걸이

러려면 연통을 대들보에 매달아 천장을 가로질러야 했다. 그 때문에 천장의 멋진 실내장식이 겨울이면 흉한 몰골이 되고 말았다. 난로를 치워버리면 벽난로 굴뚝에 뚫린 구멍이 드러나기 때문에 나는 문장으로 장식된 나무 방패로 그 구멍을 덮어두었다.

난로 옆의 한쪽 모퉁이에는 얼음 저장통을 놓아두었다. 얼음 녹은 물이 바닥으로 새어들어 지하 창고에 저장해둔 물건을 망치는 사태를 방지하려면 오직 그 자리에 두는 수밖에 없었다. 얼음은 겨울에 10킬로미터나 떨어진 한강까지 가서 떼어다가 소달구지에 실어 왔다. 그런 다음 톱밥에 묻어 지하실에 두면 1년 내내 녹지 않았다. 그 얼음은 여름에만 사용했다. 겨울에는 불을 지피지 않은 방이라면 어디에 두어도 저절로 얼음이 되었으니 말이다.

그 방의 반대쪽 끝에는 커다란 사이드보드가 마침내 제자리를 찾아 위풍당당하게 놓여 있었다. 사이드보드가 어찌나 큰지 그 위에 올려놓으니 코끼리 발 탄탈루스도 그렇게 어마어마하게 커 보이지는 않았다.

계단이 시작되는 옆에는 괘종소리는 부드러우나 시곗바늘 째깍거리는 소리는 유난히 큰 커다란 괘종시계가 서서 거실 전체를 관망하고 있었다. 이 시계도 볼썽사나운 연통과 물을 줄줄 흘리는 얼음통을 마뜩치 않아 하는 것 같았다. 이 거실은 많은 인원이 참석하는 디너파티나 연회, 무도회에 사용되었다.

강과 산이 보이는 곳

건물의 동쪽 동에는 우리가 매일 사용하는 식당이 있고, 여기에도 역시 벽난로와 난로를 두었다. 여러 개의 창문들은 각각이 은행나무 풍경을 담는 액자 구실을 했다.

식당 뒤쪽은 일꾼들이 사용하는 공간이었다. 부엌 바닥은 돌로 되어 있고, 요리는 구식 석탄화덕으로 했다. 여기에는 식품 저장실과 창고도 있었고, 뒤에는 커다란 바위가 벽을 이루고 있었다.

건물의 서쪽 동은 양쪽으로 여닫는 아치형 문을 두어 거실과 차단했다. 이 문 역시, 복도와 화장실 벽에 사용한 담황색과 푸른색 타일과 함께 철거된 궁에서 가져온 것이었다. 서쪽 동에는 두 개의 커다란 방과 욕실과 드레스룸이 있었는데, 드레스룸은 우리 어린 아들의 아기 방으로 쓰다가 나중에는 손님들을 위한 사랑방으로 썼다.

이층도 구조는 일층과 거의 동일했다. 가운데 거실 위 공간에는 비슷한 규모의 응접실을 두었다. 그 자리를 응접실로 삼은 것은 서울 시내의 풍광과 건너편 산들이 한눈에 들어오고 맑은 날이면 한강이 보일 만큼 전망이 좋았기 때문이다.

응접실에서도 유리문을 열고 이층 포치로 나갈 수 있었다. 날씨가 더울 때는 대나무 기둥 위로 자라난 등나무 덩굴이 테라스 전체에 그늘을 드리우고, 하늘색으로 칠한 방도 마치 계곡처럼 초록빛이 되었다. 뒤쪽 벽에도 창들을 내어 바람이 앞뒤로 통하도록 했다.

이곳에도 잉글누크와 벽난로를 만들었다. 우리는 조선의 궁궐에서 쓰던 방식대로 병풍들을 활용하여 방의 크기를 조절했다. 높이가 3미터나 되는 열 폭 병풍에는 자수나 그림으로 된 예술 작품 열 점이 나란히 연결되어 있었다. 이 병풍을 폈다 접었다 하면서 벽을 만들거나 터서 방의 크기를 늘렸다 줄였다 할 수 있었다.

이 응접실이야말로 우리 집에서 제일 중요한 곳으로 딜쿠샤의 심장부라

할 수 있다. 우리가 가장 아끼는 물건들과 여가 시간에 즐길 만한 것들이 모두 그곳에 있었기 때문이다. 브루스가 서대문의 작은 집에 살면서 원래 수집했던 물건들뿐만 아니라, 내가 우리 골동품점에서 보고 마음에 들어 가져온 것들까지 모두 이곳에 모여 있었다. 자개가 상감된 까만 혼수 궤짝에다, 옻칠한 빨간색 상자까지 더해졌다. 편안한 긴 의자에는 방 안의 색조에 맞춘 쿠션들을 여러 개 놓았다. 빨간 옻칠을 하고 상다리에 아름다운 조각 장식을 한 낮고 둥근 탁자들은 다과를 들 때 한 사람 앞에 하나씩 놓기에 좋았다.

옻칠된 찬장에는 문서를 담아두는 상자와 판자에 그린 그림, 염주, 칼집에 든 칼 등 과거 한국의 보물들과 유물들로 가득 채워두었다. 특히 그 칼은 한국 특유의 것으로, 손잡이는 호박, 비취, 석영, 청금석, 터키옥, 백단향 나무 등으로 만드는데 그때 그때 장인의 마음에 따라 조각으로 장식하기도 했다.

벽난로 위 선반에는 브루스가 수집한 빼어난 고려청자들이 놓였다. 밝고 반투명한 녹색을 띤 자기들이었다. 그중에는 백색 고령토와 흑색 점토로 상감한 것도 있었다. 금이 간 부분은 순금으로 때워져 있었다. 고려청자들 사이에는 당나라 시대에 만든 갖가지 형태의 말 모형들이 있었다. 한번은 수집가로서 안목이 뛰어난 프랑스 영사 부인이 우리 집에 왔다가 이 말들을 보고는 환호성을 내질렀다.

"그런데 부인, 설마 이 귀한 것들의 먼지 터는 일을 하인들에게 맡기지는 않겠죠?" 영사 부인은 상상만 해도 끔찍한 일이라는 듯이 물었다.

"절대로 그럴 순 없지요." 나는 귀중품의 관리자로서 자부심을 느끼며 대답했다. 갈루아 부인이 가느다란 손가락을 우아하게 뻗어 말 모형 하나를 조심스레 만져보았다. 부인의 손끝에 먼지가 잔뜩 묻어난 것을 보고 나는 몹시 창피했다. 그리고 부인이 꾸짖는 시선으로 나를 바라보자 얼른 덧붙였다.

"저 역시 먼지를 털지 않는다는 걸 들켜버렸네요."

혼수 궤짝에는 브루스가 준 혼례복 외에 다른 궁중 의복들도 하나둘씩 모아두었다. 이 의복들을 모을 때에는 원래 용례를 잘 알고 있는 김 주사가 큰 도움을 주었다. 그는 그 의복들을 몸소 입고 내 그림의 모델이 되어주기도 했다. 그리고 내가 그림을 그리는 동안 과거 조선시대의 의복이나 예법 등에 관해서도 자세한 이야기를 들려주었다.

실제로 우리는 생활 속에서 그 보물들과 친밀한 관계를 맺었다. 박물관 전시물처럼 차가운 거리감을 두는 게 아니라, 차를 마시거나 포도주를 마실 때 사용함으로써 말 그대로 따뜻하게 되살아나게 한 것이다.

동쪽 동에는 서재와 욕실 그리고 드레스룸이 딸린 침실이 하나 있었다. 서쪽 동에는 내 화실과 침실이 있었고, 집에서 사용하는 침구 일체를 보관하는 장롱도 그 침실에 있었다.

이층의 동쪽 동과 서쪽 동에서 집 뒤로 뻗은 다리들도 있었다. 이 다리들은 집 건물과 집 뒤 가파른 바위벽 사이의 틈을 이어주었고, 목욕할 때 쓸 물은 까치샘에서 길어서 그 다리를 통해 욕실로 날랐다. 이 다리들은 만나고 싶지 않은 손님들이 찾아왔을 때 유용한 탈출구가 되어주기도 했다.

불청객 이야기가 나와서 말인데, 한번은 설을 전후한 시기에 아주 당황스러운 방문객들을 맞이한 적이 있었다. 할머니와 할아버지, 어머니와 아버지, 그리고 몇 명의 아이들로 이루어진 어느 한국인 가족이 설빔을 차려입고 내 침실에 들어와 한가로이 거닐고 있는 것이 아닌가. 남자들은 솜을 넣어 누빈 흰옷을 입고 모피를 두른 모자를 쓰고 있어서 꼭 에스키모처럼 보였다. 여자들은 초록색과 자주색의 비단 두루마기를 우아하게 입고 있었고, 아이들은 소매에 무지개색 줄무늬가 들어간 색동저고리를 화사하게 입고 있었다. 모두 솜을 넣은 하얀 버선을 신고 있었고, 신발은 밖에 벗어둔 채였다.

그 사람들은 침실에 들어와서 나와 마주치자 조금 더 구경하고 가게 허락 해달라는 듯 공손히 절을 했다. 그리고 감탄스럽다는 듯이 몇 번이나 "아이 고, 아이고" 소리를 반복했는데, 내 귀에 그 말은 꼭 "나 갑니다, 나 갑니다(I go, I go)"라고 말하는 것처럼 들렸다. 그러더니 정말로 나가버리는 것이 아 닌가! 호기심에 따라 나가보니 그들은 화장실까지 포함해서 방이라는 방은 죄다 들어가 보았다. 화장실에서는 신기한지 변기를 유심히 들여다보았는 데 아마도 작은 샘쯤으로 여기는 것 같았다.

어린아이들도 물건에는 전혀 손대지 않았고, 말을 할 때도 조용히 소곤거 렸다. 나는 김 보이를 옆으로 데려가 이게 다 무슨 일이냐고 물었다.

"설날 구경이랍니다." 김 보이의 설명에 따르면 이 기간에는 궁금한 외국 인들의 집에 들어가 구경할 수 있다는 것이었다. 처음 들어보는 희한한 풍습 이었다. 그런데 교회에 갔을 때를 제외하고는 그렇게 예의 바르게 행동하는 사람들은 본 적이 없었다.

이런 경험들은 동양에서 살아가는 일에 동화 같은 느낌을 더해준다. 어떤 면에서는 예상한 것 이상의 좋은 경험을 하게 되지만, 또 어떤 때는 기대에 못 미치는 경험도 하게 된다. 삶이란 그렇게 끝없이 다양한 면들로 이루어져 있다.

브루스의 '박물관'

삼층에도 작은 방이 몇 개 있었다. 그중에서 북쪽 창으로 볕이 잘 드는 가장 좋은 방은 브루스의 '박물관'이었다. 그는 진열장 칸마다 검정 벨벳을 깔고 한국에서 수집한 예술품들을 진열해놓았다. 그리고 이런 예술품에 관한 그의 끝없는 탐구심을 만족시켜줄 참고서적과 카탈로그가 책꽂이를 몇 개나 가득 채우고 있었다.

이런 귀한 물건들이 빛을 보기 시작한 것은 한국에서 광산 사업이 시작되던 초창기였다. 외국인들이 깨진 그릇이나 도자기를 보면 담배를 주거나 심지어 돈까지 주면서 바꾸자고 안달하는 것을 알게 된 한국인 광부들이 직접 그런 물건들을 발굴해낸 것이다.

브루스의 다양한 수집품 중에서 내가 가장 매력을 느낀 것은 세월의 흔적인 녹청이 잔뜩 낀 숟가락들이었는데, 유난히 손잡이가 길고 뜨는 부분도 깊었다. 아주 장식적이고 재미있게 생긴 동전 같은 것도 많았다. 그중에는 마패도 있었다. 받침 접시만 한 크기의 놋쇠로 된 원반인데, 말 머리가 하나부터 열 개까지 옆모습으로 새겨져 있었다. 이것은 벼슬아치가 공무를 위해 지방에 갈 때 말을 징발해 쓸 수 있도록 가지고 다니는 표식이었는데, 새겨진 말 머리의 수만큼 쓸 수 있다. 점토로 동물 모양을 빚어 구운 것도 있었는데, 그것에 해당하는 실제 동물들이 마을에 내려와 논밭을 망치지 말고 산에 가만히 머물라는 의미로 산비탈에 던져두던 것이었다. 특이한 모양의 도장과 허리띠 고리, 단추 등도 있었고, 한국 사람들이 고인의 영혼처럼 여기는 신주도 하나 있었다. 한국 사람이 우리가 신주를 갖고 있다는 사실을 안다면 도저히 용서할 수 없을 만큼 분노했을 터이므로 한국인에게는 절대 말하지 않았다.

브루스가 무엇보다 귀하게 여긴 것은 도자기와 그에 얽힌 역사였다. 도자기들 중에는 유약을 바르지 않은 도기사발들도 있었고, 다리 세 개로 받침대를 세운 돌로 된 항아리도 있었는데, 이는 분명 음식물을 데우는 데 사용하던 것 같았다.

유약을 바른 도자기 가운데 가장 훌륭한 것은 고려시대에 만들어진 것들이었다. 이 자기들은 디자인이 매우 섬세하고 절제미가 뛰어나서 전문가들도 같은 시대에 전 세계에서 만들어진 도자기들 중에서도 가장 우수하다고 평가한다.

당시 고려와 도자기 예술을 교류하며 서로 발전에 기여한 중국의 송나라도 고려자기의 우수함을 인정한 바 있다. 또 박물관에 가면 아주 옛날 한국에서 만들어진 술독이 하나 전시되어 있었는데 그 뚜껑에는 말 탄 사람의 모형이 올려져 있었고, 그 모양이 어설프기는 하지만 안장과 등자까지 표현되어 있었다. 그 술독은 유럽에서 등자가 만들어진 때보다 몇백 년이나 앞서 만들어진 것이어서 나에게는 무척 흥미로웠다.

도요토미 히데요시가 조선을 침략하여 약탈했을 때 조선에서 가장 뛰어난 도공들을 일본으로 잡아갔다. 그 후 일본의 도자기 예술은 오늘날까지 계속 번창하고 있다.

브루스는 자기 외에는 아무도 그 귀중한 도자기들에 손대지 못하게 했지만, 나에게만은 믿고 맡겨주었다. 우리는 종종 시간 가는 줄도 모르고 그의 박물관에서 함께 일하곤 했고, 브루스는 도자기에 얽힌 지식들을 나에게 전수해주었다. 그런 시간은 우리를 훨씬 더 돈독하게 결합해주었다.

사랑의 안식처

집 마무리 공사를 하고 가구와 장비를 설치하는 동안, 정원 만들기도 진행되었다. 언덕을 계단식으로 다듬어 층을 만들고 잔디 뗏장을 입히고 초목을 심었다. 긴 머리를 뒤로 땋아 늘이고 뺨이 발그스레해서 꼭 여자아이처럼 보이는 어린 소년들이 철쭉 묘목들을 지게로 저다 산더미처럼 쌓아놓았다.

회양목과 개나리와 무궁화를 심어 산울타리를 만들고 그것들을 경계로 정원 안에 또 다른 정원들을 꾸몄다. 장미 정원이 있었고, 채소밭과 딸기밭, 차를 마시는 정원, 심지어 혼자서 깊이 사색에 빠져들 수 있는 정원도 만들었다.

통짜인 화강암을 하나씩 놓아 만든 현관 앞 계단에 서서 막 완성된 진입로를 내려다보았다. 그 길은 집 앞에서 커다란 호를 그리며 경사 없이 뻗어 나가다가 은행나무 아래에서 휘어진 다음 가파르게 언덕 아래로 치달아 언덕 맨 밑에 있는 문간채에 이른다. 이제야 우리 집에 첫 손님을 맞이할 준비가 되었다는 확신이 들었다. 그 첫 손님은 바로 영국에서 온 우리 어머니였다.

어머니를 환영하는 다과 파티에는 트롤로프 주교님과 헌트 신부님도 참석하셨다. 담소를 나누던 중 집을 지을 때 무당이 저주를 퍼부었다는 이야기가 나왔다. 그러자 그분들은 혹시라도 생길지 모를 저주의 나쁜 기운을 없애기 위해 집을 축복하는 의식을 치르자고 제안했다. 우나와 플로렌스, 빌까지 포함하여 우리 모두는 그 이야기에 솔깃했다. 생각이 떠오르면 즉시 행동으로 옮겨야 직성이 풀리는 브루스는 그 자리에서 의식을 올릴 날짜를 정했다.

정해진 날짜에 모두 모인 우리는, 주교 지팡이를 들고 주교관을 써서 더욱 장엄해 보이는 트롤로프 주교님이 방에서 방으로 옮겨 다니며 간단하게 축복의 말을 해주시는 동안 주교님의 뒤를 따라 다녔다. 축복 의식은 함께 찬송가를 부르는 것으로 마무리되었는데, 그때의 노랫소리는 아직도 내 귓가에 생생하다. 그 노래가 떠오를 때면 언제나 향내와 새로 칠한 회반죽 냄새가 뒤섞인 묘한 향도 생생하게 기억난다. 오래된 것과 새로운 것이 한데 섞인 이상한 조합이었다.

우리 주 그리스도여, 별이 총총한 당신의 하늘 아래
우리 집의 작은 등불을 밝히고,
우리를 혼란에 빠뜨리는 어둠이 모여들면
기도와 저녁 예배를 올리나이다.
천국에 집을 지으신 당신께서
아직도 인간과 함께 거할 곳을 찾으십니까?
끝없는 탐색으로 지상을 헤매시는
오, 나사렛 사람이여, 우리 집에 머무소서.

이렇게 한 여자의 꿈은 이루어졌다. 소망은 우리 삶에서 막강한 힘을 발휘
한다. 돌이켜보면 내가 품었던 모든 소망은 이루어진 것 같고, 내 호박 목걸
이의 구슬들은 그 소망들 하나하나를 상징하는 것 같다. 그리고 그 목걸이
자체는 아주 어린 시절부터 내 인생의 여정을 구현하고 있는 것 같았다. 나
는 많은 나라를 여행하며 살겠노라고 거의 확신에 가까운 꿈을 꾸었다. 그리
고 어떤 상황에 처하더라도 행복하게 살 수 있는 삶의 기술이 존재할 거라
고, 또 그 기술은 영국 땅에 뿌리를 내린 나라는 나무가 이 머나먼 한국 땅에
서도 울창하게 자라게 해줄 거라고 믿어 의심치 않았다. 낭만으로 장식된 아
름다운 사랑을 꿈꾸었고, 낭만이 빠졌다면 내 사랑임을 알아차리지도 못했
을 것이다. 그리고 그 사랑에 꼭 맞는 안식처가 되어줄 집을 꿈꾸었는데, 이
제 그 상상 속의 집이 벽돌과 돌로 지은 현실의 집이 되어 서 있었다. 마지막
으로 이 모든 계획의 궁극적인 열매인 아이라는 축복까지 받지 않았던가.

다음 날 아침 처음으로 비둘기가 날아와 우리 지붕 위에 둥지를 틀기 시작했다. 비둘기들의 소리에 귀를 기울여 보니 '비둘기, 비둘기' 하고 우는 것처럼 들렸다. 한국인들이 이름을 얼마나 잘 지었는지 감탄스러웠다. 은행나무에서 '까아치, 까아치' 하고 억세게 울어대는 까치들의 듣기 싫던 소리도 부드러운 비둘기들의 노랫소리와 섞여 조금은 부드럽게 들렸다. 우리는 비둘기들이 날아온 걸 보고 나서야 집을 지을 때 한 가지를 빠뜨렸음을 깨달았다. 그래서 우리는 지붕 위에 비둘기장을 만들었고, 비둘기들은 종종거리며 다가와 분주히 그 속에 둥지를 틀었다.

구슬 스물다섯

페허가 된 딜쿠샤

계속되는 액운

나는 서울 유니온클럽 여성회의 연극부 부장으로 선출되었다. 의상도 많이 갖고 있고 화려한 행사를 좋아하는 천성인 데다 새 정원을 자랑하고 싶은 욕심까지 더해져 나는 연극 공연을 하기로 결심했다. 내가 선택한 야외무대와 잘 어울릴 것 같아서 한국의 전설을 바탕으로 지은 〈노래하는 옥피리〉라는 동화 같은 작품을 선택했다.

은행나무 뒤에 있는 언덕이 천연의 파노라마 배경을 제공해주었다. 그 언덕 꼭대기에는 소나무 한 그루가 파수꾼처럼 서 있었는데, 마치 그 자리에 눈길을 집중시키기 위해 심어놓은 것 같았다. 나무 아래 땅은 무대처럼 평평했는데, 그래도 무대로 쓰기에는 약간 좁아서 정원사들을 시켜서 경사진 옆부분을 깎아내게 했다.

얼마간 파다 보니 삽이 바위에 부딪혔고, 일꾼들은 삽을 내던지고 곡괭이를 찾으러 갔다. 그사이 밖으로 드러난 바위 표면을 살펴보던 나는 바위 가장자리에 마치 액자처럼 두 개의 줄이 새겨진 것을 보고 깜짝 놀랐다. 곡괭이로 흙을 파헤칠수록 독특한 바위라는 것이 점점 더 분명해졌다. 나는 집으로 달려가 브루스를 데려왔다.

"곡괭이 치우게." 브루스가 흥분한 목소리로 말했다. "내가 좀 살펴봐야겠군." 그는 삽날로 표면에 묻은 흙을 조심스레 걷어냈다. 두 줄짜리 테두리 안 중심에 거의 알아볼 수 없이 흐릿한 형상이 돋을새김되어 있었다. 그 위로는 바위를 깎아 높은 선반 같은 것을 두 단 만들어놓았고, 그 아래쪽으로는 직각으로 넓은 바위 표면을 잘라내어 두 칸의 계단처럼 만들어놓았다. 평평한 부분에는 몇 군데 움푹 파인 흔적도 있었다.

"그게 뭐예요?" 나는 몹시 궁금했다.

브루스는 생각에 푹 빠져 있는 것 같았다.

"흙의 깊이로 계산해보건대 약 500년 전에 묻힌 것을 우리가 파헤친 것 같군." 브루스가 혼잣말하듯이 말했다.

"대체 뭘까요?" 나는 경외심에 사로잡혀 속삭이듯 작은 소리로 물었다.

대답 대신 브루스는 김 보이를 데리고 집으로 가더니 몇 분 뒤 놋쇠로 된 물건들을 잔뜩 가지고 돌아왔다. 그리고 오른쪽과 왼쪽의 움푹 파인 곳에 절에서 쓰는 촛대를 하나씩 놓고, 가운데 구멍에는 크기가 비슷한 향로를 놓았다. 뒤쪽 선반에는 놋그릇 여섯 개를 늘어놓으니 딱 맞았다. 브루스는 나에게 다가오더니 이렇게 말했다.

"이것은 제단이오, 피터. 정령신앙의 제단. 이곳은 분명 사람들이 저 나무의 정령에게 제물을 바치던 장소였을 거요. 오늘날 저들이 믿는 미신도 다 뿌리가 있었던 게지."

우리는 김 주사를 불러와 이 귀중한 발굴물을 보였다. 김 주사는 고개를 주억이며 우리의 추측을 확인해주었다.

"그렇습니다. 이 소나무와 저 은행나무만 보고도 진작 알아봤어야 했는데 제가 놓치고 있었군요. 둘 다 언제나 신령한 장소에 심는 나무들이니 말입니다."

"우리 연극에 정말 완벽한 배경이야." 나는 꿈꾸듯 중얼거렸다. 그러나 김 주사는 심각한 표정을 짓고 한국말로 낮게 중얼거렸다. "재미없어. 재미없어."

우리가 그 야외무대에서 의상까지 갖춰 입고 마지막 연습을 할 때는, 마을 사람들이 모여들어 무대가 잘 보이는 성곽에 올라 앉아 구경했다. 그들은 옛날 한복 의상들을 보고는 아주 좋아했고, 새로 발견된 제단에 대해서도 궁금해했다. 한국 사람들이 연주하는 꽹과리와 북과 거문고 소리에, 조랑말 목에 달린 종의 짤랑거리는 소리까지 더해져 떠들썩한 소음이 일본 경찰의 귀에도 들어갔다. 그는 급히 서대문 경찰서에 그 사실을 보고했다. 막 '마술피리'가 노래하기 시작하는 장면을 연기하고 있는데 경찰 한 명이 우리에게 척척 걸어오더니 집 안으로 들어가라고 위압적으로 명령했고, 그를 따라온 호위병은 구경하던 사람들을 해산했다. 이렇게 공개된 장소에서 한복을 입고 공연한다면 한국 사람들의 애국심을 자극할 수 있으니 공연을 허락할 수 없다고 했다. 한국인들이 무리 지어 있는 것은 결코 그냥 넘어갈 수 없는 일이라는 것이었다.

어느 날 아침 우나가 은행나무 아래에 놓아둔 철제 테이블에서 아침을 먹고 있는데 머리 위에서 우지끈하는 소리가 들렸다. 바로 고개를 들어보니 무시무시하게도 거대한 나뭇가지 하나가 떨어지더라는 것이다. 우나는 잽싸게 일어나 그 자리에서 비켜났고, 바로 다음 순간 나뭇가지는 우나가 앉았던 의자에 떨어졌다. 의자는 찌그러지고 탁자는 바닥에 내동댕이쳐졌다. 부러진 가지는 너무 무거워서 들어올릴 수도 없었다.

잎들이 다 시들고 난 뒤 공 서방이 떨어진 잎들을 쓸어 담다가 그 사이에서 동전들을 발견했다. 당시에 유통되지 않던 동전이었기 때문에 공 서방은 그 동전들을 가져와 과장된 몸짓으로 정중하게 팔을 내밀어 나에게 건넸다. 궁금해서 부르스에게 보여주었더니 옛날 동전이라고 했다. 더 없을까 하여 찾아보다가 가지가 부러진 부분에서 나무 속으로 파고든 동전 두 개를 더 발견했다. 나는 도대체 어떻게 동전이 나무 속으로 들어갔는지 무척 궁금했다. 공 서방이 머리 위로 날아다니는 까치들을 향해 대나무 갈퀴를 휘두르며 욕을 해댔다. 까치들도 화가 났는지 날카로운 소리로 깍깍 울어댔다.

"나쁜 놈들! 나쁜 놈들! 네놈들이 돈 가져갔지!"

그러고 보니 사람들이 신령님에게 바치려고 제단에 놓아둔 돈을 까치들이 물어다 둥지로 가져갔고, 시간이 지나고 나무가 자라면서 동전이 나무 속으로 파고 들어간 모양이었다. 물론 사람들은 나무의 신령이 자기들이 둔 돈을 가져갔으니 기도를 들어줄 거라고 믿었을 것이다.

그 무렵 우나가 성홍열에 걸려 우리 모두 걱정이 컸는데, 간헐적인 말라리아 증상까지 보여 결국 휴식과 치료를 위해 우나를 캘리포니아로 보내기로 했다.

브루스를 덮친 병마

그 일이 있은 지 얼마 지나지 않아서 브루스까지 원인 모를 병으로 앓아눕게 되었다. 하루가 다르게 기력이 약해졌지만 의사는 무슨 병인지 진단하지 못했고 미국으로 가봐야 한다고만 말했다. 브루스는 새로 마련한 우리 집을 떠나기 싫어했다. 나와 아이와 친정어머니를 두고 가야 했기 때문에 더욱 그랬다. 우리로서는 처음으로 떨어져 지내는 것이었다. 브루스가 떠나자마자 나는 어머니와 함께 여름을 나기 위해 갈마 해변으로 갔다.

샌프란시스코에 도착했다는 소식 이후로 브루스에게서 아무 연락도 오지 않았다. 6월이 가고 7월이 왔고, 8월이 가고 9월이 왔다. 나는 불안해서 제정신이 아니었고 더는 그런 상태를 견딜 수 없었다. 그래서 10월이 되자 배에 오르기로 마음먹었다. 어머니가 영국으로 돌아가는 길에 샌프란시스코까지 동행해주었다.

재정적인 일들은 시동생 빌이 처리해주기로 하고 나머지는 김 보이에게 맡겼다. 내가 떠나 있는 동안 집과 개들과 정원까지 모든 것을 김 보이가 알아서 하기로 했다. 그 사람이라면 안심하고 맡길 수 있어서 나는 아무 걱정 없이 떠날 수 있었다. 몇 달, 아니 몇 년 동안 집을 떠나 있어도 불안해할 필요는 없었다. 한국인들은 천성적으로 정직한 사람들이다. 적어도 전쟁과 서양 문명과 너무 많이 접촉하기 전까지는 그랬다.

떠나는 날, 나는 대문 앞에 멈춰 서서 파란 하늘을 배경으로 서 있는 딜쿠샤를 돌아보며 작별 인사를 했다. 산들바람을 맞아 손을 흔들어주는 은행나무도 물기 어린 눈으로 바라보았다. 까치들도 겨울이 다가오니 떠날 준비를 하고 있었다. 김 보이도 나를 따라 함께 둘러보고 있었다. 무언가 할 말이 있는 눈치였다.

"무슨 일이에요, 김 보이?" 내가 슬픔에 잠긴 채 물었다.

"재미없어요, 부인. 이것이 마지막입니다." 김 보이는 무슨 뜻으로 그런 말을 했을까?

"편히 가십시오." 이렇게 말하고는 평소보다 더 정중하게 절을 하는 게 아닌가. 그의 말이 어쩐지 오싹했다. 나는 역으로 가는 동안 마지막이라는 그의 말이 무슨 의미일지 곰곰이 생각했다. 브루스에 관해서 한 말일까? 아니면 자기 자신이나 집 이야기를 한 것일까? 한국 사람들의 저주 때문에 그런 예언을 한 것일까?

호놀룰루에 도착해서야 그동안 내가 브루스의 소식을 바라며 앨러미다로 보냈던 전보와 편지가 앨라배마 주 모빌에 있는 동명이인에게 보내졌다는 사실을 알게 되었다. 그렇더라도 브루스가 그렇게 편지를 보내지 않은 이유는 납득할 수 없었다.

1925년에 캘리포니아에 도착해서 보니, 《서터의 황금》을 읽고 동양합동 광업회사의 광산을 보면서 형성된 내 생각이 시대에 100년은 뒤처져 있음을 깨달았다. 내가 생각했던 채광소와 일용직 노동자와 말들 대신 위풍당당한 건물들과 자동차들이 북적이는 동화의 나라가 펼쳐졌다.

브루스가 부두에 마중 나와 있었다. 그는 너무 많이 변해서 하마터면 알아보지도 못할 뻔했다. 미국으로 온다는 전보를 받고 너무 놀라서 병상에서 일어나 우리를 만나러 왔다는 것이었다. 편지를 보내지 않은 것은 자신의 상태가 얼마나 심각한지 알리고 싶지 않아서였다고 담담하게 설명했다. 그는 가죽과 뼈만 남은 것처럼 수척했고 피부는 칙칙하고 누런빛을 띠었다. 그를 끌어안으니 무당이 했던 저주의 말이 절로 떠올랐다.

그로부터도 여러 달이 더 지난 뒤에야 수수께끼 같던 브루스의 병명이 밝혀졌다. 그 무렵 브루스는 죽음의 문턱까지 가 있었다. 필리핀에서 군의관으로 일했던 의사가 브루스의 병을 장흡수 부전증이라고 진단했다. 동양에서 발견되는 일종의 곰팡이 감염 질환으로, 장에 아메바성 이질과 유사한 증상을 일으키는 병인데 당시에는 뚜렷한 치료법이 없었다. 브루스는 반복되는 발병으로 오랫동안 입원과 퇴원을 반복했다.

현대적 생활에 익숙하지 않은 나는 이 시기에 아들을 기숙학교에 입학시키고 캘리포니아 미술학교에 다니면서 그나마 위안을 찾았다. 외롭고 근심 가득한 시간을 보내기 위해 내가 아는 한국 사람들을 떠올리면서 초상화 몇 점을 그리기도 했는데, 이후로도 오랜 세월 동안 좋은 친구로 지낸 메이블과 에이브 검프 부부가 그 그림들을 보고 나를 격려해주었다. 그들은 아마추어의 어설픈 시도에서 일말의 장점을 발견한 듯했고, 나는 그들의 조언에 힘을 얻어 조소(彫塑) 수업에도 참석했다. 그곳에서 좋은 친구들을 많이 사귀었는데, 그들과 보낸 시간은 그 암울하던 시절의 유일한 기쁨으로 기억된다.

딜쿠샤의 불운

다행인지 불행인지 모르겠으나, 서울에서 그 전보가 도착했을 때 브루스는 마침 우리 아파트에 있었다. 내가 전보를 펼쳐 읽었다.

딜쿠샤 벼락 맞아 완전히 파괴됨.[*] 빌로부터.

---

[*] 《동아일보》 1926년 7월 27일자에 전날의 딜쿠샤 화재 사건 기사가 실렸다.

나도 모르게 "재미없어, 재미없어"라는 말이 입 밖으로 튀어나왔다. 나는 쓰라린 마음으로 무당의 저주를 떠올렸고, 그 저주가 우리의 인생에서 적극적으로 힘을 발휘하고 있다고 그때만큼은 확고히 믿었다. 땅에 묻힌 제단을 파헤친 그날부터 액운이 끈질기게 우리를 따라다녔다.

집을 잃었다는 소식은 브루스에게 엄청난 충격이었다. 그도 위로하고 나자신도 위로할 수 있는 말이 없을까 하고 찾아보려는데, 미술학교를 마치고연락선을 타고 앨러미다로 돌아오던 어느 날 오후에 있었던 일이 떠올랐다. 끈이 많이 닳아 있던 내 호박 목걸이가 어딘가에 걸려 끊어졌다. 구슬 사이사이마다 매듭 지어져 있지 않다면 구슬들은 모조리 바다에 빠져버렸을것이다. 그러나 호박 목걸이는 바다에 빠지지 않았다. 목걸이와 거기 달린바퀴 모양 구슬을 아직도 가지고 있다는 사실은 내게 믿음과 확신을 불어넣어주었고, 앞으로는 좋은 일만 있을 거라는 희망을 갖게 해주었다.

다음 날 도착한 편지에는 김 보이가 죽었다는 소식이 담겨 있었다.

의사들은 브루스에게 장흡수 부전증이 6개월 동안 재발하지 않으면 그때는 한국으로 돌아가도 된다고 말했다. 그러나 다섯 달을 채웠을 때 브루스는캘리포니아에 한 달만 더 있으면 정말로 죽을 것 같다고 말했다. 한국에는그가 해야 할 일들이 산적해 있었다. 나는 브루스가 의사들이 뭐라고 하건자기 뜻대로 하리라는 것을 알았다.

그러나 이제는 돌아갈 집도 없어진 터라 일단 브루스가 먼저 한국으로 돌아가고, 나는 아들과 함께 영국으로 갔다. 남동생 부부의 집에 아들을 맡기고 그곳에서 학교에 다니게 했다.

영국에서 불안하게 몇 달을 보내다가 마음을 다부지게 먹고 샌프란시스코에 들러 내 앞으로 온 몇 통의 전보를 챙겼다. 즉시 한국으로 돌아오라는 내용이었다. 호놀룰루에서도 또 한 통을 받고 보니 브루스의 숨이 넘어가기 전에 한국에 도착할 수 있을까 싶어 몹시 초조해졌다.

다시 품는 희망

내 생일인 1929년 9월 14일, 내가 탄 배가 요코하마 항에 닻을 내렸다. 그런데 브루스가 거기서 나를 기다리고 있는 게 아닌가. 내가 언제 어디에 어떻게 도착하든 나를 꼭 마중해야 한다는 자신의 원칙을 지키기 위해 이번에도 의사들의 충고를 무시한 것이었다.

우리는 한국으로 돌아가 조선호텔에 묵었다. 딜쿠샤와 김 보이 이야기는 한마디도 꺼내지 않았다. 둘 다 우리가 겪은 비극을 입에 올리는 것은 회피하고 싶었다. 그래도 브루스는 내가 키우던 개들도 죽었다는 이야기는 전해주었다.

브루스가 여행의 피로를 풀자마자 우리는 차를 타고 딜쿠샤로 갔다. 멀리서도 은행나무의 우듬지가 보였지만, 다른 것은 보지 않으려고 일부러 시선을 피했다. 나는 폐허가 되어버린 집터를 보기 전에 마음을 단단히 먹었다. 문간채에 사는 문지기 항두와 그의 가족이 우리를 맞이했다. 항두의 동생 남두는 우리가 떠나 있던 몇 년 사이에 훌륭한 청년으로 자라 있었다.

정문을 지나 진입로를 걸어 올라가면서 보니 예전에 심어둔 회양목 관목이 잘 자라서 우리가 계획한 모양대로 울타리가 만들어져 있었다. 우리는 은행나무 아래 까치샘 앞에서 멈춰 섰다. 나는 아무 말도 하지 못한 채 제단 쪽을 바라보다가 제단 바로 오른쪽에 오층석탑이 서 있는 것을 발견했다. 인도에서는 석탑이 죽은 자들과 관련되지만 한국에서는 성지나 절에 석탑을 세운다. 이 석탑은 녹색 이끼로 덮여 있어서 몇백 년 전부터 거기 서 있었던 것처럼 보였다.

"저 석탑을 어떻게 여기까지 끌고 왔어요?" 나는 얼떨떨해서 브루스에게 물었다.

"소달구지에 실어서." 브루스가 웃으며 말했다. "그리고 한 조각 한 조각씩 지게로 져다 날랐지. 피터, 당신에게 주는 생일선물이오."

"고마워요, 여보. 어쩌면 저 탑이 우리가 집을 지을 때 무당이 내린 저주를 풀어줄지도 모르겠네요. 그리고 그들의 저주가 실현되었고 집도 불에 타 허물어졌으니, 신령들도 이제는 우리를 용서해줄 거예요."

"저주라니, 당치않은 소리. 잊어버려요. 우리 실수였소. 피뢰침을 설치하지 않은 실수. 메리, 잊지 말아요. 축복도 저주만큼 강력하다는 걸. 우리 집은 축복을 받았지 않소."

"한 번도 잊은 적 없어요. 지금껏 어떤 고난이 닥쳤을 때도 난 주교님의 축복에 의지해온걸요."

브루스가 먼저 걷기 시작하자 나도 몸을 돌려 그를 따랐다. 그런데 내가 꿈을 꾸고 있는 것일까? 그러니까 거기에……, 시커먼 폐허가 있어야 할 자리에 딜쿠샤가 새로 지어져 있는 것이 아닌가.

"빌이 한 일이오." 브루스가 말했다. "우리가 모자를 벗어 걸어둘 곳이 필요할 거라고 생각했다나. 참 믿음직한 동생이야."

우리는 벅찬 가슴을 안고 집 안으로 들어갔지만, 집 안이 어떤 모습일지에 대해서는 전혀 마음의 준비가 되어 있지 않았다. 그것은 한마디로 충격 그 자체였다. 거실 한가운데에 자질구레한 가구들이 쌓여 있었다. 스타일과 재료와 색상 모두 제각각이었다. 죄다 내다버리고 싶다는 게 제일 먼저 떠오른

· 호박 목걸이

생각이었다.

"끔찍한 폐품 더미군요." 내가 큰 소리로 내뱉었다.

"빌이 경매에서 구해온 것들이오. 이게 우리가 가진 전부지."

나는 눈으로 괘종시계와 사이드보드와 코끼리 발을 찾았다. 그러나 하나도 남아 있지 않았다.

"전부 사라졌어!" 나는 맥이 빠졌다. "집의 심장이었던 것들이……."

"심장은 아니오." 브루스가 힘주어 내 말을 바로잡았다. "위장 정도였지. 심장은 당신이 다시 살려놓을 수 있소." 이렇게 말하고 브루스는 착한 강아지에게 재주를 가르칠 때 격려하는 것처럼 내 등을 토닥였다. 그리고 다정한 말투로 덧붙였다. "찌그러진 호박도 다시 환하게 빛나는 구슬로 만들 수 있다는 걸 잊지 말아요."

집 안을 여기저기 돌아다니는데 아직 흠 하나 없는 새 마루에 닿는 우리의 발소리가 메아리가 되어 울렸다. 어디를 보아도 텅 빈 벽뿐이었다. 나는 계단 등 파괴되지 않고 남은 것들을 고마운 줄도 모르고 당연하게 받아들였다. 찬장과 장롱, 병풍 그리고 서재까지, 없어진 것들은 없어져서 오히려 그 존재가 더욱 두드러졌다.

그러다 갑자기 꼭대기 방에 있던 브루스의 보물 소장품들이 떠올라 올라가 보려고 발길을 옮겼다. 그러나 이제는 계단조차 없었다. 나는 텅 빈 허공만 보며 서 있었다.

"고려청자들은요?" 나는 작은 소리로 물었다.

"모두 사라졌소." 브루스가 목멘 소리로 낮게 대답했다. 그 순간 우리는 공감과 이해로 서로 손을 꼭 잡고 이층 포치로 나가 저 멀리 관악산을 바라보았다.

"비둘기들이 다시 올까요?" 나는 마음을 다잡기 위해 그렇게 물었다. 귀를 기울여보았지만 비둘기 소리는 들리지 않았다. 까치들은 겨울철에 잠시 떠나 있을 때만 제외하면 늘 이곳에 있었던 듯 그 호전적인 깍깍거림으로 자신들의 존재를 확인시켜주었다.

구슬 스물여섯

서울살이의 친구들

상실이 가져다준 더 큰 풍요로움

집이라는 물질적인 보호물이 사라질 수는 있다. 그러나 집이란 단순한 물질이 아니라 마음과 정신과 상상력의 산물이다. 소중한 물건들을 모두 잃었다 해도 우리에게는 벽돌과 회반죽으로 쌓은 벽이 있었다. 이제 우리는 영원하리라 여겼던 집을 다시 지어야 한다는 새로운 과제를 받아들이고 그 일에 착수했다. 재료를 마련하는 일에서부터 시작하여 꾸준하고 부지런하게 우리가 꿈꾸던 완성품을 만들어나가는 것은, 단순히 소유물을 누리기만 하는 것에 비해 훨씬 더 신나고 흥분되는 일이었다.

첫 번째 딜우샤가 화재로 무너진 뒤 어머니가 보내준 선대의 드레스를 입은 메리. 후에 메리는 이 드레스를 그 조상들이 살았던 바스의 의상박물관에 기증했다.

• 호박 목걸이

아름다운 물건들은 우리의 삶을 풍요롭게 해준다. 하지만 그런 것들을 영원히 소유할 필요는 없다. 그것들이 내게 있었을 때 준 기쁨만으로도 나는 감사했다. 그것은 이미 우리 내면의 일부이자 우리 영원한 자아의 일부가 되어버려 그 누구도 앗아갈 수 없는 선물들이다. 나는 이번의 물질적인 상실을 통해 얻은 새로운 깨달음으로 어떤 위안의 철학을, 혹시 언젠가 사랑하는 사람들을 잃는 날이 오더라도 상실을 받아들이고 슬픔을 인내하고 극복할 수 있게 해줄 철학을 세우고 싶었다.

그리 오랜 시간이 걸리지 않아서 우리 집은 다시 진짜 우리 집처럼 느껴지기 시작했다. 가족들은 모두 우리를 측은하게 여기고 여간해서는 내주지 않을 물건들까지 보내주었다. 아버지는 없어진 코끼리 발 탄탈루스의 빈자리를 채우라며 코뿔소 발로 만든 담배통을 보내주셨다. 단단한 코뿔소 가죽으로 만든 뚜껑은 반질반질 윤이 나도록 닦아 마치 뿌연 호박처럼 보였고, 손잡이는 거대한 송곳니로 만들어졌다. 어머니는 오래전부터 아끼던 은식기들과 멋진 인도산 휘장, 가족사진, 판화와 그림들, 그리고 내가 늘 탐냈던 외가의 가보인 린리 자매의 드레스들까지 보내주셨다.

우리는 서울에 있는 우리의 골동품점에서 찬장과 궤짝, 병풍 등을 새로 들여와 빈 공간을 채웠다. 브루스 방의 벽은 그가 수집한 책들과 아주 어렵게 구할 수 있었던 고려청자들로 서서히 채워졌다. 나도 베이징으로 여행을 다녀올 때마다 만다린 코트들과 자수 작품들을 비롯하여 각종 예술품들을 사왔다.

정원은 시간이 지날수록 점점 더 아름다워졌다. 모든 나무와 관목과 다년생 화초들은 처음에는 항두의 보살핌 속에서, 나중에는 동생 남두의 보살핌 속에서 잘 자랐다. 형제가 둘 다 뛰어난 정원사였다.

얼마 안 가 우리는 남두가 서양 사람들의 생활방식과 관습에 관심이 많아 집안일을 맡기면 훌륭하게 해낼 것이라고 판단했다. 그래서 예전에 김 보이가 맡았던 자리를 남두에게 맡겼다.

나는 파티마가 능숙하게 한복에 솜을 덧대 누비거나 이불을 꿰매는 것을 볼 때마다 감탄을 금할 수 없었다. 봉투 모양으로 만든 이불호청을 바닥에 깔고 솜이불 속통을 그 위에 펼친 다음 둘의 가장자리를 포개어 꿰맨다. 그런 다음 귀퉁이부터 이불을 돌돌 마는데 도중에 풀리지 않도록 무릎으로 잘 눌러준다. 마지막에 호청의 뚫린 부분(창구멍)으로 안팎을 뒤집으면 마치 마술을 부린 것처럼 이불이 제 모양을 갖추었다.

새 요리사 이 서방, 여전히 엉뚱한 공 서방

한국에 서양 사람들이 들어오기 시작한 초창기에는 유럽에서 온 외교관과 성직자들이 공사관에 자기 나라의 요리사들을 함께 데리고 왔다. 이 요리사들은 일을 돕던 한국 사람들에게 요리를 가르쳐주었고, 그러다 보니 한국인들의 요리 수준도 꽤 높아졌다. 그러다가 선교사들이 급증한 시기에는, 개종한 사람들도 미국식 요리법을 배워서 실력이 날로 늘었다. 그러나 이제는 그렇게 뛰어난 요리사들의 수가 줄어들어서 외국인들은 따로 요리를 배우지 못한 하인들이 해주는 음식에 만족할 수밖에 없는 처지가 되었다.

우리 집 새 요리사인 이 서방도 예전에는 광주리 짜는 일을 하던 사람이라서 내가 요리를 가르쳐야만 했다. 그러니 한동안은 손님들을 초대해 디너파티를 여는 건 엄두도 내지 못했다. 그러다 파티를 열게 되었는데, 이 서방에게 요리를 가르쳐주겠다는 사람들이 있어 도움을 받았다. 나는 누군가 그런 제안을 할 때마다 적극적으로 환영했고, 결국 이 서방의 요리 실력도 꽤 많이 늘었다.

언젠가 이 서방이 자기가 일을 얼마나 잘하는지 보여주려고 벌인 일을 나는 결코 잊지 못할 것이다. 그날은 생선 요리가 포함된 코스 요리를 준비했는데 하필 생선을 구할 수가 없었다. 하지만 생선은 반드시 내야만 했다. 나는 만찬 시간 전에 꽃꽂이를 하려고 내려갔다가, 이 서방이 수족관에서 가장 크고 통통한 금붕어를 꺼내려고 버둥대는 모습을 목격했다. 내가 조금만 늦게 내려갔다면 그는 관상용 금붕어들을 기름에 튀겨 내놓았을 것이다.

공 서방은 마치 동화 속 장난꾸러기 요정처럼 아직도 어른스러운 티가 전혀 나지 않았고, 여전히 샘에 가서 삐걱거리는 물지게로 목욕물을 져 나르고, 장작을 패고, 편지를 가져다주고, 개 먹이를 주고, 정원의 초목들에게 물을 주었다.

키우던 개들을 잃고 슬퍼하는 나를 위해 빌이 일본에 갔다가 태어난 지 일곱 달 된 순종 저먼셰퍼드 강아지 한 마리를 가져다주었다. 내가 '재거'라는 이름을 붙여준 이 강아지는 나중에 자라 새끼를 여러 마리 낳았다. 우리는 개들을 엄격한 규칙에 따라 훈련했다. 철조망을 둘러친 커다란 우리를 정원에 만들고, 그 안에 뛰어넘는 장애물과 사다리 등 갖가지 훈련 장비를 갖추어놓았다. 나중에 우리는 일본 사람들이 훈련시킨 셰퍼드들과 겨루는 대회에 우리 개들을 내보냈다. 매번 재거와 녀석의 아들인 린틴이 우승했다. 일본인들은 그 결과를 의아하게 생각했다. 내가 비결을 알려주었지만 그들은 믿지 않았다. 그 비결이란 우리 개들이 우리에 대한 충성심으로 마지막 순간까지 있는 힘을 다해 노력한다는 것이었다. 그들은 우리처럼 개들을 쓰다듬어주지 않았다.

강아지들이 태어났을 때 우리는 서쪽 동 지하에 있는 큰 방에 강아지 집을 마련하고 그곳에서 키웠다. 앞에 유리문을 단 그 방은 목공 일이나 염색을 하는 방이자, 뿌리채소류와 구근들을 보관하는 창고이기도 했고, 다락에는 물탱크용 펌프도 보관되어 있었다. 그러나 공 서방에게는 일을 하다 지쳤을 때 낮잠을 자거나 담배를 피우러 들어가는 비밀 장소였다.

어느 날 공 서방이 안 보여서 찾다가 그 방에 가보니, 공 서방은 죽은 쥐들을 일렬로 죽 늘어놓는 데 정신이 팔려 있었다. 게다가 쥐들의 몸에다가 작은 나무로 만든 십자가들을 꽂아놓은 게 아닌가.

공 서방은 "크리스찬하고 똑같죠" 하고 자랑스럽게 말하더니, 스스로 부여한 임무를 계속 수행했다.

해가 갈수록 딜쿠샤는 불사조처럼 잿더미에서 다시 일어났고, 우리의 상실감도 서서히 희미해지고 그 자리에는 새로운 성취감이 찾아왔다. 이제 무당의 저주는 힘을 잃고 주교님의 축복이 힘을 발휘하기 시작했다는 확신이 들었다.

건강을 회복한 나의 동생 우나도 미국에서 돌아와 우리 집 서쪽 동에서 지내며 우리와 함께 살았다.

김 주사와 외국인 관광객의 대화

계절이 바뀔 때면 그에 맞춰 할 일도 많았지만, 1년에 두 번 외국에서 관광객들이 몰려오는 시기에는 더욱 분주하고 흥분된 날들을 보냈다. 평소에 우리가 휑뎅그렁한 로비에서 찻잔을 앞에 놓고 졸졸거리는 분수 소리와 당구 치는 소리를 들으며 꾸벅꾸벅 졸곤 하던 조용하고 차분한 조선호텔도, 그 시기가 되면 갑자기 생동감과 활력이 넘쳤다.

관광객들은 나이가 많든 적든 색깔과 디자인이 대담한 옷들을 입고 다녔고, 웃고 떠들며 호텔 직원들에게 해괴한 요구들을 해댔다. 그들은 모두 카메라를 가지고 다녔고, 우리가 한 번도 안 가본 장소들을 찾아갔으며, 한국에 관해 우리가 들어보지 못한 이야기들을 들려주었다. 또 우리가 보기엔 평범한 물건들을 아주 특별한 것으로 알고 사들이기도 했다.

일본인들은 외국 관광객들이 영어를 할 줄 아는 한국 사람과 접촉하지 못하도록 최대한 노력했다. 그래서 관광객들은 우리 골동품점에 왔다가 김 주사와 이야기를 나눌 때면 특히 더 즐거워했다. 한번은 미술 공부를 같이 했던 메이블 검프를 만나러 우리 가게에 간 적이 있었다. 그때 메이블은 아들 로버트를 데리고 서울에 와 있었는데, 우리 가게에 새로 들어온 물건을 구경하고 싶어했다. 우리가 도착한 지 얼마 안 되어서 한 무리의 관광객들이 가게로 들어왔다. 우리는 거기서 벌어지는 광경을 재미있게 구경했다.

본격적인 여름은 아니었지만 날씨가 꽤 더웠다. 김 주사를 비롯하여 한국 사람들은 습한 계절에 등거리라는 것을 입었는데, 보기만 해도 시원할 것 같아서 나도 속으로 꽤 부러워했다. 그것은 대나무 쪼갠 것을 엮어 만든 일종의 조끼로, 옷 안에 받쳐 입어서 옷이 땀에 젖어 피부에 닿는 것을 막아주고 옷깃도 목에 닿지 않게 해준다. 김 주사는 똑같은 방법으로 손목부터 팔꿈치까지 끼우게 만든 토시도 착용했다.

김 주사가 완벽한 영어로 인사를 하자 관광객 중 한 사람이 말했다.

"어디서 그렇게 영어를 잘 배우셨나요, 미스터 김?"

"제가 미국에 갔던 적이 있습니다."

"나는 워싱턴에서 왔는데 거기도 가봤습니까?"

김 주사가 벽에 걸린 커다란 갓을 힐끗 쳐다보고는 대답했다. "저게 내가 워싱턴에 갔을 때 쓴 갓입니다. 파는 물건은 아니지요." 김 주사가 빙긋 웃었다. "워싱턴에서 우리가 흰 한복을 입고 갓을 쓰고 다니면 사람들이 우리를 빤히 구경했지요. 우리는 천성적으로 당신네 미국인들보다 걸음이 훨씬 느린 데다가, 딱딱한 포장도로 때문에 발도 무척 아팠습니다." 그리고 자기 신발을 내려다보며 말을 이었다. "그때부터 저는 외국 신발만 신습니다. 일단 서양식 신을 신기 시작하면 포기할 수 없게 되지요."

김 주사는 또다시 미소를 지었다.

그 관광객은 한국 사람에게서 미국에 관한 이야기를 듣는 것이 신기해서 김 주사에게 계속 말을 걸었다.

"미국에서 가장 인상적인 것은 무엇이었습니까?"

김 주사는 1초의 망설임도 없이 진지하게 대답했다. "배관시설이지요. 우리는 호텔에서 방마다 들어가서 쇠사슬을 잡아당겨 마술처럼 물이 쏟아져 나오는 것을 구경했습니다."

메이블과 나는 웃는 모습을 들키지 않으려고 슬며시 병풍 뒤로 몸을 감추고, 또 무슨 일이 벌어지나 보려고 고개를 빠끔히 내밀었다. 내가 우리 가게에 처음 왔을 때부터 관심을 끌었던 홍옥수가 박힌 멋진 황금 각대를 그 관광객 역시 눈여겨보고 있었다. 김 주사는 다른 사람들이 그 각대를 보는 것을 꺼려 진열장에서 손이 닿지 않는 깊은 곳에 넣어두었다. 나는 메이블에게 보여주고 싶어서 내려달라고 김 주사에게 부탁했다.

상자를 내리자마자 유심히 보던 관광객이 냉큼 각대를 낚아채 뚱뚱한 자기 몸에 둘러보는 게 아닌가. 하지만 각대는 그의 몸에도 아주 컸다.

"옛날 사람들은 덩치가 어마어마했나 보군요." 아무것도 모르고 실례를

• 호박 목걸이

범한 관광객이 말했다.

"선생님만큼 덩치가 크지는 않았습니다." 그를 노려보던 김 주사가 인상을 찡그리며 그에게 다가가더니 각대를 꽉 붙잡았다. "이것은 허리 주위에 두르는 것이 아니라, 끈으로 묶어 가슴께에 매달고 등 뒤로 처지게 하도록 만든 겁니다." 그런 다음 김 주사는 제대로 채워주기는커녕 능숙하게 빼어내서 갖고 사라져버렸다. 그 물건이 탐났던 관광객은 부질없이 텅 빈 상자만 들여다보았다.

관광객들이 모두 가고 나서 내가 친구에게 그 혁대를 보여달라고 다시 한 번 부탁하자 김 주사는 은근슬쩍 화제를 돌렸다. 피우던 담배를 놋쇠 재떨이에 꼼꼼하게 비벼 끄고는 책상 서랍을 열고 아주 낡은 지갑 하나를 꺼냈다. 그리고 지갑에서 오래된 신문기사 오린 것을 꺼내 메이블과 나에게 건넸다. 기사에는 벽에 걸린 것과 똑같은 갓을 쓴 젊은이가 그려져 있었다.

"제가 미국에 갔을 때의 모습입니다." 김 주사는 겸손하게 말했지만 자랑스러워하는 걸 감출 수는 없었다. "신문기자가 사진을 찍고 싶어했지만 우리는 결코 허락하지 않았습니다. 개화파였던 우리조차 그런 것에 대한 미신을 버리지 못했었지요. 그런데 어느 저녁 공개 만찬장에서 한 남자가 나를 보며 스케치를 하고 있더군요. 다음 날 워싱턴에서 발행되는 모든 신문에 그 그림이 실렸습니다. 다른 사람들은 그것 때문에 나를 부러워했지요."

가게를 나서는데 메이블이 말했다. "너희 가게 관리자는 그 띠를 절대로 팔지 않겠다고 작정한 게 분명해."

한국을 방문한 유명인사들

아주 유명한 사람들이 우리 눈앞에 나타나는 일도 간혹 있었다. 어느 날 저녁 브루스와 조선호텔 테라스에서 커피를 마시다가 음악 소리에 이끌려 연주실에 가보았더니, 프리츠 크라이슬러가 거기서 빌린 바이올린으로 연습을 하고 있었다. 날씨가 너무 덥고 습해서 조율도 할 수 없었을뿐더러, 그 귀한 자기 바이올린을 그런 환경에 내놓고 싶지 않았던 것이다. 그날 저녁 크라이슬러는 우리에게 너무나도 아름다운 연주를 들려주었다.

또 한번은 런던 《데일리 메일》의 노스클리프 경이 일본에 관한 정보를 구하기 위해 한국을 경유한 적이 있었다. 브루스는 부산으로 가서 그를 만나 흥미진진한 대화를 나누었다. 그는 내가 자신과 같은 첼트넘 출신이라는 말을 듣고는 우리를 저녁식사에 초대했다.

이탈리아의 전기공학자 굴리엘모 마르코니도 서울을 방문한 적이 있었다. 우리 주치의가 그의 오랜 친구여서 다 함께 즐거운 저녁시간을 보냈다.

그다음에 나타난 윌 로저스*는 일본인들을 완전히 당황하게 만들었다. 그는 의외로 조용하고 수줍음을 타는 사람이었는데, 낯선 환경을 친숙하게 바꿔보고 싶어서 그랬는지 아니면 사람들을 재미있게 해주고 싶어서 그랬는지 모르겠지만 갑자기 자신의 카우보이 올가미 밧줄을 꺼내더니 로비 분수에 있는 작은 조각상들에 밧줄을 던져 올가미를 씌웠다. 이어서 화분과 샹들리에, 호텔 보이들에게도 올가미를 씌우더니, 나중에는 한 웨이트리스의 어깨 위로도 밧줄을 던졌다. 웨이트리스가 새끼 돼지처럼 소리를 질러댔다.

＊ 미국의 카우보이, 유머 작가, 사회 비평가, 영화배우. 1920년대부터 1930년대까지 세계적인 유명인사였다.

· 호박 목걸이

마지막으로 '외팔 서튼'이라고 알려진 프랭크 서튼 대령을 빼놓을 수 없다. 그는 중국 군대의 소장으로서 장쭤린(張作霖)의 군사고문을 맡고 있던 영국 출신 용병이었다. 그를 쳐다보기만 해도 영국 국기가 눈에 어른거릴 정도였다. 만약 국기가 말을 할 수 있다면, 꼭 대령처럼 강하고 낮고 허스키한 목소리로 말할 것 같았다. 금발과 회색이 섞인 곱슬곱슬한 머리카락을 가진 그는 정말 미남이었고, 체격은 건강하지만 발걸음은 아주 가벼웠다. 그리고 없어진 오른팔의 무게에 균형을 맞추려는 듯 짧은 보폭으로 걸었다. 대령은 갈리폴리 전투*에서 수류탄을 마치 크리켓 볼 다루듯 하다가 팔을 잃었다고 했다. 포탄을 맞고 움푹 파인 땅에 서서 터키군이 던지는 수류탄들을 받아서 도로 적진으로 던졌는데, 그러다가 수류탄 하나가 그의 손에서 터지고 만 것이다. 대령은 이 전투로 무공훈장을 받았다.

연한 푸른색 눈동자는 햇빛에 붉게 그을린 피부 때문에 더욱 시원해 보였고, 항상 유쾌하게 웃었기 때문에 눈동자도 늘 반짝였다.

서튼 대령은 수차례 큰돈을 벌었다가 날리곤 했는데, 한국에 온 것도 잃은 재산을 만회하기 위해서였다. 옷과 자동차까지 몽땅 하얼빈에 있는 호텔에 담보로 잡히고 온 형편이었다. 한국에 오자마자 지체 없이 금광 하나를 손에 넣었고, 지체 없이 한 한국인과 법정 소송을 벌였고, 당연히 패소했다. 또 지체 없이 하얼빈에 남겨둔 빨간 차를 가져왔는데, 일본은 소방차를 제외한 차량에 빨간색을 사용하는 것을 금지했다.

일본 당국이 운전면허를 내주지 않자 서튼은 웃어젖혔다. 한 팔로도 충분히 운전할 수 있다는 걸 보여주려고 경찰을 태우고 드라이브를 해 보이겠다

* 1차 세계대전 당시에 영국과 프랑스 연합군이 오스만 제국 다르다넬스 해협의 갈리폴리에서 벌인 일련의 상륙 전투.

고 제안했다. 그는 경찰에게 조수석에 타라고 명령하고는 시속 80킬로미터로 서울 시내를 뺑뺑 돌아 남산으로 올라갔다. 남산 중턱에 위치한 조선신궁보다 더 높이 올라가는 것은 금지되었기 때문에 경찰은 차를 세우라고 말했지만, 서튼은 미치광이 같은 속도로 남산 정상까지 한달음에 올라갔다. 내려올 때는 경찰이 겁을 먹고 제발 속도를 줄여달라고 애원했다. 그런데 오히려 시속 110킬로미터로 달렸고, 비좁은 상점가라 차량 통행이 금지된 진고개에 이르러서는 속도를 줄이고 달팽이처럼 천천히 진고개를 누비며 붉으락푸르락하며 앉아 있는 경찰을 사람들의 웃음거리로 만들었다.

일본인들은 그가 중국과 관련된 인물이라 수상쩍게 여기고 일찌감치 체포하기로 결정했다. 만주국*의 문제가 한 치 앞을 내다볼 수 없는 불확실한 시기에 대령이 일본의 점령지인 한국에 떡하니 나타난 것은 참으로 무모한 일이었다.

브루스는 대령에게 우리 건물의 사무실 한 칸을 빌려주었고, 대령은 6개월 동안 우리 딜쿠샤에서 손님으로 지냈다. 하루는 내가 사무실에서 정리를 돕고 있을 때 일본 경찰들이 들이닥쳤다. 대령은 벽난로 위 선반에 커다란 황철석 덩어리를 막 올려놓으려던 참이었다. '두더지' 원씨가 노크도 않고 급히 들어오더니 재빨리 문을 닫으며 함부로 들어와 미안하다는 듯한 몸짓을 하고는 더듬거리며 말했다. "경찰, 경찰, 서튼 장군 잡으러 와요! 빨리, 뒷문으로 나가세요!" 그러고는 뒷문 쪽으로 안내하려고 했다. 일본 경찰들이 시멘트 계단을 올라오는 소리가 들렸다.

나는 대령을 쳐다보았다. 그는 꼼짝도 하지 않고 여전히 출입문을 뒤로하

---

* 일본이 만주사변을 일으켜 만주를 점령한 뒤 1932년에 청나라의 마지막 황제인 푸이를 황제로 앉히고 세운 괴뢰국으로, 2차 세계대전에서 일본 제국이 패망한 후 1945년 8월 18일에 붕괴되었다.

고 벽난로를 향해 선 채로 황철석을 쓰다듬고 있었다.

"들어들 오게!" 대령은 내게 눈을 찡긋해 보이며 목청 높여 말했다. 문이 활짝 열리더니 무장한 경찰관 네 명이 무릎을 굽히지 않는 특유의 딱딱한 걸음걸이로 들어왔고, 다른 네 명은 문밖에서 차렷 자세로 대기했다.

"손에 이것만 들고 있지 않았으면 내가 직접 열어줬을 텐데." 대령은 이렇게 말하고는 마치 크리켓 선수처럼 손바닥 위에 황철석을 올려놓고 균형을 잡는 시늉을 했다.

"내가 무엇을 도와드리면 될까, 우리 조그만 친구들?"

우두머리인 듯한 경찰관이 불안한 표정으로 황철석을 흘끔 쳐다보더니 역력히 당황한 기색을 보였다.

"여기 앉으시게, 꼬마 친구." 서튼 대령은 자기 책상 뒤 의자를 가리키며 이렇게 말하고 한 걸음 더 다가갔다. "거기서 나의 모든 사적인 편지를 읽어볼 수 있네. 어쨌든 그것 때문에 왔을 테니까." 그리고 책상 위에 놓인 신문 기사 스크랩 앨범을 그 앞으로 밀었다.

"그걸 보면 나에 관한 모든 걸 알 수 있지. 집에 가지고 가서 재미있게 보게나." 그리고는 문 옆에 부동자세로 딱딱하게 서 있는 경찰들 쪽을 쳐다보며 말했다. "귀여운 졸병들을 데리고 왔군. 그런데 지금 내가 좀 바빠서 말이지."

그러고는 마치 자기 군대를 사열하는 장군 같은 태도로 말했다.

"자, 행진하는 모습 한번 볼까?"

그러나 우두머리는 재빨리 명령을 내려 밖에 있던 경찰들까지 들어오게 했다. 서튼 대령은 몸을 휙 돌려 벽난로를 등지고 한 무리의 경찰들을 마주하고 섰다. 그러고는 볼링을 할 때처럼 손가락으로 황철석을 단단히 쥔 상태로 팔을 뒤로 휙 돌렸다.

"미스터 원, 이분들 그쪽으로 나가시게 안내해드리게."

우두머리는 그제야 철수할 기회가 생긴 것을 다행스러워하며 뒷문으로 가더니 부하들에게 뭐라고 명령을 내렸고, 부하들이 뻣뻣한 걸음으로 나가자 그 뒤를 따라 나갔다. 대령이 혼자서 늘어놓은 말은 이해하지 못했더라도 그가 황철석을 가지고 무엇을 하려고 했는지는 분명히 이해한 모양이었다.

나는 의자에 털썩 주저앉아 이마에 송골송골 맺힌 땀방울을 닦아냈다. 그런 상황에서는 누구라도 어쩔 수 없이 체포당하고 말았을 것이다. 그러나 대령은 그렇게 호락호락한 사람이 아니었다. 상대가 머뭇거리는 것을 감지하고 상황을 자신에게 유리하게 돌려놓았다.

하지만 나중에 결국 서튼 대령은 체포되었다. 짧은 기간 감옥에 있으면서도 일본인들을 골탕 먹이는 행동을 어찌나 많이 했던지 그들은 골칫덩어리를 없애려고 대령을 아예 석방해버렸다. 그리고 대령도 마지못해 영국 영사의 충고를 받아들여 홍콩으로 떠났다.

새로 파견된 소련 외교관

우리가 일본인들과 불화를 겪는 것처럼, 우리 친구들인 백계 러시아인들은 적색파 러시아인들과 불화를 겪었다. 백계 러시아라는 말에는 세 가지 의미가 포함되어 있다. 첫째는 지리적으로 러시아의 동유럽 지방을 가리키는 말이고, 둘째는 인종적으로 백인이라는 뜻이며, 셋째로는 '빨간색' 공산주의자들에 반대하는 '하얀색'의 러시아, 즉 제정 러시아에 충성하는 사람들을 가리킨다.

소련 정부는 이 무렵에야 한국에서 자기 나라를 대표하고 있는 외교관이 반혁명 세력인 차르 지지자임을 알아차렸다. 그들로서는 묵과할 수 없는 일이었다. 그리하여 헤플러 씨는 갑자기 해고되고 소련 영사관에서는 더 이상 그의 늠름한 모습을 볼 수 없었다.

어느 저녁 서울 클럽에 갔더니 낯선 신사 둘이 바에 앉아 있었다. 그들은 신임 소련 영사와 부영사라고 했다. 한 사람의 모습만 묘사하면 두 사람을 다 묘사했다고 할 정도로 별 차이가 없었다. 딱 하나 다른 점이 있었는데, 한 사람은 짧은 검정 머리카락이 뻣뻣하게 위로 솟았고, 다른 사람은 긴 직모를 가르마도 타지 않고 뒤로 넘겨 흘러내렸다는 점이었다. 둘 다 키는 작은데 어깨는 지나치게 넓고 목은 짧으며 두상은 거의 사각에 가까웠다. 눈은 작고 엷은 푸른색이었고, 코는 주걱처럼 넓적하고, 입은 컸다. 면도는 비교적 깨끗하게 했는데 둘 다 구취가 심했다. 서울 유니온클럽에 디너재킷을 입지 않고 온 사람은 그 둘뿐이었다. 물론 그들이 제대로 차려입고 오리라고 기대한 사람도 없었지만.

붙임성 있는 사람들이기는 했지만 우리와는 서로 언어가 다르니 대화가 술술 풀리지는 않았다. 전체적으로 볼 때 그들은 내가 러시아인의 외모에 관해 갖고 있던 선입견과는 모든 면에서 달랐다. 그때까지 나는 러시아인은 모두 조지 왕 아니면 헤플러 씨와 비슷하다고 생각했다. 우리 클럽의 백계 러시아인 회원들은 그 두 사람이 온다는 소식을 듣고 모두 클럽에 발길을 끊었다.

어색한 저녁을 보내고 집으로 돌아가려고 하는데 비가 세차게 내리기 시작했다. 브루스가 그들을 차로 태워다주겠다고 제안했다. 그런데 우리 차가 가파른 언덕을 오르다가 느닷없이 시동이 꺼져버리는 게 아닌가. 그러자 우직한 두 사람이 차에서 내리더니 비에 젖는 것도 아랑곳하지 않고 그 듬직한 어깨로 차를 밀어 다시 움직이게 해주었다. 그런 일이 있고 나니 서로 조금 은 친밀함을 느낄 수 있었다.

다음 날 아침 내 친구 나탈리 체르킨에게서 자기 집으로 와달라는 급한 전 갈을 받았다. 나탈리의 집은 백계 러시아인들이 거주하는 주택단지에 있었 다. 붉은 벽돌로 된 높은 벽이 백계 러시아인들의 소유지와 소비에트의 소유 지를 나누는 칸막이 역할을 했고, 단지 안에는 정교회 건물도 있었다. 이 교 회의 모스크처럼 생긴 돔 위에는 러시아 정교회의 이중십자가가 세워져 있 었고, 교회 문 앞을 지나다 보면 종종 눈빛이 순하고 수염을 덥수룩하게 기 른 사제들을 볼 수 있었다. 그들은 긴 사제복을 입고 두꺼운 끈으로 허리를 묶고 보석 박힌 십자가가 달린 묵직한 황금 목걸이를 걸고 있었다.

이 단지 안에는 큰 건물 한 채와 작은 집 몇 채가 있고 창고 건물도 몇 채 있었는데, 체르킨 가족은 큰 건물의 일층에 살고 있었다.

내가 나탈리를 처음 알게 된 것은 인도 순회공연을 할 때였다. 그때 나탈 리는 하루빨리 한국으로 가서 안전하게 정착하고 싶다는 이야기를 자주 했 다. 나도 그때까지 거의 들어본 적 없던 한국이라는 나라에 대해 막 관심을 가진 참이었기에 나탈리에게서 한국에 관한 이야기를 듣는 것이 무척 기뻤 고, 그 공동의 관심사가 우리의 우정을 돈독하게 해주었다. 그러다가 둘 다 낯선 나라에서 신혼 살림을 시작한 새색시가 되어 서울에서 다시 만난 것이 다. 아기들이 태어나기 전에는 함께 갈마 해변에서 여름을 보내기도 했다. 우리 아들이 태어나고 얼마 후에 나탈리는 아들 쌍둥이를 낳았다.

한 명은 머리가 검고 한 명은 금발인 체르킨네 쌍둥이는 서울 외국인학교 에 다녔고, 나중에는 상하이에서 대학을 나와 후에 미국으로 건너가 잘 적응하며 살았다.

나탈리 부부는 러시아에서 소유했던 모든 것을 잃은 터였으므로 가난을 이겨내야만 했다. 나는 나탈리가 얼마나 용감하게 가난에 맞섰는지 알고 있다. 나탈리는 자기와 같은 계급의 러시아인들과 달리 노동을 업신여기지 않았고 자기 몫의 부담을 나누어 짐으로써 남편의 짐을 덜어주었다. 양재 기술과 미용 기술을 배워 우리 외국인 공동체에서 없어서는 안 될 존재가 되었다. 나탈리는 무슨 일을 하든 예술적인 재능을 발휘했다. 호의를 받으면 꼭 보답했고 어느 누구에게도 신세 지지 않았다. 무엇보다도 나탈리는 의리가 있는 친구였다.

그날 내가 나탈리의 집에 도착하자마자 우리는 커다란 잔에 담은 블랙커피를 앞에 놓고 마주 앉았다. 나탈리는 무척 격앙된 말투로 이제 소비에트인들이 서울 클럽에 들어왔으니 백계 러시아인들은 결코 클럽에 참석하지 않을 거라고 말했다. 나는 그렇게 격렬한 반대와 타협의 여지도 없는 단호함이 잘 이해가 되지 않아서, 소련 외교관들은 그렇게 나쁜 사람들이 아니더라며 설득하려 해보았다.

나탈리가 내 말을 잘랐다. 나탈리의 커다란 갈색 눈과 선이 강한 얼굴이 평소보다 훨씬 더 서글픈 빛을 띠었다.

"마루슈카!" 나탈리는 내 커피 잔에 설탕을 한 숟가락 가득 퍼부었다. "만약 너의 어머니와 아버지가 살해를 당하고, 형제들과 자매들이 끌려가 평생 강제노동을 하며 살게 되었고, 너의 가족 모두가 굶어 죽거나 뿔뿔이 흩어졌다면 어떻겠어?"

그 말을 들으니 저녁 식탁에 앉은 채 칼에 찔려 죽은 체리의 부모님 이야기가 떠올랐고, 그러자 정치 이념 때문에 그토록 적대적으로 돌아선 두 집단이 다시 우호적인 관계가 되기는 불가능할 것 같다는 생각도 들었다.

갑자기 현관문이 열리는 바람에 우리의 대화는 중단되었다. 고개를 돌려 보니 키가 크고 잘생긴 여자가 들어왔다. 머리칼은 검고 피부는 햇빛에 심하게 그을었으며 눈망울이 사슴처럼 크고 아름다웠다. 낯선 나를 보더니 그 큰 눈에 갑자기 의심의 빛이 차올라 나는 앉은 자리에서 움찔 뒤로 물러났다. 나탈리가 재빨리 다가가 그녀의 손을 잡더니 말했다.

"메리, 이쪽은 빅토리아 얀코프스키라고 해."

그 이름은 내 마음을 설레게 했다. 얀코프스키 집안 사람들은 러시아 혁명이 일어나자 한국으로 탈출해서 뛰어난 사냥꾼으로 이름을 날렸고, 나는 한국에 온 이후 그들에 관한 이야기를 수없이 들어왔기 때문이다. 이처럼 나는 사냥과 관련된 이야기에 언제나 깊이 매료되었는데, 한편으로 나는 동물을 무척 사랑하기 때문에 내가 왜 그런 일에 이끌리는지 나 자신도 잘 이해할 수 없었다. 아마도 나는 사냥에 얽힌 아슬아슬한 모험 이야기에 매력을 느끼는 것 같다.

나탈리는 빅토리아를 '오라'라고 불렀다. 빅토리아는 영어를 모른다고 잡아뗐지만 완전히 모르는 것은 아닌 듯했다. 그리고 아무리 권해도 우리와 함께 앉지 않고 창가로 가 등을 돌린 채 서 있었다. 그녀는 전혀 어울리지 않는 칙칙한 드레스를 입고 있었다. 가느다란 허리를 단단히 죄어 묶은 가죽 벨트만 제외하면, 노인들이 입는 펑퍼짐한 드레스 같은 옷이었다.

나탈리는 러시아어로 오라에게 빠른 말투로 말하고 나를 위해 통역도 해주었다. 나탈리는 오라에게 은행나무와 까치들과 동전, 그리고 흙 밑에서 드러난 제단과 우물에 관한 이야기를 들려주었다. 그러자 오라는 흥미를 느꼈는지 눈을 반짝이며 이런저런 질문을 던지기 시작했다. 러시아어와 한국어,

《호랑이 발톱》출간에 즈음하여 한국대사관에서 촬영한 텔레비전 프로그램에서 사회자인 케네스 맥클라우드와 메리가 이야기를 나누고 있다.

일본어, 영어와 프랑스어까지 온갖 언어들이 오고 갔다. 그리고 우리는 내친 김에 모자도 쓰지 않고 숨을 헐떡이며 딜쿠샤로 달려갔다.

　오라는 러시아 망명객들 사이에서 시인으로도 명성을 떨치고 있었는데, 그날 함께 보고 이야기 나눈 것들이 상상력을 자극했는지 그 광경과 전설과 역사에 관한 시까지 한 편 썼다. 그 시가 발표된 뒤 오라는 한국 북동부 해안에 있는 자기네 집 노비나('새로운 곳'이라는 뜻)를 방문해달라고 나를 초대했다.

　브루스는 당장이든 나중에 어느 때든 내가 그곳에 가는 것을 반대할 사람이었다. 그는 시간이 모든 걸 해결해준다고 믿는 사람이었으므로, 내가 그곳에 간다는 것에 대해 군이 많은 말로 반대를 표현하지는 않았지만 시간이 흐르면 자기 뜻대로 될 것이라 확신했을 것이다. 그러나 10월이 되자 브루스는 일본으로 장기 출장을 떠났다. 마침내 내가 오라의 초대에 응할 기회가 온 것이다. 나는 브루스보다 먼저 돌아올 수 있다고 생각하고 떠날 준비를 했다.

야코프스키의 집으로 떠난 이 여행에 관해서는 1956년에 런던에서 출간한 《호랑이 발톱》이라는 책에서 다루었으므로 여기서는 상세히 이야기하지 않겠다.

·호박 목걸이

구슬 스물일곱

사랑과 우정의 나날들

나의 아름다운 집, 딜쿠샤

노비나에서 돌아오니 공 서방이 역에 마중 나와 있었고, 딜쿠샤의 대문 앞에 는 요리사와 남두와 그들의 아내들과 아이들이 나와 있었다. 나도 반가웠지 만 그들 역시 내가 돌아와서 기뻐하는 것 같았다. 남자들은 빙긋이 미소를 띠고 고개 숙여 인사했고 악수에 익숙하지 않은 여자들은 내 어깨를 두드렸 으며, 아이들은 엄마의 치맛자락 뒤에서 수줍게 빠끔히 나를 쳐다보았다.

재거와 린틴도 너무 반가운 나머지 거의 나를 쓰러뜨릴 듯이 달려와 안겼 다. 평소에는 개들이 내 몸을 덮치도록 허락하지 않았지만 오랜만에 집에 돌아와 다시 만나는 때만은 그냥 두었다. 다만 옷을 버리지 않도록 개들의 거친 발을 두 손으로 잘 막아내야 했다. 내가 오랫동안 집을 떠났다가 돌아오면 재거는 반가움에 그렁거렸고 한시도 내게서 눈을 떼지 않았다. 사흘 뒤 브루스가 일본에서 돌아왔을 때도 똑같은 일이 반복되었다.

집을 향해 걸어가면서 그동안 달라진 정원을 살펴보았다. 가을이 물러나고 겨울이 완연했다. 포플러 나무에는 노란 잎들이 띄엄띄엄 남아 있고, 휑한 나뭇가지 사이로 푸른 하늘이 보였다. 백일홍과 국화는 건드리면 툭 부러질 것처럼 줄기가 말라가고 있었고, 회양목 울타리는 그새 더 자라 상자 같은 모양이 되어 있었다. 비둘기들은 어디론가 떠나버렸고, 까치 몇 마리가 다 말라버린 잔디밭에서 필사적으로 벌레를 찾고 있었다. 잔디밭에는 주인 없는 정원을 겁도 없이 뛰어다닌 토끼들의 흔적이 여기저기 남아 있었다.

진입로에서 까치샘으로 가는 굽이를 돌면서 나는 웅장한 은행나무를 올려다보았다. 마치 수백만 년 동안 내리쬔 햇빛이 한데 모여 거대한 황금빛 꽃다발을 만들고, 땅 속에 있는 보이지 않는 어떤 손이 그 꽃다발의 굵은 줄기를 쥐고 있는 것 같았다. 머리 위로 기러기 떼가 브이 자 모양으로 줄을 지어 끼루룩거리며 무악재 너머로 날아갔다. 북풍이 쌩쌩 소리를 내며 불어왔다. 머지않아 겨울바람이 성벽을 넘어 한차례 몰아치면 풍성한 노란 은행잎들은 후두둑 떨어져 길이 안 보일 정도로 바닥을 덮을 것이다. 우리는 그 낙엽들을 커다란 구덩이에 쓸어 담아두었다가 나중에 거름으로 쓴다. 잎을 다 떨군 검은 가지들은 하늘을 향한 동경을 담아 두 팔을 한껏 뻗을 것이다.

이즈음 나는 그런 자연의 순환에 익숙해져 있었다. 그리고 해마다 우리는 첫눈이 올 때까지는 북풍이 은행잎을 조금 남겨두기를 바랐다. 간혹 그 바람이 이루어질 때도 있는데 그러면 하얀 눈과 황금빛 잎이 한데 섞여 반짝이는

• 호박 목걸이

모습을 볼 수 있었다.

우리 집은 조화로운 아름다움을 뽐내고 있었다. 묵직한 겨울 커튼이 드리우고 벽난로 선반에는 청자들이 놓여 있고, 두꺼운 유리 어항 속에서 부채 같은 꼬리를 흔들며 헤엄치는 금붕어들은 그사이 더 커졌고, 숫자도 더 는 것 같았다. 겨울을 맞아 달아놓은 덧창도 보호받고 있는 느낌을 더해주었다. 어디를 돌아봐도 만족스러웠다. 침실에 쌓아놓은 담요들을 보니 내 고향 영국의 황야를 점점이 수놓던 양 떼가 떠올랐고, 리넨 시트들은 라벤더와 제라늄이 자라던 정원의 돌담을 보는 듯했다.

나에게 이것은 동양에서 살면서 얻을 수 있는 큰 위안이었다. 고향이 그리울 때마다 어떤 식으로든 늘 고향에 와 있는 것 같은 느낌을 받았다. 내가 아는 우리 고향 사람들 중에는 동양을 꼭 한 번 가보고 싶어하면서도 그 꿈을 이루지 못한 이들이 많았다.

사랑스러운 눈길로 집 안을 한 바퀴 둘러본 뒤 나는 다시 일층 홀로 내려왔다. 사이드보드 위 코뿔소 발 옆에는 편지와 소포와 잡지 등 크리스마스 우편물이 쌓여 있었다. 잉글랜드에서 어린 아들이 써서 보낸 몇 통의 편지를 읽다가 울컥 목이 메었다. 외국에 살고 있는 사람들에게는 반갑기 그지없는 크리스마스카드도 여러 통 도착해 있었다. 파리와 뉴욕의 패션을 담은 잡지 《보그》도 있었다. 원래 소포들은 크리스마스가 되기 전에는 열어보지 않았는데, 그중에는 브루스의 사업 동료가 베이징에서 보낸 것도 있었다. 들어보니 직물인 것 같아서 열어봐도 되리라고 생각했다.

포장을 풀자 맨 위에 카드가 놓여 있었다. 보낸 천을 가지고 실내용 가운을 만들어 입으라는 내용이었다. 옥색 크레이프 드 신 열두 마였다. 이런 직물이라면 브루스는 절대 입지 않을 게 분명했다. 그 무엇도 브루스가 낙타털로 만든 10년 된 가운을 포기하게 만들 수는 없을 터였다. 대신 그 천으로 내 드레스를 만들어 브루스를 놀라게 해주기로 했다. 나는 《보그》를 열심히 뒤적이며 마음에 드는 디자인이 있는 페이지의 귀퉁이를 접었다. 멋진 선을 그리며 늘어지는 가운으로, 소매는 길고 풍성하며 기다란 스카프까지 달려 있었다. 나는 그 자리에서 공 서방을 불러 원단과 스케치를 나탈리에게 보내 곧바로 그 옷을 만들어달라고 주문했다.

사흘 뒤 가운이 완성되어 내 손에 들어왔다. 브루스가 그날 밤 돌아온다는 사실에 나는 무척 설렜다. 가운을 머리 위로 내려 입을 때 발목까지 흘러내리는 그 부드럽고 풍성한 느낌이 몸에 그대로 전해졌다. 노비나에서 돌아온 뒤로 머리카락에 컬을 감아준 것 외에는 따로 내 외모를 점검해보지 않았다가, 그제야 처음으로 전신 거울 앞에 서 보았다. 운동을 많이 해서 전체적으로 몸매가 날씬했다. 금발머리는 햇빛에 바래서 다양한 명암이 뒤섞여 있었고 피부는 갈색으로 그을었다. 갑자기 거울에 비친 내 모습이 무척 마음에 들었다. 나는 목에 호박 목걸이를 걸어 가운데 달린 바퀴 모양 구슬이 허리까지 닿게 길게 늘어뜨리고, 백단향 나무로 된 보석상자에서 눈물모양 호박 귀걸이를 꺼내 달았다. 호박이 달랑거리며 목에 닿는 느낌이 좋았다. 거기다 호박 팔찌와 두 겹으로 된 호박 반지를 햇볕에 그을린 손가락에 끼워 호박 앙상블을 완성했다.

내가 사랑하는 호박! 호박은 은은한 빛을 발하며 나를 어루만져주었다. 호박은 그 깊은 속에 희미한 빛을 품고 있었다. 한국 사람들이 호박을 호랑이의 영혼이라고 부르는 데는 그럴 만한 이유가 있는 것이다.

나는 이것저것 생각나는 대로 사랑 노래의 소절들을 부르며 포즈를 취해보기도 하고 춤을 추기도 하면서 발목에 풍성하고 부드럽게 감기는 가운의 질감을 한껏 즐겼다. 나는 혼자서 낭만적인 황홀경에 빠졌다. 여자로 산다는 것은 얼마나 행복한 일인가. 내가 얀코프스키네서 호랑이 가죽 몇 점까지 가져왔더라면 브루스는 아마 내가 엘리너 글린*의 소설 속 주인공 같다고 생각할지도 몰라. 그러면 나는 나의 '호랑이 얼굴' 남편을 사로잡을 수 있었을 텐데. 나는 얀코프스키네서 가져온 멧돼지 어금니를 만지작거리며 어떻게 장식해서 브루스에게 선물하면 좋을까 궁리했다.

개들이 신이 나서 짖어대는 소리가 들려왔다. 나는 브루스가 일층 홀에 들어올 때까지 기다렸다가 고양이처럼 최대한 유혹적인 곡선미를 살려 소리 없이 미끄러지듯 계단을 내려갔다.

"당신은 막 숲에서 나온 소나무 같군." 브루스가 나를 반기며 말했다.

"맞아요." 나는 의기소침하여 대꾸했다. "나는 막 숲에서 나왔어요." 그의 반응은 내가 머릿속에 그렸던 '타이거 우먼'의 이미지와는 거리가 멀었다. 나는 호박 목걸이를 그의 목에도 걸어 그 원 안으로 그를 끌어들였다. 그의 손가락이 나의 짧은 곱슬머리를 쓰다듬을 때, 얀코프스키네에 다녀온 이야기를 해도 되겠다는 생각이 들었다. 내가 멧돼지 어금니를 건네자 브루스는 눈감아준다는 듯이 웃었다.

뉴욕에서 온 베티 언니

그해 연말에는 뉴욕에서 베티 언니가 온 덕에 축제 기분이 한껏 고조되었다. 베티 언니는 우리 모두가 은근히 궁금해하는 화려한 배우의 인생이 어떤 것

* Elinor Glyn(1864~1943). 당시로서는 파격적인 로맨스 소설을 썼던 영국의 소설가.

인지 실례로 보여주었다. 언니는 여태 보았던 어떤 여행자보다 많은 짐을 가지고 왔다. 언니의 옷들과 패션과 이야기는 모든 사람들을 즐겁게 했고, 우리 친구들 무리에 신선한 새로움을 불어넣었다.

'숭배하는 사람들에게 그들이 숭배하는 것을 주라'는 스페인 속담은 꼭 베티 언니를 두고 하는 말 같았다. 언니는 우리가 고향에서 보내준 잡지에서나 본 것들을 잔뜩 안겨주었다. 또 아름다운 것을 보면 갖고 싶어하는 언니는 동양적인 물건들 중에서 마음에 드는 것이 눈에 띄면 죄다 사들였다. 그렇게 사들인 물건들은 우리에게 그랬던 것처럼 다른 곳을 여행하면서 만난 친구들에게 나누어주었을 것이다.

베티 언니는 딜쿠샤가 우리 집의 이름으로 더할 수 없이 잘 어울린다고 말했다. 그러나 딱 하나, 딜쿠샤의 동쪽 동과 서쪽 동이 우리가 서로 그리워할 때마다 우리 사이의 먼 공간을 건너뛰어 만나게 해줄 양쪽 날개라면 더 바랄 게 없겠다고 했다(영어로 건물의 양쪽을 'wing', 즉 날개라고 한다).

언니는 험한 길을 걸어다니는 데 익숙하지 않았기 때문에 우리는 날씨가 좋을 때면 드라이브를 다녔고 날씨가 궂으면 집에서 맛있는 음식을 먹고 춤을 추거나 빈둥거리며 시간을 보냈다.

언니는 장난꾸러기 요정 같은 짓궂은 기행을 자주 보여주는 공 서방을 무척 재미있어 했다. 그중에서도 공 서방이 칠면조에게 먹이 주는 모습을 가장 재미있어 했다. 우리는 축제날 만찬을 위해 칠면조를 살찌우고 있었다. 공 서방은 칠면조에게 죽처럼 생긴 먹이가 담긴 접시를 마치 떠받들듯이 굽실거리며 내밀고는 너무나 부러운 표정으로 칠면조가 먹는 모습을 지켜보았다. 그 광경을 본 베티 언니가 말했다.

"메리, 와서 좀 봐. 공 서방이 게걸스럽게 먹이를 먹는 칠면조 앞에서 무릎을 꿇고 절을 하고 있어! 대체 왜 저러는 거지? 마치 칠면조가 고관대작이라도 되는 것처럼 떠받들고 대접하고 있잖아. 내 장담하는데 공 서방도 저 먹이가 먹고 싶은 거야. 저 우스꽝스러운 몸짓 좀 봐." 나는 창가로 다가가 웃으면서 설명했다.

"공 서방은 칠면조를 훌륭한 노신사쯤으로 보는 게 분명해. 그래서 그에 걸맞은 예의를 표하는 거지. 칠면조 먹이에 포도주를 섞어서 주거든. 그러면 고기 맛이 아주 좋아진다나 봐. 그런데 공 서방은 포도주는 대단한 특권을 지닌 존재에게만 바치는 거라고 생각하는 거야."

크리스마스 만찬에서 사람들은 그 칠면조 고기가 그때까지 먹어본 것 중 가장 맛있다고 입을 모았다.

송년 파티

그해 송년 파티는 프램턴 부인 댁에서 열렸다. 프램턴 씨는 이미 세상을 떠났고 부인에게는 장성한 딸이 셋 있었다. 초창기에 한국으로 건너온 프램턴 부부는 외국인들 사이에서는 친절의 대명사 같은 존재였다. 브루스가 총각이었을 때도 그랬고, 아직도 미혼남들은 수시로 프램턴 부인 댁으로 몰려갔다. 그들은 처음 찾아온 손님에게도 언제나 자리를 내주고 오랜 친구처럼 다정하게 맞아주었다. 그날 나와 베티 언니, 우나까지 우리 세 자매와 브루스가 도착했을 때 그 집은 그 어느 때보다 분위기가 좋았다. 웃음소리가 끊이지 않았고, 불을 밝힌 크리스마스트리의 신선한 소나무 향기와 타닥타닥 타들어가는 장작의 향기가 가득했다. 트리 장식은 금색, 은색, 빨간색, 초록색 조명으로 주위를 빛나게 했고, 바깥에서는 함박눈이 소복소복 내렸다.

불빛을 받아 분홍색이 된 얼굴들이 방 안을 가득 채우고 있었다. 핍스 부부와 데이비드슨 부부를 비롯하여 우리가 아는 친구들은 거의 다 모여 있었다. 우리는 서로를 찾다가 문득 트리에 걸린 겨우살이 아래 서게 되면 가벼운 키스를 나누곤 했다.*

몇 년 전 트롤로프 주교님이 하직하신 뒤, 영국 성공회 사제인 세실 쿠퍼 신부가 뒤를 이어 주교직을 맡았다. 세실 쿠퍼 주교는 서울 주교관에서 헌트 신부님과 함께 생활하며 일했다. 그곳으로 오기 전에 광산에서 광부들과 함께 생활했는데 쿠퍼 신부는 광부들에게 무척 인기가 높았다. 우리와는 먼 친척지간이면서 아주 친한 친구 사이였다.

---

* 서양에서는 크리스마스트리에 겨우살이를 장식하는데, 그 밑을 지날 때 남녀가 마주치면 서로 알건 모르건 꼭 키스를 해야 하는 풍습이 있다.

· 호박 목걸이

그가 새 옥색 드레스를 입고 서 있는 내게 다가왔다. 자주색 사제복과 조그만 사제 모자를 쓴 그는 아주 잘생겨 보였다. 그런데 나를 보고 인사라고 한다는 말이 "이런, 메리, 당신 숙녀같이 보이는군요"라고 하는 게 아닌가. 칭찬을 하려다가 뜻하지 않게 부적절한 말이 나와서 당황했는지 그는 말을 얼버무렸고, 그 소리를 들은 사람들은 웃음을 참느라 애썼다. 그는 내가 여성적인 옷을 입은 모습을 오랜만에 보았다는 말을 하려던 것이었다. 도자기 인형 같은 미모의 베티 언니라면 그렇게 미심쩍은 찬사를 듣는 일은 결코 없을 것이다. 물론 우리 셋 중 진정한 말괄량이인 우나라면 그럴 수도 있겠지만.

아무도 흉내 낼 수 없는 헌트 신부님만의 이야기보따리가 열렸는지 신부님의 느릿느릿한 목소리가 들려왔다. 이야기가 얼마나 재미있는지 본인도 껄껄 웃었다.

"헌트 신부님, 처음부터 다시 이야기해주세요. 우리도 좀 들게요." 우리가 이구동성으로 외쳤다. 신부님은 고개를 돌리더니 새로 맞춘 이중초점 안경을 통해 우리를 쳐다보고는 검고 긴 사제복 허리에 두른 널찍한 가죽 벨트에 양쪽 엄지를 끼워넣고 말을 시작했다.

"나는 그냥 프램턴 부인께 우리 깜찍한 이교도 하인 이야기를 한 것뿐이에요. 아, 이 작자가 정말 심각하게 짓궂어서 말이지요. 그래도 나는 몰인정하게 남의 험담을 하고 싶지는 않아요." 그러고는 뒤에서 깍지 낀 두 손으로 무릎을 감싸고 앉아서 베티와 담소를 나누고 있던 주교를 쳐다보았다. 세실 주교의 손가락에서 커다란 자수정 반지가 촛불을 받아 은은히 빛났다.

"아무렴요." 헌트 신부가 말을 이었다. "나는 절대로 그런 짓은 못합니다."

"뭘 못 하신단 말씀인가요?" 우리가 물었다. 세실 주교는 헌트 신부를 올려다보더니 신부의 행동을 볼 때마다 항상 그러듯 빙긋이 웃었다. 우리는 주교가 뭐라고 말할지 궁금했다.

"찰스, 설마 그 얘기를 하려는 건 아니겠죠?" 그는 짐짓 충격적이라는 듯이 과장스럽게 물었다.

"물론 안 할 겁니다. 교회의 높은 분이 금지하신다면야 제가 어찌 감히⋯⋯." 헌트 신부는 이렇게 응수하고는 장난기 어린 얼굴로 곧 떨어질 특별 허가를 기다렸다.

"나를 어려워하는 것 같은 그런 연기는 이제 좀 그만두세요!" 그렇게 두 사람의 아옹다옹하는 말싸움이 이어졌다. 재치 넘치는 두 사제의 대화극은 늘 재미있어서 우리는 끼어들지 않고 옆에서 가만히 구경했다. 결국 주교가 말싸움에서 지고 두 손을 들었다.

헌트 신부가 한참 동안 접어뒀던 이야기를 다시 시작했다. 다들 일제히 그의 말 한마디 한마디에 귀를 쫑긋 세웠고, 신부도 그 사실을 잘 알고 있었다.

"아까 누군가 예의 없이 내 말을 끊었을 때," 신부는 여기서 잠시 멈췄다가 다시 말했다. "용서하십시오, 각하. 조금 전 말을 하다 말았는데, 그 이교도 하인은 내 방 청소를 담당하고 있는 자입니다." 신부는 다시 말을 멈추었다. 그는 벽난로에 등을 대고 서 있었는데 불티들이 날아올라 사제복 자락에 닿으려고 하자, 별 게 다 방해한다는 듯이 우스꽝스러운 몸짓으로 호들갑스럽게 불티를 털어내고 다시 말을 이었다. "아, 그런데 이 친구가 할 일은 안 하고 멀뚱히 서서 내 물건들을 하나하나 쳐다보기만 하는 겁니다. 며칠 전에는 내가 좀 서두르라고 말했더니, 나더러 저 십자가 위에 있는 사람의 먼지를 털면 안 되냐는 거예요. 그래서 내가 말했죠. '절대로 안 되네. 거기에 손대는 것은 절대로 허락할 수 없어. 그건 자네도 잘 알고 있지 않나?' 그랬더니 '왜 저는 저 사람의 먼지를 털어주면 안 되나요?' 하면서 고집을 피우는 거예요. '왜냐하면 저분은 평범한 사람이 아니라 나의 주님이시니까.'"

"찰스," 세실 주교가 훈계조로 끼어들었다. "그 문장을 좀 더 정확하게 다시 말해보시오." 그러나 헌트 신부는 이번에는 이야기를 끊지 않겠다고 단단히 작정한 모양이었다.

"내가 꽃을 좋아한다는 것을 알고는," 신부는 뒤로 돌아서더니 벽난로 위 선반에 놓인 수선화에 코를 묻었다. "요 이교도가 작은 꽃다발 하나를 등 뒤에 감추고 돌아왔어요. 감추는 척하면서도 일부러 내 눈에 보이게요. 그러다 갑자기 생색을 내면서 꽃다발을 내미는 겁니다. 그러고는 이래요. '자! 이제는 제가 신부님의 주님에게 붙은 먼지를 털어드려도 되겠죠?' 나는 그자의 말을 자르고 이런 식으로는 절대 나를 매수하지 못할 거라고, 목적을 이룰 생각이라면 방법을 완전히 바꿔야 할 거라고 말해줬지요."

헌트 신부는 말을 마치고 안경 너머로 우리를 둘러보았다.

"충격적이지 않습니까?" 신부는 혀를 쯧쯧 차며 고개를 절레절레 흔들었다.

세상 어디보다 미신이 들끓고 가난에 허덕이는 한국에 와서 그 사람들에게 희망과 복음을 전하는 일에 일생을 바친 두 성직자에게서 감출 수 없는 유머감각을 발견하는 것은 참으로 신선한 경험이었다. 그분들이 매일같이 자기를 희생하고 사심 없이 의무에 헌신하는 모습을 보고 있노라면 우리의 자잘한 문제들은 한없이 사소해 보였다.

인생이라는 목걸이

나는 다가오는 새해를 생각하며 감상적인 기분에 젖어 주위 사람들의 얼굴을 하나하나 둘러보았다. 내가 처음 서울에 도착했을 때 역으로 마중 나와준 그들을 첫 대면했다. 그때 그들은 보석상 유리 진열장 너머에 있는 호박 구슬들에 불과했다. 그러나 이제는 소중한 나의 호박들이 되었고, 그중에는 보석에 견주어도 손색이 없는 호박들도 많았다. 내가 그동안 이 호박 구슬들을, 이미 내 삶의 배경이 되어버린 나의 경험이라는 호박 구슬들과 함께 나의 인생이라는 실에 꿰어왔음을 느꼈다.

내가 경험한 그 호박 구슬들이 모두 다 찬란하다고는 결코 말할 수 없다. 티가 있거나 거품이 들어 있거나 금이 간 것도 있고, 층이 나 있는 것, 구멍이나 긁힌 자국이 난 것, 윤기는 없지만 반투명한 것, 색이 진하지만 투명한 것, 영원에 가까운 시간 동안 곤충이나 꽃의 파편을 품은 것도 있었다. 잘린 방식과 크기와 색깔도 모두 제각각이지만, 내가 그 구슬들을 하나하나 꿰어오는 동안 사이사이 완벽하게 깨끗하고 투명하고 선명한 빛을 발하는 구슬들도 발견할 수 있었다. 그것은 현명한 셰익스피어가 "단단한 쇠줄로 자신의 영혼에 붙들어매야 한다"고 표현했던, 사랑과 우정을 나타내는 구슬들이었다. 나는 최선을 다하여 사랑과 우정의 구슬들을 탄탄한 줄에 엮어왔다.

어린 시절부터 만들어왔던, 내 인생의 호박 목걸이를 나는 사랑했다. 멍에인 것은 사실이지만 무겁고 힘겨운 멍에는 아니었다. 그것은 자력을 지니고 있고 동정적이며 따뜻했다. 내 목걸이는 순수한 진주로 엮은 것이 아니라 내가 열심히 살아낸 내 인생의 구슬들로 엮은 것이며, 거기에는 인간의 감정들이 가득 담겨 있었다.

정말로 그것은 하나의 사슬을 이루었다. 내 삶의 사슬은 한국인의 갓에 다는 갓끈처럼 끝이 열려 있다. 그러니 마지막 매듭을 지을 때까지 앞으로 더 많은 구슬을 꿰어나갈 것이다.

누군가 내 잔에 포도주를 채우는 바람에 나는 공상에서 깨어났다. 벌써 몇 잔이나 마신 것일까?

고개를 들어보니 식탁 상석 프램턴 부인의 오른쪽에 앉아 있던 세실 주교가 자리에서 일어나 축배를 들고 있었다.

"오랜 친구들과 이 자리에 없는 친구들을 위하여……. 새해를 위하여!"

구슬 스물여덟

시베리아 횡단 여행

소련을 거쳐 영국으로

베티 언니와 나는 새해에 영국으로 여행을 갈 계획이었다. 나는 미국을 거치거나 파나마 운하를 거쳐 영국에 간 적이 있었고, 배를 타고 인도를 돌아서 영국에 간 적도 있었지만 예전의 러시아를 경유해서 간 적은 없었다. 얼마 전부터 러시아 사람들에게 관심이 많아진 나는 이번에는 꼭 소련을 들르기로 마음을 정했다. 베티 언니는 기꺼이 동의했지만 브루스는 말을 꺼내자마자 반대했다.

"요즘 같은 시절에 왜 소련을 통과해 여행하려는 것인지 도대체 이해가 안 되는군."

이 무렵 나는 브루스와 의견이 충돌할 때는 내 생각과 뜻하는 바를 버리지는 않지만 시간이 해결해주리라 믿고 기다리는 게 상책이라는 것을 터득한 터였다. 그리고 그동안 브루스가 최종 결정을 내리지 않도록 무슨 수를 써서라도 막아야 했다. 일단 그가 결정을 내리면 나로서는 도저히 그의 마음을 돌릴 방법이 없기 때문이다.

얼마 지나지 않아 어느 미국인 선교단이 6월에 서울을 떠날 계획이며 우리처럼 러시아를 거쳐 유럽으로 갈 것이라는 이야기를 들었다.

"선교사들이라면 함께 여행해도 안전하겠군." 이렇게 말하는 것으로 보아 그도 가능성을 타진하고 있던 모양이었다.

선교사들에게 알아보니 자기들은 이미 소련 영사관에 비자를 신청했다고 해서 우리도 즉시 영사관으로 갔다. 나는 헤플러 영사가 떠난 뒤로는 그 멋진 건물에 한 번도 들어가보지 않았다. 그사이 건물이 황폐해진 것 같았다. 안내를 받아 들어간 사무실 바닥은 쓰레기와 흙먼지로 뒤덮여 있었다.

베티 언니는 폴란드의 귀족과 결혼한 적이 있어서 폴란드 여권을 갖고 있었고, 그 때문에 소련을 경유할 비자를 발급하려면 모스크바에 보고해야 한다고 했다. 일이 이렇게 되자 우리의 계획도 불투명해졌다. 이후 다섯 달 동안 우리는 2주에 한 번씩 소련 영사관을 방문했다. 그동안 브루스는 비자가 시간 안에 도착하지 않기를, 그래서 자기가 적극적으로 반대하지 않아도 우리가 알아서 소련을 경유해 영국에 가겠다는 계획을 바꾸기를 기대하면서 배편을 예약해두었다.

이번에 여행을 함께하기로 한 스무 명 남짓한 선교단의 책임자는 치과의사인 닥터 부츠였다. 우리는 그들 부부를 잭과 플로렌스라고 불렀다. 그들은 경제적인 이유로 삼등칸을 타고 여행할 예정이었는데, 시베리아 횡단 열차에는 하드클래스와 소프트클래스뿐이었고 삼등칸은 하드클래스에 해당했다.

선교사들은 먼저 여행한 사람들의 경험을 토대로 마치 캠핑 갈 때처럼 모든 필요한 물건들의 목록을 만들었고 우리에게도 주었다. 먹을 음식은 각자 챙겨가야 하고, 하나하나 따로 싸서 넣어야 한다고 했다.

나는 중국인 재단사 위안타이에게 카키색 옷을 한 벌 맞추었다. 스커트와 재킷이 짝을 이루는데, 바꿔 입을 수 있는 반바지와 브리치* 반바지도 만들었다. 베티 언니도 필요한 짐을 모두 준비했다. 언니가 찬 팔찌 때문인지 무엇 때문인지는 알 수 없지만, 가녀린 몸매와 멋지게 빗어 넘긴 머리와 함께 언니는 엄청나게 세련된 모습을 연출해냈다.

출발 날짜를 겨우 이틀 앞두고 언니의 비자가 도착했다. 그 비자는 우리 것처럼 책으로 묶인 것이 아니라 달랑 파란색 종이 한 장이었다. 이렇게 상황이 정리되자 브루스도 점잖게 뜻을 굽혔다. 우리는 무거운 짐들은 배편으로 부쳤고, 베티 언니는 나머지 짐들도 여행하는 동안 꼭 필요한 것만 다시 추렸다.

브루스와 빌이 일본 열차를 타고 우리와 같이 압록강을 건너 만주까지 동행하며 배웅해주었다. 중국인들이 자신들의 영토라고 여기는 만주로 일본 열차가 지나다니는 것에 깊은 반감을 가졌기 때문에 열차는 가끔 중국 마적단의 습격을 받는 일이 있었다.

묵던(지금의 선양 시)에 도착해서는 다 함께 즐거운 시간을 보냈다. 조랑말

* 윗부분은 불룩하고 무릎 아래로는 달라붙는 모양의 바지.

• 호박 목걸이

이 77는 마차를 타고 로얄 파크에 가서 멋지게 지은 정자들과 실물 크기로 깎아 만든 동물 석상들도 감상했다. 나는 전에도 묵던에 가본 적이 있었지만 그때는 혼자여서 정치적으로 혼란한 도시를 돌아다닐 수 없었다. 최소한 남자 한두 명은 보호자로 동행해주어야 가능한 일이었는데, 이번에는 브루스와 빌이 있으니 마음 놓고 관광할 수 있었다.

그날 저녁 다시 역으로 돌아와 보니 묵던 성공회 교회의 오버스 목사 부부가 우리들을 기다리고 있었다. 검은 안경을 쓴 키 작은 남자와 열두 살 된 그의 딸도 함께 있었다. 오버스 부부는 우리에게 그 여자아이를 맡기며 기차 여행을 하는 동안 잘 감시해달라고 부탁했다. 런던의 워털루 역에 도착하면 아이의 이모가 마중 나와 있을 거라고 했다. 그 아이에게는 어머니가 없고 아버지 혼자서는 아이와 그 동생까지 다 돌볼 수 없다는 것이었다. 두 아이는 아버지가 없는 동안 가출하여 중국인들과 생활하기 일쑤였고, 그래서 중국어를 모국어처럼 구사한다고 했다. 그리고 중국인들과 지내는 동안 배우지 말아야 할 것들을 너무 많이 배웠다고 오버스 부인은 말했다. 무엇보다 그 아이에게는 도벽이 있었다. 하지만 아이의 짐 가방을 뒤지면 없어진 물건을 바로 찾을 수 있으니 너무 걱정할 필요는 없다고 했다.

갑자기 이런 뜻하지 않은 일이 생기는 바람에 내가 곧 떠나야 한다는 사실을 깜빡 잊고 있었다. 기적소리를 듣고서야 출발 시간이 다가왔음을 알아차렸다. 우리는 급히 손을 꼭 잡고 작별의 입맞춤을 했고, 브루스와 빌의 모습은 곧 저 멀리 희미하게 사라졌다.

기차가 창춘 역에 서자 수십 명의 중국인이 탑승했다. 그들은 우리 기차 칸으로 꾸역꾸역 밀고 들어오더니 보따리들과 바구니들을 내려놓고 바닥에 주저앉았다. 고약한 마늘 냄새가 진동했다. 하지만 아무도 그들을 내보낼 권한이 없었고, 우리도 참는 수밖에 없었다.

하얼빈 역에서는 얼굴이 하얀 러시아 아가씨들 한 무리가 플랫폼에 서 있었다. 머리는 파마를 하고 손톱에는 화사한 매니큐어를 칠했는데, 고급 댄스홀에서 일하는 여자들 같았다. 일본인들이 우리 객차 뒤에 딸린 화물칸으로 그 여자들을 몰아넣었다. 그런데 다들 짐이 하나도 없었다. 나는 이 나라에서 짐이 하나도 필요 없을 만큼 여행을 갈 수 있는 가까운 곳이 어디일지 궁금했다.

국경 도시 만저우리

밤에는 치치하르 역을 지났는데 거기서는 아기들을 데리고 생선을 갖고 탄 중국인들이 잔뜩 들어와서 가뜩이나 복잡하던 객차 안이 터져나갈 것 같았다. 악취와 담배 연기로 공기는 질식할 듯했고, 인내의 한계에 도달했다 싶을 때 기차는 가까스로 만저우리(滿洲里)에 도착했다.

만저우리는 시베리아 횡단 열차로 갈아타는 역이었다. 그런데 열차의 출발이 몇 시간씩이나 지연된다는 것이 아닌가. 러시아 열차에서는 연착이 흔한 일인 모양이었다. 나중에 안 사실이지만 우리가 탄 열차는 2차 세계대전이 일어나기 직전 마지막으로 시베리아를 횡단한 열차들 가운데 하나였다.

한순간도 방심하지 말고 짐을 잘 지켜야 한다는 경고를 들었다. 베티 언니와 나는 짐 가방이 모두 열일곱 개나 되었다. 언니는 짐 가방을 지키며 그냥 역에 있겠다고 했고, 그사이 나는 산책을 나섰다. 그리고 그것은 평생 잊을 수 없는 산책이 되었다.

국경에 위치한 도시들은 대체로 흥미롭지만, 만저우리는 가장 참담하고 가슴 아픈 곳이었다. 진흙탕 말라붙은 길이 그대로 도로였고, 건물들은 지저분하게 허물어져가고 있었다. 전체적으로 생기 없고 칙칙했지만 창가에 걸린 빨래와 깃발들, 거리를 지나다니는 중국인, 일본인, 러시아인 들이 입은 옷가지들의 다양한 색깔이 그나마 생기를 불어넣어주었다.

나는 주요한 건물들이 모여 있는 뒤쪽에서 하늘을 찌를 듯 솟아 있는 교회의 둥근 지붕을 발견하고 그곳을 향해 걷기 시작했다. 골목으로 들어서자 판잣집, 헛간 같은 집, 딴 집의 지붕 밑에 덧붙여 만든 쪽방들이 양쪽으로 늘어서 있었다. 그곳에는 좌초한 인생들이 살아가고 있었다.

그들은 절망적이고 비참한 가난 속에서 맨땅에 앉거나 누워 있었다. 대부분 노인들이었고, 흰 수염이 난 야위고 귀족적인 얼굴에서 희망을 잃고 비탄에 빠진 메마른 눈들이 감정이 증발된 눈빛을 던지고 있었다. 그들의 수척한 장신의 몸을 감싼 옷들은 다 낡았으나 한때는 화려한 모피로 가장자리를 장식했을 러시아식 긴 오버코트들이었다. 발이 푹푹 빠지는 흙투성이 맨땅을 맨발로 저벅저벅 걸어다니는 걸 보면 모자와 벨트와 부츠는 오래전에 사라져버린 듯했다. 그들은 예전의 모습을 거의 잃어버린 백계 러시아인들이었다.

20여 년 전 혁명이 일어났을 때 그들은 이 국경 도시로 탈출했을 것이고, 앞으로 나아갈 수도 되돌아갈 수도 없어 그대로 머물렀을 것이다. 가족들도 잃었고 아는 사람들과 연락도 모두 끊겼다. 그리고 지금은 이렇게 길바닥을 헤매며 닭과 돼지와 개와 함께 쓰레기를 뒤지고 있는 것이다.

교회로 들어서는데 닭들이 꼬꼬댁거리며 튀어나왔다. 삼베로 된 스카프와 앞치마를 두른 여자가 빗자루로 닭들을 몰아내고 있었다. 교회 안은 무덤 속처럼 조용했지만, 외양은 아연실색할 만큼 조잡하게 느껴졌다. 제단은 거친 면 휘장과 부서진 크리스마스 장식들과 금색 반짝이와 은색 종이꽃 등으로 복잡하게 장식되어 있었다. 벽에 걸린 성화들도 색깔이 유치하게 요란스러웠다.

사람들 몇몇이 각자 무리를 지어 무릎을 꿇은 채 기도를 중얼거리고 있었다. 그 불쌍한 사람들은 무슨 기도를 하고 있을까? 죽음의 사자가 속히 찾아와 이 모든 고통에서 벗어나게 해달라고 기도하지 않았을까?

내가 그들 속에 섞여 있는 것이 너무 무례하다는 생각이 들어 다리 힘이 닿는 한 빠른 걸음으로 역으로 돌아갔다.

역에 돌아오니 베티 언니와 우리 일행이 초조하게 출발을 기다리고 있었다. 갓 끓인 차와 레몬주스로 보온병을 채울 수 있다는 말을 듣고 줄을 섰는데 내 차례가 되기도 전에 플랫폼으로 들어가는 커다란 철문이 열렸다. 그 뒤로 마침내 우리가 탈 열차가 들어왔다. 맨 뒤에 하드클래스 객차가 달려 있었다. 하얼빈 역에서부터 우리 열차 꽁무니에 달려 왔던, 아가씨들을 태운 화물차도 우리가 갈아탈 열차 뒤에 연결되어 있었다. 경비원들은 그 상황을 무척 반기는 것 같았다. 일본은 만주국에서 러시아인들을 모조리 몰아내기를 원하니 당연한 태도였을 것이다. 이번에도 나는 그 아가씨들의 목적지가 어디인지 궁금했다.

나는 층층이 쌓여 있는 우리 짐을 보았다. 짐꾼은 한 명도 없었다. 하드클래스를 타는 승객은 짐꾼을 고용하지 않았다. 플랫폼은 끝없이 길어 보였다. 언니가 만류했지만 언니에게 짐을 들게 할 수는 없었다. 우리 일행들 역시 다들 짐이 많아 도움을 구할 수가 없었기에 결국 짐을 나르는 일은 내 차지였다.

델 듯이 뜨거운 햇볕 아래에서 양손에 가방을 들고 플랫폼을 여덟 번이나 왕복하고 나니 쓰러질 것만 같았다. 하지만 우리의 객차는 아직 열리지 않았고, 나는 일행들과 함께 가방을 깔고 앉아 땀을 뚝뚝 흘리며 소프트클래스 승객들의 승차가 끝나기를 기다렸다. 마침내 어느 '동지'가 선심 쓰듯이 우리에게 승차를 허락했다.

모두들 가파른 계단으로 자기 몸과 짐들을 끌어올리고는 세면실 앞에 줄을 섰다. 그러나 물은 없었다. 폴란드에 도착할 때까지는 씻을 물도, 변기용 물도, 마실 물도 눈을 씻고 봐도 없었다.

베티 언니와 나는 각자 에어매트리스에 바람을 불어넣었다. 우리는 딱딱한 나무의자에 매트리스를 놓고 몸을 던졌다. 우리 객실에는 여섯 개의 나무의자가 있었는데 다른 승객은 독일 여자 한 명뿐이어서 남은 의자에 짐들을 놓을 수 있었다. 그러나 편히 자리를 잡기도 전에 객실 문이 벌컥 열리더니 어느 '동지'가 우리에게 모두 밖으로 나오라고 명령했다. 이번엔 또 무슨 일인가 싶었는데, 짐과 여권을 조사하겠다는 것이었다. 우리는 열차 밖으로 나갔고, 나는 또다시 열일곱 개의 가방을 들고 플랫폼을 여덟 번이나 왕복해야 했다.

짐 검사가 끝나고 우리는 여권을 돌려받으려고 기다렸다. 열차 출발을 알리는 기적이 울렸다. 우리는 동시에 고개를 돌려 열차를 보았다가, 다시 고개를 돌려 이구동성으로 시끄럽게 여권을 돌려달라고 요구했다. 하지만 아무 소용 없었다. 한마디로 아수라장이었다. 우리는 할 수 없이 짐들을 들고 서둘러 열차로 돌아가면서도 여권을 빼앗긴 것 때문에 분노와 짜증을 가눌 수 없었다. 세상 어느 나라에서도 겪어본 적 없는 일이었다.

열차를 놓치지 않은 것은 다행이었지만 여권을 받지 못한 건 억울한 노릇이었다. 그래도 객실에 들어가면 그나마 편히 쉴 수 있으리라 기대했는데,

객실 안에서는 자신이 우리 일행의 책임자라고 주장하는 어떤 '동지'가 납작해진 내 매트리스를 깔고 앉아 있는 게 아닌가. 에어매트리스를 처음 보는 그자가 거기에 담배를 눌러 꺼서 구멍을 뚫어놓은 것이었다.

겉모습은 서울의 소련 영사와 닮았는데, 머리를 빡빡 밀었고 눈이 한쪽뿐이었다. 그는 우리를 보자마자 자기를 '동지'라고 부르라고 명령했고, 그런 태도를 보건대 우리가 당연히 자기 명령을 따라야 한다고 생각하는 듯했다. 그에게는 조수가 한 명 있었는데 우리는 그를 '2번 동지'라고 불렀다. 이 사람은 자기 상관보다 약간 덜 난폭해 보일 뿐 모든 것이 거의 비슷했는데, 자기 상관을 무척 두려워하고 노예처럼 행동했다.

끝없이 펼쳐진 황량한 시베리아

열차가 역을 벗어나자 나는 가방을 깔고 앉아서 창밖으로 시베리아의 첫인상을 눈에 담았다. 막상 스텝에 들어서니 내가 상상하던 모습과는 너무도 달랐다. 인간의 손이 닿지 않은 원시의 평원이 끝없이 이어질 뿐이었다. 특징이라고는 단조로움뿐이었고, 시베리아의 스텝은 북미의 대초원과 달리 어쩐지 불길하고 음산한 느낌을 주었다. 게다가 시베리아를 가로지르는 내내 우리 객차 바로 밑에서 돌아가는 쇠바퀴의 철컥거림이 끝없이 귓속을 파고들었다.

광대한 평원을 가로지르는 동안 철로 양쪽에 쌓아놓은 침목 더미가 간간이 눈에 띄었고, 전신주들이 휙휙 지나갔다. 끝없이 펼쳐진 평원을 볼 때는 영원히 거기서 빠져나갈 수 없을 것 같아 불안했는데, 그런 익숙한 풍경들을 보니 마음이 조금 안정되었다. 열차의 평균 속도는 시속 40킬로미터가 채

안 되는 것 같았다.

만저우리를 떠나 치타에 도착하기 전, 어딘가 더없이 황량한 지점에서 열차가 속도를 줄이다가 마침내 멈춰 섰다. 그러고 몇 번 덜컥거리는 소리를 내더니 다시 움직이기 시작했다. 한참 달리자 차창 밖으로 스텝 한가운데 버려진 화물차 같은 것이 보였다.

조금 더 가니 철로 가까이에 그런 화물차가 또 하나 나타났다. 안에서 무언가 움직이는 것 같았다. 가축들인가? 세 번째 화물차가 더 가까워졌을 때보니 그것은 남자들과 여자들, 사람들이었다. 어떤 사람은 차체 주위 땅바닥에 꼼짝도 하지 않고 누워 있었고, 어떤 사람들은 네발짐승처럼 기어다녔다. 어떤 사람들은 맨손으로 땅을 파헤치고 있었다. 메마른 불모의 땅에서도 드문드문 식물이 자라는지 조그만 초록색 땅덩이들이 눈에 띄었다. 하지만 아무리 봐도 농사의 흔적은 보이지 않았다. 어머니 대자연이 굶어 죽어가는 자식들을 위해 약간의 양분을 내어준 것이었다. 적어도 추운 겨울이 오기 전까지는 말이다.

나중에 나타난 옆이 뻥 뚫린 화물차는 철로에서 아주 가까운 곳에 놓여 있었고, 안에서 울부짖는 소리가 들려왔다. 최소한의 프라이버시와 보호를 위해 쌓아둔 나뭇가지들에 기대어 여자들이 울고 있었다.

그제야 나는 그 사람들이 그 황량한 땅으로 추방된 정치범들이라는 사실을 깨달았다. 살아갈 희망도 없이 버려진 존재들이었고, 아직은 목숨이 끊어지지 않은 망가진 잔해 같은 존재들이었다. 나는 하얼빈과 묵던에서 러시아 아가씨들을 태웠던 화물차를 보려고 우리 열차 뒤쪽을 바라보았다. 그러나 그 화물차는 떼어놓았는지 이미 사라지고 없었다.

날이 갈수록 날씨는 점점 더 더워졌다. 낭만적인 여행을 기대했던 순진한 마음은 단조롭기 짝이 없는 풍경이 집어삼켜버렸다. 광활한 평원은 지평선 이쪽 끝에서 저쪽 끝까지 끝없이 뻗어 있었고, 이따금 농경의 흔적이 보이는 땅이 드문드문 눈에 들어왔다. 이렇게 따분하고 광막하게 펼쳐진 땅을 보고 있자니 미국이 아주 작은 나라처럼 느껴질 정도였다.

우리는 바이칼 호수에 도착하기를 기대하고 있었다. 이윽고 창밖으로 물이 보이기 시작했지만 황량한 느낌이 들었다. 호수 한가운데에 무언가 시커먼 것이 올라갔다 내려갔다 하는 것이 보였다. 우리는 그것이 무엇일까 열심히 추측해봤다. 하지만 끝내 그 수수께끼는 풀리지 않았고, 우리는 그것을 '네스호의 괴물'이라고 부르기로 했다.

열차가 멈추자 '동지'가 우리더러 나가서 수영을 해도 좋다고 말했다. 그러나 그곳에 얼마 동안 정차하는지 몰랐으므로 선뜻 나가기가 꺼려졌다. 실제로 열차는 10분 정도밖에 머무르지 않았다. 씻지는 못했지만 열차를 놓치고 황야에 버려지는 일은 피해야 했다. 나는 치마 대신 좀 더 편한 카키색 반바지로 갈아입었다.

이르쿠츠크에 도착하자 우리는 못했지만 열차는 목욕을 했다. 머리에 지저분한 머릿수건을 두른 여자들이 열차에 올랐다. 그들은 바닥을 문질러 닦을 뿐 절대로 눈을 드는 법이 없어서 우리는 그들을 얼굴 없는 여자들이라고 불렀다. 사다리를 밟고 올라가 열차 지붕을 닦는 사람들도 있었는데, 신발도 양말도 신지 않고 심지어 속옷도 입지 않은 채였다.

열차가 목욕을 하는 동안 우리는 플랫폼에 몰려온 농부들에게 우리의 오렌지와 사과를 주고 그들이 가져온 요구르트, 치즈와 맞바꾸었다. 그러나 그 음식들은 너무 형편없어서 도저히 식욕이 돋지 않았고, 우리가 가져온 식량마저도 먹고 싶은 마음이 달아났다.

우리는 보온병에 차 끓일 뜨거운 물을 받으려고 줄을 섰다. 딱딱한 표정의 여자들이 뜨거운 물을 틀어주는 일을 맡고 있었는데, 보온병을 들고 있는 우리의 손에 펄펄 끓는 물을 인정사정없이 끼얹었다. 그 바람에 나는 보온병을 놓쳤고 병이 깨어지자 그 여자들은 깔깔거리며 웃어댔다. 내 뒤에 줄서 있던 사람들은 나와 같은 일을 당할까 봐 더운 물을 포기하고 돌아갔다.

밤이면 종종 복도에서 부스럭거리는 소리가 들려 잠이 깨곤 했는데, 그럴 때마다 내다보면 '2번 동지'가 우리가 먹다 남긴 음식 찌꺼기를 몰래 먹고 있었다. 그가 우리에게 찌꺼기를 창밖에 버리지 말아달라고 애원조로 말했던 것도 다 이유가 있었던 것이다. 사정을 알게 된 후로 우리는 그에게 음식을 주려고 했다. 그러나 그는 1번 동지가 보는 앞에서는 절대로 자기한테 음식을 주면 안 된다고 했다. 마음 넓은 베티 언니가 측은한 마음에 우리가 가져온 군것질거리들을 모조리 쓰레기통에 넣으려고 해서, 뜯어말리느라 애를 먹었다. 언니는 그에게 비타민 알약까지 자꾸만 권했다.

우리와 같은 객실에 탄 독일 여인 그레타는 좋은 길동무였다. 우리는 다른 일행들의 객차에 가서 하트나 매트리모니 같은 카드게임을 하며 시간을 보냈다. 그럼에도 낮 시간은 지루하게 계속되었고, 밤이면 머리 바로 밑에서 철커덕거리는 바퀴 소리가 더욱 요란하게 귓속을 파고들었다.

잠도 편히 잘 수 없었고 세면 시설조차 없는데도 베티 언니는 여전히 침착하고 우아한 모습을 유지했다. 나머지 우리는 전부 꼴이 말이 아니었다. 서울을 떠나기 전 몇 주 동안 우리는 갖가지 사교 행사를 치르느라 힘겹고 정신없는 나날을 보냈는데, 언니는 이렇게 기차에서 휴식을 취하고 긴장을 푸는 것 같았다. 언니는 책을 읽거나 매트리스에 누워 쉬면서 대부분의 시간을 보냈다. 나는 납작해진 매트리스 때문에 뼈가 좀 아팠지만, 다행히 험한 일에는 어느 정도 단련되어 있어 견딜 만했다.

크라스노야르스크에서 열차는 예니세이 강을 건넜고, 노보시비르스크가 가까워지자 나무들이 보이기 시작했다. 바위가 많고 표면의 기복이 심한 땅에 키가 반쯤 자란 사시나무와 포플러 나무, 은빛 자작나무들이 서 있었다. 황량한 스텝만 보다가 숲을 보니 반갑기 이를 데 없었다. 나무들 사이로 간간이 둥근 지붕들이 보이자 정말 러시아에 와 있다는 실감이 났다. 그러나 이런 숲도 며칠 동안 계속 이어지니 두려울 정도로 옥죄어오는 느낌이 들었다.

탁 트인 황야를 달릴 때도 하루의 시간이 어떻게 흐르는지 감이 오지 않았는데, 어두운 숲이 계속되니 시간감각은 더욱 흐려졌다. 사람들 사이에서는 언제 식사를 하고, 언제 함께 모이고, 언제 잠을 자야 하는지를 두고도 이러쿵저러쿵 의견이 분분했다. 어떤 사람은 시계를 따라야 한다고 했고, 어떤 사람은 태양을 따라야 한다고 했으며, 또 어떤 사람은 '동지들'이 시키는 대로 하자고 했다. 결국 동시에 한 객실에서는 아침을 먹고, 다른 객실에서는 낮잠을 자고, 또 다른 객실에서는 점심을 먹고, 또 다른 객실에서는 저녁을 먹는 일까지 벌어졌다.

열차에 오른 지 여드레째 되는 날 하늘이 캄캄해지기 직전에 우리는 아름다운 은빛 자작나무 숲 사이로 달리고 있었다. 어두운 숲 속에서 소리 없이 번개가 번쩍하더니, 우르릉거리는 소리와 함께 천둥이 무시무시한 굉음을 내며 몰아쳤다. 번쩍거리는 번갯불은 춤을 추듯 자작나무의 하얀 줄기를 타고 오르락내리락했다. 그러다 폭우가 퍼붓기 시작했고 자작나무 가지들은 빗물의 무게를 견디지 못하고 흐느적흐느적 휘어졌다. 이제 창밖으로 아무것도 보이지 않았다.

우리는 모두 잠자리에 들었다. 나는 자리에 누워 머리 밑에서 들려오는 열차 바퀴 소리에 시달렸지만, 그러다가도 스르륵 잠에 빠져들었다.

그러다 모든 소리를 집어삼킬 듯한 소리에 잠에서 깼다. 나로서는 그 소리를, 그리고 그 소리와 함께 우리를 짓누른 어떤 압력을 뭐라고 설명해야 할지 모르겠다. 순간적으로 섬광 같은 빛으로 주위가 환해졌고, 그 찰나에 나는 사람들의 얼굴을 보았다는 생각이 들었다. 다음 순간 나는 베티 언니, 그레타와 함께 바닥에 나뒹굴고 있었다. 나는 우리가 벼락을 맞은 것이라 생각했다. 그러나 우리가 허둥지둥 객차를 빠져나와 숲에 내렸을 때 불타고 있는 것은 전혀 없었다.

그때 베티 언니가 내 팔을 붙잡고 앞을 가리켰다.

"메리, 저기 좀 봐. 저 데스데모나를 봐!"

내 앞에는 정말로 셰익스피어 비극의 여주인공이 살아온 듯한 사람이 서 있었다. 우리의 사랑스러운 플로렌스 부츠가 하얀 나이트가운 위로 검은 머리를 폭포처럼 풀어 내리고 그 커다란 눈으로 기묘한 그림자들을 멍하니 바라보고 있는 것이 아닌가. 플로렌스는 어두운 숲 바닥에서 몰려온 모기 떼들이 달려들었을 때에야 자기가 제대로 옷을 갖춰 입지 않았음을 깨닫고 깜짝 놀랐다. 그리고 모기를 막으려는 듯 가운을 발목까지 끌어내려 꼭 여미고 주위를 둘러보더니 도저히 모기를 피할 수 없겠다고 생각하는지 경악스러운 표정을 지었다.

우리가 탄 열차 중 객차 세 칸이 탈선하여 철로를 가로지르며 쓰러져 있었다. 사람들이 조금 전에 열차 한 대가 지나갔다고 말했지만 다른 열차 같은 것은 전혀 보이지 않았다. 지나가는 열차가 우리 열차를 쓰러뜨리고 가는 일이 어떻게 가능한지도 이해가 되지 않았고, 그렇게 충돌했을 경우 일어났어야 할 파손의 흔적도 찾아볼 수 없었다. 우리는 닥치는 대로 옷을 찾아서 껴입었다. 베티 언니와 나는 불안에 떨며 철로가 굽이를 도는 지점까지 걸어갔다. 커브 지점에 가면 그 유령 열차가 다시 나타나는 모습을 볼 수 있을까 싶어서였다.

새벽녘이 되자 정말로 열차 한 대가 느리게 다가오는 게 보였다. 그 열차는 알고 보니 우리를 구하러 온 구조 열차였다. 우리를 떼어놓고 간 그 열차에서 연락을 받았을 것이다. 언니와 내가 객차가 있는 곳까지 돌아갔을 때에는 객차 석 대가 모두 바로 세워지고 바퀴들도 레일에 제대로 끼워진 상태였다. 정말이지 기이한 우연이 아닐 수 없었다. 내 머리 밑에서 삐걱거리던 그 바퀴가, 다른 열차 한 대가 우리를 지나쳐가는 바로 그 순간에 레일에서 빠졌다는 것이다. 그 열차는 우리가 길고 긴 횡단을 하는 동안 우리 옆으로 지나간 처음이자 마지막 열차였다.

멍이 심하게 들거나 충격으로 겁을 먹은 사람은 있었지만, 심각한 부상을 입은 사람은 아무도 없었다. 아이들은 지루하고 따분한 여행 중에 일어난 이 사고를 아주 재미있어 했고, 그런 일이 또 일어났으면 좋겠다는 말을 자꾸만 반복하며 어른들을 귀찮게 했다. 우리의 일정은 열 시간이나 지체되었지만, 쉬지 않고 달리는 러시아 열차에 그 정도 시간이 무슨 의미겠는가?

여전히 바퀴 소리는 불안하기 짝이 없었지만, 열차는 숲을 뒤로하고 우랄 산맥을 바라보며 옴스크 방향으로 터덜터덜 나아갔다. 오른쪽으로는 습지가, 왼쪽으로는 바라빈스카야 스텝이 펼쳐졌다.

그다음으로는 거대한 호수 같은 무엇이 우리의 주의를 끌었다. 그러나 가까이 다가가면서 우리는 깜짝 놀라고 말았다. 수많은 비행기들이 머리와 꼬리를 맞대고 끝도 보이지 않을 정도로 늘어서 있었다. 우리는 그 비행기들이 공격용인지 방어용인지 의문을 품지 않을 수 없었다.

모스크바에 도착하다

스베르들롭스크를 지난 뒤에는 우랄 산맥을 뒤로하고 남쪽으로 방향을 돌려 모스크바로 향해 갔다. 모스크바가 가까워지자 높은 건물들의 벽에 스탈린과 레닌의 거대한 초상화들이 보였다. 그렇게 기괴한 초상화들이 줄곧 내려다보는 거리를 지나다니는 사람들은 심리적으로 어마어마한 영향을 받을 수밖에 없을 것이다.

모스크바 역에 열차가 멈춰 서자, 도저히 사람이라고 보기 어려운 초췌한 얼굴의 어린아이들이 열차 주변으로 몰려들었다. 아이들의 얼굴에는 배고픔과 식탐과 살아남아야겠다는 맹목적 의지밖에 없었다. 갈퀴처럼 앙상한 손들을 뻗어 우리가 창밖으로 던져주는 과자를 받았고, 먹을 걸 서로 차지하려고 땅바닥에 뒹굴며 싸웠으며, 과자 부스러기를 주우려고 열차 바퀴 밑으로 기어들어가는 위험한 일도 서슴지 않았다.

여권을 돌려달라는 우리의 요구는 여전히 묵살되었다. 그들은 메트로폴 호텔에서 열차 도착 시각에 맞추어 보낸 버스에 황급히 우리를 밀어넣었다. 군중이 우리를 보지 못하게 하려는 의도가 분명했다. 도로에는 조약돌이 깔려 있었다. 어디를 보나 파괴된 잔해 더미가 눈에 띄었고, 거의 대부분의 건물에 비계가 설치되어 있어서 옛것을 파괴하고 새로이 건설하는 과정임을 알 수 있었다.

열차가 하루나 늦게 도착했으니 마중 나온 사람이 있으리라는 기대는 하지 않았다. 나는 곧바로 호텔로 들어가 유명한 특파원이자 잡지에도 자주 글을 쓰는 드마레 베스 부부에게 전화를 걸려고 시도했다. 그러나 잠시 후 나는 소련 교환원이 통화를 원하는 외국인들에게 대처하는 방식을 알게 되었다. 처음 에는 당사자가 현재 다른 지방으로 출타 중이라고 말한다. 그래도 내가 전화를 기다리고 있을 거라고 말하면, 이번에는 전화를 받지 않는다고 대답한다. 그러면 택시도 찾기 어렵기 때문에 직접 걸어서 친구 집을 찾아가 예고도 없이 방문하거나, 주저앉아서 그들이 나를 찾아와주기를 기다리는 수밖에 없다. 결국 우리는 두 번째 방법을 택했다.

베티 언니와 나는 목욕을 하고 옷을 갈아입는 호사라도 누리려고 그 호텔에서 방을 하나 잡았다. 나는 2주 이상 열차를 타고 오는 동안 계속 카키색 반바지 차림이었기 때문에 어서 씻고 옷을 갈아입고 싶은 마음뿐이었다. 데스크에서 받은 열쇠로 객실 문을 열려는데 문이 잠겨 있지 않았다. 우리는 대수롭지 않게 여기고 안으로 들어갔다. 객실에는 전에 묵은 손님의 것으로 보이는 물건들이 여기저기 널려 있었다. 하지만 베티 언니는 목욕을 하겠다는 일념에 곧바로 욕실로 돌진했다. 언니가 욕실 문을 열더니 놀라서 큰 소리를 지르며 뒤로 물러났다. 어떤 남자가 욕조 안에 있었던 것이다. 설상가상으로 그 남자는 열차에서 카드게임을 함께 했던 사람이었다. 우리는 다시 로비로 돌아와 호텔 직원에게 당장 방을 내놓으라고 요구했다. 베티 언니는 주위를 둘러보더니 로비에 딸린 여자 화장실을 발견하고는, 여간해서는 손에서 놓지 않던 자그마한 여행용 케이스를 들고 씻으러 들어갔다.

내가 우리 짐을 찾아서, 역에 두고 온 짐들의 수에 맞추어 빠진 게 없나 확인하고 있는데 귀에 익은 목소리가 나를 불렀다.

"안녕, 메리!"

돌아보니 도로시 베스가 서 있었다. 서울에서 마지막으로 보았을 때처럼 여전히 초롱초롱하고 예쁜 모습이었다.

"나 자기한테 전화 걸려고 했었는데……." 내 말이 울음처럼 터져 나왔다. 도로시는 빙긋이 웃을 뿐이었다. "우리가 도착했는지 어떻게 알고 왔어?"

"우리는 열차가 도착하는 건 항상 알아. 늘 고대하는 일이거든."

도로시는 운전기사에게 돌아서더니 우리의 여행 가방들을 차에 실으라고 지시했다. 나는 필요할 것 같은 가방만 기사에게 넘기고 큰 가방들은 호텔에 남겨두었다.

그 순간 베티 언니가 완전히 달라진 모습으로, 흡사 발레리나 같은 모습으로 나타났다.

차를 타고 가는 동안 도로시는 우리가 때 맞춰 도착해서 기쁘다는 말을 몇 번이나 반복했다. 나는 무슨 때를 맞췄다는 말인지 알 수가 없었다. 아무튼 어서 도로시 집에 가서 목욕을 해야겠다는 것 말고는 아무 생각도 할 수 없었다. 차는 건물 전면에 비계가 설치된 어떤 웅장한 저택을 지나쳤는데, 바로 옆으로 돌아가 아치형 길을 통과하더니 그 건물의 안뜰로 들어갔다.

"이 건물은 지금 전면을 보수하는 중이야." 도로시가 설명했다. "그래서 비계가 있는 거야. 여기는 뒷문이고."

내가 속으로 정말 굉장한 저택에서 사는구나 하고 생각하는데, 도로시가 말을 이었다.

"대사님 누이가 막 파리에서 도착해서 오늘 오후에 그분을 위한 환영 파티가 열려. 열차가 더 늦지 않아서 얼마나 다행인지 몰라. 자, 이리로." 도로시의 말이 끝나고 베티 언니와 도로시는 차에서 내렸다.

"여기가 스패소 하우스야."

스패소 하우스라면……, 미국 대사관인데? 왜?

"메리, 어서."

"우리가 왜 여기 온 거지?" 내가 물었다.

"칵테일 파티에 참석하려고." 도로시가 대답했다. "아직 늦지 않았어."

나는 씻지 않아서 지저분한 무릎을 두 손으로 꽉 움켜쥐고 의자에 단단히 앉아 움직이지 않았다.

"두 사람은 가. 나는 여기 있을 테니까." 내가 단호하게 말했다. 두 사람만 파티장으로 들어갔지만, 베티의 동생이 차 안에 있다는 말을 들은 다른 손님들이 나를 데리러 왔다. 결국 나는 반바지를 입은 채로 파티장에 끌려 들어가고 말았다.

모스크바에 외지 손님들이 찾아오는 것은 드문 일이었기 때문에 모두 나를 따뜻하게 환영해주었고, 덕분에 나도 금세 창피함을 잊을 수 있었다. 하지만 2주 이상 곧 부러질 것 같은 열차를 타고 달려왔고, 심지어 사고도 한 번 겪은 사람에게 온전하게 말하고 행동하기를 기대하는 건 무리다. 물론 베티 언니는 그럴 수 있었다. 나는 거의 탈진하여 머리가 빙빙 돌았고 몸에서는 아직도 열차의 진동이 느껴졌다. 그날 그 응접실에서 내가 술 취한 사람처럼 비틀거리며 돌아다니지는 않았는지 모르겠다. 잘 차려입고 파티에 온 그 사람들이 그날 나의 정신 상태와 몸 상태를 제대로 이해했는지 아직도 궁금하다.

이윽고 드마레 베스 부부의 집에 도착하여 오랫동안 고대했던 목욕을 할 수 있었다. 그 집에서는 욕실뿐 아니라 집 전체에 반투명한 유리를 사용한 것이 눈에 들어왔다. 여기서는 사람들이 시도 때도 없이 남의 집을 들여다보기 때문에 그것을 막으려면 그 방법밖에 없었다고 도로시가 설명했다.

"메리, 혹시 가져온 식료품 중에 남은 것 좀 있어?"

"물론이야. 그런데 식료품은 호텔에 두고 왔어. 운전기사를 보내서 커다란 버들바구니를 가져오라고 해."

"정말 우리한테 나눠줘도 괜찮은 거야?" 도로시가 진지하게 물었다. "그래도 자기는 곧 베를린에 도착할 테니 식료품이 그리 많이 필요하지는 않겠다. 음식을 구하는 일이라면 이제 자존심 같은 건 남아 있지도 않아." 도로시가 그렇게 말하고는 멋쩍게 웃었다. "구할 수만 있다면 그 무엇도 사양하지 않지. 미국에서 오건 동양에서 오건 이 나라에서는 식료품이 한 번 도착하려면 한없이 기다려야 하거든. 우리 가구도 벌써 몇 달째 기다리고 있는지 몰라."

그날 저녁식사에 델몬트를 비롯하여 여러 가지 미국산 식품들을 올리자 다들 환호하며 좋아했다. 러시아인 식객도 두 사람 있었는데, 베스 부부가 정기적으로 식사를 대접하는 이들인 것 같았다. 그들은 제정 러시아 시대의 신사들인 백계 러시아인들로, 빵 배급조차 받지 못하는 처지였다. 이 사람들은 자기 가족이 자유로운 세상으로 탈출할 수만 있으면 자기들은 러시아에 남아서 굶어 죽어도 좋다고 생각했다.

모스크바 구경

이튿날 도로시가 우리에게 모스크바를 구경시켜주었다. 모스크바는 러시아적인 색채가 무척 강한 도시였다. 우리는 붉은 광장으로 갔다. 그곳은 마치 삽화가가 온갖 상상력을 동원해 꾸민 그림책 속 한 페이지 같았다. 크렘린을 보니 폭군 이반과 표트르 대제가 떠올랐다. 크렘린 성벽 너머로 성들과 탑들, 성당의 첨탑들이 솟아 있었다. 황제들은 바로 그 교회에서 멋진 옷을 차려입고 대관식을 치렀고, 또 후에는 그곳에 묻혔으리라. 우리 왼쪽으로는 크기도 모양도 색깔도 제각기 다른 여러 종류의 첨탑들이 한데 모여 이루어진 성 바실리 대성당이 보였다. 그 첨탑들은 마치 터번을 머리에 두른 동양의 마법사들처럼 보였다. 전체적으로 뭔가 이국적이면서도 휘황찬란한 느낌을 주었다. 그러나 내부는 외부의 화려함과 대조적으로 지독히 황량했다. 스물한 개의 예배실은 모든 비품들이 제거된 상태였다. 교회들도 사정은 마찬가지였다.

묘지에서는 성소는 텅 비고 무덤들은 훼손되었으며 십자가는 파손되고 동상들은 받침대에서 내팽개쳐져 있었다. 떠난 친지의 무덤 곁에 모여 무릎을 꿇고 있는 노인들이 여기저기 눈에 띄었다. 묘지들을 둘러싼 벽들에는 머리글자만으로 된 수백 명의 명단이 새겨져 있었다. 그들은 개별적인 묘석도 없는 망자들이었고, 묘지임을 표시하느라 꽂아둔 시멘트 슬라브에는 오려낸 신문기사를 유리로 덮어둔 것들도 보였다. 믿음이나 사랑이나 희망 같은 글귀는 어디에서도 찾아볼 수 없었다.

크렘린의 성벽을 배경으로 그 앞에 세워진 레닌의 묘지는 너무나 단순해서 크렘린과는 극명한 대조를 이루었다. 매일 수천 명의 사람들이 방부 처리된 레닌의 시신을 보기 위해 이곳에 들른다. 우리도 한 시간 반이나 줄을 서서 기다렸지만 끝내 우리에게는 입장이 허락되지 않았다. 도로시도 이전에 몇 차례 시도했지만 매번 들어가지 못했다고 했다. 도로시는 미국인 중에 들어가본 사람은 없을 것이고, 혹시 있더라도 극소수일 거라고 말했다. 그래서 어쩌면 그 안에 있는 것은 진짜 레닌의 시신이 아니라 밀랍으로 만든 모형일지도 모른다고 추측했다.

어느 틈에 어떤 여자 가이드가 우리에게 따라 붙었다. 이런 가이드들은 두세 가지 언어를 한다고는 하지만 실제로는 나라 밖으로 나가본 적도 없는 사람들이었다. 게다가 다른 장소들에 관한 호기심조차 전혀 없어 보였다. 우리를 따라온 가이드는 내 질문에 이렇게 대답했다.

"우리는 자본주의 국가에 관해서는 아무 관심도 없습니다."

그 가이드는 분명히 사복경찰이었을 것이다. 그 여자는 우리가 무슨 말을 하건 무조건 반박했는데, 그 점이 가장 짜증스러웠다. 그리고 무슨 말을 해도 "스탈린 동지께서 말씀하시기를"이란 말로 시작했다.

어디를 가든 스탈린과 레닌의 전신상과 흉상이 눈에 띄었다. 지하철 '메트로'는 현대식으로 지었는데도 어딘지 고전적인 느낌이 묻어났고, 그 은은한 간접조명 덕분에 수많은 사람들을 꽉꽉 채워 싣고 달리는 전철이라기보다는 편안히 감상할 수 있는 미술관 같았다. 버스들은 정원의 두 배는 됨직한 사람들을 태우고 달렸다. 사람들은 버스 차체에 개미떼처럼 붙어서 다녔다. 창문과 출입문으로 몸을 내밀고 다니는 것은 예사였고, 계단에 앉거나 심지어 버스 지붕 위에 납작 엎드려 가기도 했다. 그러다 승객이 시야를 가리기라도 할라 치면, 여자 운전사는 그 승객을 힘껏 밀쳐냈다. 그러다가 떨어져 지나가던 차에 치이든 말든 개의치 않았다. 사람이 당하는 고통에 대해 그렇게 비정하고 무심할 수 있다는 것이 우리에게는 크나큰 충격이었다. 우리가 버스에서 내리고 나서도 가이드는 여전히 우리를 따라왔다. 그 여자를 떼어놓을 방법은 없는 것 같았다. 갑자기 그 여자가 밑도 끝도 없는 말을 뱉었다.

"스탈린 동지께서 말씀하신 대로, 우리 소련에는 창녀가 없습니다. 그런 것은 자본주의 국가에만 존재합니다."

도로시가 우리를 상점가로 안내했는데, 쇼윈도에는 상자들을 쌓아놓고 과일 모형 등 여러 가지 물건을 진열해놓았지만 대부분 안이 텅텅 비어 있었다.

"스탈린 동지께서 말씀하시기를……." 가이드가 다시 쫑알거렸다. "소련에서는 누구나 먹을 것이 풍족하다 하셨습니다."

관심이 갈 만한 물건이 있는 데라고는 커미션 스토어라고 불리는 곳들뿐이었는데, 그런 곳은 사실상 전당포였다. 거기에는 농촌 사람들이 입는 옷들과 수를 놓은 덧옷, 모자, 앞치마, 수건 등이 있었다. 이런 물건들은 대부분 시골 여인들이 혼수로 장만해온 것이었다. 준보석류를 사용하고 에나멜을 입힌 농부들의 보석 장신구들은 확연히 동양풍이었다.

가이드는 우리가 지나쳐 가고 있던 새로 지은 큰 병원을 우리에게 굳이 보여주고 싶어했다. 그러나 나는 그 병원이 프라이버시도 보장되지 않고 설비도 미비하며 마취제도 제대로 쓰지 않는다는 말을 듣고 들어가고 싶은 마음이 싹 달아났다.

"스탈린 동지께서 소련에 질병 따위는 없다고 말씀하셨습니다." 가이드는 힘주어 말했다.

우리는 '문화와 휴식의 공원'이라는 곳에서 긴 의자에 앉아, 일하러 가는 사람들의 모습을 가까이서 관찰했다.

"스탈린 동지께서 말씀하셨듯이 우리 소련에는 실직자가 없습니다."

그 말만은 나도 믿을 수 있었다. 의자에 앉아 쉬고 있는 사람들은 심한 고령자뿐이었기 때문이다. 노동자들은 열차에서 청소하던 여자들과 거의 비슷해 보였다. 누구나 두르고 있는 머릿수건도 어디서나 눈에 띄었고, 우아함과는 거리가 먼 몸에 부대를 뒤집어쓴 것 같은 옷을 걸치고, 허리는 끈으로 질끈 동여맸다. 어린아이들은 1번 동지처럼 머리를 박박 밀었고, 모두 똑같

· 호박 목걸이

은 모양의 가슴받이가 달린 줄무늬 앞치마를 입고 있었다. 사무직이나 판매직으로 보이는 사람들은 대부분 물 빠진 면으로 된 옷을 입고 있었다. 모자도 쓰지 않았고, 스타킹도 신지 않고 맨다리를 드러냈으며, 형편없는 신발을 신고 있었다. 코바늘로 뜬 레이스를 신발 밑창에 꿰매 붙여 만든 샌들 같은 것으로, 길거리 여기저기에서 팔고 있었다. 예전에 원산의 러시아 난민들이 신고 있던 발렌키를 신은 사람들도 있었다.

전당포에서 보았던 아름다운 옷가지들을 떠올려보니 지금 내 눈앞에 있는 이들의 험한 복장과는 비교도 안 되는 수준이었다. 과거 러시아의 생활 환경이 노예에 가까운 삶이었을 것이라는 나의 짐작은 틀렸는지도 모른다.

우리를 쳐다보는 사람은 아무도 없었다. 우리에게 관심을 기울이는 것처럼 보일까 봐 두려워하는 것 같았다. 그들에게 조금이라도 외국인과 엮이는 것은 위험한 일이었다. 가이드는 우리에게 "스탈린 동지가 말씀하셨듯이 소련에서는 모두가 행복합니다"라고 말했지만, 웃음 띤 사람은 단 한 명도 보이지 않았다.

관료의 아내들이나, 그들과 비슷한 지위를 누리는 발레리나들만이 수입한 옷을 입는다고 도로시가 알려주었다. 그들은 대부분 크렘린 안에 살고 있고, 밖으로 나올 때는 창문을 꼭 닫은 자동차를 타고 다닌다고 했다.

"스탈린 동지께서 말씀하시듯이, 러시아에서는 모든 사람이 평등합니다."

가이드가 내 결혼반지를 보더니 한 말이다. 그녀가 보기에 결혼반지는 예속의 표식이었다.

"스탈린 동지께서 말씀하시듯이, 소련에는 노예가 없습니다. 소련에서는……", 여기까지 말하고 그녀는 고개를 도리도리 저으며 말을 이었다. "모두가 자유롭습니다."

나는 손가락에 낀 가느다란 반지를 빙글빙글 돌렸다. 그 반지는 브루스와 나의 조화로운 관계를 상징했다. 브루스에 대한 그립고 애틋한 정이 다시금 솟아올랐다.

또다시 작별하고 런던으로

우리가 다시 여행길에 오를 날이 되자 베스 부부는 역까지 배웅해주고, 우리가 준 음식에 대한 답례로 캐비어와 삶은 달걀을 주었다. 우리는 그 꾸러미를 좌석에 놓아두고 차창을 통해 손을 흔들며 마지막 작별 인사를 나누었다. 돌아보니 음식은 그사이 누군가가 훔쳐가고 없었다.

국경 도시 민스크에 도착해보니, 사방에 높은 가시철조망 울타리가 쳐져 있고 철로 양쪽에는 높은 감시탑들이 서 있었다. 탑 안에는 총으로 무장한 보초병들이 왔다 갔다 하는 모습이 보였다. 몰래 소련을 탈출하려는 사람이 없는지, 군인들은 열차의 첫 칸부터 끝 칸까지, 위와 아래, 안과 밖을 샅샅이 수색했다.

다행히 이곳에서 우리 일행의 여권을 돌려받을 수 있었다. 1번 동지는 내게 여권을 건네고, 베티 언니에게는 사무실로 가야 한다고 말했다. 러시아어를 조금 할 줄 아는 그레타가 우리와 함께 가주었다. 그러나 사무실에 도착하자 그레타는 들여보내주지 않아 우리 자매만 사무실로 들어갔다. 이제는 흔히 보아 익숙해진 빡빡 깎은 머리에 인상이 험악한 관리가 책상 앞에 앉아 있고, 여권들이 수북이 쌓여 있었다.

우리가 들어가자 뒤에서 무장한 보초병이 문을 닫았다. 사무실 안에는 몇 명의 군인들이 근처에 총을 두고 널브러져 빈둥거리고 있었다. 관리는 바닥

· 호박 목걸이

에 침을 탁 뱉더니 러시아어로 베티 언니에게 뭐라고 말했다. 우리가 짐작하기로는 자기들이 언니의 여권을 어딘가 두고 찾지 못하고 있다는 말인 듯했다. 우리는 그레타가 통역을 할 수 있게 해달라고 부탁했다. 그레타가 들어와서 우리의 짐작이 맞았다고 확인해주었다. 언니의 여권을 어디서도 찾을 수 없다는 것이었다. 우리는 마구 몸짓을 해가며 언성을 높였다. 여권이 없으면 총살을 당하거나 무슨 끔찍한 일을 겪는 게 아닌가 하는 무서운 상상까지 떠올랐다.

열차의 기적소리가 들리자 나는 두려움에 휩싸였다. 나는 재빠른 동작으로 책상 위에 있는 여권들을 부채처럼 펼치며 베티 언니의 파란색 여권을 찾았다. 여권 몇 개가 바닥에 떨어졌는데 그중에서 언니의 특별한 여권이 눈에 들어왔다. 군인 하나가 내 팔을 잡아채더니 나를 난폭하게 벽에 밀쳤다. 그 사이 언니는 바닥에서 자기 여권을 집어들고 관리가 확인하도록 그의 눈앞에 들어 보이고, 레이스 손수건으로 여권에 묻은 먼지를 털었다. 그 역시 골치 아픈 우리를 보낼 수 있게 되어 안심하는 빛이 역력했다. 그는 퉁명스럽게 가도 좋다고 말했고, 우리는 열차를 향해 있는 힘을 다해 달렸다.

우리보다 앞서 달려간 그레타는 뒤도 돌아보지 않고 먼저 열차에 올라탔고, 베티 언니와 나는 움직이기 시작하는 열차에 간신히 올라섰는데, 오르고 보니 소프트클래스 객차였다. 낡기는 했지만 빅토리아 시대풍으로 장식되었고, 옛날 호시절의 흔적도 남아 있었다. 우리는 그 객차의 승객 중에서 예전에 알고 지내던, 중국에서 온 해군 군목을 발견하고 그의 객실에 앉아 숨을 돌렸다. 옛 친구를 다시 만나 반갑게 대화를 나누는데, 어느덧 열차는 국경을 넘어 폴란드로 들어섰다. 창가에 화분을 걸어둔 깨끗하고 하얀 집들과 화사한 꽃들을 보고 우리는 환호를 올렸다. 여자들과 아이들이 우리를 향해 웃으면서 손수건을 흔들었다.

한참 시간이 흐른 뒤에야 그레타는 우리가 차에 탔는지 못 탔는지 모르고 있을 거라는 데 생각이 미쳤다. 무척 아쉬웠지만 우리는 열차 뒤쪽에 있는 하드클래스 객차로 돌아갔다. 그레타는 일행에게 우리가 여권을 되찾았지만 차에 오르는 것은 보지 못했다고 말했단다. 우리의 안전을 책임져야 한다고 생각하는 부츠 부부는 안절부절못하다가 우리를 보고서야 마음을 놓았다. 우리가 늑장을 부린 탓에 사람들에게 큰 걱정을 끼쳐 미안하고 면목이 없었다.

베를린에서는 제법 오랜 시간을 머물러서 호박을 파는 상점들에도 가볼 수 있었다. 거기에는 각이 지게 깎은 발트 연안의 호박이 너무 흔해서 시시해 보일 정도였다. 독일에서는 호박이 갑상선종에 효과가 있다고 믿어서 목에 꼭 맞게 짧은 호박 목걸이를 걸고 있는 여자들이 많았다. 한 상점에서 나는 난생처음 공처럼 커다란 호박을 보았다. 가게 주인의 설명에 따르면, 옛날 로마 여인들은 그런 커다란 호박을 지니고 다녔다고 한다. 손의 체온으로 호박이 데워지면 거기서 발삼향이 배어 나오기 때문이었다.

드디어 우리의 목적지인 영국에 도착했다. 우리가 워털루 역에 도착한 날은 일요일이었다. 런던에 도착하는 날은 날씨가 특히 음울했다. 비가 내린 거리는 텅 비었고, 상점들은 모두 문을 닫아서 더 그렇게 느껴졌다. 거기에는 조카를 처음으로 만난다는 기쁨에 들떠 얼굴이 환히 빛나는 한 여인이 있었다. 우리가 데리고 온 도벽이 있는 꼬마의 이모였다. 그녀는 몇 가지 제한된 경험만을 하며 살아가는 전형적인 영국의 시골 사람이었는데, 거친 중국에서 제멋대로 자란 이 영악한 아이를 앞으로 품고 살아갈 참이었다. 나는 종종 그 아이가 새 보호자의 생활 환경과 엄격한 학교 규칙에 어떻게 적응해

• 호박 목걸이

갔을지 궁금해지곤 했다.

아이를 이모에게 넘긴 뒤, 우리는 한국에서부터 함께 여행한 일행들과 작별 인사를 하고 어머니가 계신 집으로 향했다.

구슬 스물아홉
캘리포니아에서

미술학교에 들어가다

나는 1년 가까이 영국에서 내 아들과 친정 식구들과 지냈고, 그사이 베티 언니는 재혼을 했다. 나는 다시 작별의 도시 사우샘프턴에서 복잡한 심경으로 배에 올랐다. 돌아가는 길에는 미국을 경유하기로 하고 샌프란시스코로 갔다. 그곳에서 브루스가 장흡수 부전증을 앓았던 침울한 시기에 사귀었던 나의 옛 친구들을 다시 만날 수 있었다. 영국에 아들을 남겨두고 떠나온 것은 정말 마음 아픈 일이었지만, 캘리포니아에서 나를 기다려준 친구들의 따스한 환대로 비교적 빨리 외로움을 이겨낼 수 있었고, 곧 브루스를 만난다는

• 호박 목걸이

기대도 허전한 마음 한구석을 채워주었다. 그곳에서 나는 잠잘 때만 제외하면 모두 예전에 사귀었던 친구들과 함께 시간을 보냈다.

헤어져 있는 사이에 그 친구들은 모두 화가로서 실력이 향상되었고 활동적으로 성공적인 삶을 살고 있었다. 그들과 함께 미술전시회를 보러 다니고 그들의 건설적인 비평과 논의에 귀를 기울이는 일은 나에게 좋은 자극이 되었다. 몇 년 전 미술학교를 다녔을 때 느꼈던 기쁨과 동경이 이번에는 더욱 강렬한 욕구로 나를 몰아붙였다. 이대로 한국으로 돌아가면 회화의 테크닉들을 배울 기회를 영영 놓칠 거라는 생각이 들었다. 그래서 출발을 연기하고 다시 미술학교에 들어갔다. 영국에 있을 때 '예술'이라는 단어는 내게 어마어마한 경외감을 안겨주었다. 왕립미술원 회원쯤은 되어야 화가 소리를 들을 수 있을 거라고 생각했다. 그러나 미국은 예술에 대한 태도가 매우 개방적이어서, 관심이 있는 사람에게는 누구나 기회가 있을 때마다 열성적으로 격려해주는 분위기였다. 그래서 나도 예전부터 좋아하던 조소를 시작해보기로 했다.

조소 교실에는 옛 러시아에서 온 학생들이 많았다. 샌프란시스코에 정착한 러시아인들이 하나둘 모여서 대규모의 러시아인 공동체를 이루고 있었다. 실물 크기 조상의 틀을 만드는 것은 힘이 많이 드는 일이었고, 점성이 알맞도록 점토를 촉촉하게 유지하고, 점토를 이리저리 운반하는 것도 힘든 일이었다. 그런데 놀랍게도 나와 한마디도 주고받은 적 없는 그 과묵한 러시아 사람들이 틈날 때마다 나를 도와주었다. 나는 얼떨떨했지만, 예전의 경험을 돌이켜보아도 러시아인들은 이상할 정도로 이해하기 힘든 사람들이었으니 그러려니 했다. 하지만 왜 유독 나에게 기사도를 발휘하는지 의문이 떠나지 않았다.

어느 날 안뜰에서 점심을 먹고 있는데, 귀족적인 노신사가 복도를 따라 내가 있는 쪽으로 걸어왔다. 거동을 보아하니 군인 출신이 분명했고, 한눈에 러시아인임을 알아볼 수 있는 얼굴은 골격 선이 우아하여 훌륭한 모델이 될 것 같았다. 혹시 모델인가 하는 생각도 들었다. 노신사가 풀장 가에 앉아 있는 나에게 가까이 다가오자 나는 고개를 들어 그에게 미소를 지었다. 그는 깜짝 놀란 듯 갑자기 멈춰 서더니 나를 자세히 뜯어보고는 공손히 절을 하는 것이었다. 그제야 찬찬히 보니 그의 옷은 낡아서 올이 다 드러나 있었고, 손에는 카드 여러 장을 포개어 들고 있었다. 내가 카드를 쳐다보자 머뭇거리며 카드를 내게 내밀었다. 카드에는 유빙들 사이에 떠 있는 전함이 그려져 있었다. 세밀한 밑그림에 빅토리아 시대풍으로 섬세하게 색칠되어 있었다.

"직접 그리신 건가요?" 나는 당연히 그럴 거라 확신하며 물었다.

"그렇습니다. 나의 배들이랍니다." 러시아어 억양으로 그가 대답했다. 나는 그 독특한 대답을 듣고 빙긋이 웃었다.

그 카드들은 판매용이 분명해 보여서 나는 몇 장 사고 싶다고 말했다. 그러고는 지갑을 가지러 가려고 일어섰다. 그러나 내가 등을 돌리자마자 그는 카드들을 두고 가버렸다. 분명 내게 무슨 말인가를 하려는 것 같았는데, 쑥스러워선지 갑자기 말없이 가버린 것이다. 생각할수록 어디선가 본 얼굴이었다.

러시아 이민자들과의 만남

일주일쯤 지난 뒤 테두리에 금박을 입힌 초대장을 받았다. 러시아 이민자들의 모임에서 주최하는 파티에 참석해달라는 내용이었다. 20여 년 전 해전의

· 호박 목걸이

승리를 축하하는 파티라고 했다. 어느 러시아인 학생이 나를 에스코트하는 역할을 맡았다.

파티 당일 그 학생의 안내를 받아 들어간 넓은 홀은 장식도 없고 조명도 신통치 않아 침울한 분위기였다. 그러나 손님을 맞이하려고 늘어서 있는 신사 숙녀들은 그런 분위기와 무척 대조적이었다. 맨 앞에는 차르 니콜라이 2세의 조카딸인 마리아 파블로브나 왕녀가 서 있었다. 보리스 고두노프* 시기의 머리장식과, 어깨를 감싸며 우아하게 늘어진 긴 망토가 어우러져 왕녀다운 기품을 뿜어냈다.

그녀 곁에는 미술학교에서 만났던 노신사가 해군 제복을 입고 서 있었다. 그날의 파티는 바로 그에게 경의를 표하기 위해 열린 것이라고 했다. 그 노신사가 그날 기념하는 20년 전 승전을 이끈 함대의 제독이었다. 그림 속의 배들이 자기 배라던 그의 말은 사실이었다. 정식으로 소개를 받은 뒤, 제독은 학교에서 만났을 때 곧바로 내가 누구인지 알아보았다고 말했다. 나는 아름다운 그림을 선물해주어서 고맙다고, 앞으로도 소중히 간직하겠다고 말했다.

마리아 왕녀의 수행단 중에는 이제 백발이 되었지만 여전히 잘생긴 스타르크 제독과 레베데프 장군, 제정 러시아 시절의 황태자, 그리고 한국이나 중국에서 만난 적이 있는 사람이 몇 명 포함되어 있었다. 그리고 이게 누군가. 흠잡을 데 없이 완벽한 야회복을 차려입고 하얀 새끼 염소 가죽 장갑까지 긴 왕년의 멋쟁이 시씸스 대령이 나에게 다가왔다. 살짝 희끗해진 귀밑머리 때문에 오히려 옛날보다 더 멋져 보였다.

* 러시아의 황제. 재위 기간 1598~1605.

구슬 스물아홉 • 챌리포니아에서   •367

그 외에도 최소한 60명 정도의 러시아인들이 그 자리에 참석했다. 여자들은 가벼운 이브닝드레스를 입었고, 남자들은 군복을 입었는데 물론 계급장은 달지 않았다. 그런데도 구두굽 소리인지, 부채를 부치는 동작인지, 치마의 폭인지 무엇인지는 모르겠지만 어떤 식으로든 계급의 차이가 드러났다.

러시아인만으로 구성된 오케스트라가 조율을 끝내고 첫 번째 춤곡을 연주하기 시작하자, 그날의 주인공 제독이 나에게 춤을 청했다. 다음에는 시씸스 대령과 춤을 추게 되었는데, 어지럽게 빙빙 돌며 춤을 추는 동안 그는 자기 말의 소식을 비롯해 여남은 가지나 되는 질문을 퍼부었다. 그 말은 우리가 의민 태자*에게 기증했으며, 왕실의 마구간에서 하도 잘 먹어서 살이 많이 쪘다고 말해주었다. 대령은 그 후 여러 마리의 말을 길렀지만 그만큼 좋은 말은 없었다고 했다. 그리고 상하이에서는 승마학교도 운영했으며, 나중에 미국에서는 승마 대회에 나가 여러 차례 우승도 했다고 했다.

"지금은 샌프란시스코에서 내 소유의 집과 내 소유의 패커드 자동차와 나만의……." 그가 잠시 말을 멈추고 숨을 고르는 동안 내가 말했다. "당신의 아내요?"

"내 소유의 경주마들을 갖고 있습니다."

음악이 끝날 기미가 없어 우리는 자리에 앉아 대화를 마저 나누기로 했다. 나는 체리의 소식을 물었다.

체리는 결혼하고 얼마 안 돼 베이징에 있는 록펠러 재단 병원에서 숨을 거두었다고 한다. 체리는 군인으로 다섯 해를 보내면서 육체적 고난을 겪었던 탓에 건강이 악화되어 있었다. 부모님이 살해되었을 때 겨우 열다섯 살이었

---

* 대한제국의 마지막 황태자인 이은(1877~1970).

• 호박 목걸이

던 체리는 이후 볼셰비키들에 의해 투옥된 적도 있고, 탈출하기 위해 얼음이 둥둥 뜬 강을 헤엄쳐 건너기도 했다. 체리는 내게 총상 흉터를 보여준 적이 있었고, 한번은 폭탄이 터져 타고 있던 말은 즉사하고 자기만 살아남았다고 했다. 그 세월이 안겨준 모진 고통은 제아무리 강철처럼 단련된 사람이라 해도 견뎌내기 어려운 것이었고, 결국 그녀의 목숨을 앗아가버렸다. 가여운 우리의 어린 영웅!

이날 파티에서는 둘이서 짝을 지어 추는 춤뿐 아니라, 길게 줄을 지어 서서 추는 춤, 네모 모양을 만들어 추는 춤, 둥글게 둘러 서서 추는 춤 등 다양한 춤이 등장했다. 우리는 활달하면서도 애조 띤 러시아 음악에 맞추어 빠른 스텝으로 달리듯 춤추다가, 한 발로 뱅그르르 돌다가, 치맛자락을 살짝 들고 인사를 했다가, 팽이처럼 빙빙 돌다가, 파트너에게 들려 공중에 떴다가 하며 온갖 동작을 섞어가며 춤을 추었다. 음식은 빈약했지만 음식을 나누는 사람들의 태도는 그 빈약한 음식을 무엇보다 특별하고 귀한 음식으로 바꾸어놓았다.

저녁시간이 절반쯤 흐르고 모든 참석자들이 빙 둘러 앉아 있을 때 갑자기 조명이 어두워졌다. 붉은 깃발을 단 전함 한 대와 제정 러시아의 깃발을 단 전함 한 대가 넘실대는 푸른 파도와 함께 방 안으로 미끄러져 들어와 제 위치에 놓였다. 그리고 가짜 해전이 시작되었다. 두 전함이 서로 맹공을 퍼붓더니 붉은 깃발을 단 전함이 한쪽으로 기울면서 허우적대다가 결국 푸른 천으로 된 바다에 휩싸여버렸다. 커다란 환호가 터져 나오자 우리의 제독님이 일어나서 절을 하며 박수에 답례했다.

제독은 나에게 손을 내밀어 나를 일으키고는, 참석자들에게 브루스가 원산에서 러시아 난민들을 도와주었던 일을 이야기하고, 이 자리를 빌려 나의 남편에게 고마움을 표한다고 말했다. 그리고 내가 러시아인이 아닌 사람으로서는 유일하게 파티에 초대된 것도 바로 그 때문이라고 말했다.

예전에 그들은 당면한 죽음을 피해 달아나던 피난민들이었다. 그러나 그날 본 그들은 웨이터와 모자 장인과 문지기였고, 요리사였고, 화가였고, 상인이었다. 그리고 그들은 미국에서 자유롭고 안전한 삶을 찾았다. 그러나 이처럼 특별한 날이면 그들은 모여서 향수에 젖어 과거를 회상하고 다시 한 번 조국에 돌아온 것 같은 느낌을 음미했다. 이민자의 삶이란 아무리 좋은 때라도 부자연스럽고 억지로 맞추며 살아가야 하는 것이니 말이다.

다시 그리운 한국으로

내가 한국으로 돌아가는 일정을 몇 번이나 연기하자 친구들은 내가 미국 생활에 너무 익숙해진 게 아니냐고 놀려댔다. 미국이라는 나라와 미국 사람들을 알아갈수록 미국에 대한 애착이 생기는 것을 깨닫고서 나 자신도 무척 놀랐다.

어느 주말에 나는 플로렌스 콜브랜을 만나러 버클리에 갔다. 플로렌스와 아서는 한국에서 은퇴하여 고국으로 돌아와 살고 있었다. 한국으로 돌아가면 플로렌스가 무척 그리울 터였다. 나는 방심한 채 플로렌스의 응접실에 들어섰다가 온통 한국적인 것들에 둘러싸였다. 그들은 한국에서 쓰던 것들을 죄다 가지고 와서 서울에 있던 집과 거의 똑같이 꾸며놓고 있었다. 3층장과 자개농, 병풍과 밥상들이 모두 그대로였고, 심지어 신발 모양의 놋쇠 재떨이와 조그만 호박 장신구들까지 있었다. 그 광경과 분위기가, 그리고 무엇보다 그 익숙한 향기가 불시에 나를 사로잡았다.

처음에는 그 모든 것이 나를 미국으로부터 멀어지게 하는 것 같아 반감이 일었지만 잠시 후에는 추억과 소유욕으로 지독하게 나를 끌어당기며 나의 심금을 조여왔다. 그것은 나에게 집과 나의 마음과 나의 남편을 떠올리게 했다. 그 순간 나의 가장 큰 소망은 한국으로 날아가는 것이었다. 배는 너무 느렸다. 나는 가능한 한 빨리 한국으로 돌아가기로 마음먹었다. 당시에는 항공 운항 일정표 같은 것이 없었기 때문에, 사흘 뒤에 출항하는 배를 예약할 수 있었던 것은 순전한 행운이었다.

내가 떠나기로 결심했다고 말하자 플로렌스는 자기 집에서 송별 파티를 열 테니 초대하고 싶은 친구들의 명단을 뽑아달라고 했다. 미국에서 보내는 마지막 저녁, 나는 플로렌스와 아서, 한국에서 태어난 그들의 아들과 딸, 역시 한국에서 살았고 내 아들의 대부이기도 한 빌 모턴과 함께 손님들이 오기를 기다렸다. 나직하면서도 허스키한 목소리와 기분 좋은 웃음소리를 앞세우고 에이브 검프가 제일 먼저 들어왔다. 그와 함께 온 이들은 힐다와 리 랜돌프 부부였다. 에이브는 자석처럼 사람들을 끌어당기는 매력이 있었다. 그는 늘 시의적절하고 재치 있는 화제를 풀어놓아서 우리는 언제나 그의 말에 귀를 기울였다.

곧이어 콘스탄스와 스펜서 매키 부부가 도착하자 우리는 둘러앉아 이야기를 나누며 노라가 내려오기를 기다렸다. 힐다의 동생 노라가 도착하자마자 외투를 벗어놓는다며 이층으로 올라갔기 때문이다. 코미디언처럼 사람들을 잘 웃기는 빌 모턴이 재미있는 이야기를 들려주고 있을 때 마침내 노라가 모습을 드러냈다. 그녀는 특유의 나른한 몸짓으로 천천히 계단을 내려오며 모두의 눈길을 사로잡았다. 노라는 아름다운 미모뿐만 아니라 사랑스러운 목소리를 가진 데다 비범한 재능까지 타고난 화가였다. 빌 모턴은 하던 농담을 까먹었지만, 누구도 그에게 이야기를 계속해달라고 요구하지 않았다. 많은 사람들 틈에서도 노라는 그렇게 좌중을 사로잡는 힘이 있었다.

그날 저녁 내내 우리는 즐겁게 보내려고 애를 썼지만, 나는 시시각각 다가오는 이별을 의식했다. 하지만 그게 플로렌스와 보내는 마지막 시간이라는 것은 알지 못했다. 플로렌스는 그해에 세상을 떠났다.

다음 날 그들 모두가 나를 배웅하러 나와주었다. 내가 배의 난간을 주먹으로 두드리며 눈물을 삼키는 동안 배는 부두를 떠나 샌프란시스코 항구를 벗어났다. 정다운 샌프란시스코 언덕들의 윤곽만이 희미하게 눈에 들어왔다.

언젠가 여행을 시작할 때 그랬듯이, 이번에도 내 마음속에는 이미 한국이 들어와 자리 잡고 있었다.

광산 사업가의 아내로서

새 광산 매입

한국에 돌아와 보니 브루스와 빌은 해리 데이비드슨과 손을 잡고, 새로 채굴권을 획득한 금광을 운영하기 위해 새 회사[*]를 설립하느라 몹시 분주한 나날을 보내고 있었다. 브루스는 그 금광에 대해서도 '감'이 느껴진다고 했다. 그곳은 북위 38도선 이북에 있는 외딴 마을로, 그때까지 외국인은 들어가 본 적이 없었다.

[*] The Heiko County Gold Mining Co.

그곳에 현대식 기계 설비를 들여놓는 것은 불가능했다. 이용할 도로도 없었고, 심지어 비행기를 동원해도 가져갈 수 없는 곳이었다. 결국 우리 사무실에서 열린 주주총회(나도 참석했다)에서는 다음과 같은 결정이 내려졌다. 일단 한국 사람들이 써온 전래의 방법으로 채광 작업을 계속하면서, 그때까지 줄곧 광부들을 괴롭혀온 도매의 착취적인 관행들을 바로잡아 우선 적자를 면하는 수준으로 끌어올린 뒤, 주주들에게도 배당금이 돌아갈 만큼 수익을 올리기로 한 것이다.

그 무렵에는 나도 운산과 직산, 영흥 등 광산이라면 제법 보아온 터였다. 그러나 새 광산은 다른 광산에는 없는 특징들이 있었다. 나는 한국 북동부의 성채 같은 산악지대에 있다는 그 광산을 하루빨리 보고 싶어서 안달이 났다. 그후로도 더운 여름이든, 살을 에는 추운 겨울이든 그 광산을 여러 차례 방문했지만, 처음 갔던 여행은 결코 잊지 못할 것이다.

그해 봄의 어느 밤, 우리는 기차를 타고 원산 남쪽에 있는 삼방협*으로 갔다. 김 주사와 '두더지' 원씨도 동행했다. 원씨가 함께 가게 된 것은 그 스스로 오랜 노력으로 얻어낸 결과였다. 그는 서울에 있는 우리 사무실에서 직원으로 일하는 동안, 아무도 모르게 영어를 공부했고 스스로 만족할 만큼 영어로 유창하게 말할 줄 알게 된 후에야 우리에게 그 사실을 알렸다. 브루스는 원씨가 확실한 목표를 정하고 끈질기게 이뤄냈다는 사실에 깊이 감동했고, 그런 사람이라면 상상력과 야심과 배짱이 필요한 새 사업에 큰 도움이 될 인재라고 확신했다.

다음 날 새벽 우리가 기차에서 내렸을 때는 동이 트기도 전이었다. 새 금

---

* 현재 강원도 세포군 삼방리에 있는 협곡. 광복 전까지는 함경남도 안변군에 속했다.

• 호박 목걸이

삼방협에 있는 금괴 나르는 조랑말들의 마구간과 삼방약수.

광에서 브루스의 대리인 역할을 하는 달호라는 사람과, 이 마을에 살고 있으며 금광의 중개인 역할을 맡게 된 홍길동이라는 사람이 역에서 우리를 기다리고 있었다. 우리는 좁다란 길을 걸어 역에서 3킬로미터 정도 떨어진 홍길동의 집으로 갔다. 그 길이라는 것은 수직으로 깎아지른 바위 절벽의 바깥면을 깎아내어 위태롭기 짝이 없었고, 절벽 아래에서는 강물이 격류를 일으키며 흐르고 있었다.

홍길동이 중개인으로서 하게 될 일은 이미 브루스와 의논이 끝난 상태였다. 그는 금광에서 보내오는 광석을 책임지고 받아서 잘 지키다가 진남포에 있는 제련소로 보내는 일을 했다. 또 우리에게 오는 보급품과 우편물을 전달하고, 이날처럼 우리가 광산에 오고 갈 때 필요한 경우 숙식도 제공하기로 했다. 하지만 얼굴이 슬퍼 보이는 그의 아내가 내게 씻을 곳을 안내해줄 때 보니 그 집에는 사무실 외에는 방이 하나뿐이었다. 자고 가야 할 일이 생길 경우 도대체 어디서 자라는 것인지 알 수 없었다.

그 집에서는 여자들이 머리에 바르는 아주까리기름 냄새가 났다. 여자가 결혼을 하면 앞이마 중앙에서 가르마를 타고 이마에 난 잔머리들은 뽑고, 머리카락에 기름을 발라 뒤로 넘겨 땋은 다음 붉은 댕기를 달아 쪽을 찐다. 이때 붉은 댕기는 유부녀라는 표식이며, 과부는 하얀 댕기를 단다. 그런데 이 집에서는 아주까리기름 냄새 말고도 뭔가 독특한 다른 냄새가 났다. 주위를 둘러보다 그 냄새의 출처를 찾아냈다. 콩을 삶아 찧은 것을 원뿔 모양으로 뭉쳐서 따뜻한 바닥에 줄지어 늘어놓아 굳히고 있었다. 어떤 것들은 짚으로 엮어서 천장에 매달아놓았는데, 겨우내 그렇게 매달아두었다가 봄이 되어 제대로 완성되면 부스러뜨려 사용한다. 한쪽 구석에는 누빈 천으로 마치 아기처럼 콩들을 감싸놓은 것도 있었는데, 그렇게 두면 콩에서 싹이 자라 콩나

물이 된다고 했다.

우리의 식료품을 보관해둔 다음, 타고 갈 조랑말들을 데려왔다. 나는 어쩐지 이 덩치 작은 말들과는 잘 친해지지 않아서 늘 마음 한구석이 불편했다. 조랑말은 꽤 다부져서 제 몸무게의 절반 이상 나가는 짐까지 질 수 있을 정도로 힘이 세고, 한달음에 30~50킬로미터까지 달릴 수 있다. 긴 갈기가 눈을 가리고 있는 모습과 입마개를 씌운 모습이 볼 때마다 안쓰러웠지만, 녀석들의 발길질과 무는 버릇은 질색이었다. 조랑말들은 늘 기관종이나 구건연종이나 식노 같은 질병을 앓고 있는 것 같았고, 성미도 몹시 사나웠다. 한국에서는 조랑말을 거세하지 않았는데, 이 때문에 예기치 않은 사고가 생기기도 했다.

산봉우리 넘어 금광으로

우리는 드디어 길을 떠났다. 브루스와 김 주사, 달호와 나는 조랑말을 타고 갔고, 도시에서 자라 조랑말을 타본 적이 없는 원씨는 걸어가는 쪽을 택했다. 짐 나르는 조랑말 네 마리도 침구와 필요한 물품들을 싣고 경쾌한 종소리를 울리며 우리 뒤를 따랐다. 우리는 버드나무가 숲을 이룬 가파른 언덕을 올라간 다음, Z자 모양으로 들쭉날쭉한 좁다란 길을 일렬종대로 통과하여 마침내 첫 번째 산 정상에 도착했다. 그곳에서 우리는 소나무 가지를 잔뜩 짊어진 황소들과 마주쳤다. 우리는 한쪽으로 비켜서서 황소들이 지나가기를 기다렸다. 그때 브루스가 계곡 저편에 일곱 개의 봉우리들이 겹겹이 늘어선 곳을 가리키며 말했다.

"칠봉산. 저기가 우리 목적지요."

"하지만 거긴 너무……." 나는 말을 하려다 그냥 입을 다물었다. 어떤 일이든 브루스가 알아서 판단할 것이라고 믿었기 때문이다. 아무튼 내가 보기에 그 일곱 번째 봉우리에 도착하려면 일주일은 걸릴 것 같았다.

계곡으로 내려가니 온통 반짝거리며 노래하는 별천지였다. 내가 탄 조랑말은 젊은 암놈이었는데, 걸음이 탄탄하여 헛딛는 일이 없고 미끄러지듯 부드럽게 잘 지나갔다. 그래서 나는 녀석을 믿고 주위를 실컷 감상할 수 있었다. 종달새들은 우리 머리 위를 맴돌며 날아다녔고, 설강화와 은방울꽃이 반쯤 언 강가 제방에 흐드러지게 피어 있었다. 얼음이 녹아 깨지면서 빠지직빠지직 소리를 냈고, 산들바람에 흩어진 하얀 배꽃들은 유리 같은 수면 위에 내려앉아 강물을 따라 흘러갔다.

강물을 건널 때 내 조랑말이 고삐가 느슨해진 틈을 타 멈춰서 물을 마셨다. 그러자 마부가 있는 대로 욕을 퍼부으며 채찍으로 녀석의 엉덩이를 갈겼다. 한국 사람들은 조랑말이 길을 가다가 제멋대로 멈춰 서는 것을 절대로 허용하지 않았다. 조랑말은 삶은 콩으로 수분을 충분히 섭취하기 때문에 따로 물을 마실 필요가 없다는 것이 그들의 생각이었다.

강에서 빠져나와 넓은 계곡으로 들어서니 옥수수 밭과 우물이 있는 마을이 보였다. 마부들이 하나둘 조랑말을 세우더니 녀석들의 귀에 대고 큰 소리로 외쳤다. "쉬어, 쉬어, 쉬어!" 그 말을 들은 조랑말들은 즉각 네 다리를 쭉 뻗으며 기지개를 켰다. 시킬 때 하지 않으면 다시는 기회가 없다는 걸 잘 아는 것 같았다. 그런 다음 우리 행렬은 점잖고 당당하게 마을로 들어갔다.

우리는 모여 있는 집들 중에서 가장 잘 지어진 집으로 들어갔다. 집주인은 마당에서 한낮의 땡볕 아래 낮잠을 자고 있었다.

"여보시오, 여보시오. 서양 사람이 왔소."

주인 남자가 일어나 정중하게 절을 하더니 자기를 '조'라고 소개했다.

"이리로 오시오." 그는 이렇게 말하고 우리를 반가이 맞이하며 마루에 앉으라고 권했다.

한국에서는 봄이나 가을처럼 날씨가 따뜻할 때면 온 가족이 마당에 나와 많은 시간을 보낸다. 손님들이 찾아와도 마당에서 맞이하고 이야기를 나눈다. 집에 저장해둔 곡식들도 마당에 두꺼운 멍석을 깔고 그 위에 펼쳐서 공기를 쏘이고 햇볕에 말린다. 닭들도 마당을 마음대로 돌아다니고, 마당 한구석에는 아이 키만 한 크고 작은 장독들이 위엄 있게 서 있다. 그 속에는 한국인의 가정 살림에 필수적인 저장 식품들이 담겨 있다.

집 안에 들어간 나는, 정리가 잘된 한국의 집들이 얼마나 깔끔한지 다시 한 번 놀랐다. 이렇게 깔끔한 것은 그들이 방바닥에서 생활하기 때문이다. 바닥에 너저분하게 늘어놓지 않으려고 온갖 물건을 장 속에 넣어두는 것이다. 화로에서는 장작이 불씨를 번득이며 타고 있었고, 필수품인 요강도 한구석에 놓여 있었다. 지저분한 일은 모두 옥외에 자리 잡은 부엌에서 처리했다. 커다란 가마솥으로 음식을 만드는 곳도 부엌이다.

우리는 조랑말의 먹이를 주문했다. 바가지로 콩의 양을 잴 때가 되자 모든 사람이 달려들어 큰 소리로 떠들어댔다. 콩은 가난한 마을 사람들에게도 조랑말들에게도 귀중한 식량이기 때문이다. 나는 조랑말들이 마지막 콩알 하나까지 남김없이 먹으려고 그릇에 코를 박고 먹는 모습을 본 적이 있었다. 콩을 삶으려면 시간이 오래 걸렸다. 거기다 삶은 콩은 너무 뜨거워서 조랑말들이 킁킁대며 식기를 기다리느라 시간은 더 지체되었다. 그렇다고 조랑말들을 재촉할 수는 없었다. 우리가 가져간 샌드위치를 다 먹고도 한참 시간이 지나자 브루스는 마음이 급해져서 마부들에게 먼저 걸어가고 있을 테니 나중에 조랑말들을 데리고 따라오라고 했다. 우리가 머물렀던 그 집은 이후에도 그 광산에 갈 때마다 중간에 쉬었다 가는 집이 되었다. 브루스가 대가를 지불하려고 하자 집주인은 돈은 되었다며 대신 담배를 달라고 청했다.

아이들은 마당에서 깡충거리며 사방치기를 했다. 바닥에 대충 사각형을 그려놓고 깡충깡충 뛰어다니는 것이, 서양에서 하는 방식과 거의 비슷했다. 다만 이 아이들은 남자아이든 여자아이든 포대기로 등에 아기 동생을 한 명씩 업고 있었고, 아이들이 뛸 때마다 업힌 아기들의 머리도 건들건들 흔들렸다. 그 순간 길가에서 쩔그럭거리는 소리가 들려왔다. 사방치기를 하던 아이들은 커다란 가위를 쩔그럭거리며 오는 엿장수를 향해 냅다 달렸고, 나도 아이들을 따라 달려갔다. 엿장수는 내가 보기에는 두꺼운 밧줄 같은 것들이 놓인 나무판을 들고 있었다. 파리들도 정신을 못 차리고 거기에 들러붙었다. 그것은 보리로 만든 일종의 사탕인 '엿'이었다. 엿장수는 내가 표시한 만큼 엿을 잘라주었고, 아이들은 그 막대 모양의 엿을 흡족하게 우물거리며 집으로 돌아갔다. 맥아향이 나는 엿은 정말로 맛이 좋았으나, 위생 문제를 생각하면 한 번 더 끓여 먹는 게 좋을 것 같았다. 그런데 점심을 먹을 때 아이들이 너무 가난하고 굶주려 보여서 초콜릿을 주었더니 낯선 음식이어선지 한사코 입에 넣지 않았다.

브루스와 나는 대나무 서너 줄기를 묶어서 만든 좁다란 다리 위로 그 구불구불한 강을 여러 차례 건너야 했다. 심지어 나는 그 다리를 건너다 두어 번 미끄러지기도 했다. 깊은 협곡을 타고 올라간 언덕 위에 빨간 헝겊들과 짚으로 만든 사람 형상의 물건들을 매달아놓은 나무가 있었다. 이것은 나쁜 기운을 쫓기 위한 것이었다. 나무 밑에는 길 양쪽으로 돌무더기가 쌓여 있었다. 브루스가 길에 있는 돌을 하나 주워 그 무더기에 던지더니 나에게도 그렇게 하라고 말했다. 한국 사람들은 산적을 만날 경우 그 돌들을 무기로 사용한다. 이렇게 돌로 싸우는 것은 오래된 습관인데, 총이 없는 사람들에게는 자연스러운 일이었을 것이다.

나는 걸어가는 동안 앞에 있는 일곱 개의 봉우리를 보면서 나도 모르게 계속 숫자를 세었다.

"일, 이, 삼, 사, 오, 육, 칠."

나는 한국말로 노래를 부르듯이 리듬을 넣어가며 숫자를 세다가 마지막 칠에 특히 강세를 주었다. 목적지까지 아직도 너무 멀어 보였기 때문이다.

뒤에서 조랑말들이 오는 반가운 소리가 들렸다. 때로 길이 너무 험하거나 조랑말의 등이 너무 아플 것 같아 우리가 잠시 조랑말에서 내릴라 치면, 마부들이 냉큼 올라타고 가버렸다. 브루스와 내가 다시 조랑말에 올라 멀리 서 있는 농가 한 채를 바라보며 넓은 들판을 건너고 있을 때 맞은편에서 조랑말 무리가 우리를 향해 다가왔다. 그들 옆을 지나게 되었을 때, 수놈 하나가 앞발을 치켜들며 히히힝 울음소리를 냈다. 그러자 우리 조랑말들이 사방으로 흩어졌고, 그 바람에 등에 지고 있던 짐들이 길에 아무렇게나 내동댕이쳐졌다. 번쩍이는 발굽 두 개가 눈에 들어오는가 싶더니 그 수놈이 내가 탄 암놈 조랑말을 올라타려고 했다. 브루스가 거친 소리로 고함을 질렀고, 나의 조랑말은 농가를 향해 냅다 달렸다. 녀석이 종이가 발린 문들을 뚫고 들어갈 때 나는 초가지붕에 스치며 말에서 떨어졌다. 하마터면 쫓아오던 수놈에게 밟힐 뻔한 위험한 상황이었다. 집 안에 있던 사람들의 비명소리와 나무기둥이 우지끈 부서지는 소리, 종이 찢어지는 소리, 길길이 날뛰는 조랑말들의 울음소리가 한꺼번에 귓속으로 파고들었고, 나는 쌀겨 더미에 떨어져 굴렀다. 충격이 컸고 숨이 차기는 했지만 다친 데는 없었다. 브루스는 공포에 질린 얼굴로 내 옆에 무릎을 꿇었다.

"하느님 맙소사, 피터!" 그 말을 들으니 언젠가 그 말이 기도라고 했던 브루스의 말이 생각났다.

마부들이 질펀하게 욕을 퍼부으며 채찍을 치켜들고 달려왔다. 그들은 말 안 듣는 조랑말들의 굴레를 붙잡고 무자비하게 때리면서 다시 생각났다는 듯이 또 욕설을 반복했다. 반대쪽에서 오던 무리가 자기네 조랑말들을 진정시켜 다시 길에 올랐다. 나는 다시는 그들과 만나는 일이 없기를 바랐다. 그들이 떠나자 다시 산골의 고요함이 찾아들었다.

그 후 브루스는 말을 타고 갈 때 다시는 내가 자기보다 앞서 가지 못하게 했다. 나는 브루스의 뒤를 따라가며 계속 숫자를 셌다. "일, 이, 삼, 사, 오, 육, 칠!" 가야 할 길이 그렇게나 먼데 우리가 첫째 산의 조용한 계곡에 들어섰을 때는 이미 황혼이 지고 있었다.

조랑말을 타고 울퉁불퉁하고 험한 길을 올라가는데 희한한 바위들이 눈에 들어왔다. 어둠이 내리기 시작해 보랏빛으로 물든 계곡을 배경으로 마치 동화 속의 수호동물 같은 검은 윤곽이 드러났다. 발밑에서는 강이 요란한 소리를 내며 흘렀다. 굉음을 내며 떨어져 나온 얼음 덩어리들이 뼈가 부서지는 것 같은 소리와 함께 잘게 부서지며 떠내려갔다.

어느 가파른 절벽 꼭대기에 도착하자 브루스가 조랑말을 세우고 절벽 아래 오른쪽을 가리키며 말했다. "말골이오." 브루스의 목소리가 암벽에 부딪혀 메아리로 돌아왔다. "결혼식을 마치고 말을 타고 돌아오던 새신랑이 여기서 떨어져 저 아래 강물에 빠졌다는 이야기가 전한다오." 나는 아래를 내려다보며 몸서리를 쳤다.

까마득히 먼 산봉우리들에 대한 걱정이 또다시 내 마음을 무겁게 짓눌렀다. 벌써 어둠이 짙어지고 있으니 앞으로 얼마 더 가지도 못할 텐데, 근처에 밤을 보낼 곳이 있기나 한지 걱정이었다. 하지만 완전한 침묵 속에서 앞으로 나아가는 동안 조랑말들은 어쩐지 제 갈 길을 잘 알고 있는 것 같았다.

"이보시오! 이보시오!" 앞쪽 어딘가에서 섬뜩한 목소리가 울려왔다. 그러자 우리 쪽 사람들도 소리쳐 대답을 하는 게 아닌가. 목소리들이 계곡을 오르내리며 울려 퍼졌다. 멀리서 희미하게 쇄광기 소리 같은 것이 들려왔다. 그 익숙한 소리가 어쩐지 지치고 아픈 나를 놀려대는 것 같았다. 내가 의아한 표정으로 쳐다보자 브루스는 조랑말을 재촉하여 더 빨리 앞으로 갔다. 그를 쫓아가 따라잡고 보니 조그만 빛들이 어둠 속에 점점이 박혀 있었고, 흰옷을 입은 유령 같은 형체가 우리를 향해 다가왔다. 한국말로 "갑시다! 갑시다!" 외치는 소리가 울려 퍼졌고, 마부들은 조랑말들의 굴레를 힘껏 거머쥐고 앞으로 나아갔다.

우리는 첨벙거리며 개천을 건너고 달가닥거리며 좁은 골목을 통과했다. 길가에 늘어선 집들의 작은 사각형 창에서 호박처럼 노란 불빛이 새어나와 길을 밝혀주었다. 놀라서 주위를 둘러보니 집 안에 있는 사람들도 빠끔히 내다보며 낯선 타지 사람들을 구경하고 있었다. 조랑말들은 힘이 솟는지 또 하나의 개천을 훌쩍 뛰어넘었다. 말발굽이 바위를 두드리는 소리가 울렸고, 마부들은 징검다리를 하나하나 건너뛰었다. 우리는 숨을 헐떡이며 가파른 언덕을 올랐고, 조랑말들은 뱃대끈이 끊어지지 않을까 걱정될 정도로 거친 숨을 몰아쉬었다.

"여기에 다리를 놓아야겠소." 브루스가 김 주사에게 말했고, 윈씨도 열성적으로 고개를 끄덕였다. 우리는 어느 집 앞에서 멈춰 섰다. 구부러진 기둥들 꼭대기에 등잔 두 개가 아슬아슬하게 걸려 빛을 발하고 있었다. 그 기둥들 사이에는 층층이 땅에 박힌 커다란 바위들이 돌계단 구실을 하면서 대문으로 이어졌다. 열린 문을 통해 들여다보니, 천장 바로 아래에 대각선으로 철사를 쳐놓고 거기에 석유램프를 걸어둔 게 보였다.

브루스는 몸이 뻣뻣해진 나를 조랑말에서 내려 집 안으로 들어가도록 부축하면서 "저녁밥!" 하고 소리쳤다. 콘비프와 쌀밥이 밥상에 놓였고, 브루스는 인스턴트 커피를 몇 잔 타서 나에게도 한 잔 건넸다.

"금광에 온 걸 환영하오, 메리."

브루스가 장난스러운 웃음을 띠고 말했다.

"금광이라고요?" 나는 놀라서 물었다. "아직 가야 할 봉우리가 여섯 개나 남았잖아요?" 나는 두 손을 들고 손가락을 하나씩 접으며 숫자를 셌다.

"내가 일곱 번째 봉우리를 맨 앞에 가져다놓았소. 아직 가야 할 길이 멀다고 생각해서 당신은 단단히 각오하고 있었을 거요. 그런데 생각한 것보다 훨씬 빨리 목적지에 도착하니, 어떻소? 그다지 피곤하지 않을 것 같은데."

사람의 심리를 잘 이용한 이 방법을 나도 나중에 다른 사람들에게 써먹었는데 언제나 효과가 좋았다.

영국에서 온 '개척자 여인'

우리가 저녁을 먹은 곳은 광산 사무실로 쓰는 방이었다. 대체로 사방 2.4미터 정도인 한국의 평균적인 방들보다 조금 더 넓었는데, 그마저 문을 마주보고 일종의 카운터를 놓아서 방을 절반으로 나누어놓았다.

"저건 밖으로 내놓아야겠어요. 그렇지 않아도 방이 좁은데."

"잠깐만, 여보. 만약 금을 훔치러 도둑이 든다면 저 장애물이 침입자에게

서 우리를 보호해줄 유일한 차단막이 되어줄 거요."

브루스는 구석에 쌓아둔 자루들을 가리켰다. 제련소로 실어 보낼 금광석이 든 자루들이었다. 방 안에 있는 비품이라고는 작은 상 하나와 휴대용 접의자 두 개뿐이었고, 난로 하나로 방을 덥혔다. 미닫이문이 두 개 있는데 하나는 뒤쪽에 있는 부엌으로, 다른 하나는 옆에 있는 침실로 연결되었다.

내가 새로 도배한 벽지를 살펴보고 있는데 브루스가 말했다. "여기가 우리가 생활할 곳이오." 침실은 전형적인 한국식이었고 얼핏 보면 아무것도 갖춰져 있지 않았다. 이불은 한쪽 끝에 있는 넓은 장 안에 들어 있어, 밤에 꺼내서 따뜻한 바닥에 펴고 잔다. 옆방에 있는 것과 똑같은 석유램프가 모퉁이와 모퉁이를 연결한 철사에 매달려 우리 머리 위에 위태위태하게 늘어져 있었다. 나는 가축 등에 짐을 실을 때 쓰는 상자 두 개를 가져다 거기서 지내는 여러 달 동안 서랍장 겸 화장대로 사용했다.

부엌을 둘러보니 적잖은 불안감이 닥쳐왔다. 이곳은 평생 처음으로 내가 주도해서 부엌 살림을 해야 하는 공간이었다. 브루스는 농담처럼 나를 '개척자 여인'이라고 불렀는데, 이곳에서 나는 그 옛 여인들의 영웅적이고 기발한 재주를 어설프게 흉내 내야 할 터였다.

그날 밤 요를 깔고 자리에 눕자마자 천둥의 신 토르가 망치질을 해대는 것 같은 무시무시한 소리가 들렸다. 나는 벌떡 일어나 앉았다. 브루스가 웃으며 말했다.

"그 소리에 익숙해져야 할 거요. 쇄광기 스물두 대가 밤이고 낮이고 멈추지 않고 돌아가는 소리니까." 나는 절대로 익숙해질 수 없을 거라고 생각했다. 그러나 얼마 지나지 않아 오히려 쇄광기가 멈추면 잠에서 깨게 되었다.

다음 날 아침 온 동네의 남녀노소가 집 주위로 몰려와 웅성거리며 문과 창

오른쪽 남자는 선광 용기로 사금을 일어 고르고 있고, 왼쪽 남자는 금광석을 쇄광기에 넣기 위해 망치로 두드려 콩만한 크기로 만들고 있다.

문 틈으로 들여다보느라 정신이 없었다. 그들은 코듀로이로 만든 브리치 반바지와 재킷을 입고 머리를 짧게 자른 나를 머리부터 발끝까지 뜯어보았다. 그들 눈에는 브루스의 차림새와 거의 똑같아 보였을 것이다. 그들은 대놓고 내가 여자인지 남자인지 궁금해했고 노골적인 손짓을 해가며 서로 그 수수께끼를 푸느라 여념이 없었다. 엄지와 검지로 동그라미를 만들기도 하고, 엄지를 치켜들기도 하면서 이쪽일까 저쪽일까 옥신각신했다. 그들은 내가 양치질하는 모습도 지켜보았는데, 화장실에서 내가 하는 다른 일들도 보고 싶어하는 게 틀림없었다. 브루스와 원씨가 사람들을 내쫓았다. 이 일로 우리는 차단벽의 필요성을 느끼고 곧장 말뚝과 철망으로 울타리를 세웠다.

구내에는 선광 부스러기와 청산가리 찌꺼기가 더미를 이루고 있었고, 석영이 산더미처럼 쌓여 있었다. 이것들을 수작업으로 완두콩만 한 크기로 만

• 호박 목걸이

들어 쇄광기의 분쇄통에 넣는다. 나는 사람들이 그 작업을 하는 모습을 지켜보았다. 그들은 하나같이 긴 담뱃대로 담배를 피우며, 석영 조각을 짚으로 두껍게 말아 파편이 튀지 않도록 한 다음 1킬로그램짜리 망치로 때려 부쉈다. 또 다른 사람들은 물웅덩이 앞에서 쪼그리고 앉아 나무로 된 선광 용기를 앞뒤로 흔들고 있었다.

브루스는 그날 할 일을 사람들에게 지시한 다음, 광산의 생명줄과도 같은 스물두 대의 쇄광기에 관해 내게 설명해주었다. 쇄광기는 대부분 나무로 만들어졌지만, 광물을 분쇄하는 기다란 공이의 맨 밑부분에는 강철이 입혀져 있고, 그 아래 바닥도 금속으로 되어 있다. 용수로로 끌어들인 강물이 커다란 물레방아를 돌리면, 이 물레방아가 쇄광기의 공이를 아래위로 움직이고, 공이는 바닥이 쇠로 된 분쇄통에서 광석을 찧어 부순다.

우리 채광소는 세 개의 계곡이 엇갈리고 세 개의 강이 한데 만나는 지점에 위치해 있었다. 사방이 높은 바위산으로 둘러싸여 있어서 정오가 지나면 햇빛 한 점 들지 않는 곳이었다.

세 개의 강 중 하나가 흘러가는 서쪽 계곡에도, 우리 광산에서 가져간 광석들을 분쇄하는 쇄광기가 서른 대나 있었다. 북쪽 계곡과 남쪽 계곡에 있는 채광소들은 다른 업자들에게 임대해주었다. 그들은 자기들이 채광한 광석의 3분의 1을 우리에게 주었다. 브루스가 이런 방식을 채택한 것은 돈이 오고가는 중간 단계를 없앰으로써 중간에서 착복하는 것을 방지하기 위해서였다.

우리는 쇄광기 서른 대가 있는 채광소로 발길을 옮겼다. 그곳으로 가려면 마을 하나를 지나가야 했다. 젊은 남자들은 모두 광산과 채광소로 가고 없었고, 여자들은 집 안팎에 자리를 잡고 앉아서 각자 할 일에 열중하고 있었다.

네 대의 쇄광기. 윈씨가 앞에 서 있고, 앨버트 와일더 테일러가 오쪽으로 걸어가고 있다.

어떤 이들은 마당에서 바구니와 바닥에 잔뜩 쌓아둔 새하얀 누에고치들을 분류하고 있었다. 나중에는 거기서 실을 자아 비단을 짤 것이다. 또 다른 여자들은 나무로 된 절구에 마른 고추를 넣고 열심히 찧고 있었다. 거기에 간장과 쌀풀을 넣고 각종 양념을 더했다. 노인들은 담뱃대로 담배를 뻐끔거리며, 체스와 비슷하지만 훨씬 더 복잡한 바둑을 두고 있었다. 아이들은 등에 동생을 업고 놀면서, 자기들이 정말 좋아하는 번데기가 다 삶아지기를 기다렸다.

외국인 두 명이 나타나자 그들은 일제히 하던 일을 멈췄다. 그 사람들은 내가 남자라고 생각하는 모양이었다. 브루스가 한국말로 말을 걸었지만 그들은 멀뚱멀뚱 쳐다볼 뿐이었다. 그래서 브루스는 같은 말을 천천히 여러 번 반복했다. 그들은 외국인이라면 당연히 외국말을 할 거라고 생각했고, 따라서 자기들은 그 말을 절대 못 알아들을 거라고 단정했던 것이다. 한참 지나 외국인이 자기 나라 말을 하고 있다는 사실을 깨닫고 나서야 그들은 브루스의 말에 귀를 열었다. 한국 사람들은 외국인이 한국말을 해도 그게 한국말이라는 걸 빨리 못 알아차리는 경우가 많았고, 그 때문에 오해가 생기고 서로 마음이 상하는 일도 벌어졌다.

브루스는 우리가 가지고 온 설탕을 그들의 토종꿀과 교환했다. 상당히 미묘한 풍미를 지닌 꿀이었다.

마을의 집들은 작고 무척 낡아 보였다. 맨 아랫부분에는 강에서 가져온 바위들과 돌들을 엉성하게 쌓아 새끼줄로 묶고 진흙을 발라 만들었으며, 그 위로는 막대기와 나무줄기들을 십자형으로 얽고 진흙을 발라 벽을 세웠다. 모두 초가지붕이고 창은 작고 문은 아주 컸다. 집집마다 전면에는 신발을 신고 벗거나 항아리를 놓을 수 있는 작은 툇마루가 있었다. 또 본채 옆으로 지붕을 늘여 달아 야외활동을 할 때 비바람을 피하거나 마구간으로 쓰는 공간을 마련했다. 부엌에 나무 칸막이를 설치하여 부엌 공간을 가축들과 같이 쓰는 집들도 있었다. 닭들은 다른 동물들의 등에 올라타거나 지붕 위에 올라가 있기도 했다.

잡종 개들은 슬렁슬렁 돌아다니다가 뭐든 움직이는 것만 보면 요란하게 짖어대는데, 한국 사람들은 집 지키는 이 개들을 중요하게 여겼다. 그러다가도 그 개들을 삶아서 고기로 먹기도 하고, 가죽으로는 장갑이나 귀마개를 만들어 겨울에 방한용으로 사용했다.

어느 집이든 당연히 김치를 담아둔 커다란 장독들이 있었다. 빨랫줄에 널어놓은 후줄근한 옷가지들을 제외하면, 나무로 만든 물확과 청색 무늬가 들어간 흰 사기그릇들과 놋쇠 요강이 그들이 가진 전부인 것 같았다.

마을 길을 걸어가고 있는데 보부상 세 사람이 우리 쪽으로 걸어왔다. 보부상들은 마을 사람들이 외지의 물건을 구할 수 있는 유일한 통로였다. 첫 번째 상인은 빨간 꽃과 깃털이 달린 커다란 모자를 쓰고 있는 것처럼 보였는데, 가까이서 보니 등에 버들고리로 만든 커다란 우리를 짊어지고 있었다. 제일 위칸에 멋진 수탉 두 마리가 앉아 있고, 녀석들의 긴 꼬리와 붉은 볏이 보부상이 걸음을 옮길 때마다 함께 흔들거렸다. 다른 칸에도 가금류들이 바글바글 들어차 있었다. 두 번째 상인은 커다란 가위를 쩔그럭거리며 오는 엿장수였다. 아이들이 맛있게 먹고 있던 번데기는 잊어버리고 엿장수 주위로 몰려들었다. 마지막 상인은 걸어다니는 백화점이라고 할 만했다. 그는 베틀로 짠 거친 면포와 삼베, 그리고 마을 사람들이 누에고치에서 자은 견사로 염색하지 않고 짠 비단도 판매했다. 그가 파는 물건 중에는 은에 칠보를 입힌 장신구도 있었고, 아이들의 복주머니에 매다는 미니어처 조롱박과 미니어처 북과 미니어처 버선도 있었다. 또 여인들의 모자에 다는 비단 술 장식과 댕기도 있었다. 거기에 땅콩과 짚신, 다리미, 기름종이, 비 올 때 쓰는 모자, 밀랍으로 만든 모조 호박 구슬을 빨간 줄에 꿴 것도 있었다.

그 마을을 나서려다가 우리는 눈가리개를 씌운 매들을 데리고 오는 사람들 몇 명과 마주쳤다. 매들의 목에는 작은 종이 달려 있었다. 어떤 매는 제법 큰 능에 한 마리를 잡아와서 사냥개의 등에 올라앉아 사냥꾼이 도착하기를 기다렸다.

• 호박 목걸이

서부 활극 같은 광산 생활

마침내 우리는 제1광구에 도착했다. 그곳은 우리가 직접 작업하기로 한 유일한 광구였다. 브루스의 '감'에 따르면 바로 그곳에 풍부한 광맥이 묻혀 있었다. 갱도 입구에는 바위로 둘러싸인 반원형의 땅이 있는데 그럭저럭 작업장으로 쓸 만했다. 그곳에서 두 사람이 분주하게 일하고 있었다. 그들은 불붙은 석탄이 빨갛게 달아오르도록 나무로 만든 풀무의 손잡이를 밀었다 당겼다 하면서 바람을 일으켰다. 그 불에 송곳을 달구어 모루에 올리고 망치로 두드려 뾰족하게 만든다. 다이너마이트를 설치하려면 바위에 구멍을 뚫어야 하는데 여기서는 망치와 정을 가지고 직접 손으로 구멍을 뚫었다. 황소들은 한쪽에서 몸 양쪽에 짐바구니를 매달고 우직하게 기다리고 있었다. 바구니에 광석을 실으면 채광소로 나를 참이었다.

브루스가 나를 갱도 안으로 데리고 들어갔다. 일부는 이미 목재 틀이 설치되어 있었다. 바위를 깎아 발을 디딜 수 있게 해놓은 홈을 사다리처럼 사용했다. 환기 시설은 전혀 없었고, 안으로 들어갈수록 참을 수 없이 더운 데다 광부들이 사용하는 등잔에서 나는 카바이드 냄새까지 더해져 숨이 턱턱 막혔다. 운산광산에서는 대단치 않게 여겼던 공기 냉각장치가 절실해졌다. 여기에는 무거운 물건을 들어올리는 데 쓰는 도구나 장치가 없었기 때문에 일꾼들이 등에 광석을 지고 두 손과 두 무릎으로 기다시피 하면서 지고 나와야 했다.

마치 저주처럼 끊임없이 새어나오는 지하수는 땅 위까지 나무 두레박으로 퍼내야 했다. 이 두레박은 아래로 내려갈수록 좁아지는 사각형인데, 네 귀퉁이에 밧줄이 연결되어 있다. 네 사람이 밧줄을 휘둘러 양동이에 물을 채

광산에서 사용할 송곳을 뾰족하게 만들고 있는 대장장이들.

운 다음 위로 올려 보내면, 그 위에 있는 네 사람이 이어받고, 다시 그 위에서 이어받는 식으로 다섯 층을 올라간다. 브루스는 그 사람들이 이런 방법으로 물을 250미터 이상 올리는데, 증기펌프를 쓰는 것보다 속도가 더 빠르다고 했다. 나는 너무 원시적인 작업 방식에 경악했지만, 브루스가 이렇게 말을 이었다.

"원래 한국 사람들이 채광하던 방식을 당신이 봤어야 하는 건데. 쇄광기도 다이너마이트도 없던 시절에 말이오. 쇄광기를 설치하기 전에 한국인들은 광석 위에 거대한 둥근 바위를 올리고 지렛대로 앞뒤로 굴려서 광석을 잘게 부수었다오. 다이너마이트가 생기기 전에는 바위 표면에 불을 붙여 뜨겁게 달군 다음 그 위에 찬물을 끼얹어 갈라지게 만들고 곡괭이로 쪼아서 파냈지. 수직 갱도가 아니면 작업을 이어갈 수 없는 방법이었소."

· 호박 목걸이

브루스가 소개해준 다이너마이트가 대단히 유용하다는 것을 알게 되자 한국인들은 다량의 다이너마이트를 훔쳐가기도 했다. 너무 많은 양이 사라지자 브루스는 할 수 없이 마을에 사는 광부들의 집을 샅샅이 뒤졌다. 그런데 그 위험한 폭발물을 하고많은 장소 중에서 하필 구들장 밑 고래 속에 감춰둔 것이 아닌가.

몇 달 동안 광산의 여러 가지 일로 바쁘게 지냈다. 브루스는 제일 먼저 나무를 베어다가 다리를 놓는 일부터 시작했다. 다음으로는 바위들을 들어내 목욕을 할 수 있는 풀을 만들고 그 주위를 둘러 욕실을 지었다. 사랑채 지을 위치는 나에게 정하라고 했다. 분필을 들고 폭파할 바위들에 선을 긋고 있자니 내가 아주 중요한 사람이 된 기분이었다. 게다가 이번에는 딜쿠샤를 지을 때와 달리 몰래 선을 늘려놓지 않아도 건물 크기를 원하는 대로 조정할 수 있다는 사실이 기뻤다.

김 주사는 서울로 떠났고, 두더지 원씨도 우리에게 필요한 물건들을 사오기 위해 따라나섰다. 브루스는 원씨에게 전당포든 어디든 가서 미국 서부식 안장 두 개를 사오라고 했다. 브루스의 말에 따르면 여기서 서부식 안장을 구하는 것은 닭의 이빨을 구하는 것만큼이나 어려운 일이었다. 이제 브루스와 나, 둘만 남았다. 날씨는 점점 더워졌다. 브루스도 몸이 좋지 않아서 장흡수 부전증이 다시 도지는 게 아닌지 걱정스러웠다.

어느 날 밤 잘 준비를 하고 있는데 브루스 혼자 일하는 사무실에서 시끄러운 소리가 들려왔다. 반쯤 열린 문으로 내다보니 챙이 넓은 홈부르크해트를 쓴 정신 나간 한국 사람이 리볼버 권총을 휘두르며 쏘겠다고 위협하고 있었다. 브루스는 돌아서서 침착하게 그를 쳐다보면서 분명하게 말했다.

"나를 쏘는 건 좋다만 그전에 모자는 반드시 벗어라."

갑작스러운 경멸조의 요구에 당황했는지 그가 엉겁결에 모자를 벗으려고 하는 찰나, 브루스가 카운터를 훌쩍 뛰어넘어 그의 손을 비틀어 총을 빼앗고 무섭게 쏘아보며 호령했다.

"당장 여기서 나가 뒤도 돌아보지 말고 달아나라. 내가 너를 쏘아버리기 전에."

남자는 달아났고 다시는 우리 앞에 나타나지 않았다. 그것은 광산업 초기부터 이어져오던 해묵은 앙갚음의 일환이었을까? 아니면 광산의 옛 주인이었던 일본인이 벌인 짓일까? 무엇이 사실인지는 끝내 밝혀지지 않았다.

이런 사건도 겪은 데다 브루스는 다시 이질 증상을 보였고, 날씨는 무더웠다. 홍수까지 잦아서 삼방협 기차역까지 가는 길도 종종 끊어졌다. 상황이 이렇다 보니 나는 광산 일은 달호에게 맡기고 어서 갈마 해변의 여름별장으로 가고 싶어 안달이 났다. 이즈음 마을에서 장티푸스 환자들까지 생기자 브루스는 나에게 당장 별장으로 가라고 말했다.

"이곳은 남자들과 노새들이 있어야 할 땅이지, 여자나 말이 있을 곳이 아니오."

하지만 나는 그가 서울로 가서 의사에게 진찰을 받아야 한다고 생각했고, 그렇지 않으면 나도 갈 수 없다고 버텼다. 우리의 의견은 팽팽히 맞섰고 서로 물러서지 않았다. 사람이 단둘이만 있다 보면 갈등은 더욱 고조된다. 그래서 일주일 뒤 원씨가 채광소로 돌아왔을 때 얼마나 반가웠는지 모른다.

게다가 원씨는 그렇게 두려워하던 조랑말을 타고 와서 우리를 깜짝 놀라게 했다. 하기야 두더지 원씨는 여러 차례 우리를 놀래킨 전력이 있었다. 우리가 처음으로 그에게 놀란 것은, 등에 다이너마이트를 짊어진 채 마당에서 서로 발길질을 하고 엉겨붙어 싸우던 조랑말 두 마리를 떼어놓았을 때였다.

• 호박 목걸이

또 어느 밤에는 붉은 불빛이 일렁거려 잠을 깬 적이 있었다. 강 건너 마을에서 초가집 한 채가 불에 활활 타고 있었다. 마을 사람들은 각자 자기 집 지붕에 올라가 옷가지로 불이 난 집 방향으로 바람을 몰아 보내듯 부채질을 하고 있을 뿐 누구도 불을 끄려고 하지 않았다. 저러다 열다섯 가구쯤 되는 그 마을이 모조리 불에 타버릴 것 같아서 나는 가슴을 졸였다.

그때 원씨가 화재 현장으로 달려갔다. 그 왜소하고 온순한 도시 남자가 사실은 행동으로 말하는 사람임을 몸소 보여준 것이다. 원씨는 사람들을 줄지어 세우고 양동이를 차례차례 이어서 전달하는 방식으로 강물을 퍼서 번지는 불길을 잡았다. 불은 집 세 채를 태우고 꺼졌다. 돌아온 원씨는 머리부터 발끝까지 새카맸고 손가락에 화상을 입었다. 나는 그의 손가락에 연고를 바르고 반창고를 붙여주며 물었다.

"그 사람들은 왜 불 끌 생각은 하지 않고 지붕 위에서 옷만 흔들고 있었던 거예요? 원씨가 도착하기 전에는 아무것도 안 하고 있었죠?" 나는 답답하고 화가 났다.

"부인, 그 사람들은 자기들이 불을 끄려고 하면 불의 신령이 노할까 봐 두려워했던 겁니다. 그래서 지붕에 올라서서 불의 신령이 자기 집 쪽으로 오지 못하게 밀어내려고 했던 거지요."

"그 어리석은 사람들 때문에 원씨가 이렇게 다쳐서 속상해요."

"무지해서 그런 것일 뿐이에요. 태어나서 한 번도 서울에 가본 적이 없는 사람들이잖아요."

원씨가 조랑말에서 내리자 우리는 그가 미국 서부식 안장을 올리고 왔음을 알 수 있었다. 그는 영국식 안장도 따로 구해왔다. 우리가 원하던 안장들을 보자 말로 표현할 수 없이 기뻤다. 원씨가 식사를 하는 동안 우리는 안장

5.30 A.M.
Oum Cham Kho. 1937.

광산 사무실에 린틴이 앉아 있다. 창 밖으로 강 너머에 있는 금광으로 갈 때 건너는 다리가 보인다.

· 호박 목걸이

을 살펴보았다. 브루스는 마치 맹인이 익숙한 물건을 감촉하듯이 안장을 어루만졌다. 그러다 갑자기 안장의 덮개를 젖히더니 주머니에서 편지 한 통을 꺼냈다. 잉크가 바래서 글씨는 희미해져 있었다. 그런데 브루스의 글씨체가 아닌가?

브루스는 편지를 읽다가 표정이 이상하게 변하더니 나에게 등을 돌리고 창가로 갔다. 내 착각인지 모르지만 그의 눈가에 눈물이 맺힌 것 같았다. 그는 아무 말도 없이 편지를 접어 셔츠 주머니에 넣었다. 그리고 아무 말도 하기 싫을 때면 늘 그러듯이 파이프에 불을 붙였다. 나도 말없이 앉아서 내 안장만 쳐다보았다. 브루스도 자기 안장을 뚫어지게 쳐다보고 있었다.

"마음에 들어요?" 내가 그의 안장을 가리키며 물었다.

"마음에 들 수밖에. 내 안장인데. 원래 내 것이었소. 내가 처음 운산광산에 갔을 때 미국에서 직접 가져온 거라오."

브루스는 셔츠 앞주머니에 손을 가져가더니, 마침내 내게 보여주기로 결심했는지 편지를 꺼내 천천히 펼쳤다.

"내가 쓴 편지요. 이것도 내가 쓴 목록이고."

그는 두 장을 내게 건넸다. 읽어보니 어떤 의사에게 즉시 광산으로 와서 죽은 자와 죽어가는 환자들을 봐달라고 부탁하는 내용이었다. 30년 전 콜레라가 창궐했던 시절에 쓴 편지였다. 나는 궁금한 표정으로 브루스에게 눈을 돌렸다가 그의 슬픈 표정을 보고 흠칫 놀랐다.

"그건 내가 믿고 있던 어떤 남자 편에 보냈던 편지요. 그 전갈을 보내며 그자에게 내 안장을 얹은 노새까지 내어주었지." 그는 안장에 손을 얹었다. "의사를 데려오라고. 사람들은 파리처럼 죽어가고 있었고 약도 필요했소. 하지만 의사도 그자도 오지 않았지. 나는 의사가 자기도 병이 전염될까 무서워서 꽁무니를 뺐다고 생각했소. 언젠가 '친구를 위해 자기 목숨을 내놓는 것보다 더 고귀한 사랑은 없다'고 말하던 그 의사에게 나는 마음속으로 저주를 퍼부었소. 나중에 그와 마주쳤을 때는 악수도 받아주지 않았지. 역병이 발발하여 그 의사가 목숨을 잃었을 때 나는 남들을 저버렸던 그가 마땅한 죗값을 치른 거라고 생각했소." 브루스는 안장만 뚫어지게 쳐다보며 말을 이었다. "그런데 이제 보니 그 의사는 내 편지를 받지도 못했던 거요. 편지를 가져간 자가 노새와 내 안장까지 다 팔아버린 모양이오. 그 사악한 자는 분명 저주받을 것이오."

브루스가 호박으로 된 파이프의 줄기를 이로 꽉 깨물자 입안에서 파이프가 뚝 끊어졌다. 그는 부러진 파이프 조각을 난로 속에 던져 넣고 뚜껑을 세게 닫았다.

"산책이나 갑시다."

그러나 문에 다다랐을 때 그는 극심한 복통을 느끼고 침대에 누워야만 했다. 브루스는 그럴 때 옆에서 호들갑 떠는 것을 싫어했기 때문에 나는 물러나서 윈씨가 가져온 물건들을 풀어보았다.

다음 날 아침 멀리서 피리와 장구 소리가 들려왔다. 무슨 일인가 싶어 내다보니 가마꾼 네 명이 화려한 색깔에 리본을 잔뜩 매단 신부 가마를 메고 새로 지은 우리 다리를 건너오고 있었다. 윈씨가 그들을 내보내려고 달려갔지만, 나는 문을 열어주고 지나가도록 해주라고 뒤에서 소리쳤다. 시골 혼례식이라 가마꾼들은 흰옷을 입었지만 그래도 머리에는 격식에 맞는 검은색 모자를 쓰고 있었다. 모자 꼭대기에는 매듭을 달고 빨갛게 염색한 말총을 길게 늘어뜨렸고, 턱 끈은 모두 호박을 꿰어 만든 것이었다.

가마가 무척 작은 것으로 보아서, 신부는 분명 방석 위에 다리를 접고 두 손은 소매 안에 밀어넣은 채 꼼짝 못하고 앉아 있을 것이었다. 장난기 가득한 가마꾼들이 가마를 어찌나 흔들어대는지 안에 탄 신부가 가여울 지경이었다. 거나하게 취한 것을 보아하니 탁주를 진탕 마신 모양이었다. 신부는 얼마나 어지러울까. 그러나 원씨는 가마꾼들이 술 취하지 않고 말짱한 정신이었다면 가마를 더 심하게 흔들어댔을 거라고 했다. 신부 행차를 하는데 가마꾼들을 소홀히 대접하면 그런 식으로 화풀이를 한다는 것이다.

나는 원씨와 함께 방해가 되지 않도록 조심하며 가마를 따라가 보았다. 가마는 멋진 기와집에 도착했는데, 집 주위에는 사람들로 북적였다. 사람들 틈에서 붉은 옷을 입고 백마를 탄 신랑의 모습이 단연 눈에 띄었다. 한국의 조랑말에 비해 덩치가 큰 그 말은 수백 년 전 몽골에서 제주도로 들여와 사육해온 종이었다.

신랑은 말총으로 만든 검은 관모를 썼는데, 모자 뒤쪽 중심에 날개 같은 것이 양쪽으로 뻗치게 달려 있었다. 그것은 옛날에 벼슬아치들이 쓰던 모자였다.

"저것은 날개가 아닙니다, 부인." 원씨가 내 말을 바로잡아주었다. "임금님 말을 경청하는 귀를 나타내는 것이랍니다. 벼슬이 높을수록 귀의 크기도 더 컸지요. 그리고 임금님의 관모에는 귀가 위를 향해 있었습니다. 임금님은 하늘로부터 지혜를 얻어야 하는 분이니까요."

신랑이 요상하게 생긴 활을 쏘자 화살이 휘잉 소리를 내며 날아가 신부의 가마 지붕에 꽂혔다.

"맙소사, 원씨. 신랑이 뭐하는 거예요? 신부를 죽일 셈인가?" 내가 놀라서 소리쳤다.

"아닙니다. 신부의 마을에서 따라왔을지도 모를 나쁜 기운들을 죽이려는 겁니다."

드디어 가마꾼들이 가마를 바닥에 내려놓았다. 아직 아이라고 볼 수밖에 없는 어린 신부가 가마에서 나와 집 안으로 안내되자, 흥청대며 노는 소리가 시끌벅적하게 울려 퍼졌다.

채광소로 돌아오는 길에 원씨가 이런저런 내 질문에 대답해주었다. 진짜 혼례는 양가가 예물을 교환하고 "검은 머리가 파뿌리가 되도록 서로 믿고 살아가겠습니다"라는 혼인 서약을 한 뒤에야 시작된다고 한다. 그런 다음 신랑과 신부가 한 그릇에 든 음식을 나눠 먹고, 양가 부모와 조상들의 신주 앞에서 절을 올린다. 전날 친정을 떠나기 전에 신부의 어머니가 신부 눈에 밀랍으로 봉한 봉인을 신랑 어머니가 떼어주는 것으로 혼례 의식이 끝난다. 그리고 신부는 원앙 한 쌍 앞에 무릎을 꿇고 앉아 기다리고, 그때부터 신랑과 신부는 단둘이 남아 첫날밤을 맞이한다.

혼례를 보고 오면서 나는 한 가지 아이디어를 떠올렸다. 채광소가 가까워졌을 즈음, 나는 원씨에게 브루스의 건강이 걱정스럽다고 털어놓았다. "조랑말을 타고 가기에는 그의 몸이 너무 쇠약해져 있어요. 그래서 말인데, 저 신부가 타고 온 가마를 빌릴 수 있을까요?" 원씨도 좋은 생각이라고 말하기는 했지만, 덩치 큰 브루스가 그 작은 가마에 탈 수 있을지 확신하지 못하는 것 같았다.

브루스에게 말했더니 "무슨 놈의 가마!" 하고 한마디 소리치고는 다시는 말도 꺼내지 못하게 했다.

· 호박 목걸이

서울로 가는 험난한 여정

다음 날 우편배달부가 평소보다 늦게 도착했다. 홍수로 다리가 다 휩쓸려가서 산 정상까지 올라가 길을 돌아와야 했다는 것이었다. 그가 가져온 편지를 보니 서울에서 이사회가 열리니 참석하라는 통지였다. 이사회 날짜가 코앞이었다.

"당신 몸 상태로는 여행할 수 없어요." 내가 딱 잘라 말했다.

브루스는 시치미를 떼며 이렇게 응수했다. "마침 잘됐군. 당신은 벌써 몇 달 전부터 나를 서울로 보내려고 성화였잖소." 하긴 맞는 말이었다. 떠날 날짜는 그렇게 정해졌다.

떠나기 직전에 브루스가 나와 말을 바꿔 탔다. 더 편한 미국 서부식 안장을 내게 주고 미끄러운 영국식 사냥안장을 자기가 쓰려는 것이었다. 우리는 홍겹게 다리를 건너갔고, 마부들은 걸어서 뒤를 따랐다. 남쪽 계곡을 지나는데 이제 우리를 잘 알게 된 마을 사람들이 손을 흔들며 "편히 가시오" 하고 인사해주었다.

강을 건너자 말골 고개를 넘어야 하는 험난한 여정이 우리를 기다리고 있었다. 이 길은 조랑말들의 한계를 시험하는 과정이라고 할 만했고, 내가 할 수 있는 일이라고는 그 등에 얌전히 업혀 있는 것뿐이었다. 브루스는 조랑말들이 평소에 지는 짐무게 130킬로그램에 비하면 55킬로그램이라는 내 몸무게는 아주 가벼운 수준이라고 말했다.

새신랑이 말골 고개를 넘다 떨어져 죽었다는 이야기를 들은 뒤로 나는 늘 말골이 두려웠다. 그중에서도 가장 가파른 길이 나오자 나는 브루스의 등만 쳐다보면서 안장머리의 뿔을 꼭 붙들었다. 고개 정상에 도착하기 직전에 마지막 한 걸음을 남겨놓고 갑자기 브루스가 탄 말이 휘청했다. 순간 브루스는 조랑말의 갈기를 움켜쥐었지만 갈기는 곧 손에서 미끄러졌고, 브루스는 균형을 잃고 무게가 뒤로 쏠리면서 바닥에 떨어지고 말았다. 그 순간 내 조랑말도 마지막으로 훌쩍 뛰어 정상에 도달했고, 나는 재빨리 뛰어내렸다. 나는 벼랑 끝으로 미끄러지는 브루스를 다급히 붙잡았다. 그가 벼랑 아래로 떨어지지 않은 것은 순전히 하늘이 도운 일이었다. 떨어지며 바위에 부딪힌 브루스는 쓰러진 채 신음하고 있었고, 내 무릎 위에 그의 머리를 올려놓았지만 정신이 혼미한 상태였다.

나는 움직일 수가 없었고 조랑말 두 마리는 멀뚱멀뚱 쳐다보고만 있었다. 마침내 기다리던 마부들이 도착했다. 나는 그중 한 사람에게 신부의 가마를 빌려오라는 내용의 쪽지를 써서 원씨에게 전하게 했다. 흥정하느라 시간 낭비하지 말고 돈은 그들이 원하는 대로 주라고 했다. 어느새 브루스가 깨어났고, 나는 그가 편안한 자세를 취할 수 있게 하려고 애썼다. 고문 같은 한 시간이 흘렀을 즈음, 터무니없이 즐거운 방울 소리를 울리며 가마가 다가오는 모습이 보였다. 가지각색의 리본들이 여름의 산들바람에 재롱떨듯 나부꼈다.

우리는 브루스를 간신히 가마에 태웠고 브루스는 용케 그 안에 몸을 구부려 넣었는데, 가마를 들어올리자 가여워서 못 들을 정도로 고통스러운 신음소리를 냈다. 강을 건널 때는 매번 가마에서 내려 마부들의 부축을 받으며 걸어야 했다. 홍수로 불어난 물과 그의 상태를 생각해보면 그가 강물에 휩쓸려가지 않은 것이 기적이었다. 그러나 계속 가마에서 흔들리며 가는 것은 참기 어려운 고통이었다. 조랑말을 타고 뒤를 따르는 내 귀에 브루스의 끙끙거리는 신음소리가 들려왔다. 나는 가마꾼들에게 제발 조심조심 가달라고 부탁했다.

우리는 여정 중간에 있는 조씨의 집에 도착했다. 그는 몹시 걱정하면서 가지 말고 자기 집에 머무르라고 했다. 그러나 그즈음 나는 브루스의 통증이 옆구리와 어깨 쪽에 쏠려 있는 것으로 보아 갈비뼈가 부러진 것이 분명하다고 생각했다. 지체할 수가 없었다. 아무튼 다시 출발해야 했고, 첫 번째 봉우리를 넘어 다시 산 아래로 내려가야 했다. 과연 그 길이 끝나기는 할까?

마침내 우리는 삼방협 마을에 도착했다. 어여쁜 신부가 타고 있을 것 같은 화려한 가마는 사람들의 이목을 끌었다. 심지어 집에서 나와 우리 행렬을 따라오는 사람들도 있었다. 홍길동이 달려와 제발 자기 집에서 쉬었다 가라고 간곡히 청했지만 우리는 기차를 놓칠까 봐 쉴 엄두도 낼 수 없었다.

가마를 플랫폼에 내려놓자, 사람들은 흩어질 기미도 없이 우리 주위로 구름처럼 몰려왔다. 열차가 들어오자 타고 있던 승객들도 창밖으로 고개를 내밀고 구경했고, 곧 신부가 가마에서 내려 열차에 오를 거라는 이야기가 퍼져나갔다. 보기 드문 구경거리를 만난 사람들은 기대에 부풀어 숨을 죽이고 기다렸다.

마침내 내가 가마 문을 들어올리자 극적인 순간이 찾아왔다. 어여쁜 신부 대신 지팡이를 짚고 담뱃대를 악문 남자가 고통스러운 얼굴로 가마에서 내려, 부축을 받으며 열차에 올랐으니 말이다. 사람들은 놀라서 좌석에 주저앉으며 "아이고! 아이고!" 하며 탄성을 질러댔다.

홍길동이 친 전보를 받고 닥터 스탠리 마틴이 역으로 마중 나왔다. 엑스선 사진을 찍어보니 갈비뼈 세 군데가 부러지고 견갑골도 손상된 상태였다.

딜쿠샤는 돌아온 우리를 감싸주고 편히 쉬게 해주었다.

구슬 서른하나

가을이 가고 겨울이 오고

조씨의 원인 모를 죽음

이듬해 1936년에 나는 재거를 데리고 혼자서 광산으로 갔다. 물론 브루스는 그사이 부상에서 회복하고 이질도 다 나아 먼저 광산에 가서 생활하고 있었다. 광산에서 기르던 브록이라는 개는 거기서 보낸 첫해 봄에 죽었다. 원씨는 브록의 무덤에 '여기 고귀한 개 잠들다'라는 묘비명을 세워주었다.

브루스는 삼방협에 있는 중개인 홍길동의 집으로 달호와 조랑말 한 마리를 보냈다. 마부가 조랑말에게 먹이를 먹였다고 큰 소리를 치기에 우리는 바로 출발했다. 달호는 조랑말에 뒤질세라 빠른 걸음으로 걸었다. 한국 사람들의 빠른 걸음은 언제나 놀라웠다. 첫 번째 봉우리 정상에 막 올랐을 때 내가 탄 가여운 조랑말이 고꾸라지며 땅에 굴렀다. 나도 서투르게 굴러 떨어졌지만 다친 데는 없었다.

달호가 마부에게 욕설을 퍼부었는데, 내 짧은 한국어 실력으로는 무슨 말인지 이해할 수 없었다. 어쨌든 그 가여운 조랑말은 죽은 것 같았다. 나도 어쩔 수 없이 달호와 함께 그 먼 거리를 걸어가는 수밖에 없었다. 그래서 조랑말은 마부에게 맡기고 다시 길을 떠났다. 휘파람으로 재거를 부르자, 녀석이 입맛을 다시며 뛰어오르는데 턱에 종잇조각이 붙어 있었다. 그새 내 샌드위치를 먹어치운 것이다! 조랑말이 넘어지면서 샌드위치 꾸러미가 언덕 아래로 굴러 떨어졌던 모양이었다.

우리가 중간에 쉬어가는 마을에 도착하니 사람들이 흐느껴 우는 소리가 들려왔다. 동정심 많은 사냥개 재거도 그 무리에 끼어들었고, 달호도 "아이고" 하며 한숨을 내쉬었다. 밥을 먹고 조금 쉴 생각으로 우리가 늘 쉬어가는 집에 도착해보니, 그 집 지붕 위에 한 남자가 올라가서 서 있는 게 보였다. 그는 하얀 두루마기를 북쪽을 향해 흔들어대며 조 서방의 이름을 외쳐 부르고 있었다. 내가 집으로 들어가려 하자 달호가 나를 잡아 세우며 "죽었소" 하고 말했다. 지붕에 있던 남자가 내려와 집으로 들어가더니 안에 누워 있는 조씨의 시신에 두루마기를 덮어주었다. 브루스의 수집품 중에서 본 적이 있는 신주도 보였다.

집 밖에는 소나무로 만든 관이 놓여 있었다. 소나무는 상록수여서 죽을 때까지는 결코 시들지 않아 한국 사람들은 선비의 상징으로 여긴다. 또한 뱀이나 다른 파충류 동물은 소나무에 가까이 가지 않는다. 땅 속에 묻으면 빨리 썩는데, 특이하게도 한국 사람들은 이렇게 빨리 썩는 게 좋다고 여긴다. 시체를 오래 보관하려고 미이라를 만드는 이집트 사람들이나 대부분의 다른 민족들과는 정반대인 사고방식이다.

나는 몹시 피곤하고 배도 고팠지만, 조씨가 왜 죽었는지 몰랐기 때문에 그 마을에서 음식을 먹을 엄두는 나지 않아서 샘에서 물만 마시고 텅 빈 배로 계속 길을 갔다.

돌무더기를 쌓아둔 고갯길에서 앉아 쉬고 있는데, 멀리서 희미하게 종소리가 들려왔다. 어지러워서 이명이 들리는 건가 하는 생각이 들었다. 돌아보니 등에 아무도 태우지 않은 조랑말과 마부가 우리 쪽으로 오고 있었다. 죽은 줄 알았던 내 조랑말이었다. 조랑말이 부리는 맹랑한 속임수를 나는 이때 처음으로 경험했다. 나중에야 알았지만 조랑말들은 더는 견딜 수 없을 만큼 힘들 경우 자기보호 차원에서 그런 속임수를 쓴다고 했다. 무릎을 꺾고 풀썩 주저앉거나, 앞다리를 들어 등에 탄 사람을 엉덩이 너머로 미끄러뜨리기도 한다. 마부가 살살 달래고 중간 마을에 들러 먹이도 먹여 데리고 온 것이었다. 그래서 나는 고맙게도 다시 조랑말에 올라타 가던 길을 계속 갔다.

브루스가 북쪽 계곡 아래로 마중 나와 있었는데, 나는 인사도 하기 전에 다람쥐처럼 그의 주머니부터 뒤졌다. 하지만 쓴맛이 나는 요리용 초콜릿뿐이었다. 내가 그 전해에 달콤한 초콜릿인 줄 알고 잘못 샀던 것이었다. 그래도 나는 그 초콜릿을 크게 한 조각 떼어내 입안에 쑤셔 넣었다.

"맙소사! 메리, 종일 아무것도 못 먹은 거요?" 브루스가 놀라서 소리쳤다.

"못 먹었어요. 장례식 때문에요." 나는 입안 가득 초콜릿을 우물거리며 말했다. "조랑말이 죽었고요." 그리고 재거를 쳐다보며 덧붙였다. "저 녀석이 먹어버렸어요."

"대체 그게 무슨 말이요?" 브루스가 재거와 나를 번갈아 쳐다보며 물었다.

"아니, 신경 쓸 것 없어요." 내가 쓰디쓴 초콜릿을 꿀꺽 삼키고 말했다. "당신을 보니 정말 반가워요!" 더 이상 설명할 필요는 없었다. 이렇게 나는 재거의 비밀도 지켜주었다.

채광소에 도착하니 브루스가 지나가는 말처럼 "당신 뜨거운 목욕 하고 싶지 않소?" 하고 말했다. "목욕이라고요?" 내 눈이 코트단추만큼 커졌다. 전에는 문이 없던 자리에 미닫이문이 새로 달렸고, 그 문을 열자 욕실이 나왔다. 바닥을 파고 커다란 철재 통을 넣어 만든 것이었다. 위쪽에 있는 용수로 — 스물두 군데의 쇄광기에 물을 공급하는 그 용수로 — 에서 대나무 파이프를 연결하여 물을 받았고, 나무를 연료로 쓰는 구식 난로에 달려 있던 물통처럼 연통을 활용하여 물을 데웠다.

목욕물은 이미 준비되어 있었고 수증기 때문에 앞이 보이지 않을 지경이었다. 나는 연잎 위에 쪼그리고 앉은 개구리처럼 나무 깔개 위에 쪼그리고 앉았다. 그 깔개는 뜨거운 욕조의 바닥에 맨살이 닿지 않도록 해주는 용도였는데, 내가 물에 들어가 몸무게로 누르기 전까지는 물에 둥둥 떠 있었다. 뜨거운 물에 턱 밑까지 몸을 푹 담근 채로 이 완벽한 피로 해소의 호사를 누렸다. 산뜻하게 차가운 물로 샤워를 하면 더없이 상쾌할 것 같아 대나무 파이프 끝의 나무 마개를 열었다가 얼음처럼 차가운 물세례를 맞고 머리가 어질어질해졌다. 나는 욕조에서 뛰쳐나가 브루스에게 우리 새 욕실이 다 떠내려가기 전에 저 물 좀 잠가달라고 소리쳤다.

광산 마을에 내린 첫눈

한국의 가을은 산에서 특히 더 아름답게 빛을 발한다. 그래서 브루스와 나는 자주 긴 산책을 다녔다. 아무리 건강하다 해도 지구력이 없으면 아무 소용 없다는 것이 브루스의 지론이었다. 우리는 북쪽 계곡의 강바닥에서 커다란 장미석영을 발견하고 그 계곡에 '장미바위 계곡'이라는 이름을 붙였다. 거기서 15킬로미터쯤 더 가니 양쪽이 막힌 아늑한 곳이 하나 있었다. 우리는 거기에 나란히 앉아서 벼와 수수와 메밀이 익어가는 평원들과 언덕들로 이루어진 장관을 감상했다. 브루스는 그곳을 '카데시 바네아', 즉 약속의 땅이라 불렀다. 이렇게 장소에 이름을 붙이는 것은 우리가 함께 즐기는 놀이의 하나가 되었다.

한번은 나무들과 덤불들이 빽빽하게 들어차서 하늘조차 보이지 않는 원시림 같은 곳에서 그만 길을 잃었다. 우리는 희미하게 들리는 강물 소리를 따라 바위 절벽을 하나씩 뛰어내리며 강을 찾아갔다. 그리고 강줄기를 따라 계곡으로 갔다. 계곡에 도착했을 때는 이미 날이 어두워져 있었다. 어디선가 들리는 망치 소리를 따라가니 광부들이 일하는 어느 광구 앞에 도달했다. 그 중 한 사람이 우리 집이 있는 곳으로 안내해주었다. 그날은 바위를 타고 오르락내리락한 거리를 제외하고도 50킬로미터가량 걸었으니 최고 산행 기록을 세운 날이기도 했다. 게다가 아침식사 전에 잠깐 산책한다고 나갔던 길이라 종일 굶어야 했다. 이날의 모험을 통해 나는 인간의 인내력이 얼마나 대단한 것인지 새삼 깨달았는데, 어쩌면 브루스는 바로 그것을 노렸는지도 모른다. 모진 사람 같으니!

마을에서는 집집마다 김장을 하느라 바빴고, 어딜 가나 초록색 배추와 노란 무가 만들어내는 산뜻한 색상이 눈에 들어왔다. 집 밖에는 김치를 담을 장독들이 대기하고 있고, 여름에 무성히 자란 박 넝쿨이 그대로 매달린 지붕 위에는 널어놓은 빨간 고추들이 말라가고 있었다.

광산 사무실에 앉아 있는 앨버트 와일더 테일러.

　12월이 다가오자 날씨가 갑자기 추워졌고, 해도 더 짧아져 오후 2시만 지나도 계곡에 햇빛이 전혀 들지 않았다. 사람들은 솜을 넣어 누빈 옷을 입고, 머리에 동여맸던 흰 수건을 치우고 털모자를 썼다. 개 가죽으로 만든 장갑과 귀마개도 착용했다. 모두들 땔감을 모으느라 여념이 없었다. 아이들은 언덕바지를 돌아다니며 솔잎과 마른 낙엽을 긁어모았다. 우리 채광소에서는 광산에서 쓸 무거운 목재들과 온돌에 쓸 솔가지들을 소달구지에 실어왔다. 땔감 더미가 계속 쌓여가더니 결국 지붕만큼 높아졌다.

첫눈이 내리자 온 마을이 동화 속 세상으로 변했다. 작고 지저분하던 초가집들이 눈에 덮여 반짝거렸고, 서서히 지겨워지던 검은 바위와 땅도 부드럽고 폭신폭신해졌다. 어느 순간 갑자기 성에꽃이 피어났고, 요란하게 흐르던 강물도 얼면서 흐름이 느려졌다. 사람들은 흥이 난 듯 왁자지껄 떠들었고, 그 목소리는 계곡을 따라 메아리가 되어 울렸다. 사람들의 동작도 빨라져서, 전에는 걸어다니던 곳을 이제는 뛰어다녔다. 밤이면 쇄광기가 있는 계곡을 따라 커다란 모닥불을 지폈고, 우리 채광소에서는 일꾼들 숙소 옆에 커다랗게 모닥불을 피워두었다. 그 불빛 때문에 방 안까지 커튼을 쳐도 환했다.

나는 영국에서 돌아오는 아들과 딜쿠샤에서 크리스마스를 보낼 생각에 들떠 있었다. 그러나 언제나 자신의 육감을 믿는 브루스는 어딘가에 큰 광맥이 있다고 믿고, 그 광맥을 발견하기 전에는 절대로 산에서 내려가지 않겠다고 잘라 말했다. 그는 12월 13일에 그 광맥을 발견했지만, '13'이라는 숫자는 불길하다는 서양 사람들의 미신 때문에 그 사실을 숨기고 있다가 다음 날에야 비밀을 털어놓았다. 이제 광맥까지 발견했으니 브루스는 더욱더 광산을 떠날 수 없는 처지가 되었다.

어느 날 밤 쇄광기가 갑자기 멈추는 바람에 우리는 놀라서 잠에서 깨었다. 브루스는 마치 폭탄이라도 떨어진 것처럼 자리에서 벌떡 일어났다. 물이 얼어서 쇄광기가 멈추는 일이 생길까 봐 그렇게 모닥불을 피워두었건만 결국 자연의 힘을 거스를 수는 없었던 것이다. 대지는 무거운 정적에 잠겼다.

굿 구경

나는 극심한 공포에 사로잡혀 아무도 움직이지 않는 이른 아침에 미닫이문을 살짝 열고, 쇄광기가 멈추면서 완전히 달라진 두려운 세상을 내다보았다. 무언가 폭발할 때 나는 것 같은 빛이 날카롭게 눈을 찔렀다. 큰 키에 피부가 검고 헝클어진 검은 머리의 여자가 우리 다리를 건너오고 있었다. 여자가 입은 새빨간 장옷에 달린 금속 메달들이 막 떠오르고 있는 햇살을 받아 빛을 반사했다. 여자는 손에 커다란 부채를 들고 있었고, 걸음걸이는 흡사 먹잇감을 향해 다가가는 표범 같았다. 그 여자도 나를 발견하고는 새까만 대리석 같은 눈으로 나를 쏘아보았다.

예상치 못했던 유령 같은 존재와 맞닥뜨리자 몸서리가 쳐졌다. 이마에 손을 대어보니 델 듯이 뜨거웠다. 내가 열병이 걸린 건가 하는 생각이 들었다. 혹시 내가 무당 하면 질병이나 재앙부터 무의식적으로 연결 짓다 보니 환영을 보는 것일까? 그런데 다시 보니 장구를 멘 소년과 젊은 여자 한 명이 무당 뒤를 따라 걷고 있었다. 젊은 여자는 스님들의 장삼과 비슷한 흰옷을 입고 파란 고깔과 망토 같은 것을 걸치고 있었다.

"문 닫아요." 브루스가 졸린 목소리로 말했다. 나도 갑자기 한기가 느껴져 문을 닫았다.

"무당이 지나갔어요." 그러나 브루스는 대답이 없었다. 나는 급히 코듀로이로 된 스키바지를 입고 징을 박은 부츠를 신고서는 무당이 간 길을 따라 '장미바위 계곡'으로 향했다. 나무들에 새끼줄과 종이, 빨간 헝겊 들이 매달려 있었다. 귀신들은 은색과 빨간색을 두려워한다고 한다. 그것을 보니 무당이 그 길로 지나갔음을 알 수 있었다.

어느 농가 밖에 사람들이 옹기종기 모여 있는 걸 보니 그 집에서 곧 굿이 시작될 모양이었다. 열린 방문 사이로 병든 남자가 무척 고통스러운지 배 앞으로 무릎을 당겨 웅크린 채 누워 있었다. 마당에는 상이 깔려 있고 그 위에 암갈색 떡과 곶감을 비롯하여, 색이 너무 단조로워서 내가 숨어 있던 곳에서는 무엇인지 알아보기 어려운 것들이 잔뜩 쌓여 있었다. 이런 일에 파란 눈의 외국인이 끼어드는 것은 누구도 반기지 않을 일이었다.

병든 남자를 살펴보던 무당이 벌떡 일어서더니 번뜩이는 칼을 들어 문 밖으로 던졌다. 그리고 마루로 나와 칼이 떨어진 모양을 살폈다. 칼날이 집 안을 가리키면 악귀가 아직 집 안에 있다는 의미였다. 무당이 바구니를 긁어 괴상한 소리를 내어 귀신의 주목을 끌려고 하는 것을 보니 악귀는 아직 집 안에 있는 모양이었다.

구경꾼들이 점점 더 많아졌다. 이제 무당은 귀신을 불러내 귀신이 하는 말을 듣고 있었다. 자기 질문에 대한 대답을 듣고 있는지 무당이 세차게 고개를 끄덕였다. 그러고는 긴장한 채 자기를 에워싸고 있는 환자의 가족들을 무언가 요구하는 눈빛으로 노려보았다. 한 농부가 돈주머니를 가져오더니 무당의 손바닥에 돈을 놓았다. 무당은 장구를 옆에 놓고 기다리고 있던 소년에게 신호를 보냈다. 소년은 천천히 그러나 끈질기고 긴장감 넘치게 장구를 쳐댔다. 무당은 여전히 손을 내밀고 서 있었다. 농부는 돈을 더 놓았고, 그러고도 무당이 탐욕스럽게 내민 손을 거두지 않자 더 많은 돈을 내놓았다. 하지만 무당은 여전히 기다렸다. 이제는 친구들이 나서서 무당이 내민 접시에 돈을 올려놓았다. 내놓을 만큼 다 내놓았다고 생각했는지, 무당은 마침내 물러났다. 이제 접신을 시도하려는 것 같았다.

무당은 손과 부채로 무엇인가 잡아채는 동작을 반복하며 춤을 추기 시작

· 호박 목걸이

했다. 아무도 내가 있는 쪽을 보지 않는 것 같아서 나는 조금 더 가까이 다가가 돌담 위로 올라갔다. 거기서는 모여 있는 사람들의 머리에 가려 보이지 않던 장면까지 다 눈에 들어왔다. 무당의 광기 어린 춤을 보고 있자니, 그녀가 정말로 악귀와 접신하고 있으며, 우리에게 보이지 않는 차원에 있는 존재들과 대화를 나누고 있다는 게 정말인 것만 같았다. 이제 무당은 그 존재들의 명령에 따라 비명을 지르고 고함을 질러댔다.

점점 빨라지는 장구 소리가 천둥처럼 귓가를 때리는 가운데 무당은 아주 높이 펄쩍 뛰어오르며 두 팔을 하늘 높이 펼쳤다. 나는 악귀가 바로 그 순간에 원래 있던 곳으로 돌아갔다고 확신했다. 이제 귀신에게서 놓여난 무당이 마치 죽은 사람처럼 눈 위에 납작 쓰러졌기 때문이다. 장구 소리도 별안간 뚝 그쳤다. 최면 같은 정적이 이 원시적인 장면에 참여한 모든 사람들을 에워쌌다. 세차게 뛰는 내 심장 소리만이 귓속을 파고들었다.

사람들이 눈치채기 전에 나는 돌담에서 미끄러지듯 내려와 집을 향해 걷기 시작했다. 이제 환자의 가족들과 무당은 굿판에 썼던 음식을 나누어 먹을 것이다.

나는 집으로 돌아오면서 샤머니즘 또는 무속신앙이 근본적으로 매우 종교적인 한국 사람들에게 미치는 강력한 영향력에 관해 생각해보았다. 그 신앙은 아직 다 밝혀지지 않은 한민족의 시초에 뿌리를 두고 있다. 그것은 어디에서 온 것일까? 그리고 이 이단적인 신앙의 괴상한 여사제들이 지니고 있는 저 힘은 어떻게 설명할 것인가? 유사한 기원에서 생겨난 유사한 종교들이 많기는 하지만, 이 나라의 무당들은 스스로 자기 영향력의 영역을 구축해왔다. 신분으로는 천한 계급에 속했는데도 말이다. 사람들은 살아가면서 아주 사소한 일부터 대단히 중요한 일까지 수천 가지 경우에 무당에게 의지

한다. 그들은 무당이 무생물까지 포함하여 만물에 깃든 혼령과 접촉할 수 있기 때문에 혼령들을 퇴치할 수 있다고 믿는다.

줄행랑친 가마꾼들

비틀거리며 집으로 돌아오는 내내 몸에 힘이 없고 현기증이 났다. 이런 몸으로 바보 같은 짓을 했다는 생각이 들었지만, 증상에 굴복하고 싶지도 않았고 브루스에게 털어놓고 싶지도 않았다. 도착한 우편물도 없었고, 이제 브루스도 나도 서로를 즐겁게 해주려고 노력하는 일도 한계에 다다른 듯했다. 나는 앉아서 벽을 쳐다보았다. 벽지로 발라놓은 종이는 《새터데이 이브닝 포스트》였는데, 어느새 나는 일어서서 벽에 붙은 글을 읽고 있었다. 흥미가 동해 다음 페이지도 찾아봤다. '예인선의 애니'라는 연재물이었다. 나는 브루스에게 소리 내어 읽어주다가 다음 장을 찾았다. 그 장은 아래위가 거꾸로 붙어 있어서 머리를 숙여 다리 사이로 글을 읽었다. 다행히 그 페이지 전체가 다 거꾸로 붙어 있지는 않았다. 괴상한 자세로 서 있으려니 금세 피가 거꾸로 솟구쳤다. 그러다가 붉어진 내 얼굴을 본 브루스에게 실제로 열이 높다는 사실을 들킬까 봐 걱정스러웠다. 그래서 읽기를 관두고 침대에 가서 누웠다.

그다음 며칠은 고열에 시달리느라 아무것도 기억나지 않는다. 다만 달력을 쳐다보고 벌써 12월 23일이라고 생각했던 것만은 기억난다.

"편지요!" 하는 소리에 작은 유리창으로 내다보니, 까만 모자에 망토를 두른 키 작은 사람이 서 있었다. 그는 망토 아래로 우편물 가방을 메고 있어 등이 불룩해 보였다.

우편배달부가 "눈이 많이 왔어요" 하고 말하는 소리가 들렸다. 원씨가 우편물을 가져다주었다. 대부분은 크리스마스카드였고, 한 통은 아들이 보낸 편지였다. 우리가 주문한 등산용 아이젠 두 쌍도 도착했다. 이제 얼어붙은 강은 말할 것도 없고 그냥 걸어다닐 때도 아이젠 없이 걷기가 불가능해졌다. 아들은 이미 딜쿠사에 도착해서 우리와 만날 날을 손꼽아 기다리고 있다고 했다.

브루스는 이 중요한 시기에 광산을 떠날 수는 없다고 했기 때문에, 아들을 실망시키지 않으려면 나라도 당장 가야 했다. 아들이 그렇게 오랫동안 떠나 있다가 처음으로 집에서 보내는 크리스마스가 아니던가!

그날 저녁 브루스가 광산에서 돌아올 무렵, 나는 자리를 떨치고 일어나 옷을 다 차려입고 기다리고 있다가, 이제는 몸이 아주 좋아졌다고 큰소리를 쳤다. 우리는 앉아서 함께 저녁을 들었다. 나는 서울로 돌아가는 내 여행에 관해 의논하고 싶었고, 브루스가 절대 나를 붙잡지 못하게 하려고 했지만, 그는 내가 서울에 간다는 건 재고의 가치도 없는 일이라는 듯 우편물만 들여다보았다. 그가 담뱃대에 불을 붙이는 것을 보고 내가 말을 꺼냈다.

"정말 신기한 게요, 말라리아가 나를……."

"말라리아가 당신을 아주 쇠약하게 만들었지" 하고 그가 중간에서 말을 잘랐다. "그 병이 원래 그렇소."

"나를 갑작스럽게 떠났다고요." 내가 끊긴 말을 마무리했다.

"흠……." 브루스는 계속 우편물만 읽었다.

"올해는 눈이 늦게 오려나 봐요." 내가 다시 말을 이었다. 브루스가 커튼을 열었고 밖에는 함박눈이 내리고 있었다.

"흠." 그는 또 그 소리만 하고 다른 편지를 뜯었다.

"기압이 올라가고 있어요." 전혀 사실과 다른 이 말에도 브루스는 묵묵부

답이었다.

"우리 아이젠이 도착했어요. 우편배달부가 그러는데 강이 꽁꽁 얼어서 건너기가 쉬워졌대요."

브루스가 우편배달부를 만나지 못한 게 천만다행이었다.

"내일은 해가 쨍쨍할 거예요." 나는 필사적인 마음에 무리수를 두었다.

"소 뱃속처럼 캄캄할 걸." 브루스가 내 보석 같은 예언을 반박했다. "그리고 지금 당신은 몹시 창백해 보이니 당장 자리에 누워야겠소."

그 말은 우리가 지금까지 나눈 대화에서 유일하게 옳은 말이었지만, 나는 물러서지 않았다.

"만약." 내가 아주 힘주어 말했다. "만약 내일 내 체온이 정상으로 돌아오면 나를 보내줄 거예요?"

"만약." 브루스는 딱 그 한마디만 했다.

나는 침대로 갔고, 누울 수 있어서 정말 기뻤다. 24일 아침 일찍 나는 머리가 깨질 것 같은 두통을 안고 잠에서 깨었다. 배낭에 갈아입을 모직 내의와 크리스마스카드들을 넣고, 작은 담요를 말아 넣고, 제일 따뜻한 내의를 입었다. 그러면서도 내가 무사히 조랑말 위에 앉아 버틸 수 있을지 걱정이 되어 전전긍긍했다.

브루스가 자리에서 일어나더니 한마디도 없이 체온계를 가지고 왔다. 내 몸은 고열로 몹시 뜨거웠다. 문을 여니 마루에 눈이 수북이 쌓여 있었다. 나는 체온계를 입에 넣었다가 39.5도나 되는 것을 보고 체온계를 흔들어 턴 뒤 눈 속에 밀어넣었다가 정상 체온으로 내려온 것을 보고 브루스에게 건넸다.

"흠, 당신이 이겼군." 그 길로 브루스는 목수를 불러 안락의자에 기둥과 커튼을 달게 했다. 그리고 긴 나무에 고리를 달아 가마꾼들이 어깨에 질 수 있게 하고 가마꾼들도 불렀다. 나는 스웨터와 코트와 바지를 여러 겹 껴입어 거의 움직일 수 없는 지경이 되었다. 브루스는 나를 의자에 앉히고 커튼을 묶은 다음 가마꾼들에게 출발하라고 지시했다.

"갑시다." 가마꾼들의 활기찬 대답과 함께 나는 길을 떠났다.

첫 번째 봉우리에 올랐을 때 나는 가마꾼들에게 잠시 쉬어가자고 말했다. 눈에 보이는 거라곤 온통 얼음과 눈뿐이었다. 처음 눈이 내렸을 때 나는 부드럽고 아름답다고 생각했으나, 이제는 매정하고 잔인하게 느껴졌다. 나는 우리 광산에 '얼어붙은 황금의 계곡'이라는 이름을 붙였다.

채광소와 마을에서 멀어지자 가마꾼들은 투덜거리기 시작했고, 속도도 느려졌다.

강은 아직 단단히 얼지 않아서 여러 사람이 한꺼번에 건널 수 없었으므로, 나는 강을 건널 때마다 몇 번이나 일어나서 걸어야 했다.

중간에 쉬어가는 마을에 도착하면 조씨의 집에서 쉬어갈 생각이었다. 그런데 그 집에는 무당이 와 있었다. 조 서방 아내의 말을 들어보니, 남편의 혼령이 돌아와서 자꾸 무슨 말인가를 전하려고 해서 온 가족이 무당을 통해 그 말을 들으려고 모였다는 것이다.

부인은 나에게 사랑채를 내주었다. 가마꾼들은 맞은편 방에서 다른 여행객들과 이야기를 주고받았다. 삼방협으로 가는 길은 이미 폭설에 묻혀 길이 보이지 않는다고 여행자들이 알려주었다.

그렇게 맥 빠지는 이야기를 듣고 있자니 지금 당장 출발하지 않으면 안 되겠다는 조바심이 들었다. 어차피 조씨의 영혼이 마지막 작별 인사를 고하고 황천길로 떠나려는 참이라 다들 울고불고 통곡을 하고 있어서 편히 쉴 만한 상황도 아니었다.

크리스마스이브에 임시로 만든 안락의자 가마를 타고 서울을 향해 출발하는 메리.

　가마꾼들은 꿈쩍도 하지 않다가 눈앞에서 돈을 흔들어대자 겨우 일어나서 어깨에 줄을 메고 출발했다. 그러나 쌓인 눈이 갈수록 깊어지기만 하니 그들도 넘어지고 구르기가 일쑤였고, 그러면 나도 의자와 함께 눈밭에서 옆으로 굴렀다. 나는 조랑말들이 꾀를 부리던 일이 떠올랐고, 가마꾼들 역시 그런 술수를 부리는 게 아닌지 의심스러웠다. 같은 일이 세 번이나 반복되자 의심은 확신으로 바뀌었다. 게다가 돌아보니 교대를 하기로 한 몇 사람은 이미 마을로 돌아가고 없었다.

　할 수 없이 나는 걸어가기로 했다. 내 목도리를 가마꾼 한 명의 허리에 묶어 그것을 꼭 붙잡았고, 다른 사람이 나를 뒤에서 밀어주었다. 나는 한 걸음 한 걸음 숫자를 세면서 걸었고, 열 걸음을 걸으면 꼭 한 번은 쉬어야 했다.

　　　　　　　　　　　　　　　　　　　· 호박 목걸이

칠봉산을 넘는 길은 고행의 길이었다. 도중에 어디선가 황소 우는 소리와 개 짖는 소리가 들렸다. 우리는 외양간 옆을 지나고 있었다. 그런데 이상하게도 당나귀까지 포함해 동물들이 모두 밖에 나와 있는 것이 아닌가. 가까이 가보니 외양간 안에는 남자 한 명과 여자 한 명 그리고 어린아이 한 명이 있었다. 우리처럼 길을 나섰다가 눈에 갇혀 길을 잃은 모양이었다. 짐승들의 털을 덮은 서리가 저녁 햇살을 받아 반짝였고, 짐승들이 허공에 내뿜는 뜨거운 입김은 둥그런 후광처럼 보였다. 그 장면이 앞으로 일어날 일의 전조 같았고, 나는 분명히 크리스마스 안에 서울에 도착할 거라는 느낌이 들었다. 그 생각은 나에게 새로운 용기를 불어넣어주었고, 그때까지 내 움직임을 둔하게 만들고 있던 여러 겹의 옷을 벗어던졌다. 그러고 나니 옷 속에 갇혀 있던 땀이 마르면서 좀 더 편안하게 숨을 쉴 수 있었다.

칠봉산 정상에 도착했을 무렵에는 초승달과 초저녁 별들이 떠 있었지만, 매서운 바람이 눈도 뜨지 못하게 거세게 몰아쳤다. 빈 의자와 의자를 들고 따라오던 두 사람은 눈더미 속에서 온데간데없이 사라졌다.

출발할 때는 가마꾼이 여덟 명이었는데 겨우 두 명이 남았다. 길의 흔적은 어디에도 보이지 않았으므로 우리는 할 수 없이 일렬종대로 서서 나는 앞서 가는 가마꾼의 어깨를 두 손으로 붙잡고, 뒤에 오는 가마꾼은 내 허리띠를 뒤에서 잡아당기면서 언덕을 미끄러지듯이 내려갔다. 그때 우리는 경사가 아주 심하고 어디서 어떤 지형이 나올지 가늠할 수 없는 산비탈을 내려가고 있었기 때문에 반드시 앞서 간 사람의 발자국을 밟으며 가야 했다. 한 걸음 옮길 때마다 우리는 서로의 움직임에 따라 함께 넘어지곤 했다. 그래서 그들은 박자를 맞추기 위해 구호를 붙이기 시작했고, 그 소리가 무슨 뜻인지도 모른 채 나도 가세했다.

도중에 새하얀 눈밭에서 새카만 멧돼지도 보았고, 부엉이 울음소리 같은 것도 들렸다. 그러나 그 소리가 사실은 크리스마스 안에 나를 서울로 데려다 줄 유일한 기차의 기적소리라는 것을 깨닫는 순간 나는 휘청하며 넘어졌고 두 사람도 나와 함께 눈밭을 굴렀다.

이번에는 도저히 일어날 수 없었고, 다리에 쥐까지 나서 지독하게 아팠다. 투박하지만 마음씨 착한 그 농부들은 길이 나올 때까지 나를 등에 업고 내려왔다. 마침내 중개인 홍길동의 집이 있는 길에 도착했다.

그 집에서 하나뿐인 방에는 사냥꾼과 보부상 등 남자들이 가득 들어차 있었다. 옷이 다 젖어 물이 뚝뚝 떨어지는데도 옷을 갈아입을 곳이 없었다. 어쨌든 그 밤은 그 집에서 보내야 했기 때문에 나는 가져온 작은 담요를 꺼내 한가운데 구멍을 내고 그 구멍으로 머리를 내놓고 담요 속에서 옷을 갈아입었다. 젖은 옷을 다 벗고 마른 수건으로 몸을 닦은 다음 모직 옷을 입었다. 온돌방의 온기가 더해져 금세 뽀송뽀송하게 말랐다.

캐럴송

사람들과 이야기를 나누다가 다음 날 아침 7시 50분에 서울에 도착하는 화물열차가 삼방협 기차역을 지나간다는 이야기를 들었다. 나는 그 열차를 꼭 타기로 마음먹었다.

홍씨의 아내가 열차가 도착할 새벽 1시까지 나와 함께 있어주려고 작은 상에 음식을 차려 들고 왔다. 내가 가져온 크리스마스카드들을 다 쏟아놓자 모두들 달려들어 구경했다. 자정을 알리는 종소리가 울렸다. 크리스마스가 시작된 것이다. 내가 북을 치듯이 손바닥으로 방바닥을 두드리기 시작하자 모두들 가세했고, 우리는 대충 다음과 같이 캐럴을 함께 불렀다.

　나: 고요하고 고요하게

　그들: 얼쑤, 얼쑤, 얼쑤

　나: 경이로운 선물을 내려주셨네

　그들: 허이! 허이! 허이!

　나: 하느님 천국의 축복을

　그들: 얼쑤, 얼쑤, 얼쑤

　나: 우리의 가슴에 나눠주셨네

　그들: 허이! 허이! 허이! 얼쑤! 얼쑤!

　홍길동이 평소 필요할 때마다 길잡이로 쓰는 마을의 좀 모자란 사람을 불러다가 나를 안내하는 일을 맡겼다. 그러면서 나를 역에 안전하게 데려다줄 때까지는 절대로 내 손을 놓으면 안 된다고 당부했다. 이 남자는 그 말을 글자 그대로 따랐다. 나는 길이 너무 위험해서 그의 어깨를 붙잡고 가고 싶었지만 내가 아무리 힘주어 비틀어도 내 손을 꼭 잡고 놓아주지 않아서 그럴 수가 없었다. 길 옆 6미터 아래에는 강이 있었다. 아이젠을 착용하고 있었기에 망정이지 그렇지 않다면 꽁꽁 언 얼음판에서 미끄러지지 않고 걷기는 불가능했을 것이다.

　열차는 사람들과 사냥한 동물들로 꽉 차 있었다. 마늘과 생선과 담배 냄새가 진동했다. 앉을 자리는 없었다. 나는 화장실 문에 기대어 서 있다가 미끄러져 내려 쪼그려 앉은 채 잠들었다.

　서울역에 도착하여 안내원이 내리라고 할 때까지 나는 깨지 않고 계속 잤다. 8시 5분 전이었다. 그 시간이면 아들과 우나는 영국 성공회 대성당에서 아침 예배를 올리고 있을 것이 분명했다. 나는 내 몰골은 아랑곳없이 무조건 택시를 타고 곧바로 그곳으로 달려갔다. 발끝을 들고 조심조심 통로를 걸어 갔지만 징 박힌 부츠에서 소리가 나는 건 어쩔 수 없었다.

예배실로 들어선 나를 본 아들의 표정을 나는 결코 잊지 못할 것 같다. 브루스가 전보를 보내 내가 열병 때문에 갈 수 없다고 알렸던 것이다. 그러니 그 시각, 그 장소에 갑자기 내가 나타난 것은 있을 수 없는 일로 여겨졌을 터이다.

우리는 제단 난간 앞에 나란히 무릎을 꿇고 기도했고, 나란히 서서 캐럴을 불렀다. 아들을 다시 만난 기쁨과 고마움으로 내 병은 어느새 씻은 듯이 나았고, 세상을 다 품을 것처럼 마음이 한없이 넓어진 기분이었다.

• 호박 목걸이

구슬 서른둘

다가오는 이별의 시간

훌쩍 커버린 아들

크리스마스는 원래 흩어졌던 가족이 한데 모이는 시간이지만, 우리처럼 크리스마스에도 만나지 못하면서 오랜 세월 그리워하며 지냈던 가족에게는 그 의미가 더욱 깊을 수밖에 없었다.

　우리는 아들의 소년기를 거의 함께하지 못했다. 물론 떨어져 지내기로 결정하는 것은 쉬운 일이 아니었다. 게다가 그때는 오늘날처럼 항공여행으로 쉽게 오갈 수 있는 시절이 아니었다. 아들의 소년기는 돌이킬 수 없이 지나가버렸지만, 그래도 이번 크리스마스에 아들은 우리에게로, 자신이 태어난

나라로 돌아왔다.

아들 앞에는 활짝 열린 장래가 펼쳐져 있었고, 우리가 할 일은 아들이 하고 싶은 일을 선택하도록 돕는 것이었다. 아들은 팔꿈치를 내 정수리에 대고 나를 내려다보며 장난스럽게 말했다. "우리 조그만 어머니가 어디로 갔지?"

그때까지는 나도 제법 키가 크다고 자부하며 살아왔는데 말이다. 아들을 올려다보니 다부진 턱과 반듯하게 잘생긴 코가 눈에 들어왔다. 그때껏 한 번도 보지 못했던 모습이었다. 웃고 있는 저 파란 눈동자는 나를 조금 닮았지만, 짙은 눈썹과 갈색 머리카락은 나에게는 없는 모습이었다. 아들은 어쩌면 스물다섯 살에 광산을 경영하고, 서른 살에 미국광산기술자협회의 평생 회원이 된 제 아버지를 영웅처럼 숭배하는지도 몰랐다. 확실히 아들은 지질학에 관심이 많았다. 어린 시절부터 다른 아이들은 장난감을 가지고 놀 때 각종 돌들을 모으며 놀았다.

이번에 한국에 들어올 때도 수집한 암석들을 배에 실을 수 있는 만큼 잔뜩 가지고 왔는데, 10킬로그램이 넘는 암모나이트 하나만 무게 제한 때문에 어쩔 수 없이 영국에 두고 왔단다.

아들의 이름은 남편을 따라 브루스라고 지었다. 한국에서 광산을 하는 사람들끼리는 이니셜만으로 이름을 부르는 관습이 있어서 우리 아들 브루스 티켈 테일러는 곧 누구에게나 B. T.라고 불렸다. 하지만 나는 우리 B. T.의 이름을 쓸 때 '비티(Beatty)'라고 썼다.

집에서 함께 어느 정도 시간을 보낸 뒤 이제 아들이 할 일은 광산에 가서 아버지를 만나는 것이었다. 그래서 얼마 뒤 비티는 '얼어붙은 황금의 계곡'으로 떠났다.

그사이 우나는 우리 회사를 그만두고 서울에 있는 뉴욕 스탠더드 오일 회사에서 일하고 있었다. 그래도 우리는 짬이 날 때마다 둘이서 짧은 여행을 다니며 즐거운 시간을 함께 보냈다. 봄이 오고 비티가 광산으로 떠나자 우나와 나는 서울 남쪽에 있는 여주로 여행을 떠났다.

여주에서 돌아오니 비티가 마중 나와 있었다. 광산을 둘러본 뒤로 지질학에 대한 관심이 더욱 강렬해진 것 같았다. 또 광산에서 미국인들을 만나 함께 생활해보면서 미국과 미국의 민주주의 방식에도 열광하게 되었다. 아버지의 뒤를 따르겠다던 비티의 결심은 더욱더 확고해졌다. 그래서 캘리포니아 주 버클리에 있는, 아버지가 다녔던 대학에서 공부하여 광산 엔지니어가 되기로 했다.

비티가 광산을 오가고 우리 사무실 일을 돌보는 사이사이, 우리는 함께 갈마 해변과 화진포와 금강산 등으로 여행을 다녀왔다.

화진포에 있는 별장 '여덟 번의 종소리'. 이 집은 원래 원산의 갈마 해변에 있던 집을 다시 옮겨 지은 것이다. 선박에서
는 보통 종을 여덟 번 울려 식사시간을 알리므로, 언제든 손님을 환영한다는 의미로 지은 이름이다.

갈마 별장에서 쫓겨나 화진포로

그즈음 일본은 소련이 한국을 침략할지도 모른다는 위협에 촉각을 곤두세
우고 있었고, 황급히 원산항 앞 섬들을 요새화했다. 원산항은 소련이 줄곧
눈독을 들이던 부동항이었다. 일본은 이제 원산의 전 지역에서 외국인들을
몰아내려고 혈안이 되어 있었다.

그들은 우리를 갈마 해변에 있는 별장에서 내몰고, 그 대신 원산에서 남쪽
으로 100킬로미터가량 떨어진 화진포 해변에 있는 땅을 내주었다. 갈마 해
변에서는 모두 나가야 했다.

우리가 고용한 중국인 목수가 작업에 돌입했다. 언제나 환하게 웃는 달덩
이 같은 얼굴의 목수였다. 그렇게 견고해 보이던 별장은 그가 망치를 땅땅
내리칠 때마다 눈에 띄게 작아졌다.

· 호박 목걸이

메리 테일러가 그린 〈여덟 번의 종소리〉(화진포) 동해바다를 향해 있는 거실. 벽난로의 둥근 돌들은 근처 해변에서 지게로 실어다가 메리와 아들 브루스와 요리사 남두가 쌓았다.

한 무리의 일꾼들이 새벽부터 해 질 때까지 개미처럼 열심히 일했다. 뜯어 낸 널빤지와 기둥들을 지게에 지고 가서 해변 모래사장에 부려놓고, 다시 잰 걸음으로 달려와 지게를 채웠다. 물가에는 짐을 실어갈 돛단배들이 대기하고 있었다. 몇 사람이 모래사장의 자재들을 바닷물에 띄워 보내면 출렁이는 배 위에 탄 뱃사람들이 그것을 낚아채 배 위로 끌어올렸다. 상쾌한 저녁 바람이 돛을 부풀리면, 배들은 만을 따라 내려가다가 자줏빛 곶을 돌아 남쪽으로 사라졌다. 한편 화진포에서는 똑같은 일이 순서만 뒤집힌 채 반복되었다.

비티와 나는 화진포의 집터를 살펴보러 갔다. 우리가 고른 집터는 호수를 마주 보고 있었고, 옆으로 몇 분만 걸어가면 바다가 나오는 곳이었다. 뒤에는 숲이 무성한 절벽이 있었다. 호수에는 물고기가 많이 살고 있었고, 사냥철이면 사냥감 새들도 주변에 둥지를 틀었다.

메리 테일러가 그린 〈여덟 번의 종소리〉. 창으로 화진포가 내다보이는 식당의 모습.

집 뒤의 절벽에도 몇 분이면 올라갈 수 있었다. 절벽 반대편으로 내려가면 자연의 거친 조각품인 바위가 많은 만이 나왔다. 바위 동굴도 있고 매끄러운 검은 바위들도 널려 있는데, 갑자기 깊은 웅덩이로 이어져 수영을 즐기는 사람에게는 아주 좋은 장소였다. 사람이 없는 것으로 보아서 아무도 그곳을 발견하지 못한 것 같았다. 우리는 그곳을 '우리의 만'이라 부르며 새들과 물고기들하고만 공유했다.

화진포에서 만난 제주도 해녀들

어느 날 비티와 내가 바위 위에서 다이빙을 하려는 찰나, 멀리서 휘파람 소리 비슷한 이상한 소리가 들렸다. 바다 쪽을 내다보니 돌고래 무리처럼 보이는 것이 물 위로 올라왔다 다시 물 속으로 들어가기를 반복했다. 우리 쪽으로 좀 더 가까이 다가왔을 때 보니 그 사이에 바구니들이 둥둥 떠 있었다. 그들이 다시 물 위로 올라오자 휘파람 소리가 더 크게 들렸고, 알고 보니 모두 여자들이었다. 그들은 물 속으로 들어갈 때마다 무언가를 채취해왔고, 수면 위에 올라올 때마다 휘파람 소리를 내고 채취한 것들을 바구니에 담았다. 해초, 해삼, 굴 등이 그들의 사냥감이었다.

그들 뒤를 따라오던 커다란 돛단배가 곧바로 우리의 만으로 들어왔다. 우리는 숨어서 그들을 지켜보았다. 배에 탄 남자들은 어느 동굴 앞에 배를 대더니 돛을 차양 삼아 햇빛을 가리고 동굴 앞에서 모닥불을 지폈다. 해녀들이 배 위로 올라갔는데, 놀랍게도 알몸이었다. 그들은 배 위에서 옷을 주워 입고 내려오더니 해변으로 걸어왔다.

남자와 여자들 모두 한국 사람들에게서 보기 드문 구불구불한 곱슬머리였다. 게다가 남자들이 음식을 만들고 여자들은 구경만 하는 것도 특이했다. 우리는 그들이 앉아 있는 모닥불가로 다가갔다. 그들은 우리를 보고 조금 놀라는 것 같더니 구운 생선을 맨손으로 집어서 먹으라고 권했다. 그들이 하는 말은 알아듣기가 무척 어려워서 짐작으로 이해할 수밖에 없었다. 그들이 쓰는 한국말은 익숙하게 들어왔던 한국말과 많이 달랐다. 우리가 알아들은 바로는 그들은 해마다 남쪽에 있는 제주도에서 출발해 몇 주에 걸쳐 전국의 바다를 누비며 물질을 한다는 것이다.

제주도에서는 일처다부제를 따르며, 여자들이 물고기를 잡고 해산물을 채취하여 생계를 유지한다고 했다. 옛날에 남쪽 바다의 해안에 살던 사람들이 남쪽 섬으로 이주했다는 이야기를 들은 적이 있는데 이 집시 같은 사람들이 바로 그들의 후손인 것 같았다.

화진포에서 여름을 즐겁게 보낸 뒤 모두들 떠나자 비티와 나는 거기서 30킬로미터밖에 떨어지지 않은 금강산을 오르기로 했다. 금강산을 보여주지 않고는 아들에게 한국을 제대로 보여주지 못한 것이라는 생각이 들었다.

한국을 떠나는 외국인들

1940년 봄에 비티는 대학에 진학하기 위해 캘리포니아로 떠났고, 얼마 후 우나도 긴 유급휴가를 내고 뉴욕으로 갔다.

1941년에는 헌트 신부님이 일본으로 발령을 받아서 떠났고, 프램턴 부인은 막내딸 뮤리엘과 함께 살기 위해 마닐라로 갔다.

친구들이 이렇게 하나둘 떠나버린 것으로도 모자랐는지, 또 하나의 충격이 우리를 찾아왔다. 일본과 미국 사이의 긴장이 고조됨에 따라 미국 개신교 선교위원회는 모든 선교사에게 귀국을 지시했고, 그 결정에 나머지 미국인들도 긴장했다. 그들을 미국으로 실어가기 위해 마리포사호가 인천항에 도착했다. 여자들과 아이들, 노인들과 환자들을 위주로 많은 사람들이 그 기회를 이용해 한국을 떠났다.

브루스와 나는 인천까지 가서 그들을 배웅했지만, 그런 일들로 동요할 생각은 추호도 없었다. 상황은 현지에 있는 우리가 가장 잘 안다고 믿었다. 멀리 떨어진 곳에서 신문에 실린 글만 읽는 이들에게는 상황이 실제보다 과장되게 느껴지기 마련이었다.

그날 밤 우리는 높은 언덕에 있는 영국 영사 베넷의 관저 베란다에서 미국으로 돌아가는 마리포사호의 불빛이 수평선 너머로 사라질 때까지 지켜보았다. 마리포사호는 우리 같은 소수의 고집쟁이들을 제외한 거의 모든 외국

· 호박 목걸이

인들을 태우고 미국으로 돌아갔다.

그때부터 그해 내내 서울에 있는 미국 영사관과 영국 영사관에서 계속해서 경고장이 날아왔다. 브루스는 그 편지들을 거의 읽지 않고 태워버렸다. 브루스는 바쁘게 지냈다. 그의 생각은 사무실과 광산과 최근에 발견한 새 광맥에 쏠려 있었다. 한국 생활은 그의 인생 자체였고, 아무리 설득해도 그의 마음을 돌릴 수는 없었다.

그러다 늦은 여름 어느 날, 세실 주교가 찾아와 자신도 런던으로 돌아오라는 명령을 받았다고 말했다. 이제 드레이크 신부님을 제외한 모든 사제가 떠났다. 드레이크 신부님은 겨우 세 명의 신도를 위해 한국에 남기로 스스로 결정하셨다.

얼마 지나지 않아서 우리의 주치의도 작별 인사를 고하러 왔다. 신임 미국 영사가 도착하지 않고 있는 상황도 불길하게만 여겨졌다. 그는 상하이에서 전쟁이 일어날지 어떨지 지켜보면서 시간을 벌고 있는 것일까?

구슬 서른셋
조선의 양반 김 주사

환갑잔치

이런 불안한 분위기가 이어지던 즈음, 김 주사의 61세 생일을 기념하는 환
갑잔치에 초대를 받아 모처럼 불안을 잊고 기뻐할 수 있었다.

한국인들은 임신한 때부터 태아 나이를 세기 시작하며 새해가 되면 한 살
을 더 먹는 것으로 계산한다. 그래서 태어나면 이미 한 살로 친다. 그러니까
우리식으로 예순 살이라면 한국 나이로는 예순한 살이다. 한국인들은 61세
생일을 가장 중요한 날로 여기며, 그 나이쯤 되면 많은 수의 자손을 거느린
대가족의 어른이 되어 있다. 이런 경사에는 가족과 친척들, 많은 친구들이

• 호박 목걸이

모여 잔치를 벌인다.

김 주사의 집에는 그 집에 찾아와 빌붙어 사는 친척들이 항상 득시글거렸고, 그 때문에 김 주사가 경제적인 곤궁에 처하는 것을 보아왔기 때문에 나는 늘 김 주사 부부가 안쓰러웠다. 가끔 브루스와 빌이 김 주사의 사정을 보다 못해 왜 친척들을 내치지 않느냐고 말한 적도 있었다.

그런데 한국에서는 어떤 사람이 친척들을 받아줄 수 있을 만큼 큰 집을 소유하고 있다면, 그 사실만으로도 그 사람은 친척들을 받아줄 의무가 있다고 생각했다. 그것은 그가 지위가 높고 중요한 사람이며 가문의 수장 같은 존재임을 증명하는 일이었다. 이때 친척들은 그 사람을 둘러싼 일종의 호위병 같은 집단을 형성하며, 이를 통해 그의 위상은 더욱 돋보이게 된다. 더 나아가 이는 일종의 봉건적 공산체제를 형성하기도 했다. 이를테면 누구든 성공한 사람이라면 자신이 얻은 수익을 친척들과 나누어야 하는데, 그럼에도 친척들은 자기가 그를 이용하고 있다고 전혀 생각하지 않는다.

김 주사는 그가 속한 계층의 다른 모든 사람들과 마찬가지로 돈은 쉽게 생길 수 있으면 좋지만 안간힘을 써가면서 벌 가치는 없다고 생각했다. 돈이 쉽게 수중에 들어온다면 놓아버리는 것 또한 쉽게 할 줄 알아야 하고, 그래야 돈이 잘 돌고 돈다는 것이었다. 그러다가 만약 운이 없어서 곤궁한 처지가 된다면, 친척들이 기꺼이 돌봐주고 그럼으로써 그 친척들의 위신도 높아지는 것이다.

잔칫날 김 주사의 집에 도착했을 때, 브루스와 나는 오수 도랑을 뛰어 건너야 했다. 일단 그것을 넘으면 하인들의 거처 입구가 나왔다. 집은 바깥과 많이 떨어져 있을수록 더 귀한 집으로 여겨지고, 집주인도 역시 지위가 높을수록 다른 사람과 거리를 두고 있어야 한다. 모두들 다른 곳에서 바삐 일하고 있었으므로 마당은 텅 비어 있었다. 담에는 마른 오징어와 굴 등 먹을 것들이 긴 줄에 매달려 걸려 있었다. 우물 지붕 위에서 꾀꼬리의 구슬픈 울음소리가 들려왔다. 한국 사람들은 꾀꼬리를 슬픈 새로 여겼다. 전설에 따르면 궁궐의 한 신하가 왕녀를 사랑했다는 죄로 목숨을 잃었는데, 꾀꼬리의 울음은 왕녀의 영혼이 그 신하를 부르는 소리라는 것이었다.

한때 마구간으로 쓰던 곳(아직도 마구간 냄새가 났다)을 지나니 안마당으로 들어가는 입구가 보였다. 문은 활짝 열려 있었고, 안에는 수십 명의 손자들이 신나게 뛰놀고 있었다. 다들 화려한 원색의 옷을 입고 있어서 마치 각종 새들을 모아놓은 동물원의 커다란 새장을 들여다보는 느낌이었다. 좀 큰 아이들은 더 어린 아이들을 등에 업고 있었고, 몇몇은 두어 살도 채 안 된 아기들이었다. 한 아이는 삼각형 유리를 갖고 놀고 있었고, 또 한 아이는 오이를 먹고 있었다. 사람들은 아이들, 특히 남자아이들은 무슨 짓을 해도 그냥 두었고, 심지어 목숨이 위험한 짓을 하고 있는데도 말리지 않았다. 나는 멈춰서서 생각에 잠겼다.

"여보, 안 오는 거요?" 브루스의 목소리에 나는 생각에서 깨어났고, 유리를 갖고 놀던 아이는 놀라서 유리를 떨어뜨렸다.

안마당에는 하얀 한복을 입은 사람들이 가득했다. 일본이 한복을 못 입게 하려고 그렇게 용을 썼는데도 말이다. 나이 든 남자들은 갓을 쓰고 있었고, 그중에는 호박 갓끈을 단 사람들도 있었다. 나이 많은 여인들은 어두운 보라색 비단옷을 입고 귀를 덮는 꼭 끼는 모자를 썼지만, 대부분은 머리에 아무것도 쓰지 않고 칠흑처럼 까맣고 반짝이는 머리카락을 뒤로 땋아 쪽을 찌고 은이나 비취로 된 비녀로 고정했다.

김 주사의 장녀 진주가 나와서 우리를 맞이했다. 진주는 속이 비치는 노방으로 된 폭 넓은 치마에 연한 하늘색 저고리를 입고 있었다. 그리고 파란색을 칠한 소가죽 신발을 신고 있었다. 당시 부유한 집 처녀들은 대부분 이런 신발을 신었다. 그녀는 이화학당을 다녀 영어를 조금 할 줄 알았다.

진주는 "하우 두 유 두" 하고 한 자 한 자 또박또박 인사하고는 사람들이 있는 곳으로 우리를 안내했다.

시동생 빌을 따라 이름을 지은 김 주사의 장남 윌리엄 김 역시 서양식 옷을 입고 영어로 우리에게 인사를 했다. 이 잘생긴 청년은 겨우 열여섯 살인데도 벌써 결혼한 몸이었다. 한때 잠시 우리 사무실에서 일한 적도 있었지만, 라디오에 관심이 많아 시내에 있는 라디오 상점에서 일하고 있었다.

놀랍도록 바지런하게 이 일 저 일을 처리하고 있는 김 주사의 부인이 눈에 들어왔다. 무수한 살림살이를 도맡은 한국 여인들에게서 볼 수 있는 전형적인 모습이었다. 주름진 얼굴은 침착했지만, 안경 뒤에서 빛나는 검은 눈동자는 새의 눈처럼 민첩하게 움직이며 모든 일이 제대로 돌아가고 있는지 살폈다. 하얀 털을 두른 암적색 배자를 입고, 같은 천으로 만든 토시를 하얀 한복 소매 위로 차고 있었다. 우리를 보더니 구운 은행을 담은 접시를 들고 다가왔다.

우리는 미소를 짓고 허리 굽혀 인사를 했고, 부인은 둘째 딸 노라를 가리키며 대학을 졸업하고 시험을 통과해서 이제는 세브란스 병원의 간호사가 되었다고 말했다. 부인은 자식들이 잘 교육받고 성취한 것에 대해 무척 자랑스러워했다.

노라는 풀 먹인 새하얀 간호사복을 입고 있었다. 노라는 미국에 가는 것이 일생의 꿈이었다. 노라가 나를 한쪽으로 데리고 가더니, 키스를 하는 것은 미국인이 되기 위해 꼭 터득해야 하는 민주주의적 관습이냐고 아주 진지하게 물었다. 한국 사람들은 키스를 하지 않는다. 서구적 관습에 관한 이런 류의 질문을 받으면 언제나 대답하기가 곤란했다.

남두와 왜소하고 평범한 외모의 그의 아내도 와 있었다. 남두 처는 내가 따뜻하게 입으라고 준 갈색 스웨터를 여기저기 잔뜩 기운 채 입고 있었다. 집에서 염색 일을 하기 때문에 손은 밝은 초록색으로 물들어 있었다. 그녀는 내가 준 침실용 슬리퍼를 신고 타박타박 걸어오더니 나를 보고 환하게 웃었다. 새로 해 넣은 금니 몇 개를 보여주고 싶은 모양이었다.

공 서방은 뭔가 중요한 일을 하고 있다는 듯이 손님들 사이를 들락날락했지만, 실상 방해만 하고 있었다.

깨끗하고 단정하게 차려입고 기름을 발라 머리를 넘긴 윈씨가 브루스에게 다가가 무언가를 건넸다. 비단으로 감싼 상자였는데, 두 사람 다 빙긋이 웃고 있었다.

마당의 삼면에 둘러가며 상을 깔고 가지각색의 떡과 과자들을 상다리가 휘도록 쌓아놓아서, 마치 구슬이나 색유리 공예처럼 보였다. 파리들도 다른 손님들처럼 바삐 상 주위를 날아다녔다. 한국 사람들은 파리를 쫓으려 하지 않았다.

"파리를 죽여봐야 무엇합니까?" 하고 그들은 말한다. "다른 파리들이 또 올 텐데요."

남녀 불문하고 모두 부채를 들고 있었다. 여자들의 부채는 납작한 모양에 태극음양도가 그려져 있었고, 남자들의 부채는 기름 먹인 종이를 접었다 폈다 할 수 있는 것으로 주로 햇빛을 가리는 데 사용했다.

홍옥수 각대

미닫이문이 활짝 열린 사랑방 안에는 갓을 쓴 남자들이 방석을 깔고 앉아 있었고, 그들의 신발은 바깥에 나란히 줄지어 놓여 있었다. 그 사람들의 한가운데에 김 주사가 있었다. 우리를 본 그가 자리에서 일어났고 우리는 그에게 다가갔다.

김 주사는 옛날에 궁에서 입던 화사한 주황색 관복을 입고 있었다. 목둘레는 타원형으로 깊이 파였고, 그 사이로 브이 자로 겹쳐진 하얀 저고리가 보였다. 가슴에는 학이 붉은 태양을 배경으로 날고 있는 광경을 수놓은 멋진 흉배가 붙어 있었다. 머리에는 궁에서 쓰던 금줄이 장식된 관모를 썼다. 김 주사가 절을 하자 폭 넓은 비단 소매가 흘러내리며 그의 두 손을 덮었다. 그 복장을 완성하는 데 딱 하나 빠진 것은 각대였다. 각대가 없으니 무척 허전해 보였다.

브루스는 구두를 벗고 사랑방으로 들어가 김 주사에게 다가갔다. 그리고 그 상자를 김 주사에게 건넸다. 나도 김 주사의 얼굴을 보려고 가까이 다가갔다.

김 주사가 보자기를 들치고 고개 숙여 안에 든 것을 살펴보았다. 그런 다음 상자를 내려놓고 거기서 홍옥수 각대를 꺼냈다. 각대는 잠시 김 주사의 손목에 걸려 흔들리며 햇빛을 반사했다. 김 주사의 표정에는 여전히 변화가 없었다.

그의 부인과 윌리엄이 급히 그에게 다가왔고, 딸들도 재빨리 따라왔다. 김 주사가 두 팔을 활짝 벌리고 있는 동안 진주와 노라가 긴 소매를 뒤로 붙잡았고, 윌리엄이 각대를 집어들고 아버지의 가슴에 둘러 잠갔다. 부인은 각대

전통 의관을 갖춰 입은 김 주사.

가 등 뒤에서 아래쪽으로 처지도록 모양을 잘 잡아주었다.

각대가 제대로 채워지자 김 주사는 우리를 향해 돌아섰다. 평소에는 노리
끼리한 색깔인 그의 볼이 눈에 띄게 홍조를 띠었다. 김 주사는 살짝 헛기침
을 하고는 그 섬세한 두 손을 위로 들었다가 다시 소매 속으로 집어넣고는
허리를 굽혀 절을 하고 이야기를 시작했다.

"감사합니다. 테일러 씨와 테일러 부인. 여러 해 동안 저는 이 각대가 결코 이 나라 밖으로 나가는 일이 생겨서는 안 된다는 생각에 이 각대를 지켜왔습니다. 이것은 이 나라의 보물이며 이 나라에 속한 물건이니까요. 내가 이 각대를 비밀로 간직해온 또 한 가지 이유는 서울에 있는 이왕가 박물관이 아닌 엉뚱한 박물관으로 보내질지도 모른다고 우려했기 때문입니다. 이것은 평범한 각대가 아닙니다." 여기서 김 주사는 바로 옆에 있는 사람들에게만 들릴 정도로 목소리를 낮췄다. "이것은 우리나라 독립의 상징물입니다. 우리가 마지막 조공을 바칠 때 청나라 황제가 고종 황제께 선물한 것입니다. 그 조공을 끝으로 우리는 청나라로부터 독립을 선언하였지요."

"당시 우리는 그것이 지금 우리나라를 차지하고 있는 일본인들의 책략이라는 것을 몰랐습니다." 김 주사는 주위를 둘러보았다. 사람들이 많이 모이는 곳에는 언제나 일본 경찰이 가까이서 감시했기 때문이다. "우리가 위급한 상황에 처해도 청으로부터 도움을 받을 수 없게 하려는 수작이었지요. 그래서 1905년에 그런 위급한 상황이 닥쳐오자 스스로 방어할 현대적인 수단이 하나도 없었던 우리는 지금 우리를 강제로 점령하고 있는 자들에게 손쉬운 먹잇감이 되고 말았습니다. 1919년에 고종 황제께서 승하하신 뒤 이 각대도 자취를 감추었습니다. 그런데 어느 날 보부상이 우리 사무실에 이것을 가지고 나타난 것입니다.* 나는 이 각대를 잘 알고 있었기 때문에 반드시 지키겠다고 다짐했지요."

김 주사는 브루스를 향해 돌아섰다. "테일러 씨께서 그런 저를 용서해주셨으면 좋겠군요." 브루스는 미소를 띠고 고개를 끄덕였다.

---

* 메리는 신혼 초에 테일러의 골동품점에서 이 각대를 처음 보았다고 했는데, 김 주사의 이 설명으로 보아 한국에 온 지 몇 년 뒤의 일인 듯하다.

김 주사는 다시 나머지 우리를 보며 말을 이었다. "우리가 원하는 것은 독립만이 아닙니다. 그 독립을 유지할 수 있는 힘과 능력을 원합니다. 이것은 우리 자신도 현대화하고 서양의 방식과 서양의 무기를 배워야만 가능한 일입니다."

나는 여러 사람이 듣는 데서 그렇게 자기 생각을 분명히 밝힐 수 있는 김 주사의 용기에 감탄했다. 누군가 엿들었다면 죽음까지는 아니라도 투옥될 수도 있는 노릇이었다. 나는 불안하게 주위를 둘러봤지만 수상한 사람은 보이지 않았다. 꾀꼬리만이 계속 구슬픈 노래를 부르고 있었다.

집으로 돌아오는 동안 나는 생각했다. 이 나라가 현대화하여 비단 관복과 상투와 과거의 모든 관례와 관습이 사라진다고 해도, 그리고 김 주사와 같은 양반들이 모두 세상을 떠나 사라진다고 해도, 이 나라 사람들의 마음과 정신은 김 주사가 조금 전에 표현한 그 생각을 여전히 가슴 깊이 품고 살 것이라고.

다음 날 나는 그때까지 그리고 있던, 관복을 입은 김 주사의 초상화에 그 홍옥수 각대를 그려 넣고 그림을 완성했다. 그리고 그의 환갑을 기념하여 그 초상화를 선물했다.

이렇게 경사스럽고 결코 잊지 못할 행사를 치르고 나니 추수감사절이 코앞으로 다가왔다. 이제 겨우 스물한 명 남은 우리 외국인 공동체는 그날을 어떻게 축하할지 자못 궁금했다.

· 호박 목걸이

6년 만의 서울 방문, 1948

시간을 거슬러서

배가 부르르 떨었다. 헛돌던 엔진이 차츰 안정된 움직임을 되찾는 것이 느껴졌다. 선체는 당장이라도 파열될 것처럼 진동했다. 그러다 배가 서서히 균형을 회복하는 것 같더니 안정적으로 앞으로 나아가기 시작했다. 그 무시무시한 몇 분 동안 내가 수십 년 세월을 다시 떠올려보았듯이, 이 배도 자신의 지난 과거를 되새겨보았을까? 처음 건조될 당시와 처녀항해를, 날씨가 좋을 때 파도 위에서 춤을 추고, 악천후 속에서 힘겹게 헤치고 나아갔던 기억을 떠올려보지 않았을까? 혹시 난파되거나 암초에 부딪혀 부서졌던 적은 없을 애완견을 안고 있는 메리.

까? 그리하여 치료를 받고 다시 바다로 나갔던 적은? 배와 내가 어딘지 통하는 것 같은 그 느낌이 싫지 않아서 나는 그 생각 속에서 미적대고 있었다.

확성기 소리가 내 생각의 흐름을 끊었다. "좌측 갑판이 물바다가 되었으니 접근하지 마십시오!" 전등이 껌뻑껌뻑하며 다시 켜졌다. 불안하기는 했지만 그래도 배에 어떤 피해가 생겼는지 보려고 조심스레 선실 문을 열어보았다. 여러 선실들에서 튀어나온 부서진 것들의 잔해 속에서 난간을 겨우 붙잡고 있는 한 새색시가 보였다. 폭풍이 몰아치기 전에 젊은 시절의 나를 닮은 것 같아 눈여겨보았던 사람이었다. 볼을 물들이던 장밋빛 홍조는 완전히 사라지고 없었다.

"저 소리 들으셨어요?" 나를 본 그녀가 숨이 찬 듯 힘겹게 말했다. "나는 이제 물 한 잔도 마시기 싫어요. 다시는 미시간 호수도 보고 싶지 않고요. 그

60세 무렵의 메리.

런데 저 바보 같은 확성기가 나더러 갑판에 물이 있으니 가지 말라고 훈계를
하네요." 새색시가 쓰러질듯 걸어오기에 내가 팔을 부축하여 선실로 데려다
주었다.

"조, 아아, 조." 그녀가 침상에 몸을 던지며 흐느껴 울었다. "조는 편지에
자기가 한국에서 애태우며 기다리고 있다고 썼어요. 내가 바다에서 이 고생
을 하게 될지는 꿈에도 모르고 말이죠." 나는 그녀 옆에 무릎을 꿇고 앉아 눈
물을 닦아주었다. "난 분명 한국을 싫어하게 될 거예요!"

"아니에요. 그렇지 않을 거예요." 내가 다소 강한 어조로 말했다. "당신은
그러기에는 너무 착한 사람이니까. 게다가 당신은 조를 행복하게 해주고 싶
지 않아요?" 그녀는 골똘히 생각하며 고개를 끄덕였고, 내가 곁에 앉도록 침
대 위에 자리를 만들어주었다.

"당신이 어떤 선택을 하느냐에 따라 행복할 수도 있고 불행할 수도 있어요. 모두 당신의 태도에 달려 있죠." 나는 한쪽 팔로 그녀를 감싸 안았다. "나도 얼마간 떠나 있다가 다시 한국으로 갈 때마다 고향에 대한 그리움으로 힘들어 했어요. 그때 누군가가 해준 말이 있는데, 절대 잊을 수 없어요. 그 그리움에 자신을 온전히 내맡기라는 말이었죠. 그게 바로 비결이에요."

그녀가 관심을 보이는 것 같아 나는 계속 말했다. "동양에는 물론 우리를 힘들게 하는 일들도 있지만, 그걸 잊게 해줄 만큼 우리를 행복하게 해주는 것도 아주 많아요. 한국과 한국 사람을 이해하는 것이 쉽지는 않아요. 우리와 관습도 사고방식도 많이 다르니까요. 우리가 할 수 있는 건 서로 양보하면서 한국 사람들의 정신을 반쯤이라도 이해해보려고 노력하는 거예요. 우리는 그들이 뒤처져 있다고 생각하지만, 기이하게도 핵심을 따져보면 우리가 더 고집스런 경우가 많아요. 우리 서구 문화는 아직 얼마 되지 않았고, 민주주의가 도입된 지도 200년이 채 지나지 않았죠. 반면에 그들은 4000년의 역사를 지니고 있어요. 새로운 사상이 철저히 퍼지려면 그것에 동화될 수 있는 시간이 필요해요. 그들은 우리에 비해 새로운 사상을 받아들이는 것을 무척 어려워하죠. 하지만 그렇게 커다란 차이가 있음에도 한국 사람들은 우리와 비슷하게 느끼고, 똑같은 감정들을 지니고 있어요."

"뭐, 그 사람들도 우리와 비슷하게 느낀다면 그들과 잘 지내는 것도 그렇게 어렵지는 않겠네요."

나는 계속 이야기하고 싶었지만, 그녀가 졸려 보여서 그쯤에서 이야기를 마무리했다.

내 인생의 경험들을 다른 사람들과 나누고 싶다는 열망이 떠오른 것은 바로 그 순간이었다. 나는 창문을 통해 어두운 밤하늘을 바라보았고, 그 생각

• 호박 목걸이

은 차츰 하나의 강렬한 욕구로 구체화되었다.

"책을 써야겠어." 나는 소리 내어 말했다. "읽을 사람이 있든 없든 나는 책을 써야 되겠어."

며칠 뒤 일본 혼슈의 해안선이 눈에 들어왔다. 그날 밤 키가 작고 가무잡잡한 도선사*가 줄사다리를 타고 갑판으로 올라왔다. 그가 어깨를 웅크린 채탑승객들 사이를 헤치고 지나가는 동안 미군 병사들은 그를 놀리기도 하고, 천황은 안녕하시냐고 묻기도 하는 둥 이런저런 농담을 던졌다.

한순간, 6년 전 일본인들에 의해 강제로 배에 태워져 일본을 떠나던 때의 감정이 다시 몰려왔다.

다음 날 아침 일찍 나는 어둠 속에서 반짝이는 등대를 보았고, 태양이 떠오르자 숨 막히게 아름다운 후지산이 눈에 들어왔다. 〈양키 두들〉이라는 노래의 선율이 들려와 재빨리 갑판으로 달려갔다. 부두에는 외국인 몇 사람이나와 있었다. 나는 그중에서 서 있는 자세만으로도 단박에 우나를 찾아냈다. 우나는 화사한 손수건을 들고 환영의 깃발처럼 흔들어댔다. 전쟁이 끝났을 때 우나는 요코하마 지사로 발령을 받아 일본에서 살고 있었다.

다시 한 번 나는 일본 땅에 발을 디뎠다. 그날 밤 우나와 나는 브루스와 내가 처음 만났던 호텔에서 저녁식사를 했다. 다음 날 우리는 가마쿠라로 가서대불상을 보았다. 무엇보다 고귀한 재산인 추억이 스며 있는 곳들이었다.

---

* 도선법에 따라 선박에 탑승하여 그 선박을 안전하게 수로로 인도하는 사람.

그리운 사람들의 안부

우나는 2주 동안 휴가를 내고 한국에 가는 나와 동행해주었다. 어느 날 아침 갑판에 나와 있는데 낯익은 거북이 등 모양의 섬들이 점점이 떠 있는 것이 보였다. 그 섬들은 마치 한국의 남해를 지키는 파수꾼들 같았다. 우리 배는 해안선이 들쑥날쑥한 서해를 따라 북상하여 인천항에 도착했다.

시동생 빌이 원씨와 함께 지프차를 몰고 우리를 마중하러 나와 있었다. 빌은 건강하지만 피로해 보였고 한국에서 벌어지는 상황에 많이 실망하고 있었다. 원씨는 더 나이 든 티가 났지만 예전보다 훨씬 더 단정하고 유능해 보였다. 원씨는 목숨만 간신히 건지고 재산은 모두 잃었다. 북쪽에서 재산을 몰수당하고, 우리의 광산 '얼어붙은 황금의 계곡'에서 빠져나와 38선 이남으로 탈출했다.

원씨는 근시가 심한데도 우리의 수하물 문제를 수월하게 해결해주었다. 그런 그를 보니 우리가 '두더지'라는 별명으로 부르던 수줍던 청년 시절의 그가 떠올랐고, 한국 사람들은 환경이 제대로 갖추어지고 현대적인 세계에서 능력을 발휘할 기회만 주어진다면, 스스로 최고의 자리까지 올라갈 수 있을 거라는 생각이 들었다.

나는 일꾼들이 배에서 화물을 져 나르는 모습을 지켜보았다. 자기 몫의 일을 마친 일꾼들은 줄지어 쪼그리고 앉아서 담배를 피우거나 고개를 숙이고 입을 벌린 채 자고 있었다. 서양의 다른 도시였다면 사람들을 다 쫓아버렸을 고약한 냄새가 나는데도 다들 아무렇지도 않은 것 같았다. 또 거리낌 없이 아무데서나 볼일을 보는 사람들도 있었다.

농사를 짓는 한국인들과 사업가들, 그리고 김 주사 같은 옛날 양반들 사이

· 호박 목걸이

에는 너무나 큰 차이가 있었다.

빌과 윈씨 외에도 장로회 선교사인 닥터 호러스 호튼 언더우드의 둘째 아들 존도 우리를 만나러 왔다. 우리는 언더우드 씨 집에 머물기로 되어 있었다. 우리를 받아주겠다는 그들의 제안이 한국 방문 허가를 얻는 데 결정적인 역할을 했다. 존은 자기 트럭에 우나와 우리 짐과, 태워달라고 부탁하는 수십 명의 한국인들을 태웠다. 트럭은 우리 앞에서 먼지 구름을 일으키며 달려갔다. 우리는 규정 속도를 지키며 그 뒤를 따라 달렸다. 나는 인천을 벗어날 때까지 계속 기침을 하고 숨이 막히는 것을 참아야 했다.

차를 타고 달리다 보니 언덕 위에 '고르그 아저씨'와 그의 딸 '이디' 베넷이 살았던 예전 영국 영사관 건물이 보였다. 인천은 더럽고 지저분하고 먼지투성이였다. 사람들은 구호품으로 받은 칙칙한 옷들을 입고 있어 정말 한국 사람들이 맞나 싶을 정도였다. 그 익숙한 흰색 한복은 어디서도 보이지 않았다. 예전에 인천은 찾아가고 싶은 특별한 장소였지만 이제는 어서 벗어나고 싶은 곳으로 변해 있었다.

시내를 벗어나자 나는 김 주사의 안부를 물었다.

"형과 형수가 떠난 뒤 일본이 김 주사를 체포하여 종로 감옥에 감금했습니다. 그러고는 거의 죽기 직전에 지게에 실어 집으로 보냈어요. 그게 돼지에게나 할 짓이지 사람에게 할 짓입니까. 그렇게 그자들은 김 주사에게 최악의 모욕을 준 셈이에요. 김 주사가 없는 동안 그의 집을 수색하고 서류들을 다 빼앗아갔어요. 하지만 그들이 가져가지 못한 게 딱 하나 있었죠. 바로 국기였습니다. 김 주사는 천장 속에 국기를 넣고 봉해두었답니다. 그러니 일본이 나라를 점령한 동안에도 김 주사는 계속해서 조국의 국기 밑에서 살았고, 그 밑에서 죽었습니다. 김 주사의 부인이 내가 전혀 몰랐던 여러 일들을 말해주었답니다. 그 이야기를 듣고 그분을 더 존경하게 되었죠. 일본이 한국을 강제로 병합한 뒤, 일본 정부에서 김 주사를 불러오라고 사람을 보냈답니다. 그에게 조선총독부의 관직 하나를 맡기려 했던 것이지요. 그러나 김 주사는 소환에 불응했고, 그럼으로써 일본에 봉사하며 평생을 편안하게 살 수 있는 기회를 거절한 것이죠."

우리는 잠시 입을 다물고 침묵을 지켰다. 환갑잔치 때 가족들에게 둘러싸여 행복해하던, 김 주사의 마지막 모습이 떠올랐다.

"그러면 김 주사 아들 윌리엄 김은요?" 내가 묻자 빌이 착잡한 표정으로 이를 악물었다. 그때 우리는 마포에 있던 경성 감옥 근처를 지나고 있었다.

"그 역시 일본인들이 체포해갔어요." 빌이 노여운 목소리로 말했다. "라디오 상점에서 근무하고 있다는 이유로 말입니다." 빌이 경성 감옥을 가리키며 말했다. "저기서 총살당했습니다."

"그럼 곤도 씨는요?" 이제는 묻는 것조차 겁이 났다.

"그 사람도 죽었습니다. 자세한 내용은 저도 모르고요. 아마 우리를 위해 일한 것 때문이 아닌가 싶습니다. 형이 그 사람한테 맡긴 서류와 증서들은 용케 잘 감추고 있다가 죽기 전에 우리 사무실에 돌려주었어요. 곤도 씨는 일본인이지만 자기 일에 충실하고 우정과 신의를 지키는 사람이었지요."

이제 우리는 한강 다리를 건너고 있었다. 익숙한 산들의 윤곽이 눈에 들어왔다. 그 산을 얼마나 자주 올라갔던가. 산속에 있는 절들도 생각났다. 곤도 씨는 독실한 불교 신자였다. 김 주사는 유교와 불교와 기독교의 가르침을 혼합하여 자신만의 철학을 세웠다. 모든 종교는 고귀함을 구하는 사람이라면 누구나 고귀하게 만들어주는 힘이 있다.

다리 밑으로 강물이 유유히 흐르고, 돛단배 몇 척이 기다란 노를 저으며 집으로 돌아가고 있었다. 희미한 뱃노래 소리가 가을바람을 타고 실려 왔다.

5킬로미터쯤 더 가자 남대문에서 멀지 않은 넓은 길 한가운데에 붉은 벽돌과 흰 벽돌로 지은 서울역이 서 있었다. 우리 오른쪽으로 세브란스 병원이 지나갔고, 저 멀리로 회색 성벽도 보였다. 모든 것이 너무나 눈에 익은 풍경이었다. 하지만 거기엔 뭔지 모를 기이함이 있었다. 수많은 인파가 인도와 도로에 복잡하게 몰려 서서 초조하게 무언가를 기다리고 있었다.

"저들은 다 어디서 온 사람들이에요?" 너무 많은 인파에 놀라 내가 물었다. "모두들 어디로 가는 거죠? 뭘 기다리고 있는 걸까요?"

"어디서 왔냐고요?" 빌이 콧방귀를 뀌며 말했다. "38선 이북에서 도망쳐 온 사람들입니다. 공산주의가 어떤 것인지 제대로 알아보기도 전에 말이죠. 저 사람들은 어디에도 가지 않고 그냥 저기에 계속 있을 거예요. 그리고 뭘 기다리느냐고요? 먹을 것과 누울 자리지요."

빌은 서울 인구가 400만 명이나 불었고 매일 수천 명씩 내려오고 있다고 말했다.

"소련인들 영리해요. 저 사람들이 떠나게 방치함으로써 남쪽에 있는 미군정의 일을 방해하고 골탕을 먹이는 거죠."

우리는 성공회 성당에 도착하여 지하납골당으로 들어갔다. 헌트 신부님이 나와서 우리를 맞이하고 내가 들고 있던 남편의 유골함을 받아들었다. 신부님은 경건한 동작으로 높은 촛대 두 개 사이 관대 위에 유골함을 올렸다. 장례식 전까지는 그곳에 보관해두기로 했다.

신촌 언더우드가

그런 다음 우리는 신촌에 있는 언더우드 씨 집으로 갔다. 땅은 축축한 진흙이라 미끄럽기도 하고 울퉁불퉁해서 운전하기가 여간 힘든 게 아니었다. 커다란 바위들도 피해 가야 했는데, 피해 가기 어려운 것들도 많았다. 그럴 때면 기우뚱하는 지프에서 옆으로 떨어지지 않기 위해 손잡이를 꼭 붙들어야 했다. 양쪽의 가파른 언덕에는 부드러운 흙 사이사이로 마치 토끼굴 같은 구멍들이 뚫려 있었고, 그리로 사람들이 드나들었다.

"피난민들이에요." 빌이 짤막하게 설명했다. "마멋들처럼 굴속에서 살고 있죠."

모퉁이를 돌자 뜻밖에도 언더우드 씨 집이 불쑥 시야에 들어왔다. 예전에는 그 사이에 숲이 있었는데 일본인들이 떠나고 나자 땔감이 필요한 한국 사람들이 거기 있던 나무들을 다 베어 갔고, 그렇게 숲이 황폐해지는 것을 막을 사람도 없었다고 한다. 언더우드 씨 집은 언덕을 등진 채 덩그렇게 떨어진 곳에 서 있었고, 그 뒤로 멀리 북한산이 보였다. 예전에는 미처 몰랐지만 이렇게 휑뎅그렁하게 서 있는 모습을 보니, 반세기 전 개척자 선교사였던 호러스의 아버지가 아내를 위해 그 집을 지었을 당시에 그 집이 얼마나 무방비 상태로 보였을지 짐작할 수 있었다. 지금 우리가 차를 타고 지나가고 있는 골짜기에 당시에는 난폭하기로 이름난 사람들이 사는 작은 마을이 있었다고 하니 말이다.

곡식을 타작하고 도리깨질하고 키질하고 작두질하는 소리가 사방에서 들려왔다. 개들이 네모난 개구멍에서 쏜살같이 뛰쳐나와 차를 보며 맹렬하게 짖어댔고, 아이들은 언제나처럼 "서양 사람, 서양 사람" 하고 소리를 질러댔

· 호박 목걸이

다. 이제는 아이들의 그런 소리가 거슬리지 않았고 오히려 친근한 느낌이 들어 반가웠다.

불붙은 듯 붉은 단풍나무들 아래를 달려 마지막 가파른 언덕을 올랐다. 에셀 언더우드가 넓은 베란다 계단에 서 있었다. 키가 작고 다부진 체격의 에셀은 이제 머리카락이 희끗희끗해졌다며 자랑스러워했다. 자기 품에 나를 꼭 안아주는 그녀의 둥글고 푸른 눈동자에는 따뜻한 연민이 가득했다. 에셀 곁에는 남편 호러스가 서 있었다. 펜실베이니아에서 태어난 두 사람은 개척자답게 강하고 강인하며 용감한 성품을 지녔고, 자녀들도 부모의 그런 점을 꼭 빼닮았다.

에셀을 따라 안으로 들어가니 우나와 존이 먼저 도착해 있었다. 존의 형 호러스 그랜트도 아내 조운과 어린 아들을 데리고 기다리고 있었다. 게다가 그사이 다시 한국으로 돌아온 조운의 아버지이자 우리의 친구 데이비도 있었다. 그들의 따뜻하고 진심 어린 환영을 받으니 큰 위안이 되었다. 옛날에 수많은 파티가 열렸던 정다운 언더우드 하우스를 다시 본 것도 반가웠다. 전쟁을 치르는 몇 년 동안 약탈을 당하기도 했지만, 의리 있는 한국인 친구들이 그들의 가구들을 숨겨서 지켜주었다가 나중에 다시 돌려주었다고 했다. 그래서인지 얼핏 보아서는 그사이 일어났던 일의 흔적은 별로 찾아볼 수 없었다.

우나와 내가 에셀을 따라 우리가 묵을 방으로 가는데 복도 벽에 소총이 기대 세워져 있었다. 삐걱거리는 소리가 나는 계단을 올라가니 침실 문 앞에도 모퉁이에 총이 있었다. 나는 놀란 표정으로 에셀을 쳐다보았다.

"미군이 하도 총이 있어야 한다고 잔소리를 해서 어쩔 수 없었어요." 에셀은 진저리가 난다는 듯 말했다.

"전기가 차단되었어요. 아시다시피 발전소는 소련이 통제하는 이북에 있잖아요. 밤이 되면 여기뿐만 아니라 도시 전체가 어둠에 잠겨버려요. 나중에 촛불을 켜야 할 거예요." 에셀이 복도 탁자 위에 줄지어 놓아둔 양초들을 가리키며 말했다. 그리고 우리가 쓸 방의 문을 열었다. 복도 중간쯤에 위치한 넓고 창이 많은 침실이었다. 그 방에는 최소한의 가구만 놓여 있었다. 문을 열고 들어가자마자 왼쪽에 높이 1미터가량의 대포 탄피가 있었는데, 그것을 쓰레기통으로 쓰고 있었다. 어느 창 앞에는 오래 써서 등과 팔걸이의 색이 벗겨진 빨간 가죽 안락의자가 있었다. 나는 한눈에 그것이 브루스가 제일 좋아하던 의자임을 알아보았다.

"우리가 당신들을 대신해서 가져왔어요." 에셀이 활짝 웃으며 말했다. 그리고 잠시 망설이더니 평소의 그녀답게 직설적으로 말했다. "딜쿠샤에 있던 것 중에서 이 의자가 남아 있는 것의 전부예요. 미안해요, 메리."

"전부라고요?" 나는 의자에 앉아보았다.

내가 몸을 떨자 에셀이 창문을 닫았다. 그 순간 벨이 울렸다.

"저건 우리 막내아들이 미국에서 보내준 신형 도난 경보장치랍니다. 리처드를 걱정시키지 않으려고 설치했는데, 오히려 성가시기만 해요. 바람만 불어도 경보가 울리니, 원."

38선이 그어진 뒤로 석탄은 거의 구할 수 없고, 장작도 살 엄두를 못 낼 만큼 값이 올랐다고 했다. 에셀은 우리가 강인한 사람들이란 걸 잘 알기 때문에 자기 집에 초대할 수 있었다고 말했다. 온수도 너무 귀해졌고, 목욕은 간혹 아주 특별한 경우에나 할 수 있으며, 수돗물도 거의 나오지 않았다. 우리는 욕실을 살펴보았고, 임시로 만든 도구들을 사용하는 방법을 배웠다.

침실 문 바로 밖에는 침구를 넣어두는 벽장이 있었고, 홀을 사이에 둔 바로 건너편에는 화장실 옆으로 지하실로 내려가는 계단이 있었다. 복도 맨 끝에는 건물의 뒤쪽과 옆쪽으로 창문이 달린 손님용 침실이 있었다. 방 하나는 구호품인 옷가지들을 보관해두는 곳으로 바닥부터 천장까지 옷이 가득 쌓여 있었다. 에셀은 그 방에서 친구들 몇 명의 도움을 받아 쉴 새 없이 일했다. 가장 필요한 곳부터 순서대로 구호품을 보낼 준비를 하는 것이었다.

"우리는 잠들기 전에 문을 다 활짝 열어놓아요." 에셀이 말했다.

그 말에 나는 얼마나 추울까 싶어 살짝 인상을 찡그렸다. 그런 내 표정을 본 에셀이 마지못해 설명했다.

"뭔가 수상한 소리가 들리면 서로 부르는 소리를 들을 수 있어야 하니까요."

"수상한 소리요?" 나는 조금 염려스러워졌다. "그러면 나는 저 놋쇠 탄피를 세게 두드릴래요."

에셀은 한국 사람들에 대해 놀라울 정도로 두터운 신의를 지니고 있었다. 3년 전 그들이 다시 한국으로 돌아온 뒤로 집에 수차례 도둑이 들었지만 그런 일은 절대 입에 올리지 않았고, 에셀은 자기나 가족들에게 위협이 되는 한국인은 한 명도 없다고 주장했다.

그러나 사실 언더우드 씨네 삶은 전혀 안전하지 않았다. 이북에서 내려온 피난민들 중에는 공산주의 사상이 주입된 이들도 많았다. 그들이 만든 지하 조직은 사회 불안을 조장할 계획을 체계적으로 진행하고 있었다. 그들은 새로 조직된 한국군과 새로 조직된 한국 경찰이 서로 충돌하도록 유도하는 데 성공했다.[*] 한 미군은 이제 한국인들이 미국인들을 죽이기 시작할 거라고 말

---

[*] 1948년의 여수·순천 10·19 사건을 말한다.

했다. 그로부터 몇 달 뒤 에셀은 자기 집에서 한국의 공산주의자들 손에 살해되었다.

우나와 나는 추위에 몸을 덜덜 떨면서 짐을 풀었다. 미국에서 몇 년간 증기난방에 길들어 살아온 우리로서는 적응하기 힘든 추위였다. 우리는 모피 코트와 모직스타킹을 신고 저녁을 먹으러 내려갔다.

에셀은 우리가 그렇게 껴입은 것을 보고 잘했다고 말했지만, 자신은 전혀 추위를 못 느끼는 것 같았다. 식당과 홀 사이의 커다란 문은 항상 열려 있었다.

이 모든 점에도 불구하고 언더우드 하우스는 언제나 사람 사는 집다운 푸근함이 있었다. 방들은 필요한 물건을 제대로 갖추지 않았고, 가구들은 필요할 때마다 옮겨가며 썼다. 가족 중 누군가가 어디서 부름을 받고 가야 할 일이 생기면 하던 일을 그대로 두고 갔는데, 이런 일은 수시로 생겼다. 만약 서재에서 책을 찾아 읽다가 누군가 불러서 가야 할 일이 생기면 그 사람은 책장 문을 그대로 열어둔 채 서재를 나갔고, 책은 탁자 위에 펼쳐진 채 읽던 사람이 돌아오기를 기다렸다. 종이와 펜이 글 쓰던 사람을 기다리고 있는 책상에서도 비슷한 유예의 분위기가 풍겼다. 탁자 위의 체커판도 벨소리를 듣고 게임을 중단하고 나가버린 사람이 돌아와 게임을 마무리해주기를 기다렸다. 이 정력적인 가족들은 너무 많은 사람들에게서 너무 많은 요구를 받았기 때문에, 어느 한 방이나 어느 한 장소에 오래 머물러 있을 여유가 좀처럼 없었다.

어느 날 밤 언더우드 가족이 다 함께 어느 모임에 간 동안 나 혼자 집에 남아 있었다. 언더우드 박사는 집을 나서기 전에 늘 경찰 네 명과 자기 집 개 래디가 집을 지키고 있으니 무서워할 필요 없다고 말했다. 나를 혼자 남겨두는 게 마음에 걸려서인지 그는 서재 벽난로에 불을 붙여주고 갔다.

저녁식사가 끝나자 요리사와 하인은 내게 인사를 하고 퇴근했다. 내가 두드리는 타자기 소리만을 벗 삼아 그 커다란 방에 혼자 있자니 조금 으스스한 기분이 들었다.

갑자기 식당 창가에 있는 경보장치가 울려 나는 소스라치게 놀랐다. 발끝을 들고 살금살금 복도를 따라가 보았지만 식당은 텅 비어 있었다. 나는 창가로 다가가 밖을 내다보았다. 창에는 커튼도 없었다. 사람은 아무도 보이지 않았지만, 경비원들이 숙소로 쓰는 차고 쪽에서 불빛이 보였다. 그들은 집 안을 순찰해야 할 시간이었지만, 지독하게 추운 밤이었으므로 안으로 들어가 불을 쬐고 있는 모양이었다. 아무튼 그 불빛을 보니 안심이 되었고, 쓸데 없이 공포에 사로잡히지 말아야겠다고 생각하며 서재로 돌아갔다. 난로에 새 장작을 하나 던져 넣고 앉아서 쓰던 편지를 계속 썼다.

타자기를 두드리는 단조로운 소리가 흥분한 마음을 가라앉혀주었다. 장작이 재로 바뀌고 빨간 불씨만 낮게 깔려 있을 즈음 갑자기 또 경보음이 울렸다. 너무 놀라서 벌떡 일어섰다. 이번에는 이층에서 났다. 나는 경비원들을 부르기로 결심하고 문을 열었다.

"이봐요, 이봐요." 나는 소리쳤다. "빨리, 빨리!" (한국말에는 빨리 오라는 표현이 최소한 여덟 가지는 되지만 빨리 움직이는 사람은 아무도 없었다.)

대답 대신 차고에서는 불이 꺼졌고, 아무도 내 부름에 응답하지 않았다. 나는 만약 도둑이 들었을 경우를 대비해, 도둑이 도망갈 시간을 충분히 준 다음 떨리는 걸음으로 한 손에는 양초를, 또 한 손에는 소총을 들고 이층으로 올라갔다.

소리가 난 손님방으로 들어갔다. 벽난로 선반에 초를 내려놓고 창가로 가보았다. 아, 이런. 에셀에게 유리를 통해 총을 쏘아도 되는지 물어보지 않았잖아. 유리는 구하기 어려운 물건인데. 그러나 총을 쏘아야 할 대상은 없었다. 그때 밖에서 땅바닥을 두텁게 덮고 있던 낙엽들이 바스락거리는 소리가 들렸다. 이 집의 개 래디였거나 바람이었을 것이다. 나는 언더우드 가족이어서 돌아오기만을 바랐다. 무엇보다 잠자리에 들고 싶었다. 그러나 잠옷을 입으면 더 겁쟁이가 될 것 같아 차마 그럴 수도 없었다. 아래층 홀로 내려가니 눈부시게 밝은 빛이 눈을 찔렀다. 나는 주저앉아 몸을 웅크렸다. 다음 순간 들려온 자동차 엔진 소리에 언더우드 가족이 돌아왔음을 알았다. 어찌나 마음이 놓이던지……. 나는 재빨리 문을 열고 그동안 있었던 이야기를 들려주었다.

"바람 때문이에요." 에셀이 말했다. "창들이 모두 헐거워서 그래요."

우리는 손에 초를 하나씩 들고 각자 침실로 갔다. 몇 시간 뒤 열어놓은 침실 문으로 차가운 바람이 불어와 잠에서 깼다. 일어나 문가로 가보니 무슨 소리가 들렸다. 나는 잠시 귀를 기울이다가 "거기 누구예요?" 하고 물었다. 아무 대답이 없어서 구두를 집어들고 굽으로 놋쇠 탄피를 두드렸고, 그 소리는 집 안 곳곳에 울려 퍼졌다.

"바람이에요." 에셀은 또 그렇게 말하고는 침대로 돌아갔다.

탕! 총알 하나가 이층 작업실 바닥을 꿰뚫었다. 호러스가 황급히 계단을 달려 내려갔다.

"왜 총을 쏜 건가?" 호러스가 거기 서 있던 경비원에게 물었다.

"장전되었는지 확인하려다 그만." 경비원이 천장을 멍하니 바라보며 대답했다. 호러스는 그에게서 총을 빼앗고 차고로 돌려보냈다.

이튿날 아침 우리는 이불이 들어 있던 벽장이 텅 비어 있고 손님방의 이불도 모두 사라진 것을 알았다. 지하실에 창문 하나가 열려 있었는데 그리로

·

도둑이 들어온 모양이었고, 나를 잠에서 깨웠던 외풍도 그리로 들어왔던 것이다.

"달라고 했으면 그냥 주었을 텐데⋯⋯." 그 일에 대해 에셀이 한 말은 그게 전부였다.

남편을 한국 땅에 묻다

우나와 내가 한국에 온 지도 일주일이 지났고 양화진 묘지에서 장례식을 치를 준비도 모두 끝났다. 장례식 날 아침 우리는 정원에서 아직 지지 않고 남아 있는 꽃들을 모두 꺾어서 십자가 모양의 꽃다발을 만들었다. 교회에서 간단히 장례 예배를 올리고 양화진 외국인 묘원으로 갔다. 한강이 내려다보이고 기나긴 산줄기를 마주한 높은 언덕에 자리한 아름다운 땅이었다. 그동안 다시 한국으로 돌아온 옛 친구들이 모두 참석해주었다.

묘석에 새겨진 옛 지인들의 친숙한 이름들을 보니 함께 좋은 시간을 보냈던 옛 시절이 떠올랐다. 이제는 그들의 영혼이 브루스를 환영하고 있을 터이다. 살아 있는 친구들도 다 이곳에 왔다. 이 자리에 모인 조문객의 절반은 눈에 보이고 절반은 눈에 보이지 않지만, 다들 서로 잘 아는 사이들이다. 반은 육체요 반은 영혼인 나와, 반은 영혼이요 반은 육체인 브루스는 서로 손을 잡고 두 무리의 친구들을 하나로 연결한다. 브루스의 아버님도 우리와 멀지 않은 곳에 계셨고, 그 시간에 분명 우리 곁에서 브루스를 반가이 맞이하셨을 것이다. 이 모든 것은 브루스 자신이 계획한 일이며, 도저히 불가능할 것 같던 상황에서 내가 그의 소원을 이뤄줄 수 있게 된 것은 하느님이 도우신 덕분이었다.

지는 해가 언덕 위로 호박색 햇살을 비추며 헌트 신부님의 하얀 예복을 황금빛으로 물들였다. "우리의 연수가 칠십이요 강건하면 팔십이라도 그 연수의 자랑은 수고와 슬픔뿐이요, 우리의 삶도 화살처럼 지나갈 것입니다. 그러니 우리로 하여금 하루하루를 귀하게 알고 지혜로운 마음을 얻게 하소서."

나는 그때까지 차마 쳐다볼 수 없던 묏자리를 그제야 내려다보았다. 그것은 차가운 무덤이 아니었다. 어머니 대지가 자식을 품기 위해 열어놓은 가슴이었다. 그러나 대지가 품을 수 있는 그의 것은 한 줌의 흙과 재뿐이다. 나머지는 하느님과 내게 있다.

사람들이 내가 혼자 있을 수 있도록 자리를 비켜주자 나는 대지의 둥그런 가슴 위에 꽃다발을 올리고, 육체와 영혼의 이원성은 언제까지나 계속될 것이라고 생각했다. 그리고 기억이 도와주는 한 우리가 이 지구라는 별에서 함께 나눈 기쁨을 결코 잃지 않을 것이다. 그것은 이미 한 남자와 한 여자에게 영혼의 삶의 일부가 되어 있다.

해가 넘어가자 우나가 내게 다가왔다. 우리는 기다리던 사람들과 함께 언더우드 씨 집으로 돌아갔다.

집 없는 사람들의 보금자리

그즈음 나는 일본인들이 한국을 떠나기 전에 딜쿠샤에 있던 물건들을 다 가져다 팔아버렸다는 사실을 알게 되었다. 또한 1945년 이후로는 지키는 사람도 돌보는 사람도 없으니 우리가 만들어놓았던 경계선들과 울타리들은 다 사라졌고, 스스로 그 땅에 대한 권리가 있다고 생각하는 사람들이 그 터를 차지해버렸다는 것도 알았다. 그들은 자신들의 것이었던 은행나무와 우

· 호박 목걸이

물과 제단을 되찾았다. 그러나 거기에는 원래 자기들 것이 아닌 집도 있었다. 그들은 그마저도 자기들 것으로 삼아버렸다. 떠돌이들과 피난민들이 누구의 방해도 받지 않고 안으로 들어갔고, 딜쿠샤는 엄마 품처럼 그들을 품어주었다. 그들은 화로에 불을 붙였고, 그것이 마룻바닥을 태우고 천장에 그을음을 남겼다. 파이프와 전선을 뜯어내 팔아 필요한 물건을 구했다. 세면기와 변기도 벽에서 떼어내 자기네 방식으로 사용했다. 나무들을 베어 장작으로 썼고, 무지로 인해 집과 집터를 황폐하게 만들었다.

그러한 파괴의 과정에 자연이 어떤 역할을 했을지는 대단한 상상력 없이도 충분히 짐작할 수 있었다. 모든 것이 햇빛에 누렇게 바래고 칠은 들고 일어났겠지. 휘몰아치는 바람은 나무들을 부서뜨렸을 테고, 비는 잔디밭의 흙을 씻어 내리고 은행나무의 굵은 뿌리를 드러내고, 계단식 정원으로 가꾼 땅도 그저 가파른 경사지로 무너뜨렸을 것이다. 얼음과 서리는 바위를 금가게 하고 초목을 병들게 했을 터이다. 보지 않아도 알 수 있었다. 그곳은 난장판이 되어버렸을 것이다.

하지만 빌은 자기가 가서 보고 어떻게 해야 할지 대충 감이 잡혔으니 나중에 알려주겠다고 말했다.

장례식을 치른 후에 나는 옛 친구들의 집을 방문했다. 나탈리 역시 전쟁 중에 남편을 잃었다. 그래서 우리는 나탈리와 두 아들이 미국으로 갈 수 있게 계획을 세웠고, 나중에 그 소망은 이루어졌다. 나는 베티와 버니 번스도 만났고, 주한 교황대사가 된 패트릭 번 주교는 내게 서울에 있는 관저 식당에 금강산 벽화를 그려달라고 했다. 또 미군정에 속한 새로운 친구들도 많이 사귀었다.

미국 특사 존 무초 씨의 환영식을 계기로 우나와 나는 또 한 번 경복궁에 가보았다. 경복궁의 아름답고 비밀스러운 후원에는 섬세한 조선 누정 건축의 절정인 향원정이 있다. 육각형의 이층짜리 정자로 기와지붕을 이고, 아래층 위층 모두 베란다로 둘러져 있다. 마치 우리에게 들어와 보라고 권하듯 문이 활짝 열려 있었다. 우리는 향원정에 올라 여름이면 분홍색 수련으로 뒤덮이는 연못을 내려다보았다. 저녁식사 후에는 아직 살아 있는 옛 궁중악사들의 연주를 감상했다. 그들의 의상과 악기와 가면 들은 과거 조선의 정신을 고스란히 구현하고 있었다.

다음 날 우리는 박물관에 꼭 가봐야겠다고 생각했다. 박물관에는 브루스가 갖고 있던 것들과 비슷한 고려청자를 비롯하여 훌륭한 도자기들이 많이 전시되어 있었다. 하지만 건물들이 못 견디게 추워서 천천히 구경하지 못하고 금방 나왔다.

딜쿠샤와의 마지막 인사

마침내 시동생 빌이 나를 딜쿠샤로 데려갈 날이 왔다. 새로 올린 담이 집터 전체를 에워싸고 있었다.

입구 문 앞에서 남두 부부가 나를 맞이하려고 기다리고 있었다. 남두 처는 내가 옛날에 준 스웨터를 아직도 여기저기 기운 채 입고 있었다. 잠시 후 공 서방도 자기 집에서 나왔다. 누군가 버리고 간 해군 군복 코트를 입고 있었는데 허리는 노끈으로 질끈 묶었고 옷자락은 길어서 바닥에 질질 끌렸다. 공서방은 딱 예전에 보았던 그때만큼 늙어 보였고 또 젊어 보였다. 그리고 옛날처럼 더러운 손가락으로 빗지 않은 머리카락을 훑었다.

나는 그들이 모두 브루스를 생각하고 있음을 느낄 수 있었다.

· 호박 목걸이

93세의 메리 린리 테일러.

늘 푸른 회양목 울타리는 더 무성하게 자라서 황량한 주변 땅에서 유난히
두드러져 보였다. 재거와 린틴이 진입로를 돌아 당장이라도 달려올 것만 같
았다. 그러나 은행나무 아래에 신나서 짖어대는 개는 없었다. 은행나무는 늘
나를 향해 손짓해주던 황금빛 잎들을 가득 안고 웅장하게 서 있었다. 바람이
조금만 불어와도 저 보물 같은 잎들은 떨어지고 말 것이다. 나는 북쪽을 향
해 돌아섰다. 오늘은 바람이 없다. 시끄러운 까치들은 겨울을 나기 위해 남
쪽으로 떠났는지 은행나무도 제단도 고요함 속에 잠겨 있었다.

나는 딜쿠샤를, 우리의 기쁜 마음의 궁전을 바라보았다. 6년 전 우리가 작
별 인사를 건넨 뒤로 하나도 변하지 않은 모습이었다. 빌이 있는 쪽으로 돌
아섰지만, 그는 이미 눈에 보이지 않았다.

나는 손가락으로 주춧돌을 만져보고 집 안으로 들어갔다. 앞문은 활짝 열

려 있었다.

누군가 집을 수리했고 페인트칠도 새로 해놓았다.

"심장은 당신이 다시 살려놓을 것이오, 피터." 이 집을 다시 짓고 처음 들어왔을 때 브루스는 그렇게 말했었다.

나는 이층으로 올라가 우리의 텅 빈 방들을 둘러보았다. 그리고 포치로 나가 관악산을 바라보며 섰다. 비둘기들의 부드러운 노랫소리조차 없으니 그곳은 너무 고요했다. 그 정적 속에서 나는 브루스가 이 작별을 경험하지 않은 것이 참으로 다행이라고 생각했다. 이 세상에서 그가 소유했던 모든 것들이 상실되었음을 몰라도 되니 말이다.

인간사 무릇 그러하듯이 이 집이 또다시 큰 고난을 겪게 되고, 나의 호박 목걸이마저 사라진다 해도, 우리가 사랑으로써 우리의 일부로 만들었던 그것들은 영원히 지속되며 소멸하지 않을 것이다.

브루스가 생전에 자주 읊어주던 시구가 귓가에 들려오는 듯했다.

바다가 다 마르고
태양이 바위를 녹여도
내 사랑, 그래도 나 그대를 사랑하리
생의 모래가 흐르는 한
여전히 나 그대를 사랑하리

그러나 바다와 바위와 모래보다 더 오래되고 영원한 것이 있다. 마르지도 녹지도 흐르지도 않는 것, 우리 불멸의 영혼들과 하나가 되었기에 인간의 기억이 다한다 해도 지울 수 없는 것, 그것이 사랑이다. 호박 목걸이처럼 우리

· 호박 목걸이

를 하나로 묶어주고 연결해주는 것이다. 나는 호박 목걸이에 달린 삶의 수레 바퀴 같은 구슬을 손바닥에 놓고 기도하는 마음으로 따뜻하게 어루만져 보았다.

눈을 들어 산을 보니
나의 도움은 어디서 오려는가
나의 도움은 하늘과 땅을 지으신 주님이시니

나는 햇살 받은 관악산 봉우리를 그윽히 바라보았다.

한 장 한 장 넘길 때마다 다음 이야기가 궁금할 만큼 짜릿한 흥미를 느끼게 하는 책도 있지만, 다른 사람도 함께 읽으면 참 좋겠다 하는 생각이 불쑥불쑥 솟구치게 하는 책도 있다. 단순히 일제강점기에 우리나라에서 살았던 서양 여인의 책이라고 생각하고, 영국에서 출판된 《호박 목걸이(Chain of Amber)》를 구하여 읽어 내려가다가, 이 책을 우리나라 사람들에게 소개하고 싶다는 욕망이 간절하게 일어났다. 한국의 문화, 역사, 정치, 풍습 등을 다른 사람들, 특히 서양 사람들이 어떻게 보고 느꼈는가 하는 것이 나의 관심사가 된 지 오래였다.

서양 사람들이 쓴 글들과 그림들은 외국인이 그린 우리의 초상화라 할 수 있는데, 그 속에서 발견하는 우리의 모습이 때로는 아름답고 품위 있지만, 때로는 추하고 낙후된 모습에 슬퍼지는 것은 어쩔 수 없는 노릇이다. 《호박 목걸이》를 읽으면서 다시 한 번 그런 경험을 했고, 21세기 IT산업의 최첨단을 걷고 있는 한국의 젊은 세대가 우리의 옛 모습을 나와 같이 돌아보았으면 하는 생각이 들었던 것이다.

저자는 1889년에 영국 첼트넘에서 명문가의 딸로 태어났으며, 어릴 때 이름은 힐다 무아트-빅스(Hilda Mouat-Biggs)였지만 연극배우로 활약하면서 메리 린리(Mary Linley)라는 이름을 사용하였다. 린리는 저자의 어머니의 성이라고 한다. 이 스무 살 안팎의 영국 여인은, 세상의 모든 새로운 것들을 경험하고 싶고 통상적인 사고방식을 초월하며 후회 없는 삶을 살고파 한 겹 없는 여성이었다. 아시아 각지를 여행하던 중에 일본에서 만난 미국 남성과 인도에서 결혼식을 올리고 새색시가 되어 1917년에 한 번도 가본 적 없는 '코리아'라는 나라에 도착했다. 그 후 일제에 의해 강제 추방된 1942년까지 서울에서 살았고, 외국인 사회에서 유명인사로 활약했다. 한국에서 잠시나마 거주한 외국인은 국적을 막론하고 메리를 모르고 지낼 수 없었다 해도 과언이 아니었고, 그중에는 내가 좋아하는 엘리자베스 키스도 포함되었을 것이다. 메리는 연극배우였고, 화가였으며, 작가이자 여행 탐험가였고, 어머니요 주부였다. 남편의 유골을 한국 땅에 묻기 위해 우리나라를 다시 찾은 것은 해방이 되고 대한민국이 탄생한 1948년이었고, 그때가 마지막이다.

태평양전쟁 중에 일제에게 추방당한 후 남편과 같이 미국 캘리포니아 해변에 집을 구하여 노년을 보냈다. 아침저녁으로 바라보는 태평양 너머 서울이라는 곳에서 살았던 시절의 이야기를 다른 사람들에게 들려주고 싶어 회고록을 썼지만, 출판 기회를 찾지 못한 채 1982년에 93세의 일기로 세상을 떠났다.

내가 이 책에 관심을 가진 것은 약간의 개인적인 감정도 있다. 먼저 책에 나오는 인명과 지명들이 서울에서 태어나 중학교, 고등학교를 다니고 연세대학교를 졸업한 나에게는 너무나 익숙한 이름들이었다. 연세대 설립자 가족인 언더우드 일가, 러시아 영사 헤플러 등이 그랬고, 인왕산, 서대문, 무악재, 신촌, 마포 등은 내가 자란 고향이다. 그러나 한국 사람들이 이 책을 읽었으면 좋겠다고 생각한 것은 단순히 그런 이유 때문만은 아니다. 이 여인이 경험한 한국은 내가, 그러니까 다른 한국 사람들이 지척에 살면서도 경험하지 못한 것일 뿐만 아니라, 옳건 그르건 서양 사람의 시선과 위치에서 그들의 지식으로 판단하고 경험한 것들이었다.

한 예를 들면, 대부분의 사람들이 집에서 아이를 낳던 1919년에 저자는 일주일을 세브란스 병원에 입원하여 출산을 기다리다가 3·1만세운동 전야에 아들을 낳고 거리에서 만세를 부르는 한국 사람들과 고종의 인산을 자세히 목격했다는 점이 그러하고, 광산 운영으로 갑부가 되어 수십 명의 하인들을 부리며 생활했다는 것이 또 그러하다. 볼셰비키 혁명에 쫓겨 우리나라에 와서 지내던 백계 러시아인들의 실상을 그때 한국에 살던 사람들이 얼마나 알았을까. 철없는 아이들이 "서양 사람, 서양 사람" 하고 놀리듯이 부르며 따라올 때 이 사람들의 마음은 어땠으며, 반미감정의 일환이었는지 전차 안에서 취객들과 주먹싸움이 벌어졌을 때 그래도 한국 편이 되어서 한국을 동정하던 이 사람들의 심정은 어떠했을까. 한국의 결혼 풍습, 장례식, 일반 생활양식을 담담히 관찰한 한 서양 여인의 경험담은 물론이고, 일제강점기 서양인들의 정치적 특권과 그 뒤에 치른 뼈아픈 체험은 단순한 회고록이라기보다 역사적·문화적·정치적 서술이다. 선교사들은 물론이고 일반 사업을 하던 미국인들도 일제강점기에 우리와 똑같이 일본 경찰들의 횡포에 분노를 느끼고 핍박감을 느꼈던 것도 우리가 미처 생각지 못했던 점이다. 시베리아 횡단 열차를 타고 가면서 목격한 참담한 스탈린의 소련은 오늘날 김일성 일가가 지배하는 북한의 실정과 너무나 비슷한 모습이어서 나의 가슴을 한없이 아프게 했다.

이 책은 한국을 떠나 미국에서 거주한 지 십수 년이 지나서야 자신이 살아온 이야기를 남기기 위해, 과거를 회상하며 재미있게 소설 형식으로 쓴 자서전 같은 회고록이다. 저자는 나름대로 사실에 근거하여 기술하고자 했고, 그 결과 역사적으로 중요한 사실들을 독자에게 알려주기도 한다. 하지만 요즘처럼 녹음테이프에 기록한 것을 참고하거나 도서관에서 역사 자료를 찾아가며 쓴 것이 아니기 때문에 학술 서적이라고는 할 수 없다. 살아오면서 경험하고 관찰한 일들, 그중에서도 특별히 기억 속에 남는 이야기를 엮어 나간 것이다. 또 저자는 한국을 잘 모르는 독자들도 염두에 두고 글을 썼다.

그렇기 때문에 책을 읽다 보면 한국 사람이라면 다 알 만한 이야기도 나오고, 조금 더 자세하게 고증 가능하게 각주라도 달아주었으면 하는 아쉬운 부분도 있다. 예를 들면 저자는 서울에서 제일 큰 벽돌집 주택을 짓고 '딜쿠샤'라고 이름 지었는데, 그곳은 당시 외국 사람들이 모여 파티를 열곤 하던 그야말로 환희의 궁전이었다. 그곳은 임진왜란 때 큰 전공을 세운 권율 장군이 살던 집터였고, 대지가 1만여 평이 넘었는데, 그 땅과 딜쿠샤의 소유권이 언제, 어떻게 이전되었는지를 자세히 기록하지 않았다. 딜쿠샤는 현재 한국자산관리공사 소유이고, 열여섯 가구가 점유하여 살고 있다. 또 다른 아쉬운 점은, 책에 나오는 중요한 인물들의 인적 사항을 고증할 길이 없다는 것이다. '김 주사'는 서울에 도착한 날부터 서울을 떠날 때까지 밀접한 인연을 맺은 중요한 사람이지만, 보빙사를 수행했다는 내용만 있을 뿐 그 사람이 누구인지를 밝혀낼 수가 없다. 또 남편 브루스는 젊어서 아버지를 따라 한국에 와서 광산업에 종사하며, 통신사 기자 역할도 하고, 다른 사업도 이것저것 했음에도, 그런 남편의 사업과 경제 활동에 대해서는 자세히 쓰지 않았다.

또 이 책을 옮기면서 애를 먹은 것은 영어로 쓴 지명과 인명이다. 당시 우리나라 사람들 사이에서도 몇 가지 다른 지명으로 불린 데다가 일제가 일본식 발음으로 바꾸어놓은 것을 다시 영어로 기록한 것이므로, 그 소재를 밝히는 것이 어떤 경우에는 불가능했다. 최선을 다해서 고증하였지만, 후일의 연구에 따라 정정될 수도 있다는 점을 독자들은 이해해주기 바란다.

저자의 외아들 브루스 테일러(Bruce Tickell Taylor)가 세브란스 병원에서 태어났을 때 세브란스 의학전문학교 학생들이(33인 중의 하나인 이갑성도 포함됐을 것이다) 독립선언문을 인쇄하여 배포했는데, 일본 경찰이 이를 알고 들이닥치자 누군가가 독립선언문을 산모의 침대 밑에 숨겨놓았고 나중에 이를 발견한 산모의 남편이자 기자인 앨버트 와일더 테일러가 일본으로 즉시 반출하여 처음으로 세계에 알렸다(저자의 남편의 이름은 앨버트 와일더 테일러 Albert Wilder Taylor이지만 메리나 가까운 친구들은 브루스라고 불렀고, 아들의 이름도 똑같이 브루스이다).

아들 브루스는 영국에서 교육을 받았고, 한국에서 부모님과 절친하게 지낸 서울 주재 영국 영사 제럴드 핍스(Gerald Phipps)의 딸 조이스(Joyce)와 결혼하여 캘리포니아에서 어머니와 같이 살았다. 메리 린리 테일러가 세상을 떠난 후 그의 아들이 유고를 정리하여 1992년에야 이 책을 출판했다. 2012년에 저작권 소유자인 그 아들 브루스를 찾아 전화를 하였더니 아직도 정정한 94세의 노인이었다.

나중에 알게 된 사실이지만, 아들 브루스는 2006년에 KBS에서 〈아버지의 나라〉라는 제목으로 만든 삼일절 기념 특집 다큐멘터리 프로그램의 주인공으로 부인과 딸을 데리고 서울을 방문하였고, 그때 그의 가족과 한국의 인연 이야기가 보도된 바 있었다. 그 후 2010년에 자신의 자서전《은행나무 옆의 딜쿠샤(Dilkusha by the Ginkgo Tree)》를 출판하였고, 그 책에서 서울을 방문한 이야기, 어머니의 묘에서 흙을 가져다가 서울 외국인 묘지에 있는 아버지의 묘에 뿌리고 다시 아버지의 묘에서 가져온 흙을 어머니의 묘에 뿌린 이야기, 당시 서울 시장으로부터 명예시민권을 받은 이야기, 부모님들이 찍은 귀한 한국 사진을 서울시에 기증한 이야기들을 기록하였다.

내가 책을 번역하던 중, 브루스의 아내 조이스가 세상을 떠났는데, 최근에 그에게 연락을 했더니 조이스의 일생기를 집필하기 시작했다고 했다. 이 책이 출판되고, 그가 원하는 대로 자기 부인의 이야기를 쓸 수 있도록 건강하기를 간절히 바라는 마음이다. 《호박 목걸이》를 번역할 수 있도록 허락해준 브루스 티켈 테일러에게 감사하고, 출판을 허락하고 편집을 맡아준 도서출판 책과함께에 감사한다. 《호박 목걸이》는 어머니가 쓴 책이고, 《은행나무 옆의 딜쿠샤》는 아들의 자서전이므로 서로 보완하고 보충한다고 할 수 있다. 브루스는 자기 책도 나에게 번역을 허락해주었는데, 언젠가는 번역 출판하고 싶은 것이 희망 사항이다.

2014년 2월
미국 노스캐롤라이나에서
송영달

호박 목걸이

딜쿠샤 안주인 메리 테일러의 서울살이, 1917~1948

1판 1쇄 2014년 3월 5일
1판 4쇄 2021년 4월 15일

지은이 | 메리 린리 테일러
옮긴이 | 송영달

펴낸이 | 류종필
편집 | 이정우, 이은진
마케팅 | 이건호
경영지원 | 김유리

펴낸곳 | (주) 도서출판 책과함께
　　　　주소 (04022) 서울시 마포구 동교로 70 소와소빌딩 2층
　　　　전화 (02) 335-1982
　　　　팩스 (02) 335-1316
　　　　전자우편 prpub@hanmail.net
　　　　블로그 blog.naver.com/prpub
　　　　등록 2003년 4월 3일 제2003-000392호

ISBN 978-89-97735-33-4 03910